Rüdiger Görner / Nima Mina (Hrsg.)

‚Wenn die Rosenhimmel tanzen‘
Orientalische Motivik in der deutschsprachigen Literatur
des 19. und 20. Jahrhunderts

Institute of Germanic & Romance Studies
School of Advanced Study, University of London

,Wenn die Rosenhimmel tanzen'

Orientalische Motivik in der deutschsprachigen Literatur des 19. und 20. Jahrhunderts

herausgegeben von

RÜDIGER GÖRNER UND NIMA MINA

iudicium

Dieses Buch erscheint gleichzeitig als Bd. 87 der Reihe
Publications of the Institute of Germanic Studies
(Institute of Germanic & Romance Studies
School of Advanced Study, University of London)
ISBN 0-85457-213-9

Redaktionsassistenz: Morwenna Symons

Titelbild: Ausschnitt einer Illustration von Hossein Zenderoudi
in: *Hafez – Dance of Life*. In Versen übertragen von Michael Boylan.
Washington D.C. Mage Publishers 1987, S. 25

Abbildungen auf den Seiten 177 und 183
© Jüdischer Verlag im Suhrkamp Verlag, Frankfurt am Main

Bibliografische Information Der Deutschen Bibliothek

Die Deutsche Bibliothek verzeichnet diese Publikation in der Deutschen
Nationalbibliografie; detaillierte bibliografische Daten sind im Internet über
http://dnb.ddb.de abrufbar.

ISBN 3-89129-790-4
ISBN 0-85457-213-9

© IUDICIUM Verlag GmbH München 2006
Druck- und Bindearbeiten: Difo Druck, Bamberg
Printed in Germany
Imprimé en Allemagne

INHALT

Rüdiger Görner / Nima Mina

IM BASAR DER DICHTER – ZUR EINLEITUNG

‚Allen Künstlern gehört jede Lehre vom ewigen Orient.'[1] Diesen Satz schrieb Friedrich Schlegel seinem Freund Novalis, von dem er wusste, dass er gerade für einen solchen Gedanken besonders offen war. Hatte doch Novalis die Augen als das ‚Sprachorgan des Gefühls' bezeichnet und die Arabeske als ‚sichtbare Musik'[2]. Zum frühromantischen Projekt des Kosmopolitismus gehörte die Durchdringung des ‚Orientalischen' als Kultur- und Bewusstseinsform. Das Arabeske als Bild des verschlungenen Denkens avancierte zu dessen Sinnbild.

Der Orient gilt um 1800 als Ursprung von Kultur und als Reservoir einer unerschöpflichen Emblematik des Anderen. Friedrich Schlegel vermutet im Orientalischen Ursprachliches, Nähe zum Uranfänglichen der Menschheit. Im Blick des Romantikers kann der Orient von den Zedernhainen des Libanon bis Persien, Indien, ja, China reichen. Orient steht für reinen Überfluss; dazu gehört eine unvergleichliche Fabulierkunst. Das Fabulieren produziert Mythen und gerät in Gestalt des orientalischen Geschichtenerzählers selbst zum Mythos. Im Orient wohnen, so will es der Europäer, das Üppige, sich der Kontrolle der Vernunft Entziehende und nie versiegende Phantasien. Zwischen Euphrat und Indus imaginiert sich der europäische Intellektuelle und Künstler in eine Welt, die ihn von den Anstrengungen der aufklärerischen Begriffsarbeit zu entlasten scheint. Der Orient bedeutet in der ersten Hälfte des 19. Jahrhunderts eine zumeist fiktive Verheißung zwischen Euphrat und Indus, zwischen der Kasba und den Gärten von Schiras.

Im Orient scheint es aus europäischer Sicht kein Diktat der Nützlichkeit zu geben; hier entfaltet sich die Gegenwelt zum Rationalismus. Victor Hugo fragt im Vorwort zu *Les Orientales* (1829), worauf sich der Orient reime.[3] Die Antwort lautet: Nur auf sich selbst. Der *l'art pour l'art* beginnt mit dem Versuch,

---

[1] Zit. nach: Novalis, *Werke, Tagebücher und Briefe Friedrich von Hardenbergs*. Hrsg. v. Hans-Joachim Mähl und Richard Samuel. Bd. 2 Darmstadt 1999, S. 729.

[2] Ebd., S. 333 u. 756.

[3] In: Roman Luckscheiter (Hrsg.), *L'art pour l'art. Der Beginn der modernen Kunstdebatte in französischen Quellen der Jahre 1818 bis 1847*. Bielefeld 2003, S. 87 f. (‚A quoi rime l'Orient …? Il répondera qu'il n'en sait rien, que c'est une idée qui lui a pris […].')

es den Orientalen gleich zu tun, um des Erzählens willen zu erzählen und um der Arabeske willen zu malen. Von Wilhelm Hauff bis Hans Christian Andersen ist der Bazar Ursprungsort des Märchens und die Karawane Sinnbild einer sich verselbständigen Bewegung, die nur ein Ziel hat: die Erzählung, die dauernde Erfindung. Der *Divan* des Hafis, das Erzählen um des Überlebens willen der Scheherazade, das Prophetenwort, die sprechenden Mosaiken in den Moscheen, der Ruf des Muezzin vom Minarett, das sind Sinnenwelten, die der Romantiker auskostet.

Der literarische Orientalismus in Europa konnte mit Antoine Gallands zwischen 1704 und 1717 erschienener Adaption von *Tausendundeine Nacht* (*Alf Laila wa-Laila*) beginnen. *Les Mille et Une Nuit* wurde zu einem weltliterarischen Ereignis, von dem in der Folgezeit ganze Dichter-und Lesergenerationen zehrten.[4] Die deutschsprachige Rezeption verbindet sich mit den Namen Maximilian Habicht, Heinrich Leberecht Fleischer, August Zinserling (der Hammer-Purgstalls französische Version einer ägyptischen Handschrift ins Deutsche übersetzte – *Märchen aus Hundertundeiner Nacht*), dann vor allem Enno Littmann und jüngst Claudia Ott.

Die sich mit (pseudo-)orientalischen Motiven exotisierende Aufklärung, ob in Montesquieus *Lettres Persanes* (1721), Voltaires *La Princesse de Babylone* (1768), Lessings *Nathan* (1779), zu schweigen vom orientalischen Rausch im Wien Mozarts, zu dem er schon vor seiner *Entführung aus dem Serail* (KV 384) durch sein Singspiel *Zaide* (KV 344) und das *Thamos*-Fragment (KV 345) nach Texten von Tobias Philipp Freiherr von Gebler wesentlich beigetragen hatte, ein Rausch, der noch in der *Salome* von Oscar Wilde/ Richard Strauss nachwirken sollte, diese das Fremde sich im Namen des sinnlichen Reizes und der Toleranz zeigen machende aufklärerische Denken stellte den ‚Orientalen' zunehmend kontemplativ und sinnenfroh dar. Der tanzende Derwisch und erzählende Träumer ersetzte nun den berserkerhaften Osmanen und brutalen Krieger, den die christliche Ideologie seit dem Mittelalter zum Hauptfeind erklärt hatte. Das Orientalische entwickelt sich ab 1800 zu einem philologisch-kulturwissenschaftlichen Gegenstand. Das auslösende Ereignis hierfür war Napoleons ägyptisch-syrische Campagne von 1798/99. Erstmals in der neueren Geschichte maskiert sich militärisch-politischer Expansionismus als wissenschaftliche Expedition. Napoleon gründet das Institut d'Egypte als wissen-

---

[4] Vgl. dazu: Wiebke Walther, *Tausendundeine Nacht. Eine Einführung*. München/Zürich 1987; Heinz und Sophia Grotzfeld, *Die Erzählungen aus ‚Tausendundeiner Nacht'*. Darmstadt 1984; Robert Iwin, *Die Welt von 1001 Nacht*. Frankfurt am Main und Leipzig 1997; Wiebke Walther, *Kleine Geschichte der arabischen Literatur*. München 2004; dies., Faszinosum Orient – Faszinosum ‚Tausendundeine Nacht'. Unterschiedliche Übersetzungen und Fassungen eines berühmten Werks der Weltliteratur. In: Hans-Joachim Simm (Hrsg.), *Insel-Almanach auf das Jahr 2005*. Frankfurt am Main und Leipzig 2004, S. 279–294.

schaftspolitische Einrichtung, welche die orientalischen Kulturen systematisch erfassen sollen. Die Entdeckung des Rosetta-Basaltsteines (1799) mit griechischen und ägyptischen Schriftzeichen gilt als symbolisches Ereignis, das die Einheit der Ursprungskulturen versinnbildlicht.

In der deutschsprachigen Kultur erweist sich das Orientalische als ein primär literarisch-philologisches Phänomen, dessen Politisierung erst im Wilhelminismus mit seinen orientalischen Ambitionen imperialistische Gestalt annimmt. Von Herders Kulturphilosophie und Hammer-Purgstalls Erschließung des Hafis ging eine Literarisierung des Orient aus, die auf philologischen Sachverstand *und* Imagination aufbaute. Ihre Verbildlichung, wie sie etwa durch Ferdinand Delacroix, Eugène Fromentin, Jean-Léon Gérôme, William Hunt, John Frederick Lewis und noch Auguste Renoir und Henri Matisse erfolgte, hat auf der deutschen Seite keine Entsprechung, sofern man von den Künstlern Gustav Bauernfeind und Adolf Schreyer absieht. *Das* orientalische Ereignis in der deutschsprachigen Literatur bildet fraglos Goethes *West-östlicher Divan*, der auch für die auf Goethe folgende Auseinandersetzung mit orientalischen Motiven stilbildend blieb und noch unter Schriftstellern heute ein wesentliches Rezeptionsdatum in der Auseinandersetzung mit den Formen des Fremden, Anderen darstellt.

Orientalismen in der deutschsprachigen Literatur durchziehen die verschiedenen Phasen der Romantik und den Expressionismus; sie tauchen in der Wiener Moderne auf wie aus einem unbewussten Urgrund der Kultur, sind konstitutiv noch bei Thomas Mann und in der deutschen Gegenwartsliteratur bei Bodo Kirchhoff und Christian Kracht. Man kann ‚das Orientalische' in Schopenhauers Konzeption der Willensverneinung aufspüren und im Bestreben um 1820/30, die literarischen Formen des Deutschen durch ‚das Orientalische' zu erweitern, wie dies Friedrich Rückert, August von Platen, Adelbert von Chamisso und Heinrich Heine sehr bewusst versucht haben. Bedenkt man allein die Resonanz auf die der arabischen Welt gewidmete Frankfurter Buchmesse 2004, aber auch schon die Intensität der Auseinandersetzung um die Verleihung des Friedenspreises des Deutschen Buchhandels an die Orientalistin Annemarie Schimmel im Jahre 1995, weil sie Verständnis für die islamistische Kritik an (literarischen) Verunglimpfungen Mohammads geäußert hatte[5], zu schweigen von den Diskussionen über den islamischen Fundamentalismus, die Kontroversen über Bernard Lewis Studie *Die Wut der arabischen Welt* (2003) in den deutschsprachigen Feuilletons und über die vor, während

---

[5] Zu den besonnensten Kommentaren gehörten die Beiträge von Volker S. Stahr, Eine Frau des Westens mit dem Herzen des Ostens. Ein Besuch bei Annemarie Schimmel. In: *Neue Zürcher Zeitung* v. 14./15. Oktober 1995 (Nr. 239), S. 53 und Michael Lüders, Der Fundamentalismus ist nicht der Islam. In: *Die Zeit* v. 22. September 1995 (Nr. 39), S. 3.

und nach den Irak-Kriegen grassierenden Feindbilder, vergegenwärtigt man sich allein diese kollektiven Erregtheiten, aber auch zum Teil ausgesprochen niveauvoll geführten Diskussionen, dann läßt sich durchaus behaupten, dass das zunehmend entzauberte Orientalisch-Islamische inzwischen die (deutschen) Diskurse über Kulturpolaritäten und die Vermittlung zwischen ihnen bestimmt.[6]

Die nach einem poetischen Bild Else Lasker-Schülers benannte Tagung ,Wenn die Rosenhimmel tanzen', die im Mai 2004 am damaligen Institute of Germanic Studies der University of London stattfand und von der School of Oriental and African Studies mit veranstaltet wurde, widmete sich der Erörterung orientalischer Motive in der deutschsprachigen Literatur des 19. und 20. Jahrhunderts vor dem Hintergrund dieser Kontroversen. Vor allem für die Diskussion erwies sich naturgemäß die Auseinandersetzung über Edward Saids inzwischen legendäre Studie *Orientalism* (1978) als Dreh- und Angelpunkt, mithin die von ihm als arabischem Palästinenser mit existentiellem Engagement vertretenen These, nach der sich die Europäer durch ihre Konstruktion des Orientalismus ein sie stabilisierendes, den orientalischen Anderen aber unterdrückendes Selbstbild entworfen hätten. Mit dem britischen Orientalisten W. Montgomery Watt könnte man sogar einen Schritt weitergehen: Der europäische Orientalismus entwickelte sich auch, weil die Europäer ein Minderwertigkeitsgefühl gegenüber den arabischen Kulturen unterdrücken wollten, das sich daraus ergab, dass die islamische Welt im Mittelalter der Hauptkulturvermittler zwischen Antike und christlicher Welt gewesen war.[7] Inzwischen aber versucht der Radikalislamismus, etwa in Gestalt der Doktrinen Saiyid Qutbs das gleichfalls entstellende Feindbild eines Okzidentalismus, der gewissermaßen den Orientalismus gegen den Westen kehrt – freilich ohne dessen idyllisch-zaubrische Komponente.

Der poetische ,Tanz der Rosenhimmel' und ihre wissenschaftlichen Beiträge wollen neue Einsichten in scheinbar bekannte thematische Zusammenhänge vortragen, diese deutsch-orientalischen Kontexte in Bewegung versetzen in der Hoffnung, einen kulturvermittelnden Beitrag in dieser krisenhaften und spannungsvollen Zeit zwischen Orient und Okzident zu leisten.

University of London, im Frühjahr 2005   Die Herausgeber

---

[6] Was die Diskursrahmen angeht, so sei hier besonders verwiesen auf den verdienstvollen Band von Alexander Demandt (Hrsg.), *Mit Fremden leben*. Eine Kulturgeschichte des Umgangs mit den Fremden der Antike. München 1995.

[7] W. Montgomery Watt: *Einfluß des Islam auf das europäische Mittelalter*. Berlin 1988. Zur Auseinandersetzung um Edward Saids Thesen vgl. neuerdings auch: Robert Irwin, *For Lust of Knowing: The Orientalists and their Enemies*. Allen Lane. London 2006.

Jan Loop

TIMELESSNESS. EARLY GERMAN ORIENTALISM AND ITS CONCEPT OF AN UN-HISTORICAL 'ORIENT'[1]

The *Conversations=Lexicon* from 1824 quintessentially summarizes the issue that will be the focus of my paper:

> Eine Mischung aus religiösem und politischem Despotismus mit einer leidenschaftlichen Sinnlichkeit verhindern jede historisch-kulturelle Entwicklung und lassen den Orientalen verharren in einem primitiven Naturzustand, der nicht zu den höheren Gesellschaftsformen emporsteigen konnte.[2]

Such a conception of a static, unchangeable 'Orient' excluded from all historical development and therefore stuck in a *'primitive, natural state'* must be considered, according to Edward Said, as one of the central features of Europe's representations of the Orient. It is the most striking symptom of its 'proclivity to divide, subdivide, and redivide its subject matter without ever changing its mind about the Orient as being always the same, unchanging, uniform, and radically peculiar object'.[3] This conception was not only a distinctive feature and a persistent motif in literary representations of the 'Orient' in Romantic 'orientalizing literature' or, later on, in the works of Hugo von Hofmannsthal, Karl May, and others, but also constituted a central concept in the euro-centric, teleological historical thinking of the 19th century as mirrored exemplarily in the writings of G. W. F. Hegel and Friedrich Schlegel. While this has been shown before, I will nevertheless recapitulate the issue in this essay in a short preliminary overview.[4] This will then lead me to the central idea of my paper,

---

1 For proof-reading I wish to thank Andreas Giese, Steven Parham and Frank Scherer.
2 *Allgemeine deutsche Real=Encyclopädie für gebildete Stände oder Conversations=Lexicon.* Leipzig 1824.
3 Edward Said, *Orientalism. Western Conceptions of the Orient.* London 1995, p. 98.
4 Cf. Raymond Schwab, *La renaissance orientale.* Paris 1950; Ernst Schulin, *Die Weltgeschichtliche Erfassung des Orients bei Hegel und Ranke.* Göttingen 1958; René Gérard, *L'Orient et la pensée romantique allemande.* Nancy 1963; Leslie A. Wilson, A Mythical Image: *The Ideal of India in German Romanticism.* Durham 1964 (with a focus on India); Thierry Hentsch,

which is to outline some of the most important aspects of this concept's historical genesis, which can be located in the second half of the 18th century. While Edward Said in his study of Orientalism ignores 'such variously interesting pioneers as Bishop Lowth, Eichhorn, Herder and Michaelis',[5] and does not account for the important impulses that the biblical studies of the 18th century provided for the construction of the 'Orient', I will largely focus on precisely these impacts. In a basically philological approach I will show how German biblical scholarship in particular incorporated dichotomous concepts of historical progress versus stagnation, an idea developed by anthropologists over the course of the 18th century. Such concepts served as a central hermeneutic tool allowing both historical and apologetic approaches to the Holy Scripture. Thus, it is a central goal of this paper to show that German discourse on the 'Orient' has never been isolated from a broader European context and that it instead should be regarded already at a very early stage as deeply involved in the development of the main features of *Orientalism* as described by Edward Said.

'Die Orientalen haben festbestimmte Charaktere. Wie sie einmal sind, ändern sie sich nicht mehr. Die Richtung des Weges, den sie eingeschlagen haben, verlassen sie nicht. Was ausser ihrem Weg liegt, ist für sie nicht vorhanden'. This is the opening statement of Georg Wilhelm Friedrich Hegel's early fragmentary treatise on the *Geist der Orientalen*, written either already in Frankfurt or in Bern around 1795.[6] From the young Hegel's point of view, the Oriental Spirit is characterized by its way of spurning all outside influence and thus betraying an inability to be moved by the 'diversity of things'. It follows that this inability leads to the alleged uniformity of the Oriental character and prevents it from any kind of diversification or alteration – the Oriental is therefore 'caught in his own tracks and not moving forwards'.

In this early fragment, this monotonous-'stataric' principle is apparently applied to the peoples of the biblical Orient. In Hegel's later writings and in accordance with the development of his historical thinking, it moves further east and is finally applied to the whole of Asia. In his *Lectures on the Philosophy of History*[7] we find India and China defined, to use Ernst Schulin's expression,

---

L'Orient imaginaire. La vision politique de l'Est méditerranéen. Paris 1988; Maxime Rodinson, *La fascination de l'Islam.* Paris 1980; Reinhard Schulze, Das islamische 18. Jahrhundert. Versuch einer historiographischen Kritik. In: *Die Welt des Islams* 30 (1990), pp. 140–59; p. 142.

[5] Said, op.cit., p. 17.

[6] G. W. F. Hegel, *Fragmente historischer und politischer Studien aus der Berner und Frankfurter Zeit (1795–1798).* In: idem, *Werke in zwanzig Bänden.* Vol. 1: *Frühe Schriften.* Frankfurt 1971, pp. 428–32.

[7] Hegel, *Lectures on the Philosophy of History.* Trans. J. Sibree. London 1902; Hegel, *Werke,* op.cit., vol. 12: *Vorlesungen über die Philosophie der Geschichte.* Frankfurt 1973.

as remaining 'in ungeschichtlicher, naturhafter Zeitlosigkeit'.[8] There, we can only see 'die Dauer, das Stabile – Reiche gleichsam des Raumes, eine ungeschichtliche Geschichte, wie z.B. in China [...]'.[9]

As Hegel argues here, the Oriental Spirit has never been able to move beyond the historical state of 'imprisonment in Nature'[10]. In their unchangeability and immutability the Oriental cultures resemble the everlasting, perpetually self-repeating cycle of nature and they thus lack any kind of improvability and perfectibility because improvement and perfection can only be built on a spiritual basis.[11]

'As such and for us', the Orientals supposedly play a certain part in world history – just like the Romantics, Hegel believes that history originates in the Orient, in particular in Asia. Nevertheless, all these nations remain 'outside of history', as he argues in his *Lectures on the Philosophy of History*:

> Früh schon sehen wir China zu dem Zustande heranwachsen, in welchem es sich heute befindet; [...] jede Veränderlichkeit [ist] ausgeschlossen, und das Statarische, das ewig wiedererscheint, ersetzt das, was wir das Geschichtliche nennen würden. China und Indien liegen gleichsam noch außer der Weltgeschichte.[12]

For Hegel, this 'unhistoricity' has its roots in the assumption that the Oriental spirit has never become aware of its own freedom. 'Die Orientalen', he points out in his *Vorlesungen*, 'wissen es noch nicht, daß der Geist oder der Mensch als solcher an sich frei ist; weil sie es nicht wissen, sind sie es nicht; sie wissen nur, daß *Einer* frei ist [...] Dieser Eine ist darum nur ein Despot.'[13] From Hegel's point of view there can, under these circumstances, be no further progress in the Orient because 'progress' ('Fortgang') requires not only a consciousness of freedom but also the independence of the spirit.

The despotic political systems which, according to Hegel, are to be found throughout the Orient, are the visible expression of this particular 'Oriental' kind of *Weltgeist*: Oriental Despotism is here seen as both cause and effect of

---

[8] Schulin, op.cit., p. 67.

[9] Hegel, *Vorlesungen*, op.cit., p. 136.

[10] Hegel, *Lectures*, op.cit., p. 231. 'Im orientalischen Geist bleibt als Grundlage die gediegene Substantialität des in die Natur versenkten Geistes'. Hegel, *Vorlesungen*, op.cit., p. 271.

[11] 'The mutations which history presents have been long characterized in the general, as an advance to something better, more perfect. The changes that take place in Nature – how infinitely manifold soever they may be – exhibit only a perpetually self-repeating cycle; in Nature there happens 'nothing new under the sun', and the multiform play of its phenomena so far induces a feeling of *ennui*; only in those changes which take place in the region of Spirit does anything new arise.' Hegel, *Lectures*, op.cit., p. 56; Hegel, *Vorlesungen*, op. cit., p. 74.

[12] Hegel, *Vorlesungen*, op.cit., p. 147.

[13] Ibid., p. 31.

the Oriental Spirit fixed in nature – a spirit that has never become aware of its freedom and indeed will never be able to do so. Therefore, the Oriental lacks 'alles Innerliche, Gesinnung, Gewissen, formelle Freiheit' and will only comply with the law because of his slavish nature and not from an inner, subjective insight into the rightness of laws.[14] All this leads Hegel to the idea of an unhistorical Orient and, thus, to the assumption that the Orient plays no part in a history which has, as its major objective, the liberation of the spirit.

Not only the Hegelian concept of an indissoluble entanglement of nature and spirit in the Orient and the corresponding devaluation of this level of development, but also Hegel's historical model of linear progress stand in opposition to a more Romantic transfiguration of this *Ur-Zustand*. In contrast to this, the Romantics and especially the young Friedrich Schlegel regarded the contemporary Orient not only as a living example of a Golden Age that had long since disappeared elsewhere but also as an ideal of the future. As the Orient was the place of origin of all poetry and wisdom, it was also supposed to warrant for their authenticity. The young Friedrich Schlegel was known to have discovered 'das echt Romantische' in the Orient: as he declares in his journal *Europa*, he had found here the harmony and unity of religion, philosophy, and poetry, which Europe supposedly had lost a long time ago.[15]

This Romantic concept however, according to which the Orient is conceived of as some kind of mythical place where the original harmony of 'all human power and thought' could last more or less unclouded, obviously presupposed historical immutability and stagnation. Schlegel maintains in his *Lectures on Universal History* that the Orient – and this means India especially – lacks a history of its own.[16] Moreover, he argued in his *Lectures* that some Oriental nations did not go beyond a certain early historical level. At a very early stage they 'stiffened up' – and thereby resemble the 'stiffness of nature'.[17] It follows for Schlegel that Oriental peoples did not participate in the progressive development of the other nations, a phenomenon restricted mainly to Europe.

In his *History of European Literature*, which had been published a few years before, Schlegel tries to outline the differences in the historical development of 'Orient' and 'Occident'. He claims: 'Man hat im allgemeinen bemerkt, daß Eu-

---

[14] Ibid., p. 142.

[15] Friedrich Schlegel, *Reise nach Frankreich*. In: idem, *Studien zur Geschichte und Politik*. Ed. Ernst Behler. Munich e.a. 1966, pp. 56–79 (p. 73f.).

[16] 'An einer *eigentlich historischen Geschichte* der Indier fehlt es durchaus, es sei denn etwa für die neuere Zeit seit etwa 2000 Jahren, aber diese hat wenig oder gar keinen Wert für die Universalhistorie'. Schlegel, *Vorlesungen über die Universalgeschichte (1805–1806)*. Ed. Jean-Jacques Anstett. Munich e.a. 1960, p. 26.

[17] Ibid., p. 252.

ropa sich durch eine gewisse Bildsamkeit, Veränderlichkeit, eine große Neuerungssucht und überhaupt einen höheren Grad von Perfektibilität vor Asien auszeichnet'.[18] Accordingly, in Schlegel's writings the dichotomies are obvious: changeability ('Veränderlichkeit'), perfectibility ('Perfektibilität'), and formability ('Bildsamkeit') in the Occident, immutability, stagnation, and uniformity in the Orient. Schlegel provides certain reasons for the differences between the East and the West: while Hegel adduced the antique topos of Oriental despotism, Schlegel referred to another explanation. Like Montesquieu, Voltaire, or Herder before him, Schlegel praises Asia as being the most gifted continent, the region in which nature abounds in all its products. This plenitude and natural richness preordained Asia to be 'the birthplace of mankind and the cradle of all higher culture'.[19] But on the other hand, this surplus led to frugality and indolence and kept the 'Orient' from any further development and perfection – and hence the exclusion from the course of history of these nations. According to Schlegel, Europe was the place of cultural advancement because it was less favoured by nature and therefore demanded unceasing activity, effort, and 'künstliche Ausbildung' from its inhabitants. Moreover, natural scarcity forced Europeans to interconnect and to assist each other. This resulted, in Schlegel's view, in the fact that isolation and encapsulation of huge nations cannot be found in Europe as they commonly can be in the Orient. Furthermore, 'diese Mannigfaltigkeit von Trennungen und Verbindungen mußte natürlich eine ebenso große Mannigfaltigkeit in der Bildung hervorbringen', Schlegel argues.[20]

In Schlegel's historical thinking, the 'Orientals' and the Indians in particular play a much more decisive role then they do in Hegel's. For the latter, no important impulses come from Asia, whereas Schlegel believes that traces of Indian wisdom, mythology and religion can be found in all 'cultivated nations': '[D]ie persische und deutsche wie auch die griechische und altrömische Sprache und Kultur lassen sich aus der *indischen* ableiten', Schlegel says in his chapter *Von der indischen Bildung*.[21] Nonetheless, the Orient represents for both Hegel and Schlegel a level of (historical) development which Europe has long left behind. For both of them the Orient serves as a 'visualization' of the starting point of history, and – at least in the case of Friedrich Schlegel – as history's utopian goal, and is therefore, in both cases, constructed as un-historical.

---

[18] Schlegel, *Geschichte der europäischen Literatur*. In: idem, *Wissenschaft der Europäischen Literatur. Vorlesungen, Aufsätze und Fragmente aus der Zeit von 1795–1804*. Ed. Ernst Behler. Munich e.a. 1958, pp. 3–185 (p. 15).

[19] Ibid., p. 17.

[20] Ibid.

[21] Schlegel, *Vorlesungen über die Universalgeschichte*, op.cit., p. 19.

In his little-known study *Östliche Spiegel. Ansichten vom Orient im Zeitalter seiner Entdeckung durch den deutschen Leser 1800–1850* Ludwig Amman points out that it is this kind of un-historical, timeless, and immutable 'Orient' that pervades German literary representations of the Orient in the first half of the 19th century – and even to this day, as Nina Berman has, in my opinion rightly, pointed out.[22] The ambivalence in the evaluation of an Orient constructed as backward, as is evident from the comparison between Hegel and Schlegel, must have put its stamp on any literary product as well.[23]

This concept of a timeless and un-historical Orient is not an invention of the 19th century. As Stephen Conermann points out in his critical annotations to Jürgen Osterhammel's recent study *Die Entzauberung Asiens*,[24] the roots of this concept must be seen in the historical and anthropological discourse of the 18th century, a discourse in which German scholars figured prominently. Among others, Conermann mentions the Swiss scholar Isaak Iselin (1728–1782) and his *Ueber die Geschichte der Menschheit* (1764) and Johann Gottlieb Steeb's *Versuch einer allgemeinen Beschreibung von dem Zustand der ungesitteten und gesitteten Völker nach ihrer moralischen und physicalischen Beschaffenheit* (1766).[25] Although Iselin acknowledged the very early emergence of arts, sciences, and 'noble manners' in Egypt and the Oriental empires, he believed that the all-embracing predominance of paternalistic despotism and fervent imagination prevented the Orient from any further cultural development and lead to uniformity and immutability, so that finally blind imitation became the principle of all art and science.[26] Against the background of these assumptions Iselin states: 'Sie lerneten nicht denken' and he metaphorically compares the whole Oriental civilisation to a plant that 'rapidly grew to a certain size and then stopped growing all of a sudden'.[27] Thus, Iselin already uses a compari-

---

[22] Berman, op.cit., p. 191 f.

[23] Ludwig Amman consequently concludes: 'Der Verurteilung der orientalischen Leidenschaftlichkeit steht ein ebenso starkes Bedürfnis nach morgenländischer Entfesselung der Leidenschaften entgegen, der Kritik der asiatischen Indolenz eine ausgeprägte Sehnsucht nach dem arbeits- und sorgenfreien Osten anakreontischer Spielart'. Amman, op.cit., p. 150 f.

[24] Stephan Conermann, Carsten Niebuhr und das orientalistische Potential des Aufklärungsdiskurses – oder: Ist das Sammeln von Daten unverdächtig. In: *Carsten Niebuhr (1733–1815) und seine Zeit. Beiträge eines interdisziplinären Symposiums vom 7.–10. Oktober in Eutin.* Ed. Josef Wiesehöfer and Stephan Conermann. Stuttgart 2002, pp. 403–32; Jürgen Osterhammel, *Die Entzauberung Asiens. Europa und die asiatischen Reiche im 18. Jahrhundert.* Munich 1998.

[25] Isaac Iselin, *Ueber die Geschichte der Menschheit.* 2 vols. Frankfurt and Leipzig 1764; Johann Gottlieb Steeb, *Versuch einer allgemeinen Beschreibung von dem Zustand der ungesitteten und gesitteten Völker nach ihrer moralischen und physicalischen Beschaffenheit.* Carlsruhe 1766.

[26] Iselin, op.cit., 2, p. 54 ff.

[27] Ibid., p. 60.

son with (vegetative) nature to illustrate the alleged non-development of Oriental cultures, something that also characterizes the Romantic approaches discussed above.

Johann Gottlieb Steeb adopts an analogous position in his *Versuch*. Steeb's treatise starts out with a highly interesting discussion of the difference between mankind and animals in which he follows Samuel Pufendorf's theory of human 'imbecillitas'[28] and in the course of which the author evolves the anthropological conditions of cultural progress. Steeb sees the *differentia specifica*, which separates man from animal, in the fact that animals are bound to their instincts: 'Die Thiere, deren Natur mit gewissen Gränzen eingeschränkt ist, bringen alles dasjenige, was sie in ihrem ganzen Leben brauchen [...] gleich mit auf die Welt'.[29] Herein Steeb sees the reason why one cannot observe any changes in the animal world over thousands of years: 'So, wie sie alsdenn sind, bleiben sie, und werden weder vollkommener noch unvollkommener'.[30] In contrast, the human being is 'nude and naked, weak and ignorant abandoned to the rough elements', without such 'instincts and inborn faculties'.[31] Steeb anticipates the core of Herder's anthropology when he argues that man's reason and his freedom of action compensate for this lack of instinct.[32] As 'the best organized creature', man is able to perfect his state and populate the whole world by constantly adapting to new living conditions.[33]

Although Steeb insists on a radical distinction between man and animal,[34] his treatise makes it clear that precisely these anthropological dispositions of freedom and improvement cannot be accomplished by the 'uncivilized' ('ungesittet') peoples. He claims that they have come to a halt and not moved on for ages: '[B]ey vielen [Völkern] nimmt man so zu reden, einen Stillstand in ihren Revolutionen wahr. Sie sind etliche Jahrhunderte hindurch dasjenige, was sie bey nahe schon vor diesem waren, und weichen fast keinen Fuß breit von der Stelle'.[35] In his mind, the Tartars, the Hottentots, and especially the Arabs have earned their living as hunters and stockbreeders. Thus they still

---

[28] For Pufendorf's concept of 'imbecillitas' see for example Simone Zurbuchen, *Naturrecht und Natürliche Religion. Zur Geschichte des Toleranzbegriffs von Samuel Pufendorf bis Jean Jacques Rousseau*. Würzburg 1991, pp. 12–14.

[29] Steeb, op.cit., p. 7.

[30] Ibid.

[31] Ibid., p. 8.

[32] See Herder, *Über den Ursprung der Sprache*. In: idem, *Werke*, op.cit., vol. 2: *Herder und die Anthropologie der Aufklärung*. Ed. W. Proß. Darmstadt 1987, pp. 251–357, (p. 267 ff.).

[33] Steeb, op.cit., p. 9.

[34] 'Ich habe diese Vergleichung mit Fleis voraus geschickt, weil ich weiß, daß einige unter den natürlich-lebenden Menschen und den Thieren fast allen Unterschied aufheben'. Ibid., p. 11.

[35] Ibid., p. 111.

very much live in the way the 'Patriarchs and Scythians' lived centuries ago; and therefore they have barely moved away from the 'uncivilized state of mankind'.[36]

Reflecting on the reasons for this cultural stagnancy and immutability, Steeb adduces some current explanations: he refers to topography and the soil conditions of some countries, which prevent the development of higher forms of production or the economic system. On the other hand, he also mentions the favourable climate and the fertility of other regions, assuming that under such conditions the inhabitants had never been forced to invent 'arts which are required in colder and barren areas'.[37] Nevertheless, Steeb then identifies the despotic constitutions and the consequences thereof as the main reason for the differences between Occident and Orient.[38] He claims that the inhabitants are all kept in a state of ignorance and are taught cowardice, indolence, and impassivity: 'Sie bewundern nichts und ihre Gemütsart ist so ruhig als ihr Himmel. […] Sie kennen nicht leicht ein anderes Vergnügen, als dasjenige, welches sie in ihrem Serail haben'.[39]

In Steeb's treatise we encounter a decidedly depreciative attitude towards the Orient as compared to the Occident. This becomes obvious in the way the two worlds are situated on different historical levels: in Steeb's mind, the nations of the East have never been able to rise from the original, naturally barbarian state towards a civilized and 'well-mannered' kind of culture – for which, of course, European culture is the best example. Steeb polemically describes the differences:

> Die Trägheit unter den meisten von diesen Völkern; der Mangel gedruckter Nachrichten und Unterweisungen und überhaupt der Buchdruckerey; die Gefahr, die man öfter bey einer vorzüglichen Geschicklichkeit und grossem Reichthum zu besorgen hat; die Vorurtheile der Religion; der Einfluß der Regierungsart; der schwülstige und übertriebene Geschmack der Asiater: diese und andre Stücke sind die wahren Ursachen, warum die Künste und Wissenschaften fast zu allen Zeiten in Constantinopel, Ispha-

---

[36] Ibid., p. 18f.
[37] 'Das Clima, die Nahrungsart, und die Lage ihres Landes kan oft viel hierinnen bestimmen. Völker, welche in einem ebenen Lande liegen, werden gemeiniglich weit eher gesittet, als solche, die auf Gebürgen wohnen. Die Ursache ist leicht einzusehen. Völker, die vom Ackerbau leben, haben mehrere Gesetze nöthig, als solche, die von der Viehzucht, und diese mehr, als solche, die von der Jagd leben. Das leicht zu bearbeitende Erdreich, die gelinde Witterung können bey vielen Völkern viele Künste unnütze machen, die man in kältern und unfruchtbaren Gegenden nöthig hat'. Ibid., p. 112.
[38] Ibid., p. 181.
[39] Ibid., p. 183f.

han, Siam und in Marocco in Vergleichung mit einem Paris, London und Berlin nur schlecht geblüht haben.[40]

Both Steeb and Iselin explicitly or implicitly document an early reception of central ideas and themes from Montesquieu's *Essai sur les lois* in Germany. It was Montesquieu who, in his publication of 1748, outlined not only the ideal and typical principles and structures of a despotic government but also pointed to the correlations between oriental despotism and the local climatic conditions on the one hand, and the supposedly uniform and static Oriental manners and customs on the other. Montesquieu explains how system change or alteration of morals is one of the biggest threats to despotic regimes: 'C'est une maxime capitale, qu'il ne faut jamais changer les moeurs & les manières dans l'état despotique; rien ne seroit plus promptement suivi d'une révolution'.[41] So despotism finds its best living conditions among peoples who are 'by nature', or by climate, predestined to remain immutable without ever changing their manners, customs, or religion. From Montesquieu's point of view these preconditions are fulfilled amongst Eastern, Oriental nations, as he states in his chapter entitled 'Cause de l'immutabilité de la religion, des mœurs, des manières, des loix, dans les pays d'orient':

> Si, avec cette foiblesse d'organes qui fait recevoir aux peuples d'orient les impressions du monde les plus fortes, vous joignez une certaine paresse dans l'esprit, naturellement liée avec celle du corps, qui fasse que cet esprit ne soit capable d'aucune action, d'aucune effort, d'aucune contention; vous comprenez que l'ame, qui a une fois reçu des impressions, ne peut plus en changer. C'est ce qui fait que les loix, les mœurs, & les manières [...] comme le façon de se vêtir, sont aujourd'hui en orient comme elles y étoient il y a mille ans. [42]

Montesquieu believes that environmental conditions cause an organic weakness and a corresponding spiritual disposition: the warm climate combined with the natural plenitude and the consequential conveniences of life lead, in

---

[40] Ibid., p. 175f.

[41] 'It is a capital maxim that the manners and customs of a despotic empire ought never to be changed; for nothing would more speedily produce a revolution'. Charles-Louis de Secondat Montesquieu, *De l'Esprit des loix*, in *Oeuvres de M. Montesquieu*. Vol. 2. London, 1767, p. 418.

[42] 'If to that delicacy of organs which renders the oriental nations so susceptible to every impression you add likewise a sort of indolence of mind, naturally connected with that of the body, by means of which they grow incapable of any exertion or effort, it is easy to comprehend that, once the soul has received an impression, it cannot change it. This is the reason why the laws, manners, and customs, even those that seem quite indifferent, such as their mode of dress, are the same to this very day in the countries of the Orient just as they were a thousand years ago'. Ibid., p. 311.

his opinion, to the slavish, lazy, and cowardly character peculiar to the Orientals. The despot himself echoes this and does everything to prevent any change in his subjects' characters, manners or customs. He suppresses any ambition to change things or any sign of growing self-confidence among his subjects through arbitrary rules and brutal terror. He keeps his nation isolated and prevents any exchange or commerce with other nations, particularly since such mutual contacts are, from Montesquieu's point of view, the necessary pre-conditions for the change of customs and for an increasing ambition to educate and cultivate oneself.

It is known that Montesquieu did not have ethnographic descriptions in mind and was not interested in presenting the existing political situation in the Orient: 'C'est une erreur de croire qu'il y ait dans le monde une autorité humaine à tous les égards despotique; il n'y en a jamais eu et il n'y aura jamais', he explains in his *Considerations sur les causes de la grandeur des Romains et de leur décadence*:[43] religion and traditional customs always represent, as he noted several times in his *Esprit des Lois*, a limit to the unbounded power of a despot. From an extremely selective reading of his sources, Montesquieu constructed an ideal type of despotic government and its social conditions, which stand in stark contrast to political and social arrangements in Europe. This idealized counter-world reveals, as Alain Grosrichard showed in his perceptive study *Structure du sérail. La fiction du despotisme asiatique dans l'Occident classique*, the traces of political (negative) utopias of the 17th and 18th centuries. In Montesquieu's concept of despotism, as Grosrichard has demonstrated, we are dealing with a utopia of pure and unbounded power, a 'figure du pouvoir politique à l'état pur'.[44] This utopian construct of domination necessarily requires a (utopian, fictitious) space in which history dissolves itself, time stands still, and where political constellations can be projected with authenticity and systematically described. As opposed to the German authors Steeb und Iselin discussed earlier, we find in Montesquieu's work no recording of this politico-social state in terms of universal history. The way in which he constructs his idea of the Orient is more akin to some kind of experiment in a laboratory.

The Orient takes on a very similar – experimental or laboratory – function in the works of Johann David Michaelis, the most famous eighteenth century German Orientalist, and his followers in the domain of historical-critical interpretations of the Bible (Johann Gottfried Eichhorn) and even other literary fields (Robert Wood).

---

[43] Quoted in Sven Stelling-Michaud, Le mythe du despotisme oriental. In: *Schweizer Beiträge zur allgemeinen Geschichte*, XVIII–XIX, 1960–61, pp. 328–46 (p. 339).

[44] Alain Grosrichard, *Structure du Sérail. La représentation du Despotisme oriental dans l'Occident de l'Age classique*. Paris 1979.

Following in the footsteps of his teacher, the Leiden Orientalist Albrecht Schultens (1686–1750), Michaelis imagined the Arabs to be a people who, living totally isolated on the Arabian peninsula, had never been conquered by foreign invaders nor had they ever mingled with other peoples. As a consequence of this isolation and, hence, lack of any foreign influences, the Arabic language and culture, their manners, customs, laws, and their taste have remained unchanged for ages: 'Man wird schwerlich ein Volk finden, welches seine Sitten so lange unverändert behalten haben sollte, als das Arabische; welches daher kommt, weil es von andern Völkern nicht unter das Joch gebracht ist'.[45] Due to this cultural and linguistic immutability and constancy, Arabic culture takes on the function of a historic repository or archive in the domain of this critical biblical scholarship,[46] the main representative of which at that time was Michaelis: this archive provides access to former historical stages and thereby furnishes the commentator of the Bible with indispensable historical, linguistic, and socio-cultural information on the long defunct manners of the old Israelites:

> So viel wir von diesen Sitten [der Araber] wissen, das kommt mit den ältesten Sitten der Israeliten so genau überein, daß es der Bibel die reichsten und schönsten Erläuterungen giebt. Dahingegen die Sitten der Juden selbst, unter den Persern, Griechen und Römern, seit ihrer Europäischen Zerstreuung sich so geändert haben, daß man in ihnen die Nachkommen der Leute, von denen die Bibel redet, gar nicht mehr kennt.[47]

Thus the Orient takes on the function of an (un-)historical space wherein Michaelis can place the monuments of ancient Hebrew culture. The linguistic, historical, moral, and cultural information extracted from this un-historic space were supposed to help reconstruct the prevailing conditions in which the texts of the Old Testament had emerged. The largest research project Michaelis ever undertook, the expedition to Arabia, which by way of his methodical projections and through the publications of the only surviving member, Carsten Niebuhr, opened a new stage in scientific travel and exploration, was framed by these hermeneutic considerations. By following Michaelis' guidelines and questionnaires,[48] the scientific travel party was intended to research the linguistic archives as well as the geographical, climatological, and

---

[45] Johann David Michaelis, *Literarischer Briefwechsel*. Ed. Gottlieb Buhle. Leipzig 1794, 1, 81, p. 305.

[46] Cf. Maurice Olender, *Les langues du Paradis. Aryens et sémites: un couple providentiel*. Paris 1989, p. 22f.

[47] Michaelis, *Briefwechsel*, op. cit., p. 305.

[48] Michaelis, *Fragen an eine Gesellschaft Gelehrter Männer, die auf Befehl Ihrer Majestät des Königs von Dännemark nach Arabien reisen*. Frankfurt a. M. 1762.

historico-social peculiarities of the Orient. This was knowledge that in turn was supposed to provide historical explanations of the Scripture in terms of information relevant to its interpretation.

Hence, Jonathan M. Hess is correct in stating that to Michaelis, '[c]ontemporary Arabs are of value [...] not on their own terms but solely as a window into the customs of the ancient Israelites'.[49] Moreover, a look at Michaelis' questionnaire reveals that he treats questions concerning anthropological and socio-cultural aspects at quite the same level as the questions concerning the natural history of the Arabian Peninsula: for Michaelis, the Arab population in their immutability already resembles the unchanging course of nature, but at least in his early writings one does not yet come across an elaborate teleological concept of history which would regard the Arab culture as the childhood of humanity and which would argue in terms of teleological progress. In their 'naturalness' they rather represent some sort of authentic, pure, and unadulterated state, which Michaelis in his anti-Judaic attitude contrasted with the alleged 'degeneration' of the Jews.[50] Therefore Hess is misguided when he argues in a rather general manner that Michaelis' goal was to 'liberate the European present from the power of the Oriental past' and that he 'tries to de-orientalize the present'.[51] First of all, quite the contrary seems to be the case: his dealing with the 'other' leads Michaelis not only to deliberations on the relativity and arbitrariness of different kinds of social norms, whether it be language, customs, taste, or laws; Michaelis also believed that an encounter with the 'Orient' might enrich European literature and he sometimes seems to anticipate some kind of Romantic enthusiasm for the 'Orient'. In his treatise on *Oriental Taste*, for instance, he encourages his compatriots to study Oriental poetry and to adopt their kind of writing because 'ihre Nachahmung würde auch in unsern Sprachen dem Dichter Ehre machen'.[52] Second, it seems to be clear that the project pursued by Michaelis, specifically the historical/spatial interpretation of biblical texts, had mainly an apologetic goal: by 'orientalizing' the texts of the Old Testament, Michaelis' goal was primarily to relieve the

---

[49] Jonathan M. Hess, Johann David Michaelis and the Colonial Imaginary: Orientalism and the Emergence of Racial Antisemitism in Eigtheenth-Century German. In: *Jewish Social Studies* 6.2 (2000), pp. 56–101 (p. 69).

[50] Cf. Anna-Ruth Löwenbrück, *Judenfeindschaft im Zeitalter der Aufklärung. Eine Studie zur Vorgeschichte des modernen Antisemitismus am Beispiel des Göttinger Theologen und Orientalisten Johann David Michaelis (1717–1791)*. Frankfurt e.a. 1995.

[51] See also Eric Achermann's critical comments, Reisen zwischen Philologie und Empathie. Michaelis und die Niebuhr-Expedition. In: *Wissenschaftliches Reisen – reisende Wissenschaftler. Studien zur Professionalisierung der Reiseformen zwischen 1650 und 1800*. Ed. Christian v. Zimmermann. *Cardanus. Jahrbuch für Wissenschaftsgeschichte* 3 (2002), pp. 51–78.

[52] Michaelis, 'Von dem Geschmack der Morgenländischen Dichtkunst', in Johann Friedrich Löwen, *Poetische Nebenstunden in Hamburg*. Leipzig, 1752, pp. IX-XLVII (p. XVf.).

Bible from the ever more pressing charges which problematized its truth-content. Pointing to Oriental peculiarities such as a specific Oriental taste, he intended to explain obsolete and incomprehensible images, statements, and laws through their spatio-temporal validity without calling into question the divinity of the biblical texts. Their divine character is shown for Michaelis precisely in their respective historical appropriateness – be it in relation to taste or state politics.

In this endeavour, Michaelis' very famous successor Robert Wood applied the former's apologetic methods to the writings of Homer in his *Essay on the Original Genius of Homer.* His 'inquiry into Homer's Mimetic Powers', which was translated into German by Michaelis' son Christian Friedrich, intended to show '[t]hat however questionable Homer's superiority may be, in some respects, as a perfect model for composition, in the great province of Imitation he is the most original of all poets, and the most constant and faithful copier of Nature'.[53] To 'do the Poet justice', Robert Wood had searched for a way to 'approach, as near as possible, the time and place, when and where he wrote'.[54] Inspired by the hermeneutic instrumentalization, that is, functionalization of the Oriental 'Lebenswelt' by scholars such as Michaelis, Wood, too, assumed that he could fill the historical und 'spatial' gap separating the present from the date of origin of the *Odyssey* and the *Iliad* by observing the contemporary manners in the Orient, for 'one will discover a general resemblance between the ancient and present manners of those countries [...]'. Wood finds the resemblance between the manners 'in some parts of the East' with those of the *Iliad* so striking that he spends several pages investigating the reasons of this 'invariability' and thereby corrects and amplifies 'Montesquieu's manner of accounting for this singular stability of Eastern manners', which he judges 'not at all satisfactory'.[55] Besides other (known) reasons (climate, despotism, isolation, nomadism),[56] Wood insists in particular on the inconvenient effects of the 'unnatural separation of the sexes' in the East, for, in his opinion, the 'more rational intercourse of the sexes' in Europe has had 'a great share in producing the varieties of modern character'.[57] Due to this collection of specific social and climatic conditions, one supposedly still finds among the Arabs the 'natural simplicity' of manners encountered in Homer's epics. In addition to the concepts he found in Michaelis' writings, Robert Wood amplified the assumption of stagnating oriental mores with a linear

---

[53] Robert Wood: *An Essay on the Original Genius and Writings of Homer: With a Comparative View of the Ancient and Present State of the Troade.* Washington 1973, p. 4f.
[54] Ibid., p. 9.
[55] Ibid., p. 145f.
[56] Ibid., p. 146ff.
[57] Ibid., p. 163f.

concept of perfectibility which structures human development in stages from their 'child-like', rudimentary beginnings to an ever-growing complexity.

It is the encounter with Wood's treatise that moved Michaelis to the teleological notion of a premature, childlike Orient which stands in a sharp contrast to modern European 'maturity'. This notion not only dominates his later work, especially his famous treatise on *Mosaic Law*,[58] as discussed by Hess, but also found wide dissemination and acceptance among his successors and their historical approaches not only to biblical texts but also to the history of mankind. A brief look at the conception of one of Michaelis' most famous successors, Johann Gottfried Eichhorn, whose historical thinking is situated right at the turn of the 18th and 19th century, can give us some insight into this impact. In Eichhorn's writings the 'Orient' was simply reduced to the function of furnishing the historian with information and illustrations of 'the way the uncultivated world was thinking and imagining things [...] in its childhood'.[59] In his *Geschichte der Litteratur von ihrem Anfange bis auf die neuesten Zeiten* he summarized the 'cultural' history of the Arabs as follows:

> Die ganze Gelehrsamkeit der Araber war keine Frucht ihres eigenen, nach und nach reif gewordenen Verstandes; sondern ein fremdes Erzeugnis, das auf sie nur übertragen worden ist: und alles Geistige, das sich nicht von innen herausarbeitet, und nur von außen durch Kunst hineinkommt, bleibt meist ohne eigenthümliche Lebenskraft. Die arabische Litteratur glich daher einer künstlich getriebenen Pflanze, von kurzem Leben, das schon ein kleiner widriger Zufall zerstöhren konnte; ihr fehlte es so gar an einer gesunden Wurzel, da der schwärmerische Eifer für den Koran weder der Denkfreyheit, noch einer gesunden Philosophie freyen Raum gab.[60]

Eichhorn, too, employs a natural, that is, a herbal metaphor to describe the intellectual history of the Arabs. In a radicalization of the already discussed tendencies in the domain of historical biblical scholarship, he concludes that under these conditions the Arabs did not reach any higher or further development, be it in the domain of literature, philosophy, jurisdiction, or theology. They limited themselves exclusively to imitation and the transmission of their predecessors' ideas and therefore could never break out of this circular movement. Eichhorn concluded that under these circumstances any extensive occu-

---

[58] Michaelis, *Mosaisches Recht*. Vol. 1–6. Frankfurt 1770–1775.
[59] Johann Gottfried Eichhorn, *Einleitung ins Alte Testament*. Vol. 2. Jena 1787, p. 345, quoted in Rudolf Smend, Johann David Michaelis und Johann Gottfried Eichhorn – zwei Orientalisten am Rande der Theologie. In: *Theologie in Göttingen. Eine Vorlesungsreihe*. Ed. B. Moeller. Göttingen 1987, pp. 58–81 (p. 78).
[60] Eichhorn, *Geschichte der Litteratur von ihrem Anfange bis auf die neuesten Zeiten*. Vol. 1. Göttingen 1805, preface.

pation with the literary history of the Arabs was a vain endeavour, and in this way he strengthened the already existing tendencies of neglecting the complexity, polyphony, or variation of Arab intellectual history, as an impartial observer like the Orientalist Johann Jacob Reiske, for instance, very well appreciated.[61]

The tradition of German biblical and exegetical Orientalism in its wide intellectual interconnectedness with European anthropological reasoning, its pioneering in historical thinking, and its attempts to 'orientalize' its object of examination, can without doubt be seen as one of the most important factors in the conceptualization of what from the 19th century on and up to this day has been considered to be typically 'Oriental'.

---

[61] See also Jan Loop, Kontroverse Bemühungen um den Orient. Johann Jacob Reiske (1716–1774) und die Orientalistik seiner Zeit. In: Hans-Georg Ebert and Thoralf Hanstein (eds.), *Johann Jacob Reiske – Leben und Wirkung. Ein Leipziger Byzantinist und Begründer der Orientalistik im 18. Jahrhundert*. Leipzig 2005, pp. 44–85.

Karin Preuss

DER EINFLUSS DES PARSISMUS, DER KULTUR UND PHILOSOPHIE PERSIENS AUF DIE SPÄTEN SCHRIFTEN JOHANN GOTTFRIED HERDERS

Johann Gottfried Herder gehört zu den vielseitigsten und einflußreichsten Intellektuellen seiner Zeit. Er ist Geschichts- und Sprachphilosoph, darüber hinaus entwickelt er sich als Dichter, Theologe und Ästhetiker in der Geniezeit der deutschen Literatur des Sturm und Drang. Herder gelingt in seiner Zeit in Bückeburg eine weitere Synthese zwischen seinen eigenen beruflichen und den theologischen und philosophischen Theorien im weitesten Sinn, die im amtlichen Wirkungsfeld sowie in der Öffentlichkeit Gültigkeit haben. Herder hat seinen Lesern jedoch nicht den Gefallen getan, diesen Zusammenhang in einem einzigen, bequem zu lesenden Werk oder in einer Werkreihe zu entfalten. Der Blick auf die Thematik der in Bückeburg entstandenen Schriften zeigt sein großes Interesse für die Kultur, Literatur und Religion der Perser. Seine dort entwickelte Vorstellung von Nationalsprachen und ihrer sich überlagernden Geschichte konkretisieren sich für seine Interpretation des Johannes-Evangeliums in der Heranziehung des religiongeschichtlichen Vergleichsmaterials des Zend Avesta, die ihm dazu dient, die johanneische Sprach- und Vorstellungswelt zu erklären. Herders in diesen Literaturfragmenten entwickkelter Roman von den Lebensaltern der Sprache und Wiege der Menschheit, welche er in Persien ansiedelt, behält trotz Differenzierung im einzelnen seine Gültigkeit, da die genetisch-historische Stufung vom poetisch-kindlichen über prosaisch-geschichtlichen hin zu philosophischen Literaturgattungen führt. Herders große Aufmerksamkeit für Persien ist von der Rezeptionsforschung zwar aufgegriffen worden, jedoch oft nur, um gleich wieder verworfen zu werden.[1] Obwohl Einwände zu Herders wissenschaftlicher Methode

---

[1] Vgl. dazu Rudolf Heym, Stephan Horst, Rudolf Smend. In: Dieter Gunzen (Hrsg.), *Historische Kritik und biblischer Kanon*. Wiesbaden 1988, S. 263–86. In seinem Kommentar erklärt Smend den Versuch Herders in *Älteste Urkunde* schlicht für mißlungen: ‚Sein großer Wurf auf diesem Felde [Poesie] war [...] die Älteste Urkunde des Menschengeschlechts [...] mit ständig wachsenden Anspruch ins Werk gesetzter Versuch, durch die Kenntnis einer auf den Anfang zurückgehenden, in allen uns bekannten Dokumenten aus allen Völkern bereits vorausgesetzte Urkunde, mehr eines Symbols, als eines Textes, den Schlüssel zur

durchaus berechtigt sind, soll meine Arbeit jedoch Herders bedeutsamen Einfluß des kosmogonischen Materials der persischen Abhandlung auf die politischen, religiösen, historischen und kulturellen Entwicklungen der älteren Völker hervorheben, was diesen sogenannten Mythos zu einem lohnenswerten Objekt der Herdschen Urkunde gemacht hat. Herders geschichtsphilosophisches Hauptwerk, das in den Jahren 1782–1788 entsteht, erscheint in jeweils fünf Büchern 1784, 1785, 1787 und 1791. Die lange Entstehungszeit bedingt eine Reihe von Widersprüchen in der Gesamtkonzeption, was nicht ungewöhnlich ist für Herders Philosophie. Es ist gleichsam der christlichen Orthodoxie verpflichtet, Herder hatte zu dieser Zeit ein geistliches Amt inne.

Die christliche Orthodoxie ist (wenn überhaupt) nur auf behutsame Weise mit den materialistischen Auffassungen der Naturwissenschaft zu vereinbaren.

Herder war ursprünglich der Ansicht, daß der Bibel bisher nichts mehr als Erläuterungen geschadet hätten. Deshalb wollte er in seinem Kommentar zum Neuen Testament ,furchtsam und vorsichtig vorgehen'. Der Zweck seiner Auseinandersetzung mit dem Sprachgebrauch ist schließlich das Herausfinden der Wahrheit des Christentums, das aus seiner Sicht im Ursprung nichts anderes als diese Uroffenbarungen beinhalten.

Sprache ist was den Menschen zum Menschen macht – im Gegensatz zum Tier. In den ältesten Sprachdenkmälern aller Völker gleich ob in der Bibel oder in den Volksliedern sind dieselben Vorstellungen von der Erhabenheit der Natur und der Größe des Göttlichen schon gegeben.

Die Zend Avesta Übersetzung aus dem Französischen ins Deutsche erscheint 1776–77, Herder ist auch Anquetil du Perrons französische Übersetzung von 1771 durchaus geläufig. Beide Schriften sind zugleich auch Zeugnisse einer Epoche, die sich verstärkt für eine Vermittlung persischer Sitten und Gebräuche eingesetzt hat. Die Veröffentlichung der Zend Avesta ins Deutsche bewegt Herder die unterschiedlichen Völker miteinander zu vergleichen und seine liberal ästhetische Sprach und Religionsphilosophie unter kulturellen Aspekten zu betrachten.

Er hat keinen Zweifel, daß die Übersetzung Perrons echt ist, sie befaßt sich ja mit der Urquelle des Parsismus. Die menschliche Gattung hat ihren gemeinsamen Ursprung, welche sich in der Ursprache der Völker widerspiegelt, diese wird nun aufgrund der Popularität des Zoroastrismus nach Asien verlegt (Persien).

Die Versicherung Herders, daß er so ziemlich alles gelesen hat was das Zeitalter der Menschheit produziert habe ist sicher keine Floskel. So werden

---

Wissenschaft von Gott, Menschen und Welt in die Hand zu bekommen. Der Wurf oder Griff ging fehl […]. Ebd., S. 281.

die Ideen bei aller Anfechtbarkeit historischer Kombinationen und Urteile im einzelnen zu einer großen Entwicklung und Bildungsgeschichte des menschlichen Geistes. Sowohl die Genese der Sinnlichkeit und Einbildungskraft, als auch des praktischen Verstandes setzt Herder in Beziehung mit materiellen Bedürfnissen, der Gewohnheit und Traditionszusammenhang (Denken und Handeln, Kulturgut-Denkmäler, Gesetzgebung, Regulationen). Unter diesen Bedingungen bildet sich die Glückseligkeit als ein individuelles Gut aus.

Mit der Auffassung, daß jede Kultur den Mittelpunkt ihrer Glückseligkeit in sich selbst trage, knüpft Herder an die romantische Philosophie des Idealismus an.[2]

In seiner Abhandlung über dem Ursprung der Sprache (1771) verwirft Herder sowohl die These von dem göttlichen Ursprung, als auch die vom Ursprung als Konvention als bloße Übereinkunft über beliebige Zeichen. Beide Thesen verstehen die Sprache als ein vorgefundenes und durchorganisiertes Zeichensystem. Die kontrollierte Anerkennung der Zeichen durch alle Sprechende ungeklärt bleibe. Statt dessen vertritt er eine geschichtliche Entwicklung der (National-) Sprachen und hält unter Einfluß von Johann Georg Hamann (1730–1780) die Poesie für die Muttersprache des menschlichen Geschlechts. In seiner frühen Geschichtsphilosophie (1774) verwirft Herder den Fortschrittsgedanken der Aufklärung. Er betont statt dessen den Eigenwert jeder Epoche und lehnt die Überlegenheit gegenwärtiger Zeitalter über die Vergangenheit ab. In den späten *Ideen zur Philosophie der Geschichte der Menschheit* (1784–1791) nimmt er jedoch an, daß der Ursprung der Sprache der Menschheit im Orient, genauergesagt in Persien liegt. Die Auseinandersetzung Herders mit der Geschichte, Religion und Tradition der Perser wird in den ‚Ältesten Urkunden des Menschengeschlechts' (1774) ‚Erläuterung zum Neuen Testament aus einer neueröffneten Morgenländischen Quelle' (1775) *Ideen zur Philosophie der Geschichte der Menschheit* (1787) sowie *Persopolis Eine Muthmassung* (1787) dargelegt.

Die Auseinandersetzung mit dem Parsismus erfolgt bei Herder in zwei verschiedenen Phasen. In der ersten wird das heilige Buch der Perser ‚Zend Avesta' zum Mittelpunkt seines Interesses. In der zweiten Phase interessiert er sich mehr für die persischen Inschriften und Denkmäler von Persepolis. Herders Interesse für die Kultur Persiens ist begründet in einer Fülle von Andeutungen und Sentenzen in denen er selbst die Rolle des Weisen spielt und eine große geistesgeschichtliche Taufe der gesamten Menschheit erdichtet. Da die Sprache es ist, was den Menschen von Natur aus zu einem geistigen Wesen macht, liegt

---

[2] Über die Beziehung Herders zu der romantischen Philosophie des Idealismus siehe John H. Zammito, *Kant, Herder and the birth of Anthropology*. Chicago 2002; Anne Löchte, *Humanitätsideal und Kulturtheorie in Herders Spätwerk*. Stuttgart 2002.

in dem ältesten Sprachdenken aller Völker, ihrer Religion und deren mündlichen und schriftlichen Überlieferungen. Vertritt Goethe die Ansicht, daß die Auseinandersetzung mit altpersischer Kultur auch in Deutschland in einer Sehnsucht begründet ist sich kulturell neu-zu-orientieren und nicht nur bei Goethe die Idee einer Weltliteratur heranwächst, versucht Herder mit seiner pantheistisch orientierten Philosophie die gegensätzlichen Weltanschauungen seiner Zeit zu übergehen und sich seine eigene Geschichte zu erfinden, damit er eine einheitliche Menschheit erschafft. Das lyrische Ich des Dichters Herder sucht die scheinbar einfachen, klaren und durch die Zeitläufe nicht zu verunsicherten Zustände des von ihm erdachten, feinen Persiens, welches er mit dem Ur-christentum und mit dem Ursprung der Naturreligionen gleichsetzt.

Vor allem die Entdeckung der Zend Avesta Urkunden waren für seine Beiträge zum Parsismus in diesem Zeitraum von großer Relevanz. Als Herder 1772 in Bückeburg zum ersten Mal die französische Übersetzung der persischen Urkunde zur Hand nahm, brachte er die neuentdeckten Bücher mit der altpersischen Religion in Verbindung. Er glaubte sogleich an ihre Authentizität und äußerte seine Begeisterung über die außerordentliche Leistung Anquetils: ,Anquetil führt uns ohne Gelehrsamkeit, Citation und Rede sacht an der Hand hinter den Vorhang und zeigt uns ältere, vielleicht die ältesten Schriften der Sekte (Zoroastismus) selbst'.[3]

Es sind drei Themen bei Herder, die im ersten Beitrag zum Parsismus im Vordergrund stehen:

Erstens: Herder konnte aus der Avesta-Übersetzung Anquetil du Perrons herauslesen, daß Zoroaster eigentlich keine neue Religion begründet, sondern auf einer älteren Religion aufgebaut habe. Die Lehren vom zoroastischen Hochgott Ormuzd seien: ,die Lehren des uralten Hom von Schöpfung, vom Ursprung des Menschengeschlechts u.s.w.'[4], die der altpersische Prophet aus den chaldäischen Weisheiten übernommen habe. Die Höhle von Mithra, in der Zoroaster über Hom von der Lehre Ormuzds unterrichtet wurde, betrachtet Herder in diesem Zuammenhang als ,Urtempel alter Religion'.[5] Zoroasters Religion ist nur ,ein modificierter Abfluß des Quells', betont er.[6] Sein Erfolg war, die alte Lehre auf ihre ,vorige Ursprünglichkeit'[7] zurückzuführen: ,Es gelang Zoroaster, eine Einfalt und natürliche Philosophie einer alten Menschengattung einzuführen'.[8]

---

[3] J.G. Herder, *Sämtliche Werke*. Hrsg. von Bernhard Suphan, 33 Bde. Berlin 1877–1913. ,Älteste Urkunde' (VI), S. 492.
[4] Ebd. S. 491.
[5] Ebd. S. 494.
[6] Ebd. S. 495.
[7] Ebd. S. 491.
[8] Ebd. S. 492.

Zweitens: Herder erkennt kraft seines ästhetischen Einfühlungsvermögens in den heiligen Büchern der Perser eine Sammlung von Bildern und Allegorien. ‚Die sechs Amschapands, die ersten Himmelsgeister nach Ormuzd' seien Symbole für sechs Schöpfungstage. Der persische Hochgott Ormuzd sei in diesem Gefüge das große Lichtmeer, und die ganze Schöpfung von Bäumen, Pflanzen, Tieren und Menschen seien Stufen der Läuterung dieses Lichtes. Der Sinn der religiösen Handlungen und Zeremonien im Zoroastrismus liege darin, ‚das Reich des Lichts zu befördern' (S. 494). Die Sprache des Zoroaster gilt hier als Zeichensprache, und die Elemente der persischen Schöpfungsgeschichte werden folglich als Allegorien und Symbole gedeutet: ‚[…] das System dieser Religion, nur alles idealisch, im Geisterreiche, in Licht und Flammen!' (S. 497).

Drittens: die einfachen und ursprünglichen Lehren des Zend-Avesta können für das bessere Verständnis und für die gründliche Interpretation des Johannes Evangeliums in Dienst genommen werden, weil diese wie die Lehren des Apostels Johannes auf chaldäische Weisheiten zurückgehen und in der Symbolsprache der Chaldäer abgefaßt worden sind.

Wenn Herder in seinem ersten kurzen Beitrag zum Parsismus nur vage darauf hingewiesen hatte, daß er in den Zend Büchern einen Kommentar zum *Neuen Testament* entdeckt habe, versuchte er in seinem zweiten Werk diese Behauptung unter Beweis zu stellen. In der neuen Arbeit unterstreicht er aber zunächst seine bisherige Position, die besagt, daß Zoroaster das chaldäische System von früheren Generationen erobert habe. Er wurde in dieses System hineingeboren, betont Herder. Er habe zwar die alte Religion reformiert, aber das Grundgewerbe des Parsismus habe er nicht erfunden. Um der alten Lehre eine neue Gestalt zu verleihen und so sein Werk zu gestalten, habe er sich, wie Daniel Zacharia, Ezechiel und wie die griechischen Alexandriener, Neuplatoniker oder Gnostiker, die chaldäische Sprache angeeignet.[9] Zend Avesta beinhaltet nach Herders Auffassung, die alten theologischen, physischen, moralischen Gedanken und die philosophisch-religiösen Gesetzgebungen für das gesellschaftliche Zusammenleben der Perser:

> Du siehst hier in Zend Avesta nichts […] als einen Versuch der keimenden Vernunft, wird der Eine sagen, sich das Weltall, physisch und moralisch zu denken, einen Versuch, wird der Andere sagen, mit Hülfe der Philosophie und Religion Gesetzgebung zu errichten und mit Ideen vom Himmel ein System des Lebens auf Erden zu gründen. Beides ist wahr […].[10]

---

[9] Vgl. Herder, *Erläuterung zum Neuen Testament* (VII), S. 345–46.
[10] Ebd. S. 345.

Die Frage der Authentizität der von Anquetil gesammelten Avesta Urkunden wird von Herder zwar erörtert, jedoch gleich als echt anerkannt. Außerdem findet er es unmöglich solch einen zusammenhängenden Betrug zu erzeugen. Um ein Bild von Herders Sprach- und Wortschatz-Vergleichungen in seinen Erläuterungen zu vermitteln, sollen hier drei Stellen seiner umfangreichen Darstellung näher betrachtet werden. Anhand dieser Vergleichung wollte Herder deutlich machen, daß der Verfasser der Bücher des Zend Avesta und der Apostel Johannes einen gemeinsamen Wortschatz besessen hatten, der auch in der ‚Sprache der Juden, der Hellenisten, Alexandriner, Platoniker, des ganzen Zeitalters in dem die Apostel schrieben, bis lange vorher und lange hernach'[11] benutzt wurde. Er geht aufgrund dieser Hypothese davon aus, daß die altpersischen Urkunden für die Erklärung der schwerverständlichen Stellen des Neuen Testaments in Dienst genommen werden können.

Herder beginnt den großen vergleichenden Teil seines Werkes mit der Analyse des Begriffs ‚Wort'. Bei Zoroaster ist schon der Ausdruck Wort und gerade in der Vorstellung heilig. (S. 344). Dieser Begriff wird einerseits als Ursprung, Urbeginn aufgefaßt, indem Gott war, ehe Geschöpfe wurden. Bei Johannes heißt es ‚Jesus von Nazareth sei das persönliche, ewige Wort Gottes' und in Genesis 1.1 ‚Im Anfang war das Wort und das Wort war bei Gott und Gott war das Wort'. Andererseits soll Zoroaster seine heiligen Bücher als lebendiges Wort bezeichnet haben (S. 344).

Herder verweist als nächstes auf die Verwendung des Begriffs Licht und Finsternis im Johnnnes Evangelium und in den Zend-Büchern. Diese zeige, daß die beiden Werke aus einer einzigen Quelle geschöpft seien. Im ersten Kapitel des Johannes Evangeliums heißt es beispielsweise: ‚Das Licht scheinet auch hier in der Finsternis, die Finsternis kann nicht verschlingen und will nichts begreifen (1.5)' (S. 365). Herder betont, daß in den Zend-Büchern ‚Fäule, Träge, Unfruchtbarkeit, Oede, Wüste, Krankheit und Tod' als Werke des Meisters des Bösen dargestellt werden. Die gleichen Ausdrücke seien auch im Neuen Testament vorhanden und gelten dort als ‚allgemein angenommenen Symbol des Bösen' (S. 379).

Herder stellt als nächstes in seinem Beitrag zum Parsismus die Lichtidee des Johannes: *Wort, Licht, Leben* den zentralen Begriffen des Parsismus gegenüber, um dadurch den gemeinsamen Sprachgebrauch dieser Begriffe bei den Chaldären, Persern und den Aposteln anschaulich zu machen. Sein Interesse besteht in der ersten Phase seiner Beschäftigung mit dem Parsismus zum einen darin, durch die sprach-und ideenvergleichenden Untersuchungen deutlich zu machen, daß das Johannes Evangelium in der ‚Sprache, Denkart, den Sitten dieser uralten Sekte (chaldäisch-persischer Religion) ver-

---

[11] Ebd.

fasset wurde'.[12] Allerdings macht er darauf aufmerksam, daß Zoroaster, Johannes und die anderen Weisen, die diese Begriffe verwendeten, nicht dasselbe darunter verstanden haben. Durch die Behandlung dieser Thematik will Herder zum anderen aber verdeutlichen, daß aufgrund des gemeinsamen Ursprungs der Sprache von Johannes, Jesus und Zoroaster ‚viel mißgedeutete Stellen des N.T.' durch den Vergleich mit Zend Avesta ‚augenscheinliches Licht' erhalten. Dieses bildet den Kern seines Interesses am Parsismus bis 1787.

URSPRUNG UND HISTORISIERUNG VON NATÜRLICHER RELIGION

Bei der Entstehung des Ursprungs verfährt Herder auf verwickelte Weise dreispurig: Er fragt zunächst historisch nach den noch vorhandenen Quellen, die er aber zu rar bzw. zu sehr verändert findet, um ein klares historisches Bild des Ursprungs abzugeben zu können. Diese letzte Feststellung setzt bereits Mutmaßungen unserer Einbildungskraft über diesen Ursprung voraus, die wie auch die Quellen philosophisch auf ihre sachliche Richtigkeit oder Notwendigkeit geprüft werden müssen.[13]

Die Frage nach dem Ursprung ist also keine rein historische Frage, noch eine rein biblische: Eine Vermischung historischer, mutmassend-dichterischer und philosophischer Erkenntnismethodik liegt dann nicht vor, wenn diese drei Verfahren miteinander verknüpft werden. Diese Verknüpfung leistet Herder ansatzweise:

Deduktionen aus dem einheitlichen Wesensbegriff eines Erkenntnisgegenstandes und historisch verifizierbare Beobachtungen, daß sich dieser Gegenstand selbst- nicht nur etwa sein Zustand von Anfang an immer verändert sind nur dann widerspruchsfrei miteinander zu verbinden, wenn der Wesensbegriff selbst die historische Veränderung beinhaltet.

Die historische Methodik wirft in sich drei Probleme auf: Ursprünge sind selbst voraussetzungsreich und in ihren ersten Ausprägungen unscheinbar, denn die Gestaltwerdung eines Dinges im Ursprung ist von seinen zeitlich vorhergehenden Anfängen unterschieden. Von diesen Anfängen und Ursprüngen gibt es keine zuverlässigen Quellen bzw. Nachrichten, da die schriftliche Tradition erst viel später einsetzt und das Quellenmaterial verän-

---

[12] Ebd., S. 407.
[13] Siehe hierzu U. Gaier, Sprachphilosophie. In: *Aufklärung und Gegenaufklärung in der europäischen Literatur, Philosophie und Politik von der Antike bis zur Gegenwart.* Hrsg. von Jochen Schmidt. Darmstadt 1989, S. 261–77.

dert wird. Eine konsequent angewandte historische Methodik stößt also an Grenzen, die sie selbst nicht überschreiten kann.

Auf die Religion angewendet, zeigt sich, daß gerade der Ursprung von Religion in einem der reinen Historie nicht mehr erhellbaren Dunkel liegt. Daher sind Einbildungskraft und philosophische Begriffsbestimmung im eben bestimmten Sinn und unter Rückgriff auf Herders anthropologisches Philosophieverständnisses gefragt. Seine besondere historische Methodik nötigt ihn quasi zu einem philosophischen Begriff der Religion und bewegt sich dabei explizit im Gebiet der ‚natürlichen Theologie'.[14] Eine genauere Untersuchung des christlichen Religionsverständnisses wird dadurch nicht überflüssig, sondern erhält mit diesen Kategorien natürlicher Religion eine begriffliche Grundlage.

Die natürliche Theologie Wolffscher bzw. deistischer Prägung besteht nach Herders Meinung aus einem bloßen ‚Spinngewebe von Demonstrationen', das lediglich ‚einen Codex von Wahrheiten zu glauben aufgiebet' und ungeeignet ist zur Erfassung der Vielfalt vorhandener Religionen'.[15] Die ‚Phönomene' [sic!] der Natur zu betrachten, heißt vielmehr, das Moment geschichtlicher Vielfalt und Entwicklung in den Begriff von Religion zu integrieren.[16] Dieser Begriff setzt wiederum andere Wissenschaften voraus, nämlich Politik, bzw. Soziologie, Psychologie materielle Geschichtswissenschaft und rhetorisch-literarisches Geschick.[17] Erst auf diese Weise bekommt man im Ansatz ihre eigene Vielschichtigkeit und die sozialen, politischen und physischen Bedingungsverhältnisse in den Blick.

Drei Untersuchungskategorien (‚Merkstäbe') d.h. für jede Religion gültige und bei jeder Religion anzutreffende Strukturmomente, sind für Religion unverzichtbar: erstens ihren Lehren bzw. ‚Ideen, womit jede Religion die Lücken

---

14 Nach der katholischen Theologie hat der nach dem Bilde Gottes geschaffene Mensch durch den Sündenfall (Sünde) nicht die Möglichkeit verloren, aus der Schöpfung, aus der Natur im weiteren Sinne die Grundprinzipien des Seins und des Verhaltens zu erkennen. Man nennt das auch ‚natürliche Theologie'. Eben weil auch die Gotteserkenntnis und das Gesetz dem Menschen ins Herz geschrieben ist – sein Gewissen zeugt davon (Röm 1,18–21; 2,14–16) – gibt es nur diese eine Erkenntnis und Forderung, die allen Menschen gilt. So kann eine katholische Sozialethik auch ohne ständigen Bezug auf biblische Belegstellen geschrieben werden. Denn die Gnade krönt die Natur, sie widerspricht ihr nicht, sie führt die Natur vielmehr auf ihren wahren Grund zurück. Vgl. Lexikon: Soziallehre, S. 1. *Digitale Bibliothek* Band 73: *Taschenlexikon Religion und Theologie*, S. 3368.

15 Herder, *Sämtliche Werke*, a.a.O., 32, S. 145.

16 Herder schreibt ‚Phönomene'. Diese Methode bestimmt auch einige weitere Entwürfe, wie z.B. ‚Beobachtungen über den Glauben als Mittelpunkt der Religion' (ebd., S. 161–63) und die Vorbereitung zur ‚Ältesten Urkunde' (ebd., S. 163–74).

17 Ebd., S. 147. Herder nennt hier seine Vorbilder für diese *Teil*momente, die er selbst zu einer Ganzheit zu integrieren gedenkt: Montesquieu, Hume und Beaumelle (Politik), Rousseau (Psychologie) Mosheim, Cudworth und Voltaire (Geschichte).

der körperlichen Welt vollfüllt';[18] zweitens ihre Ethik bzw. ihre Funktion für die moralische Bildung; drittens die Art ihres Kultes.

Aufgrund seines Interesses an der gesellschaftlichen Funktion der Religion wird dieses dritte Strukturmoment dann weiter entfaltet im Blick auf die wechselseitige, nicht aufeinander reduzierbare Abhängigkeit von Religion und Politik. Religion kann also aufgrund ihrer ethischen Implikation für politische Zwecke eingesetzt werden, wie die Geschichte der politischen ‚Systeme' lehrt, bleibt aber dabei ‚ein Eckstein der Regierungen', so daß eben umgekehrt aus ihr die Vielfalt der Regierung und Gesellschaftsformen, der politischen Institutionen und Riten erklärt werden muß. Sie leistet aber noch mehr denn ‚ihre Maximen nach denen sie [die Nationen] unsichtbar handeln', sind das dynamische Moment der Veränderungen in Politik, Gesellschaft und Künsten.[19]

Dieser begriffliche Rahmen und seine historische Erhellung überfordert Herder bei der Analyse gegenwärtiger Religionen. Er weicht aus und prüft diesen philosophischen Begriff natürlicher Religion bei Religionen in ihrem historischen Anfangszustand, ihrem Ursprung, in dem sie noch wenig entwickelt, gleichsam besonders natürlich und von ihren Kulturleistungen noch nicht überlagert sind.

Das erste Teilthema wird durch die These repräsentiert, daß die Einigkeit der Schlüssel für die früheren militärischen Siege der Perser und für die späteren Erfolge der Griechen im Abwehrkampf gegen die persischen Truppen des Xeres in der letzten Phase der Perserkriege (490–479 v. Chr.) gewesen sei. Solange die Perser einig waren, seien sie den anderen Völkern überlegen gewesen, so Herder. Durch den inneren Zerfall des persischen Reiches und die Vereinigung der Griechen seien sie aber überwunden worden.

Die Schlüsselrolle der Einigkeit zum Erlangen der militärischen Siege wird unter anderem in Herders Brief aus der Sammlung der ‚Persepolitanischen Briefe' hervorgehoben. Dort befaßt sich Herder mit dem Thema der Reichsbegründung der Achämeriden. Seine ständige Residenz hatte Darius nicht in Persepolis ‚dem Geburtswinkel seiner Familie' sondern in Susa und Ekbatana, um auf diesem Weg die Gunst der Meder für sich zu gewinnen. Durch die Einigung mit den Medern gelang es ihm, das persische Reich zu begründen und die späteren Erfolge zustandezubringen.[20] Wenn Goethe, Hendrik Birus zufolge, durch Herders Aufsatz *Persepolis. Eine Mutmaßung* und durch seine postum persepolitanischen Briefe mit der Thematik der Verbrennung der Archämeniden-Residenz als Rache für die persische Zerstörung der Akropolis

---

[18] Ebd., S. 146.
[19] Ebd., S. 146–47.
[20] Vgl. Herder, *Persepolitanische Briefe* (XXIV), S. 513–14.

detailliert vertraut war,[21] dann kann man davon ausgehen, daß ihm auch die Herderschen Briefe aus der Sammlung ‚Persepolitanische Briefe' bekannt gewesen ist. Zwar mag die Unhaltbarkeit der Herdschen Hypothesen als unwissenschaftlich im geschichtlichen Sinne gelten, jedoch sei hier angeführt, daß Herder einen erheblichen Einfluß auf Goethes *West-östlichen Divan* hatte und sein Idealbild der persischen Kultur maßgeblich mitgeprägt hat.[22] In Herders Beiträgen zur Anthropologie und Kulturtheorie geht es um eine universalhistorische Verortung des Menschen in Sprach-und-Völkerkunde, Religionsund Kunstgeschichte gleichermaßen. So liest er die Bibel immer auch als Dichter. Wer ihn als in seiner Funktion als Dichter oder nur als Theologe, oder als Sprachwissenschaftler abstrahiert, versteht den Polihistor und Selbstdenker Herder nicht.

Herder wird nie müde zu betonen, daß es sich auch bei den biblischen Schriften zunächst einmal um Literatur und Poesie handle und sie deshalb auch als solche gelesen, in ihrem sinnlichen Plan erfaßt werden müßten, wolle man sie richtig erklären. Die ‚Einfachste [sic], ungezwungenste Erklärung'

> bliebe von Anfange bis zu Ende Einem Hauptaugenmerke treu, ohne sich über Einzelheiten zu matern: frei von Physischen oder Dogmatischen Systemen, folge sie nur dem Genie [...] der Sprache, der Nation, der Weltgegend [...] suche Alles in ihrer Urkunde auf, hätte aber weder Lust noch Ursache, ein Jota mehr in ihr zu finden, als sie hat.

DIE STILISIERUNG DES URCHRISTENTUMS ZUR NATURRELIGION

Um die Wahrheit des Christentums herauszuarbeiten, richtet er sein Augenmerk im ersten Schritt darauf, daß in einer sehr frühen Zeit sowohl der Sabäismus, Magismus und Zoroastrismus depraviert und ihrer ursprünglichen Inhalte zum größten Teil beraubt worden waren. Die Zeit der Umwandlung des ursprünglichen Sinnes des Sabäismus, Magismus und Zoroastrismus betrachtet er als die Geburtsstunde der unseligen Metaphysik. Um dieses Moment hervorzuheben und so die Wahrheit des Christentums herauszustellen, hat er sich mit der geschichtlichen Entwicklung dieser älteren religiösen Erscheinungsformen befassen müssen.

Er differenziert zunächst zwischen zwei Formen des Sternendienstes bei den Naturvölkern der mystischen Zeit nach der Sintflut ‚Der Pöbel blieb im-

---

[21] Goethe, ‚Divan'. In: *Hamburger Ausgabe in 14 Bänden*. Bd. 2: *Gedichte*, S. 63.

[22] Siehe hierzu Claudia Leuser, Herder und Goethe. Einblicke in die Geschichte ihrer Beziehung. In: *Theologie und Anthropologie. Die Erziehung des Menschengeschlechts bei Johann Gottfried Herder*. Frankfurt/M. und New York 1997, S. 331–48.

mer nur an der Schale und betete (die Sterne) an'.[23] Für den Weisen aber wurden die Sterne zum Mittler jenes Geistes, der die Sterne und sonstigen Geschöpfe belebt. Die Sternenanbeter mit simpler Denkweise suchen hinter der natürlichen Welt, welche sie nur mit den Sinnen erfahren, die letzten Gründe ihres Seins. Die Sternenanbeter handeln nicht, sie wandeln nicht die Theorien in praktische Erfahrung um, sondern verhaften in ihren Wunschvorstellungen.

Herder wollte ein System kreieren, welches basierend auf Sprachwissenschaft und Kunstästhetik zu dem avestischen Lichtgesetz führt, welches Lebensquelle, Natur, Schönheit und Wahrheit widerspiegelt und mit dem Johannes Evangelium gleichgesetzt. Herder versuchte sich in die Wirklichkeit und das Denken der Schreiber hineinzufühlen, die die Bibel geschaffen haben. So verfaßt er eine phantasievolle poetische Erläuterung zum Johannes Evangelium und stellt über ein zur Naturreligion hochstilisiertes Urchristentum eine Verbindung zwischen dem Christentum und den Religionen der Urvölker des Orients her.

Er ist der Ansicht, daß das System der zoroastischen Religion ‚idealistisch' sei und Zoroaster im Zend-Avesta ‚einen Roman der Schöpfung' erdichtet, die Schöpfung Gottes abstrahiert und eine Welt des schwärmenden Ideals geschaffen habe'. [24]

Die Methode Herders in seinem Vergleich zwischen den Stellen der Zend Avesta, welche sich auf Zoroaster, Ormuds und der scharfen Gegenüberstellung des Johannes Evangeliums zwischen Licht und Finsternis stehen unter dem starken Einfluß der Gnosis. Die Gnosis ist eine Erlösungsreligion, wobei die Erlösung in der Erkenntnis des Menschen liegt, daß seine Seele, sein ureigenstes Ich, Teil der göttlichen Lichtmaterie ist, die zurückstrebt in die Urheimat der jenseitigen Lichtwelt. Diese Erkenntnis wird durch Erlösergestalten (griech. Phostere, ‚Erleuchter') den Menschen offenbart. Je nach den verschiedenen Sekten der Mandäer, Manichäer, Sethianer, Simonianer oder Hermetiker heißen diese Phostere Mani, Seth, Hermes Trismegistos, Simon Magus, Sem oder Zostrianus, Jesus oder auch Jakobus.[25]

Dem Menschen Licht und Hoffnung zu bringen, darin sieht Herder den Zweck einer jeden Religion. Normalerweise betrachtet die Kirche zu Herders Zeiten die Gnostiker und die Hinwendung zur Ur-Religion als die größte Gefährdung christlich-ethischer Grundsätze. Herders Interesse für den Zoroastrismus ist somit nicht nur mutig, sondern basiert auch auf seiner Philosophie der Glückseligkeit und Hoffnung für die ganze Menschheit. Da er dem

---

[23] Herder, ‚Älteste Urkunde'. In: *Sämtliche Werke*, a.a.O., S. 491.
[24] Ebd., S. 492.
[25] Vgl. T. Leiphodt/Grundmann, *Umwelt des Urchristentums* II. Bonn 1970, S. 350–418.

Parsismus (Zoroastrismus) maßgebliche Prägung des Judentums, Christentums, Hellenismus und Gnosis bescheinigt, kann man nicht davon ausgehen, daß Herder dem Christentum vor den anderen Religionen den Vorzug gibt. Er will also nicht einen moralischen Kreuzzug für die Christen führen, sondern vielmehr unsere abendländliche Kultur mit der Kultur des Morgenlandes vergleichen.

Herder setzt der Kantischen Differenzierung zwischen objektiver und subjektiver Seite die Erkenntnis eines Naturbegriffs entgegen, in dem Subjekt und Objekt sich vereinigen. Damit wird er zum großen Anreger der romantischen Bewegung, die ihrerseits auf die Philosophie des deutschen Idealismus zurückwirkt. Während eine Grundidee der Aufklärung im Sinne Kants lautet die Geschichte als Fortschritt zu verstehen, als Prozeß, in dem der Mensch mündig wird, steht bei Herder, wie es der Historiker von Ranke formulierte, jede Epoche zu Gott.

Herders Bemühungen auf religionsgeschichtlichem Gebiet sind trotz seiner spekulativen Philosophie und seiner dogmatischen Metaphysik, trotz des Mangels an deutlichem Verständnis für die persische Religion und Kultur, bemerkenswert im Hinblick auf seine geschichtsphilosophische Tätigkeit. Seine ‚Erdichtung' des Urchristentums und dessen Darstellung als Naturreligion sind eine bildliche Auseinandersetzung mit dem Pantheismus aus philosophisch-kultureller Sicht. Er hat sich auch bemüht, die sogenannte persische Kunst aus den Abbildungen von Persepolis zu erklären, die persepolitanischen Skulpturen mit der Geschichte der Perser zu verbinden und die persischen Abbildungen als Werk der Natur und des Volkes darzustellen.

Religion, wie sie Herder versteht, ist der zum göttlichen Offenbarungshandeln komplementäre Akt des Menschen. Weil für Herder gleichsam die christlich-jüdische, als auch die zoroastische Religion die Offenbarung der gesamten Schöpfung tradiert, kann sie mit Grund in jeweils individueller geschichtlicher Gestalt *Religion der Menschheit* bzw. *Religion des Weltalls* werden. Alle Religion ist für Herder letztlich positive, d.h. primär durch sinnlich-gefühlhafte Offenbarung und sekundär durch menschliche Vernunft und Sprache ermöglichte Religion.[26] Im sorgfältigen Lesen im Erhellen lebenswichtiger und ursprünglicher Zusammenhänge und im schöpferischen Nachvollziehen der Sinnbilder, besteht für Herder die eigentliche Aufgabe des Hermeneuten und nicht im Herstellen einer eindeutigen Referenz, wie sie in der deskriptiven Form der Sprachverwendung vorausgesetzt. So umschreibt er seinen eigenen Umgang mit dem biblischen Urtext folgendermaßen:

---

[26] Das gilt auch für die sogenannte natürliche Religion der Philosophie, die in diesem Licht als je individuelles Produkt einzelner Philosophen mit in der Regel ungeklärten sinnlich-gefühlhaften Grundlagen erscheint.

Bilder warens: ich habe auch nur Bilder entwickelt. Die Bilder aber bedeuten Sachen, die wir auch kennen, und wenn auch nicht alle gleich geläufig dem Erklärer nachfühlen können: ich habe also zugleich Sachen entwickelt, und die blosse Bildgaukelei und Citation ähnlicher Stellen verachtet.[27]

Liest man die ‚hohe Epopee Gottes‘[28] auf diese Weise dann wird sie zugleich zum höchsten Ideal der Dichter und Künstler, zum Vorbild eines wirklich kreativen Umgangs mit der Sprache also, wobei das Dichten, genau wie die so verstandene Interpretation, die Aufgabe erfüllt, ‚die Perspektive einer durch Suspension von der deskriptiven Referenz befreiten Welt zu entfalten‘;[29] denn ‚was in der Dichtung geschieht, ist nicht die Aufhebung der referenziellen Funktion, sondern ihre tiefe Veränderung durch die Wirkung der Mehrdeutigkeit‘.[30]

Die hermeneutischen Prinzipien Herders schlagen eine Brücke zwischen den lebensweltlich verankerten Erfahrungen und Einstellungen der Menschen zur Zeit der Entstehung der Texte und seinen zeitgenössischen Erfahrungen. Der jeweils situative Kontext (jüdisch-christlich, Zend Avesta) erschließt sich dabei über eine metaphorische Sprache, die uns in der Auslegung nicht einseitig festlegt, sondern vielmehr dem Horizont geschichtlicher Veränderungen durch einen Pluralismus von Sinnangeboten durch Sinnkumulierung also, Rechnung trägt. Damit erzeugt Herder einen offenen Verstehensprozeß, welcher hier erst in der konkreteren Lebenspraxis des Lesers zu einem vorläufigen, überzeugenden Abschluß kommt:

> Kurz und nochmals gesagt, den Mensch als Menschen zu erziehen und auszubilden, das Thierische, in ihm gegen sich und die Gesellschaft unvermerkt und von allen Seiten auf die sanfteste, wirksamste Weise hinwegzuthun, dazu sind die Künste der Musen; oder sie sind Trödel.[31]

---

[27] Herder, *Sämtliche Werke*, a.a.O., VI, S. 256.
[28] Ebd., S. 322.
[29] Vgl. Paul Ricoeur und Eberhard Jüngel, *Metapher. Zur Hermeneutik religiöser Sprache*. München: Evangelische Theologie. Sonderheft, 1974, S. 164.
[30] Ebd., S. 165.
[31] Herder, *Sämtliche Werke*, a.a.O., XXII, S. 315.

Nima Mina

JOSEPH VON HAMMER-PURGSTALL'S HISTORIOGRAPHY OF PERSIAN LITERATURE AND ITS AFTERMATH

In 1818 Joseph von Hammer-Purgstall's *Geschichte der Schönen Redekünste Persiens*[1] was published in Vienna. The subtitle *Mit einer Büthenlese aus zwyhundert persischen Dichtern* is in reference to the anthological character of the book. This publication brings together biographies of the poets along with samples of their writings in translation.[2]

Four years earlier, in May 1814, the Stuttgart based publisher Cotta, who had already printed Hammer's two-volume translation of the collected poetic works of Hafis,[3] had sent a copy of this edition to Goethe. Goethe's reading of Hafis in Hammer's translation inspired him to write one of his most important later works, the *West-östlicher Divan (WöD)*.[4] In July 1814 the first fragments of the *WöD* were written under the title 'Gedichte an Hafis'. From December 1814 onward Goethe devoted himself to the intensive study of scholarly orientalist literature in German, Latin, English and French: he studied 50 major works

---

[1] Joseph von Hammer-Purgstall, *Geschichte der Schönen Redekünste Persiens*. Vienna 1818.

[2] According to the title pages of the *Redekünste*, between 1812/13, the years in which Hammer's two volume Hafis translation was published in Stuttgart, and 1818 the author and translator had received numerous academic and governmental honours. On the title page of the Hafis translation Hammer is identified as 'K. K. Rath und Hof-Dollmetsch, Mitglied der Akademie von Göttingen, Korrespondent des Instituts von Holland'. Five years later the list of his affiliations reads as follows: 'Ritter der Staatlichen Innen-Ordens zweyter, und des Danebrogs dritter Klasse, wirklichem K. K. Hofrathe und Hofdollmetsche an der geheimen Hof- und Staatskanzellen, wirklichem Mitgliede der Akademien zu Göttingen und München, correspondierendem Mitgliede der Akademie der Inschriften und der schönen Wissenschaften zu Paris, und des Instituts zu Amsterdam, Ehrenmitgliede der asiatischen Gesellschaft zu Calcutta, und der zu Bombay'. The *Redekünste* was dedicated to Hammer's friend and mentor the great French orientalist Silvestre de Sacy.

[3] Hammer, *Der Diwan des Mohammad Schamsed-din Hafis*. 2 vols. Stuttgart and Tübingen 1812/13.

[4] Johann Wolfgang von Goethe, *West-östlicher Divan*. Ed. in 2 vols. by Hendrik Birus. In: Goethe, *Sämtliche Werke. Briefe, Tagebücher und Gespräche*. 40 vols. Part I, vol 3/1. Frankfurt a.M. 1994.

including Diez' *Denkwürdigkeiten Asiens*,[5] Adam Olearius' Sa'di translation[6] and his Persian travelogue,[7] Herbelot's *Bibliothèque Orientale*[8] and the journal *Fundgruben des Orients*[9] which was edited by Hammer.

In 1818 Hammer's *Redekünste* was published. Its immediate impression on Goethe encouraged him to continue his work on the *WöD*, which he had temporarily stopped in 1816. Goethe's first poetic response to the *Redekünste* was the poem 'Behramgur, sagt man, hat den Reim erfunden', which became part of the *WöD*. Apart from this poetic inspiration the *Redekünste* was also Goethe's main source for the prose part 'Zum Besseren Verständnis', the planning of which Goethe postponed until the last phase of his work on the *WöD*. Earlier, in 1814, Goethe had noticed an announcement in the *Göttinger Anzeigen* about Hammer's ongoing work on the *Redekünste*. The announcement, which also included the book's table of contents, encouraged Goethe to organize his studies of Iranian history and Persian literature according to the structure and rubrics of Hammer's book. When the book was finally published in 1818, Goethe, who had waited for it impatiently, found himself in a familiar world. In his notes in the *Tages- und Jahres-Hefte* from 1818, Goethe reports on his ongoing work on a series of essays which were expected to facilitate his audience's understanding of his 'orientalisierende Dichtung'. When some samples and fragments of the *WöD* were published in advance in the literary journal *Damenkalender*, his audience had perceived these texts as 'etwas aus einer ganz anderen Welt' and hesitated. It was not clearly understood whether these texts were 'Übersetzungen, angeregte oder angeeignete Nachbildungen'.

From the moment of its publication in 1819, Goethe's *WöD* evoked a stream of critical reviews and academic works. Prominent scholars of German literature in the 19th and 20th centuries devoted major parts of their academic careers to 'Divan philology', i.e. the study of Goethe's *WöD*. The poem 'Selige Sehnsucht' from Goethe's *WöD* is perhaps one of the most frequently interpreted and discussed poems in the history of German literary studies. Surprisingly, not even a fraction of this attention was ever paid to the person whose œuvre had triggered Goethe's interest in Persian literature and in experiment-

---

[5] Friedrich Heinrich von Diez, *Buch des Kabus oder Lehren des persischen Königs Kejkawus für seinen Sohn*. Berlin 1811.

[6] Adam Olearius, *Persianisches Rosenthal*. Schleswig 1654.

[7] Olearius, *Vermehrte neue Beschreibung der Muscowitischen und Persischen Reyse*. Schleswig 1656, German reprint, ed. by Erich Trunz, 21. Ed. by Dieter Lohmeyer. Tübingen 1971.

[8] Barthélemy d'Herbelot, *Bibliothèque orientale, ou dictionnaire universel contenant tout ce qui fait connaître des peuples de l'Orient*. Den Haag 1777.

[9] Hammer, *Fundgruben des Orients*. 6 vols. Vienna 1809–1818.

ing with the orientalist style of writing in the first place.[10] Hammer's work as a scholar, translator and mediator of classical Persian literature is neglected or even punished with undifferentiated, negative overall judgements that concentrate on the shortcomings of his achievements. Interestingly, by far the majority of the negative evaluations of Hammer's 1812/13 Hafis translations were made by Germanists who did not know Persian and therefore were not qualified to judge Hammer's work as they could not read his Persian sources.[11] These critiques were aimed exclusively at Hammer's German writing style. In the terminology of German Translation Studies this phenomenon is referred to as 'ausgangstextunabhängige Übersetzungskritik', and we mostly encounter it in the feuilleton pages of daily newspapers, where nobody expects academic standards to be met.

As a result, the *Redekünste* has been ignored in the 185 years since the publication of the *WöD*, particularly in source studies of the *Divan*. Until today no major coherent scholarly work has been written about the *Redekünste*.

Hammer's *Redekünste* was one of the first publications that dealt with Persian literary historiography in a European language. In the preface of the book Hammer offers some background information about his studies and sources for the *Redekünste*. His work on the *Redekünste* had been preceded by what he calls a 'Geschichte der Schönen Literatur der Türken', which was planned as a section in Eichhorn's *History of Literature* and was eventually published in a monumental edition in the 1830s.[12] In his introductory remarks in the preface to the *Redekünste* Hammer attempts to contextualize Persian literature within the ensemble of literatures of the nations of the orient – the Hebrews (Hebräer), Indians, Persians, Arabs, Turks, Mantchu and Chinese – whose poetry, according to Hammer, deserves to be represented. He acknowledges the

---

[10] One of the very few exceptions is Ingeborg Hildegard Solbrig, who wrote a number of exploratory studies into the life and work of Hammer in the early 1970s including *Hammer-Purgstall und Goethe: 'Dem Zaubermeister das Werkzeug'*. Bern and Frankfurt a.M. 1973; Der Hammer-Hafis im Spiegel der Divanforschung. Forschungsbericht. In: *Etudes Germaniques* 26 (1971), pp. 137–53; Die Inschrift von Heilsberg. In: *JbWGV* 75 (1971), pp. 14–28; Entstehung und Drucklegung der Hafis-Übersetzung Josef von Hammers. In: *Studi Germanici* 2 (1972), pp. 393–403; Redekünste. Einige Bemerkungen zur poetologischen Terminologie in der Goethezeit. In: *Germanic Notes* 1 (1970), pp. 2–5; Über die Blumen- und Früchtesprache der Hareme. Eine frühe Anregung zu Goethes Noten und Abhandlung in Cottas ‚Morgenblatt'? In: *Publications of the English Goethe Society*, vol. XL (1970), pp. 117–22.

[11] See Konrad Burdach's negative statement about Hammer's Hafis translation, which since its publication has been unquestioningly copied and repeated by other Divan philologists throughout the 20th century, Zur Entstehungsgeschichte des West-östlichen Divans. In: *Drei Akademievorträge*. Ed. by Ernst Grumach. Berlin 1955. A rare example for a critical view of 'Hammer bashings' from an Iranist's perspective is Wolfgang Lentz in his book *Goethes Noten und Abhandlungen zum West-östlichen Divan*. Hamburg o.J. 1958.

[12] Hammer, *Geschichte der Osmanischen Dichtkunst bis auf unsere Zeit. Mit einer Blüthenlese aus zweytausend zweyhundert Dichtern.* 4 vols. Pesth 1836–1838.

works of Lowth and Herder on Hebrew poetry and the works of Jones and Schlegel on the literatures of the Indians and Persians. Based on Jones' statement in *de poesia asiatica* which had granted Persians a superior position to Indians, Hammer claims to justify the superiority of Persian literature to Arabic and Turkish literatures as well.

The *Redekünste* was the result of Hammer's studies of Persian poetry over the course of twenty-five years. Since his youth he had studied most of the works of the poets discussed in the *Redekünste* in the oriental collections in the Kaiserliche Bibliothek, the Kaiserliche Orientalische Akademie and in the private collection of the Graf von Rzewusky. Altogether he read more than 50 divans and manuscripts and over one million verses. In addition to his primary texts he also mentions biographies of poets (tazkere) that combined accounts of the lives and works of classical Persian poets with samples of their writings. These were Jami's *Baharestan* and Doulatshah's *Tazkeratoshoara* as well as Sam Mirza's *Tazkeras*. Hammer also mentions the name of the work *Atashkadeh* but expresses regret at not having been granted access to it by Mr. Rousseau, the former French envoy to Baghdad and Halep, who owned a rare copy of the book. The content of Jami's *Baharestan*, particularly the section about early Persian poetry, had already been translated and published in the Viennese *anthologia persica* and formed the basis of the introductory part of the *Redekünste*. Doulatshah offered biographies of poets from the Arab invasion until the 15th century and the prince Sam Mirza started in the 16th century and ended just before Hammer's time, in the late 18th century. Hammer calls these four works 'die Grund- und Ehrensäulen, auf denen der Dom persischer Dichterbiographien und Anthologien ruht'.

The preface is followed by a brief general overview in 15 pages, which in itself is divided into three sections. The first one is entitled 'Vom Beginne persischer Kultur bis zum Umsturze des persischen Reiches durch die Araber', the second 'Von der Eroberung Persiens durch die Araber bis auf die heutige Zeit' and the third 'Sagen und Bilderllehre der persischen Dichter'.

The main part of the *Redekünste* consists of seven chapters that at first sight seem to follow each other chronologically and thus are called 'erster Zeitraum', 'zweyter Zeitraum' etc. Each chapter starts with a thematic introduction that summarizes the most important characteristics of each era and shows the evolution of Persian literature from the previous period to the next. The introduction is then followed by biographies of poets with samples of their works that illustrate or dramatize anecdotal accounts of events in their lives. The first period is dedicated to the 'persische Poesie in ihrer ursprünglichen Reinheit', that is the epic era or the era of Ferdousi. Apart from Ferdousi, nineteen other poets from Rukadi to Omar Khayam are mentioned in this chapter. The second period treats the influence of Arabic, panegyric and romantic poets. Anvari and Nezami are named as the most significant. The third period is devoted to mystical and moral literature from Rumi to Sa'adi. The fourth period is dedicated to 'Lyrische Dichtung als höchster Flor persischer Poesie', with Hafis and Wassaf named as the most significant representatives. The fifth period deals with the 'Stillstand der persischen Poesie' and ends with Jami, the last poet of the highest status. The sixth period is about the regression of poetry and the start of a period of history and letter writing in Persia and India. The seventh period, with only six pages, is the shortest chapter in the book. In the first to the fifth periods 20, 25, 30, 25, 50 and 50 poets are introduced respectively. The total number, 200, is indicated in the subtitle of the book.

In his *Tages- und Jahres-Notizen* from 1818 Goethe emphasized the necessity of clarifying the status of seven main Persian poets and acknowledging their literary merits both for himself and for his public. Goethe's remark about the seven main poets is based on Hammer's 'ranking' of the poets in the *Redekünste*. Like in the first five introductory chapters of the *Redekünste*, Goethe repeats the names of Ferdousi, Anvari, Sa'adi, Hafis, Nezami, Rumi and Jami as the most significant representatives of epic, panegyric, didactic, lyric, and romantic poetry. The same ranking finds its trace in the prose part 'Zum Besseren Verständnis' of Goethe's *WöD*, where – modelled on the corresponding chapters in Hammer's *Redekünste* – one chapter is dedicated to the life and work of each of these seven Persian poets.

Hammer's most intensely used source is the *Tazkeratoschoara* by Amir Doulatshah Samarqandi[13] (who died around 1494), to whom a mini chapter of five lines is dedicated in the *Redekünste*.[14]

Doulatshah's *Tazkeratoshoara* is one of the few classical collections of biographies and poetic anthologies written by Persian poets and scholars. These were the first native attempts to write a Persian literary history. Despite its shortcomings and factual errors, which among others the Iranian scholar Bahar has pointed out in the third volume of his *Sabkshenasi*, the *Tazkeratoshoara* was the main biographical and anthological source of Persian literature throughout the 18th and 19th centuries. As mentioned before, it includes poets' biographies from the Arab invasion until 1486/87. Doulatshah appears to have written this work under the assumption that he was the first to do so and without any knowledge of predecessors like Nezami Aruzi in the *Four Discourses*.

---

[13] Mohammad Ramezani, ed., *Tazkeratoshoara von Amir Doulatschah Samarqandi*. Teheran 1338 (=1959). 2nd edition: 1366 (=1987).

[14] Hammer, *Redekünste*, op.cit., p. 310.

Certain similarities between Hammer's *Redekünste* and Doulatshah's *Taz-kere* caused a misconception among two classes of scholars: Iranists with no knowledge of German, and Germanists with no knowledge of Persian. These scholars assumed that the *Redekünste* was a translation or at least a direct adaptation of Doulatshah's *Tazkere*.

In addition to an introduction and a chapter about Arab poets, Doulatshah's *Tazkere* consists of seven chapters, which he calls sevenfold classes (tabaqat-e haftgane). In these chapters he deals with 141 poets, that is 39 less than Hammer. Doulatshah's 'classes' seem to be primarily in a chronological and not thematic order. Therefore the names mentioned in each chapter of the two books are not the same.

The degree of similarity between the corresponding biographies in both books varies. Hammer generally opens chapters about poets (like Sa'di[15]) whose works were known through translations in Europe, with a brief history of their European reception. Poets who are unknown in Europe are introduced in short chapters that are – apart from Hammer's own rhetoric – very similar to Doulatshah's portraits. Hammer's narrative style is modelled on Persian Tazkeres. The chapters in the *Redekünste* contain biographical notes, anecdotic narratives that illustrate or dramatize quoted fragments of each poet's works and samples in Hammer's translation. All of Hammer's anecdotic narratives can be found in Doulatshah's *Tazkere* in one form or another. Needless to say, these anecdotal narratives are not always historically substantiated. In the chapter about the satirical poet Obeyd-e Zakani, Hammer tells a story (or legend?) about the encounter between Obeyd and the poet Salman Savoji in Baghdad which is identical to the one in Doulatshah's *Tazkere*. Almost 100 years later this story reappears in the *Persische Litteraturgeschichte* by Paul Horn, professor of Persian literature in Strassburg.[16] The Iranian scholar and editor of Obeyd's collected works, Abbas Eqbal Ashtiani, however, regards this legend as historically unsubstantiated.[17] Hammer seems to have chosen the anecdotal stories that Doulatshah apparently 'inherited' through oral tradition, and presented them based on his own judgement of the receptiveness of his audience. This explains the sections cut from Doulatshah's Sa'adi biography in the *Redekünste*. On the other hand, the anecdote about the confrontation between Ferdousi and Sultan Mahmud is identical in both books.[18] The confrontation arises after Sultan Mahmud pays off Ferdousi with silver coins

---

[15] Ibid., p. 204.

[16] Paul Horn, *Geschichte der persischen Literatur*. Leipzig 1901 (vol 6, half-volume 1 of *Die Litteratur des Ostens in Einzeldarstellungen*), p. 137.

[17] Abbas Eqbal Hastían, tarjomeye ahval-e Obeid. In: Mohammad Jafar Mahjub, ed., *Kolliyat-e Obeyd-e Zakani*. New York 1999, p. 10.

[18] See Hammer, *Redekünste*, op.cit., p. 50 and *Tazkeratoschara*, ed. by Ramezani, op.cit., p. 41.

instead of golden coins, which Ferdousi then gives to the owner of a public bath and a drink vendor on the street, provoking the anger of the Sultan against him until the end of his life. The core of this story has found its way from Nezami Aruzi to Doulatshah and through Hammer's *Redekünste* to 19th century German literature. We encounter a short version of it in the prose chapter 'Zum Besseren Verständnis' of the *WöD*. A few decades later in 1851 Heinrich Heine, who was living in exile in Paris, turned the story into an allegory and used it in his poem 'Der Dichter Firdusi' (*Romanzero*) as a mockery of his publisher Campe.

The Hafis chapter in the *Redekünste*[19] is an exact opposite example because it has nothing in common with the corresponding chapter in Doulatshah's *Tazkere*. It seems to be solely rooted in Hammer's own philological studies. The Hafis chapter begins with a biographical sketch which is based on the preface in Hammer's Hafis edition from 1812/13. Hammer quotes – with pride – Goethe's pre-published 'Proben eines West-östlichen Divans', in which the 'prince of German poetry' acknowledges a similar status for Hafis and wishes to form an alliance with him. Hammer reminds his readers that through translations by Jones and Revitsky Hafis was already known and respected by the learned European audience. He translates the poet's name into 'die Glaubenssonne, der Preiswürdige, der Bewahrende' and his surname lesanulgheyb ('mystische Zunge' or 'the invisible tongue', E.G. Browne). According to Hammer Hafis only 'deserved' his two middle names: he deserved praise and as a free thinker he was both the guardian of the Koran and the 'eternal fire of the art of poetry'. On the other hand, he did not deserve his first name Shamseddin and his later acquired surname lesanulgheyb, because he was not an exemplary 'Glaubenssonne': 'Seine Zunge dolmetschte bloß die Lehren des Sinnesgenusses, und nicht die Mysterien der göttlichen Liebe'. Even though some of his s carried mystical colour and his *saqiname* (Buch des Schenken, book of the cupbearer) breathed the air of mysticism, his entire poems were nothing but a loud invitation to love and wine, and expressed great fascination for the erotic and the sensual. Hammer then discusses the problem of apologetic readings of Hafis' poems by those who tried to defend him from being banned and persecuted. These readings attempt to conceal the free and – from the enemy's point of view – the heretic spirit of his poetry under the cover of allegorical interpretations and mystical terminology. Attentive readers of his translations however would easily be able to distinguish between the true mystical spirit in Attar and Rumi's poetry and Hafis' sensual lyricism, where the main topics are love, wine, total indifference toward outwardly religious tasks and the mockery of pious duties. The only pious qualities of Ha-

---

[19] Hammer, *Redekünste*, op.cit., p. 261.

fis were what he wore (his robe and cane) and his complete disregard for earthly possessions.

In the Hafis chapter of his *Divan*, Goethe takes over Hammer's biographical sketch about Hafis as well as his reading of Hafis' poetry. By adding his own comments Goethe creates a link between Hammer's biographical information and the cultural background knowledge that he presumes his German audience may have. For example he compares the significance of the surname 'Hafis' (the guardian) with the title 'lebende Konkordanz', which in the 18th century was given to zealous protestants who had studied the holy texts of Christianity to the point that they could recite them by heart.[20] Inspired by Hammer's explanations about Hafis' names and surnames Goethe had already written the poem 'Beyname' in the poetic part of the *WöD*.[21]

In accordance with Hammer's elaboration in the preface to his Hafis edition[22] Goethe calls Hafis a 'Derwisch', 'Sofi' and 'Scheich'. The corresponding section in Hammer's preface reads as follows: '[...] daß er [Hafis] zu einer Bruderschaft von Derwischen gehörte, und als angehender *Sofi* oder betrachtender Weiser erst unter einem Ordensscheiche stand [...]. Er ward selbst *Scheich...*'

Goethe tries to solve the contradiction between this characterization of Hafis as a Darwish, Sufi and Sheikh, who devoted his life to serious theological studies and the frivolous tone in his poetry with the argument 'daß der Dichter nicht geradezu alles denken und leben muß was er ausspricht'.[23]

This construction of Hafis creates a contradiction that in real life may not have existed. Hafis may temporarily have belonged to a mystical order active in the region around Shiraz. His virtuosity in the usage of mystical key terminology can be taken as an indication of this. However, he was most probably no Sufi and no Sheikh and not a dignitary in a Sufi order either. The mystical poet and biographer Jami, who was born only 25 years after Hafis, does not mention his name as a member of a Sufi order in his work *Nafihatuluns*. Presumptions about Hafis as a Sufi only came up many years after his death during the Safavid era. As I mentioned before, one source of these apologetic readings of Hafis were friendly readers who intended to protect his work from being banned by the religious orthodoxy by interpreting and declaring them as mystical. Since Hafis was a well-known poet during his lifetime, he would have become a high-ranking dignitary had he stayed in a Sufi order. In that case he would also have been addressed as 'Sheikh Hafis' just like the other

---

[20] *WöD*, p. 173.
[21] Ibid., p. 28.
[22] Hammer-Hafis, op.cit., p. 11.
[23] *WöD*, p. 174.

great Shirazi poet Sheikh Sa'di. As we know, he was and is generally referred to as 'khaje Hafez-e Shirazi'. During the Ghasnavid and Saljuq era in Iran the title 'khaje' was a courtly title for people in high-ranking public and even ministerial functions, similar to 'your excellency'. Hafis himself uses the word 'Sheikh' in his *Divan* 26 times and each time with an undertone of opposition and condescending irony. His spiritual leaders – as far as his poetry is concerned – are zoroasthrian sages (mogh), who were not opposed to alcohol consumption and to whom he refers respectfully as 'pir-e moghan', 'pir-e kharaabaat' and 'pir-e meykade'. Finally, a last indication of Hafis' identity might be that in 14th century Persian miniatures he never wears a sufi robe ('Mönchskutte').

In the *Redekünste* Hammer tries to make his own reading of Hafis plausible through a selection of 30 Ghasels, one masnawi, a quatrain and one poetic fragment, which he has taken without any changes from his own Hafis edition.

In the following I will describe Hammer's methodological approach, with which he creates a cultural and historical framework for his Germanic readers so that they can locate Hafis and understand his foreign poetics. I will focus on describing and analyzing Hammer's method of converting the morphological and rhetoric verse characteristics of Hafis' poems from Persian into German. I will try to show how Hammer – in his own words – 'translates (carries) the reader into the original text instead of bringing the text to the reader' and how he offers his readers hints from their own occidental cultural tradition.

Hammer's Hafis translation consists of two parts in 1028 pages and 704 texts: 576 Ghasels, six masnewi, two panegyric qasidas (Hammer calls them 'elegies'), 44 mokattaat (poetic fragments), 72 rubaiyyat (quatrains) and one takhmis (a short poem in one strophe consisting of five lines). Hammer's selection of the texts, their order in his German edition, the succession of the verses within each text and the philological explanations in the footnotes are primarily based on Sudi's Hafis edition, which he had acquired in Constantinople. Hammer also used two other Turkish Hafis editions by Schemii and Soruri as cross reference books. The preface, the interpretive footnotes and most importantly the comparisons between Hafis, Horace and other classical Latin and Greek poets were written by Hammer himself. Hammer also used over 100 translated Hafis poems by Revitzky, Jones, Wahl, Hindley, Nolt, Gladwin and Dusely in Latin, English and German for reference purposes. With over 700 texts Hammer's own Hafis edition is seven times as voluminous as all texts by the above mentioned translators together. Hammer started his work on the Hafis translations during his first mission to Constantinople in 1799 and completed it within seven years. For another three years he edited the translations, added footnotes and wrote the preface. Altogether the Hafis translation was the result of ten years of intensive work.

Hammer preferred using Sudi's edition for the following two reasons: firstly, Sudi's footnotes are primarily dedicated to philological and grammatical explanations, and secondly, Sudi's reading of Hafis clearly tends toward a sensual and earthly interpretation.

Hammer, as a European recipient of Sudi's interpretations, translated Hafis from the cultural and historical context of 14th century Persia into the aesthetics of 18th century German anacreontic lyrical poetry. The anacreontic movement in German literature was initiated in the 18th century by the philosopher Baumgarten from Halle. Historically, Baumgarten's initiative went back to the publication of a selection of songs attributed to the Greek lyricist Anakreon by the Humanist Henricus Stephanus in 1554. The motifs and images in these songs that praise wine, the joys of life and love are strikingly similar to those of Hafis.

Hammer seems to have situated his own work as translator and philologist in the anacreontic tradition as well. A major constituent of the anacreontic movement in 18th century Germany was indeed the work of translators and philologists. One of the milestones of this movement was the complete translation of Stephanus' collection by Johann Peters Uz and Johann Nikolaus Götz in 1746.

The floral metaphors in the subtitle ('Blüthenlese') as well as in the preface to the *Redekünste* and the Hafis translation were likewise anacreontic elements in Hammer's writing style. In 1819, when the era of 'Empfindsamkeit' in German literature had well started, this style may have been perceived as slightly old fashioned. At the same time it probably reminded Goethe of his own anacreontic beginnings in the 1770s. In 1814, when Goethe first read Hammer's Hafis translation he was in a retrospective period of his life, as he was working on the first complete edition of his works. One factor that drew his attention to Hafis may well have been nostalgia for his own youth triggered by the stylistic anachronism of Hammer's Hafis translation.

A major part of Hammer's translations are anacreontic recreations of Hafis' poetry. These recreations are often rhymeless jambic or trochaeic verses with three or four stresses, put together without any strophic separation. With these verse morphological characteristics and the motifs of Saba (instead of the anacreontic 'zephir'), rose, wine, sensual erotic love and a happy appreciative attitude toward the joys of life while ignoring social norms and etiquettes, Hammer's recreations in fact complied with the genre specifications of the classical Greek anacreontic song.

These specifications can be observed in the first sample text that Hammer offers in the Hafis chapter of the Redekünste: as in the Hafis edition, Hammer quotes the first line of the Persian original in Latin alphabet. Incidentally, this transliteration shows that he spoke and wrote Persian with a strong Turkish accent. The note 'Aus dem Buchstaben Alif (A)' refers to the succession of the texts in his German Hafis edition and in the Sudi edition.

Saba beelutf bügu an ghaseli ranara

Sage Morgenwind mit Schmeicheln	Jener lieblichen Gaselle,
Auf die Berge, in die Wüsten	Hat die Liebe mich getrieben
Warum frägt der Zuckerhändler,	(Herr erhalte ihm das Leben)
Warum frägt er nicht ums Wohlsyen	Seines Zuckerpapageyes?
Wenn Du bey dem Liebchen sitzest	Wein an seiner Seite trinkest

Etc.

Here we have rhymeless trochaeic verses with four stresses. Each two verses are printed on one line with a caesura in the middle so that they appear typographically similar to two Persian mesra's that appear within one beyt on the same line. All the above-mentioned constitutive characteristics of anacreontic verses are present in this translation.

In the following sample (Aus dem Buchstaben Ba 'Midemi subh ve kelle best sahab') Hammer transforms the two Persian mesra's in one long German line consisting of three short verse fragments that are separated by two caesuras following this metric pattern:

v – – v – – | v – – v – | v – v – v – v

Schon lächelt der Morgen	Und Wolken zieh'n her	Den Wein! Den Wein! Ihr Freunde!
Auf Wangen der Tulpen	Entglänzet der Tau	Den Trunk! Den Trunk! Ihr Freunde!
Es wehet von Fluren	Edenischer Hauch;	Verbergt nicht Wein den reinen.

Etc.

In his Hafis edition – but not in the *Redekünste* – Hammer draws parallels between Hafis and Horace by which he want to revaluate Hafis. As we know, Goethe later took on this parallelism between Hafis and Horace, and varied and turned it into the twin motif in the *WöD*. He himself appears as the twin brother of Hafis. He challenges and competes with Hafis through his poetry.

In some of the sample texts Hammer tries to emulate the form of the Ghasel, for example by using the 'radif', which he calls 'Echoreim'. The echo rhyme leads him to create unwanted connotations between the sublime poetry of Hafis and German folk poetry where a similar phenomenon is known as 'identischer Reim'.

| Deine Schönheit hat die Welt | Ungefähr ergriffen |
| Wahrlich nur durchs Ungefähr | Werden Welten ergriffen |

Seht, die Kerze möchte gern   Vom Geheimniß plaudern,
Ihre Zunge, Dank sey Gott!   Haben Flammen ergriffen.

Etc.

Among the poetological features of Hafis' poetry that interested Goethe were the form of the Ghasel, the loose inner structure of lyrical texts, the relative independence of verses within a Ghasel, the rhyme technique and rhetorical features like hyperbole. A testimony to Goethe's critical preoccupation with these features is his poem 'Nachbildung' in the *Hafis Nameh* of the *WöD*.

A variety of metric patterns are used in Hammer's Hafis translations. Some of these have been quoted in the sample texts in the *Redekünste*. Apart from the above-mentioned samples I find the metric organization of the Ghasel 'Aus dem Buchstaben Dal' (der esel pertevi husnet si tedschelli dem sed) curious. In this translation Hammer is creating long verse lines with three caesuras within them. Metrically these lines allude to the asklediadeic rhythm:

$$- \mathrm{v}\,\mathrm{v} - \mathrm{v} - \mathrm{v}\,\mathrm{v} - \mathrm{v} \mid - \mathrm{v}\,\mathrm{v} - \mathrm{v} - \mathrm{v} - \mathrm{v} \mid - \mathrm{v} - \mathrm{v}\,\mathrm{v} - \mathrm{v} - \mathrm{v}$$

Als in der Ewigkeit einer Schönheit   Schimmer entglänzte, ward die Liebe,   Die mit Flammen
die Welten ergriffen

Interestingly, almost half of the translated Hafis samples that Hammer took from Sudi's edition are not included in Ghani and Qazwini's critical Hafis edition, which means that they are not authentic. More than 200 texts included in Hammer's Hafis and in Sudi's edition are proven to be not by Hafis. Among them is the alleged Hafis Ghasel that inspired Goethe to write the 'Selige Sehnsucht'.[24] The 'Selige Sehnsucht' is one of the best known and most frequently interpreted poems in the history of German literary studies and – ironically – it was inspired by a text that was a fake.

In the chapter about translations[25] in the prose part of the *Divan* Goethe formulated his thesis about the 'vollkommene Übersetzung', one of the first modern attempts to theorize about the problem of translation. Here, Goethe distinguishes between three kinds of translation:

The first one reproduces in prose the thoughts of the original. Grosso modo this is the academic translation method which the encyclopaedists used.

Goethe calls the second method 'paraphrastisch', 'supplementorisch' and 'parodistisch'. Hereby he means the 'belles infidèles' from 18th century France. According to Goethe these are translations 'wo man sich in die Zustände des Auslandes zwar versetzen, aber eigentlich nur fremden Sinn sich anzueignen

---

[24] See Hans Heinrich Schaeder, Die persische Vorlage von Goethes ‚Selige Sehnsucht'. In: *Geistige Gestalten und Probleme. Eduard Spranger zum 60. Geburtstag* ed. by Hans Wenke. Leipzig 1942.

[25] *WöD*, p. 280.

und mit eignem Sinn wieder darzustellen bemüht ist'. The negative qualities that Goethe attributes to this type indicate that he was not in favour of it.

The third kind which he calls the 'complete translation' reproduces not only the 'Sinn' but also the rhetoric and rhythmic elements of the original and assimilates them into the German language ('deutscht sie ein').

As I have tried to show, in Hammer's work translation consists of several complex processes that run parallel to each other. Beyond the lexical and syntactic level of translation, Hammer transfers to a certain extent the philosophical content and the foreignness of Hafis' poetics into German. At the same time he also replaces the poetics of Hafis with the genre specific characteristics of anacreontic lyrical poetry. So, it is disputable whether Hammer's translations are 'Eindeutschungen'. Nevertheless, according to Goethe's classification, Hammer's work would fit into the third category of 'complete translations'.

David Bell

'ORIENTALIZING THE ORIENT' OR 'ORIENTALIZING OURSELVES'?

THE MEETING OF WEST AND EAST IN GOETHE'S *WEST-ÖSTLICHER DIVAN*

Readers of Edward Said's landmark study *Orientalism*, first published in 1978, will immediately recognize the provenance of the phrase 'Orientalizing the Orient' that is used in the title of this paper. It encapsulates in a challenging and striking way the idea that is central to his concept of Orientalism as 'a Western style for dominating, restructuring, and having authority over the Orient',[1] which has functioned as an ideological preparation for European colonialism and imperialism. Furthermore, this involves a process whereby the Orient is itself 'created' or, as he calls it, 'Orientalized',[2] and this image passed off as objective truth in order to justify the western presumption of superiority. Said writes:

> For the Orient ('out there' towards the East) is corrected, even penalized for lying outside the boundaries of European society, 'our' world; the Orient is thus *Orientalized*, a process that not only marks the Orient as the province of the Orientalist but also forces the uninitiated Western reader to accept Orientalist codifications (like d'Herbelot's alphabetized *Bibliothèque*) as the *true* Orient. Truth, in short, becomes a function of learned judgement, not of the material itself, which in time seems to owe even its existence to the Orientalist.[3]

This process of 'Orientalization' is necessary, according to Said, because of a presumption in the West of 'an ontological and epistemological distinction'[4] between Orient and Occident, which it is necessary to overcome by the imposition of an image that both tames and controls the 'Other', which is perceived

---

[1] Edward W. Said, *Orientalism*, Reprint of 1978 edition with new afterword. Harmondsworth 1995, p. 3.
[2] Ibid., p. 5.
[3] Ibid., p. 67.
[4] Ibid., p. 2.

as both inferior and threatening. The aim here is not to offer a detailed critique of Said's thesis; despite the fact that in certain superficial ways Goethe's discourse in the *West-östlicher Divan* might arguably be seen to represent on occasion a vision of the Orient that conforms to certain stereotypes (mysticism and sensuality, for example), and despite the fact that his work may have been misapplied and misrepresented (by Marx, for example), the paradigm that Said offers fails entirely to explain or to do justice to Goethe's approach and thereby distorts a proper appreciation of its contribution, past and present, to the furtherance of understanding between East and West.[5]

It is the aim of this paper to investigate the nature of Goethe's approach, to explore (what can be called) the meeting of West and East, which is both implicit in the very title of his *West-östlicher Divan,* and behind his impulse to provide the explanatory *Noten und Abhandlungen zu besserem Verständnis des West-östlichen Divans.* It is in this series of essays and articles, which was included and bound with the first edition of the work in 1819, that we find the source of the second phrase that I have used in my title: 'orientalizing ourselves'. Commenting on some of the difficulties a western reader of oriental poetry may encounter when faced with elaborate imagery that appears to go too far or even offend our taste, Goethe urges on us the necessity for openness and appreciation of the work in its own context and tradition. We must realize, he says:

> daß keine Gränze zwischen dem was in unserm Sinne lobenswürdig und tadelhaft heißen möchte gezogen werden könne, weil ihre Tugenden ganz eigentlich die Blüthen ihrer Fehler sind. Wollen wir an diesen Productionen der herrlichsten Geister Theil nehmen, so müssen wir uns orientalisieren, der Orient wird nicht zu uns herüber kommen. Und obgleich Uebersetzungen höchst löblich sind, um uns anzulocken, einzuleiten, so ist doch aus allem Vorigen ersichtlich, daß in dieser Literatur die Sprache als Sprache die erste Rolle spielt. Wer möchte sich nicht mit diesen Schätzen an der Quelle bekannt machen![6]

Appreciating the poetry of the Orient demands conscious *activity* on the reader's part, a process he calls 'orientalizing ourselves'. He is making the spe-

---

[5] See David Bell, Goethe's Orientalism. In: *Goethe and the English-Speaking World,* ed. Nicholas Boyle and John Guthrie. Rochester. N.Y. 2002, pp. 199–212. For further criticism of Said's position vis-à-vis Goethe, see Walter Veit, Goethe's Fantasies about the Orient. In: *Eighteenth-Century Life,* 26:3 (2002), p. 161–80.

[6] 'Uebergang von Tropen zu Gleichnissen', Johann Wolfgang Goethe, *Sämtliche Werke, Briefe, Tagebücher und Gespräche,* Frankfurter Ausgabe, ed. Friedmar Apel et al. Frankfurt am Main 1987–99, Vol. 3/1, ed. Hendrik Birus, 1994, pp. 199–200. Subsequent references to this edition are abbreviated to FA.

cific point that there is no substitute for first-hand knowledge of the original language. In his brief correspondence with the Orientalist Heinrich Friedrich von Diez one of the things Goethe gratefully acknowledges is his indebtedness to him for opening up, through his linguistic abilities, 'Sinn und Geist' of oriental cultures.[7] But Goethe's point about language has a wider applicability. Just as acquiring a foreign language requires effort and discipline, and as learners we cannot afford to make presumptions based on our own native language, so, too, understanding the poetry of an alien culture requires that we must feel our way into the world and the thinking of the poet we are reading. What Goethe is demanding is the application of the lesson he learnt many years before from Herder about the dangers of applying arbitrary standards when making judgements about cultures other than one's own. The phraseology used by Goethe here seems – in relation to the present argument – fortunate, almost prescient perhaps, but it does in fact encapsulate the crucial difference that distinguishes it from the 'Orientalized Orient' defined by Said. The approach suggested by Goethe goes, so to speak, in the opposite direction, and is based on an openness to external influences and to the unfamiliar. It demands resistance to the temptation to dismiss as worthless or debased that which might not appeal to our cultural taste. Above all, it demands the abandonment of a position of cultural superiority that dictates the imposition of standards that are based on no more than prejudice and on a presumption that the object of enquiry is *fundamentally* alien.

It is, indeed, one of the central functions of the *Noten und Abhandlungen* to try and counter this tendency. His declared intention, 'zu erläutern, zu erklären, nachzuweisen, und zwar bloß in der Absicht daß ein unmittelbares Verständniß Lesern daraus erwachse, die mit dem Osten wenig oder nicht bekannt sind',[8] is not guaranteed success simply by virtue of its being declared, nor is it automatically protected from the risks of stereotyping. It is, however, noticeable that Goethe aspires to convey 'unmittelbares Verständniß' through his notes and explanatory essays, and even more, as we shall see, through the poems of the *Divan* itself. To achieve this requires the kind of openness that underlies Goethe's call for us to 'orientalize ourselves'. Moreo-

---

[7] Goethe to Diez, n.d. [between July and November 1815], 'Briefwechsel zwischen Goethe und v. Diez', ed. Carl Siegfried, *Goethe-Jahrbuch*, 11 (1890), p. 29; Goethe also laments, 'Das weite Feld des oriental. Studiums giebt mir sehr frohe Ansichten, leider fehlt mir die Kenntniss der Sprachen an welche seit meiner Jugend kaum mehr denken können' (ibid.). See also Goethe's tribute to Diez's assistance in the *Noten und Abhandlungen*, 'Von Diez', where he notes, 'Da ich nun mit Sitten und Geschichte des Orients bisher nur im Allgemeinen, mit Sprache so gut wie gar nicht bekannt gewesen, war eine solche Freundlichkeit mir von der größten Bedeutung', FA 3/1, p. 272.

[8] 'Einleitung', ibid., p. 138.

ver, as he concludes in the introduction to the *Noten und Abhandlungen*, it involves a process that is in essence receptive, rather than controlling:

> denn in einer Zeit, wo so vieles aus dem Orient unserer Sprache angeeignet wird, mag es verdienstlich erscheinen, wenn auch wir von unserer Seite die Aufmerksamkeit dorthin zu lenken suchen, woher so manches Große, Schöne und Gute seit Jahrtausenden zu uns gelangte, woher täglich mehr zu hoffen ist.[9]

In fact, an attentive reading of the *Noten und Abhandlungen* reveals Goethe on occasion to be quite critical even of those whose pioneering linguistic work had opened up oriental sources to European readers. When writing about what he calls the 'Ur-Elemente' in the imagery characteristic of oriental poetry Goethe notes that the categories of taste that we are accustomed to apply are not valid and Johann Jakob Reiske and Johann David Michaelis, for all their merits, are reproved for their failure to recognize this:

> Ihrer [der orientalischen Dichtkunst] Tugenden lassen sich nicht von ihren Fehlern trennen, beyde beziehen sich auf einander, entspringen aus einander und man muß sie gelten lassen, ohne Mäckeln und Markten. Nichts ist unerträglicher, als wenn *Reiske* und *Michaelis* jene Dichter bald in den Himmel heben, bald wieder wie einfältige Schulknaben behandeln.[10]

Goethe's sensitivity to the dangers arising from the adoption of false points of comparison expresses itself in the form of an explicit 'Warnung' addressed both to his readers and to Orientalists. He cites the attempt of the British Orientalist, Sanskrit scholar and colonial administrator in Bengal, Sir William Jones, to mediate his enthusiasm for oriental poetry and to make it more acceptable by comparing it with the poetry of Greece and Rome, and finds it flawed:

> Was wir inständig bitten ist, daß man Firdusi nicht mit Homer vergleiche, weil er in jedem Sinne, dem Stoff, der Form, der Behandlung nach, verlieren muß. […] Haben wir Deutsche nicht unsern herrlichen Niebelungen durch solche Vergleichung den größten Schaden gethan? So höchst erfreulich sie sind, wenn man sich in ihren Kreis recht einbürgert und alles vertraulich und dankbar aufnimmt, so wunderlich erscheinen sie, wenn man

---

[9] Ibid., pp. 139–40. One of the discoveries that Diez was so keen to impress on Goethe, and which Goethe responded to with such receptive enthusiasm, was the oriental provenance of certain Greek myths, including that of the Cyclops; see Diez to Goethe, 12.07.1815 and 28.11.1815, Briefwechsel zwischen Goethe und v. Diez, op.cit., p. 27 and pp. 31–32 respectively.

[10] Orientalischer Poesie Ur-Elemente, FA 3/1, p. 197.

sie nach einem Maßstabe mißt, den man niemals bey ihnen anschlagen sollte.[11]

Later, the criticism of Jones is softened somewhat, when he suggests that the Englishman was frustrated and disillusioned by the response he got for his efforts and was pained by the condescending and superior attitude exhibited, expressing his bitterness in the short essay *Arabs, sive de Poësi Anglorum Dialogus*:

> Hier stellt er uns mit offenbarer Bitterkeit vor Augen, wie absurd sich Milton und Pope im orientalischen Gewand ausnähmen; woraus denn folgt, was auch wir so oft wiederholen, daß man jeden Dichter in seiner Sprache und im eigenthümlichen Bezirk seiner Zeit und Sitten aufsuchen, kennen und schätzen müsse.[12]

Once again, Goethe seizes the opportunity to focus on the central factor in his approach to oriental culture. It is at bottom the very antithesis of the approach that seeks to impose a dominant ideology and vision of the world. In his essay on Diez in the *Noten und Abhandlungen* Goethe warmly recommends the spirit of Diez's enquiry and ventures to suggest that their brief correspondence in the years 1815–16 deserves publication and wider dissemination.[13] He must have been deeply impressed by Diez's impassioned outburst in what was to be his final letter to his receptive correspondent on 13 November 1816 (he died the following year), written, as Goethe tells us, in almost illegible handwriting and in defiance of pain and illness. Here, Diez makes a bitter and sarcastic attack on the attitudes of cultural superiority he finds in his contemporaries. Goethe's interest in the visit of the Persian Ambassador in St. Petersburg and London, Mirza Aboul Hassan Khan [Goethe's spelling] to Russia in 1816 prompted him to send Diez a translation of the ambassador's account of his arrival in St. Petersburg on New Year's Day 1816;[14] while casting doubts on the accuracy of the translation, Diez surmises that the ambassador's remark concerning the obligation to treat foreigners well implies that he was in fact treated 'als ein seltsames Thier aus sogenannten barbarischen Ländern' and put on show, adding sharply:

> Dies ist die gewöhnliche Vorstellung, welche sich der ungebildete Europäer von Menschen jener Gegenden macht und er kann dabei nicht unterlassen, den Morgenländern bemerklich zu machen, seine Überlegenheit

---

[11] 'Warnung', ibid., pp. 201–02.
[12] 'Lehrer', ibid., p. 270.
[13] 'Von Diez', ibid., p. 272.
[14] Parts are included in the *Noten und Abhandlungen*; see 'Neuere, Neueste', ibid., p. 183.

in der Kriegskunst und in Künsten und Wissenschaften, der Morgenländer fühlt diese Impertinenzen in den blossen Mienen geschweige den Worten. [...] Ebenso demüthigend sind die ausserordentlichen Spiele, welche man den östlichen Gesandten zu geben pflegt, um ihnen zu zeigen, wie weit wir in der sogenannten Aufklärung und Cultur vorgerückt sein wollen.[15]

Warming to his theme, Diez recounts his uncomfortable experiences at the court of Frederick William II on the occasion in 1791 of the visit of Asmi Achmed, Ambassador of the Sublime Porte. He tells how the envoy was treated to electrical demonstrations and a virtuoso harmonica recital, but scarcely impressed, remarking about the latter, *'diese Töne kann ich auch hervorbringen, wenn ich einer Katze den Schwanz kneife'*.[16] Concerned about the probable indignant or even violent reaction, Diez felt it necessary to invent an innocuous translation. He goes on to speak of the shame he felt at questions his compatriots put to oriental visitors, including one occasion when a young Turk was asked, through Diez, 'warum man denn in der Türkei keine Künste und Wissenschaften treibe?', prompting the retort from the visitor, *'glauben denn diese Leute, dass wir dumme Thiere sind?'*[17]

News of Diez's death reached Goethe before he could respond to these anecdotes, but there can be little doubt that he shared the sentiments and attitudes that they revealed. What Diez and Goethe object to, of course, is the kind of thinking that provides the fertile soil in which 'Orientalism' can grow and flourish, and it is to counter this kind of thinking that he conceives the *Noten und Abhandlungen*. The *Divan* itself is informed by a different mode of thinking that is based on openness, receptiveness and which can justifiably be called a 'meeting' of West and East. The difficulty for Goethe, of course, was that this was not, and could not be, a real encounter, a first-hand experience or a literal 'meeting'. His lack of knowledge of the relevant languages was another obstacle of which he was acutely aware and mentions on numerous occasions. His brief forays into the complexities of oriental languages, together with his experiments in mastering the script, as evidenced on so many of the *Divan*-manuscripts, are probably best understood as expressions of an unfulfilled and frustrated desire, rather than the doodlings of a dilettante. Goethe's lack of first-hand experience of the 'real Orient' is also a difficulty for us, when it comes to assessing the nature of his engagement with the East, and it is all too easy to bracket him unquestioningly with the mind-set that we associate with 'Orientalism'. The mistake inherent in such a presumption is, however, the

---

[15] Briefwechsel zwischen Goethe und v. Diez, ibid., pp. 39, 40.
[16] Ibid., p. 40.
[17] Ibid., pp. 40, 41.

misconception that the *Divan* does actually purport to be a representation of the 'real Orient'. It is not. It is an undertaking of the imagination, an imagination that is open and receptive to cultural influences that are not ones that he has encountered at first-hand, but which are mediated through the most effective channel, namely poetry and other literary sources. This is not without its dangers either. Goethe is very much aware that he is reliant on the travel accounts of westerners and of translations by western linguists. To his comments on the debt he owes to Pietro della Valle he adds an 'apology', hinting at the suspicion he harbours that he has perhaps been over-reliant on this one individual, who has perhaps coloured his views too specifically:

> In diesem Sinne hab' ich Pietro della Valle umständlich dargestellt, weil er derjenige Reisende war, durch den mir die Eigenthümlichkeiten des Orients am ersten und klarsten aufgegangen, und meinem Vorurtheil will scheinen daß ich durch diese Darstellung erst meinem Divan einen eigenthümlichen Grund und Boden gewonnen haben.[18]

Such difficulties had to be faced, however, if greater understanding was to be achieved, especially at a time when so little reliable information was available. The *Divan* creates a kind of literary space in which, as a poet, he can engage with what he has learnt, and above all with the poetry he has discovered. In this sense it *is* a kind of meeting, a dialogue, between the western poet and his counterpart, whose world is entered into by an imaginative identification with the culture and outlook as revealed in the poetry and religion of the culture(s) in question. Since the time of his first encounter with Herder, this had been for Goethe the mark of *authentic* poetry, springing directly from natural cultural roots; such authenticity has the power to convey to the reader directly an experience that is as close as one can ever get to actually experiencing it for oneself. It is worth remembering at this point that Goethe's interest in oriental poetry goes back to this time and that, like Herder, he considers the books of the Old Testament primarily as authentic poetry of this kind, and probably shared Herder's view of the Old Testament as the 'Älteste Urkunde des Menschengeschlechts'. Such poetry, when approached with the 'Einfühlung' demanded by Herder, provides the space where the mind of the reader can work its way into the world of the other poet. It is perhaps not too far-fetched to see a parallel between what Goethe is attempting in the *Divan* and what he attempted in the *Römische Elegien* in the wake of his two-year sojourn in Italy. His physical encounter was with Italy, but the imaginative and poetic encounter was with the world of antiquity, the spirit of ancient Rome and its poets, and even, the further south he moved, took him closer to ancient Greece. He attempts, so to speak, to transpose him-

---

[18] 'Entschuldigung', ibid., p. 266.

self, the modern poet, into the world of the classical poet. It is not that he is trying to conjure up for us an image of the ancient world and pass it off as real or objectively true, but it is an engagement, a meeting of different worlds, and it is a similar kind of meeting that we find in the *Divan*, where the western poet engages in a dialogue with the eastern poet, vying with him, and transposing himself into an eastern *alter ego*. This is what Goethe means by 'orientalizing ourselves', or at least this is the agenda he embraces in creating the *Divan*.

In his introduction to the *Noten und Abhandlungen* Goethe himself draws attention to the fiction that the author of the *Divan* is best regarded as a traveller struggling, albeit imperfectly, as he concedes, to get inside an unfamiliar culture, unfamiliar ideas and sentiments, while the poems of the collection are best regarded as the offerings of a merchant, laid out, not without praise and exaggeration, to delight his customers.[19] We should not be misled by possible pejorative associations that we may make in interpreting this apparently consumerist analogy; I do not believe there is any justification to infer from this that he regards the East as something to be consumed by voguish western taste or fancy. On the contrary, the emphasis is on bringing something of value *to* the target audience, his readership, and he demands openness and receptiveness from them. The direction of the transfer is crucial, and it is clear that there should be no question of these offerings being dismissed out of hand as simply alien or inferior, even barbarous. Furthermore, although it may be necessary to mediate in this way between the familiar and the unfamiliar, this does not presuppose a fundamental, ontological distinction. On the contrary, he considers, like Diez and indeed, like Herder, that the lands that saw the birth of Judaism, Christianity and Islam form a cradle that has nurtured the development of and been a kind of fatherland to the West. Moreover, the viewing of some of the oldest traditions and records as poetry reinforces the idea that a common root links both West and East, recalling Hamann's dictum, 'Poesie ist die Muttersprache des menschlichen Geschlechts'.[20] It is in this sense that there is, for all the obvious differences and difficulties of understanding, a commonality that derives from a shared humanity. As we read in the *Divan* too, the culture of the West has not grown in splendid isolation from the East:

> Herrlich ist der Orient
> Ueber's Mittelmeer gedrungen,
> Nur wer Hafis liebt und kennt
> Weiss was Calderon gesungen.[21]

---

[19] 'Einleitung', ibid., pp. 138–39.
[20] Johann Georg Hamann, *Aesthetica in nuce* in *Sämtliche Werke*, ed. Josef Nadler, 2. Vienna 1950, p. 197.
[21] 'Buch der Sprüche', FA 3/1, p. 368.

There remains for Goethe, then, the possibility of making meaningful contact and engagement which are real and valid, even if this does not involve personal experience at first-hand. That would only matter if his agenda was to project a particular image of that world, but it is not. His agenda is to open up the minds of his readers to other possibilities and achievements, and the way we do this is through a process of engagement, that can be properly described as a meeting.

For Goethe himself, this meeting seems to have been an effortless process in the imagination that was given free creative rein with his enthusiastic and captivated reading of Hafis in Hammer's translations in 1814/15. His immersion in the world of Hafis, as mediated through his poetry, found resonances with his long-established interests and was deepened further by intensive reading in the many sources he cites with such appreciation in the *Noten und Abhandlungen*. With Goethe's ability to get inside Hafis's world and to identify himself with him, it is more than a mere flight of fancy when, for example, he writes to his wife from Wiesbaden in June 1815, 'Die Rosen blühen vollkommen, die Nachtigallen singen, wie man nur wünscht, und so ist es keine Kunst, sich nach *Schiras* zu versetzen'.[22] He cultivates a state of mind that enables him, as it were, to move imperceptibly between West and East, or even to inhabit both simultaneously. In a late poem (1826) that was not in the end included in the *Ausgabe letzter Hand*, Goethe reflects on this almost intangible quality:

Sinnig zwischen beyden Welten
Sich zu wiegen lass ich gelten,
Also zwischen Ost und Westen
Sich bewegen sey zum besten![23]

This bringing together of the 'two worlds' is also one of the functions that the most appropriate translations can bring out. When distinguishing various levels that translation can achieve and noting the usefulness of each, Goethe notes that this is a process, 'in welchem sich die Annäherung des Fremden und Einheimischen, des Bekannten und Unbekannten bewegt'.[24] It is, of course, this process of 'Annäherung' that Goethe aspires to promote in the *Divan* and its apparatus, a process which, in context, is well described by the notion of 'orientalizing ourselves'.

Let us now examine a little further how this is exemplified and objectified in the poems of the *Divan*. The actual location of the poems is itself an ambiguous issue and we make a serious error if we assume that they are to be taken

---

[22] 04.–07.06.1815, *Goethes Werke* (Weimarer Ausgabe), Weimar 1887–1919, Abt. IV, vol. 26, p. 5. The Frankfurter Ausgabe dates this part of the letter, which was also included in a letter to his son, 31.05.1815 (FA 34, p. 461; cf. p. 799).

[23] Nachlass-Stücke, *H 68*, FA 3/1, p. 615.

[24] 'Uebersetzungen', ibid., p. 283.

as a representation of an objective reality. Even the conceit that the poems can be read as a journey to the East, albeit an imaginary one, is liable to mislead if applied too literally. Indeed, a number of poems play mischievously with our expectations. The poem 'Liebliches' conjures up a landscape, which is clearly experienced on a journey through open countryside, but is initially indeterminate. It quickly takes on apparently oriental features, but these too are far from objective: not only do they have an air of unreality that raises questions, they also seem to come from a past time:

> Sind es Zelten des Vessires
> Die er lieben Frauen baute?
> Sind es Teppiche des Festes
> Weil er sich der Liebsten traute?

It is as if the world of Hafis, captured in the beautiful, bright image he sees in the distance, has transported itself to the actual place in which he is located: his native North.

> Roth und weiss, gemischt, gesprenkelt
> Wüsst ich schoenres nicht zu schauen;
> Doch wie Hafis kommt dein Schiras
> Auf des Nordens trübe Gauen?[25]

The question is not merely an expression of the impossibility of what he thinks he can see. The perception of one world within the other perhaps reminds us of Goethe's experience in Italy, where he feels so deeply the contrast between the gloomy North and the bright South,[26] and here he brings the two together in a way which is an objective statement about neither. Instead we discover what the engagement with Hafis, his poetry and his world, have meant to this poet. It has become part of his experience and it changes his outlook on his own world: here, specifically, the emotions aroused by the battlefields of Thuringia, the turmoil of which is at least partly at the root of his 'flight' into another time and place. There is here, indeed, a kind of dialogue taking place. In another poem, not included in the initial publication, but dating from 1814, we find another journey in Thuringia, 'Sollt einmal durch Erfurt fahren'. This time the journey, undertaken by the older man through territory long familiar from his youth, inspires a sense of fulfilment in the present moment, but which transcends time and becomes simultaneously a re-enactment of past enjoyment. The interesting thing is that this turn of mind is brought to the fore by the association with Hafis. Once again, in these, the 'eastern poems of the

---

[25] Ibid., p. 311.
[26] See *Römische Elegien*, 'Siebente Elegie', FA 1, pp. 409–10.

western poet',[27] we see this mental process of engagement that brings the two together. The example of Hafis, moreover, inspires both encouragement and rivalry and leads to that sense of self-assertion and rejuvenation that runs through the work:

> Und so wollen wir beständig,
> Wettzueifern mit Hafisen,
> Uns der Gegenwart erfreuen,
> Das Vergangne mitgeniessen.[28]

A similar pattern is evident, and even more effectively executed in 'Im Gegenwärtigen Vergangenes'. The landscape conjured up is the poet's native land, with the image of the rocky crags rising above the flower garden, overshadowed by the medieval knight's castle. But the scene evokes a wealth of associations that connects him with this past world:

> Nun die Wälder ewig sprossen
> So ermuthigt euch mit diesen,
> Was ihr sonst für euch genossen
> Laesst in andern sich geniessen.
> Niemand wird uns dann beschreien
> Dass wir uns alleine gönnen,
> Nun in allen Lebensreihen
> Müsset ihr geniessen können.

> Und mit diesem Lied und Wendung
> Sind wir wieder bey Hafisen
> Denn es ziemt des Tags Vollendung
> Mit Geniessern zu genießen.[29]

In both these poems the injunction to enjoy the present also involves a shared experience that transcends time in the case of his actual location, and both time and place with respect to Hafis. There is a shared experience, which Goethe derives from his receptive encounter with his counterpart Hafis, and it is this commonality, founded on the simple human experiences that are common to all, that enables the dialogue with the East to take place. The cultural differences, for all their striking, perhaps even shocking qualities, are rendered less threatening and more intelligible once this is realized, irrespective of which direction one is coming from. In these poems Goethe is 'orientalizing' his experience, not by decorating it with oriental motifs that may or may not

---

[27] So runs the literal translation of the Arabic title of the *West-östlicher Divan* of 1819.
[28] Nachlass-Stücke, *R 3*, FA 3/1, p. 586.
[29] Ibid., p. 313.

betray particular attitudes, but by simply bringing the two together. For him it is not a leap, but a smooth transition from his own world to the world that is authentically mediated to him through the poetry of Hafis.

The ambiguity of landscape that appears in 'Liebliches' is given a new twist in 'Sommernacht'.[30] The dialogue between 'Dichter' and 'Schenke' is clearly located in an oriental setting, as both the language (e.g. 'Bulbul', the Persian for nightingale) and in the relationship between the two speakers. But any appearance of authenticity is deliberately undermined by the fact that summer nights of such short duration of found in the latitudes of northern Europe and not in those of the world of Hafis. To add further to the confusion, the poet seems aware that the young Saki will not be expecting this phenomenon, while he, in his oriental mask, also gets his facts wrong about the Greek identity of the myths he cites. Further examples of how the western and eastern elements are fused could easily be cited, but let us return briefly to the idea just touched on, that is, of Goethe's meeting with his oriental counterpart, Hafis.

That he felt Hafis to be a kindred spirit is self-evident and much commented on: an independent spirit enjoying high patronage at a time of war and political turmoil, who enjoyed the present moment to the full and whose poetry spoke simultaneously of the earthly and the heavenly, of the world of experience and the world of the spirit. All these could be illustrated at length, but the point to be emphasized here is that Goethe's creative response to his discovery of the work and world of Hafis is an interactive process that does not involve any kind of agenda, conscious or otherwise, that could be described as 'Orientalist' in tendency. Far from passing judgements from arbitrary cultural standpoints, Goethe's literary horizon is immeasurably expanded, not because he finds something wholly *different*, but because he finds a genuine counterpart, a worthy rival, a 'twin'[31] and even an *alter ego*. The 'Buch Hafis' illustrates this to the full: it is evident right from the opening poem, 'Beiname', through to the concluding poem 'An Hafis', which celebrates the qualities of Hafis and welcomes them as a source of inspiration and illumination in his own world.[32] 'Beiname' articulates the sense of identification and equivalence based on a parallel between the poet's own 'Bibelfestigkeit' and the fact that the name of Hafis, as revealed in this dialogue, is an indication that he knows the Koran by heart. The poet suggests that in this respect he is his equal, and the fact that they think alike means they are on a perfect par:

---

[30] Ibid., pp. 417–19.
[31] 'Und mag die ganze Welt versinken, / Hafis mit dir, mit dir allein / Will ich wetteifern! Lust und Pein / Sey uns den Zwillingen gemein!', 'Unbegrenzt', ibid., p. 323.
[32] 'So trägt uns freundlich dein Geleit / Durchs rauhe milde Leben'. Ibid., p. 327.

Hafis drum, so will mir scheinen,
Möcht ich dir nicht gerne weichen:
Denn wenn wir wie andre meynen,
Werden wir den andern gleichen.
Und so gleich ich dir vollkommen.[33]

This illustrates once again very clearly that Goethe is not fascinated by Hafis because he represents something that is exotically different; once we get behind the external cultural trappings, we can find a common bond. Already, however, it is far from being a case of imitation: he feels a kinship but is keen 'not to yield' to him in any sphere, even that of piety. By making the analogy between the two he is opening up a channel of understanding that can work in both directions, which can be properly seen as a form of dialogue, and not simply, as is the case in 'Beiname', because it is literally in dialogue form. There is a touch of irony, of course, in the avowal of piety, and indeed, the sequence of poems that follows makes clear that both he and Hafis have heterodoxical tendencies. Moreover, it is the prerogative of the poet to claim this independence,[34] which is expanded into a theme in its own right: the self-awareness and self-assertiveness of the poet, who is the equal of the greatest of lovers and the greatest of rulers. One of the most striking and playful instances of this assertion of identity also indicates that it derives from Goethe's dialogic interaction with the literary sources that provide the foundation for his encounter with the East. In the poem 'Komm, Liebchen, komm! Umwinde mir die Mütze!' he plays with the idea that the lover winding the turban on his head makes him the equal of Alexander as of the Kaiser:

Ein Tulbend war das Band, das Alexandern
In Schleifen schön vom Haupte fiel,
[...]
Ein Tulbend ist's der unsern Kaiser schmücket,
Sie nennen's Krone. Name geht wohl hin!
[...]
Und diesen hier, ganz rein und silberstreifig,
Umwinde Liebchen um die Stirn umher.
Was ist denn Hoheit? Mir ist sie geläufig!
Du schaust mich an, ich bin so gross als Er.[35]

---

[33] Ibid., p. 320.

[34] See e.g. 'Fetwa', ibid., pp. 322–23, where the poems of Misri are condemned and burned, but the mufti declares that Misri himself is to be spared; the poet's gifts are something that he alone must reconcile and account for with the deity.

[35] Ibid., pp. 382–83. Cf. 'Vier Gnaden': 'Den Turban erst der besser schmückt / Als alle Kaiserkronen.', ibid., p. 308.

The poem (written on 17 February 1815) may even have provided the impetus for a party-piece that took place later that year, when he was staying with the Willemers at the *Gerbermühle*, in that idyllic episode before his final parting from Marianne. Sulpiz Boisserée records in his diary that on the occasion of Goethe's birthday, he was presented with a turban (which he no doubt put on), decorated with the laurels of the poet and victor. [36] This may strike us as faintly amusing, perhaps, and even as a frivolous instance of Goethe 'orientalizing himself'. We can smile, of course, but it may also be a superficial reflection of a much deeper process, which has been explored in this paper. It *is* more profound, because it also involves another factor that enables us to grasp better Goethe's approach: that is, the notion of self-discovery and self-knowledge. Wearing the turban might not increase his self-knowledge, but the process of interaction with Hafis and his world most certainly does.

Indeed, a significant element of the *Divan* is about self-discovery and self-knowledge and the entire intellectual and aesthetic venture reflects this through the engagement which serves as a crucial instrument in this journey into the self. Knowledge about oneself is deepened by knowledge of others, and the one intensifies the other. This is as true of Goethe's encounter with Hafis and other poets and their traditions, as it is of his encounter with Suleika, in whom the two worlds are fused by virtue of an extraordinary feat of imagination. Moreover, the deeper one penetrates, the more the differences are cancelled out and cease to matter. One of the key features of oriental poetry that Goethe instantly responds to and which finds such strong resonances in his own work (and not only in the *Divan*) is the relationship between 'Sinnlichkeit' and 'Geist',[37] the saturation of the natural world with the realm of 'das Übersinnliche'. In this way the unique meeting of East and West achieved in the *Divan* builds a creative bridge with tremendous potential, adopting an approach in which the two worlds coalesce on a more fundamental level, where both represent the same relationship between the earthly and the heavenly, the physical and the spiritual, the transient and the permanent and where both share the same divine origin.

As a post-script to this paper it is perhaps illuminating to mention the speech given by the President of the Islamic Republic of Iran, Mohammed

---

[36] See Sulpiz Boisserée, *Tagebücher*, I, *1808–1823*. Darmstadt 1978, p. 258 (28.08.1815): 'Die Frauen hatten einen Turban von dem feinsten indischen Muslin mit einer Lorbeer-Krone umkränzt auf zwei Körbe voll der schönsten Früchte – Ananas Melone Pfirsich Feig- und Trauben –, dann einen voll der schönsten Blumen gelegt. Dazu hatte die Städel die Aussicht aus Goethes Fenster auf die Stadt Frankfurt artig gezeichnet und die Wilmer ein schönes Kränzchen von feinen Feld-Blümchen aufgeklebt, zu beiden waren passende Verse aus dem Hafis geschrieben'.

[37] See e.g. 'Allgemeinstes', FA 3/1, pp. 181–82; 'Künftiger Divan', ibid., pp. 214–28; the 'Ankündigung' in the *Morgenblatt für gebildete Stände*, 24.02.1816, ibid., pp. 549–51.

Khatami, in Weimar on 12 July 2000. Even allowing for the diplomatic niceties inherent in such an event, the speech makes a vigorous argument that the *Divan* goes beyond merely seeking to *know* and becomes above all a *dialogue* between cultures that can overcome separation and difference. Moreover, Khatami identifies in the cultural traditions to which modern-day Iran is the heir two features, which are precisely amongst those picked up on by Goethe: 'die Sprache des Übersinnlichen' and the process of self-discovery:

> Iranische und islamische Denker haben eine weitere Botschaft, und sie lautet: Die Erkenntnis des 'Anderen' geht mit der Selbsterkenntnis einher. Die Erkenntnis des Anderen macht uns bewusster über uns selbst, und die Selbsterkenntnis verstärkt wiederum unsere Erkenntnis über das Andere, denn in der Welt der Menschen gibt es im Gegensatz zur Welt der Dinge kein absolutes 'Anderssein'. [...] Die Selbsterkenntnis bewegt sich in zwei Richtungen. In der einen Richtung sehen wir uns in dem Anderen. Aus dieser Sicht erkennen wir die Handlungen, das Verhalten und die Bedeutungen, die dahinter stecken. In der anderen Richtung sind wir selbst das Objekt der Erkenntnis. Wir betrachten uns von außen und mit Distanz. Daher geht die Selbsterkenntnis stets mit der Selbstkritik einher.[38]

The poems of the *Divan*, as well as the essays of the *Noten und Abhandlungen*, are indeed to be read in this way and it is reassuring to see them thus received today, where the cultural differences seem to loom more threateningly than ever. The *Divan*, which received such scant attention on its publication, has left a legacy that is arguably still alive, and it achieves it through that meeting analyzed in this paper. It is still alive because, as with all great poetry, we are still able to share that experience, that encounter with Goethe. Meetings bring those who are separate together; fruitful meetings depend on mutual respect and understanding and, as we have seen, this process involves self-knowledge and self-criticism too. This insight is at the heart of the *West-östlicher Divan*, summed up so neatly in the lines:

> Wer sich selbst und andre kennt
> Wird auch hier erkennen:
> Orient und Occident
> Sind nicht mehr zu trennen.[39]

---

[38] *Frankfurter Allgemeine Zeitung*, 13.07.2000, Nr. 160, p. 3. For text of ensuing discussion as well as the President's speech see also:
http://www.iranembassy.de/d-kultur/weimarer-gespraech-red.htm
[39] Nachlass-Stücke, *H 179*, FA 3/1, p. 614.

J. Christoph Bürgel

Zu Hafis-Vertonungen in deutschsprachigem Liedgut

Versuch einer Annäherung

Einführendes

Der Gegenstand der folgenden Darlegungen ist ein ungewöhnlicher, ja in gewissem Sinn unmöglicher. Ein beruflich mit orientalischer Literatur befasster Hafis-Spezialist, der auch ein leidlicher und jedenfalls leidenschaftlicher Musiker ist und sein Leben lang nebenbei vor allem als Begleiter, und da wieder vor allem als Liedbegleiter gewirkt hat, ist zwar nicht völlig ungewappnet, eine so ausgefallene Materie zu behandeln. Dennoch sei mir ein kurzer persönlicher Rückblick als Einleitung gestattet, der dem Leser plausibel machen möge, wie es zu dieser seltsamen Symbiose gekommen ist.

Autobiographische Rechtfertigung

Vor Jahren wurde ich durch einen Sängerfreund[1] gebeten, ein Konzert mit Rückertliedern einzuleiten[2] und dadurch auf die Idee gebracht, mich mit dem orientalischen Element im klassischen deutschen Liedgut zu befassen. Vortrag und Konzert fanden dann in Basel statt.

Als mich später die Universität Tübingen anfragte, im Rahmen einer Iran-Reihe des Collegium Generale einen Hafis-Vortrag zu halten, schlug ich vor, den Vortrag mit einem kleinen Konzert zu beschließen; es brauche dafür nur einen Sopran, die Begleitung könne ich selber bestreiten. Der Veranstalter akzeptierte das zu meiner Freude und regte seinerseits an, auch Rezitation ein-

---

[1] Kurt Widmer in Basel, die Freundschaft begann damals, Mitte der siebziger Jahre.

[2] Vgl. dazu Vf., ‚Kommt, Freunde, Schönheitsmarkt ist!' Bemerkungen zu Rückerts Hafis-Übertragungen. In: W. Fischer (Hrsg.), *Friedrich Rückert Dichter und Sprachgelehrter in Erlangen*. Referate des 9. interdisziplinären Colloquiums des Zentralinstituts. Schriften des Zentralinstituts für Fränkische Landeskunde und allgemeine Regionalforschung an der Universität Erlangen-Nürnberg Bd. 29. Neustadt an der Aisch, S. 131–46.

zubeziehen. So entstand ein dreiteiliges Programm: Vortrag, dialogische, von einer Männer- und einer Frauenstimme gelesene Rezitationen aus dem Suleika Nameh des *West-östlichen Divans* und schließlich einige Lieder von Schubert, Schumann und Wolf mit auf Hafis basierenden Texten aus Goethes *Divan* und Rückerts *Östlichen Rosen*. Das reizvolle Programm konnte ich später noch an mehreren anderen Orten verwirklichen. Es erntete immer lebhaften Beifall.

Ein neuer Anstoß und eine wesentliche Erweiterung meines Horizonts in Sachen Hafislieder erfolgte wiederum Jahre später, als mich – ich weilte damals gerade in Princeton am Institute for Advanced Study – eine ähnliche Anfrage aus der Schweiz erreichte. Diesmal ging es um ein Konzert ausschließlich mit Vertonungen deutscher Hafistexte am Stadttheater Luzern. Die dortige Dramaturgin Nadja Kayali hatte eine Reihe mir unbekannter Hafis-Zyklen ausfindig gemacht, von Szymanowski, Schoeck, Gottfried von Einem, die sich nun im Zeichen von Hafis zu Schubert, Schumann, Brahms und Hugo Wolf gesellten. Die Darbietenden waren junge Musiker des Opernhauses, das auf hohem Niveau professionelle und engagierte Konzert hätte eine prächtige CD ergeben. Soweit also der autobiographische Bezug.

ZIELSETZUNG

Worum soll es nun im folgenden gehen? Um eine bisher, soweit die musikalische Seite betroffen ist, nicht untersuchte Nachwirkung von Hafis, wobei aber auch die neben Goethe und Rückert als Vermittler fungierenden weniger namhaften Dichter, es handelt sich im wesentlichen um Daumer und Bethge, weitgehend vergessen und ihre Hafis-Adaptionen wohl nie untersucht worden sind. Natürlich ist damit zu rechnen, dass auch noch weitere, weniger bekannte Komponisten an dieser Hafis-Vertonung beteiligt sind. Das herauszufinden wäre aber sehr mühsam und letztlich auch nicht bedeutungsvoll. Es geht nicht um Vollständigkeit, sondern um den Nachweis eines bisher kaum beachteten Widerhalls des großen persischen Lyrikers, dem man übrigens in den persisch-sprachigen Ländern noch heute kaum anders als in gesungener Form begegnet. Was folgt, ist also eher ein Essay, ein Feuilleton, als ein wissenschaftlicher Aufsatz, und möge vom Leser entsprechend milde beurteilt werden.

HAFIS UND DIE MUSIK

Wie wichtig für den ‚Sänger von Schiras' selber die Musik war, bezeugen zahlreiche Verse in seinem *Divan*, z. B.

> Von Wein und Musikanten singe,
> der Welt Geheimnis lasse ruhn!
> Dies Rätsel löste nicht noch löst es
> ein philosophischer Verstand.[3]

Gelegentlich spielt der Dichter mit der Doppeldeutigkeit musikalischer Termini, so etwa im folgenden Vers mit den topographischen Begriffen Iraq und Hidschas (Hijaz), wobei ersterer einen fröhlichen, letzterer einen traurigen Modus bezeichnet. Der Vers beschreibt also einerseits eine Reise, andererseits eine musikalische Modulation:

> Von wannen stammt der Sänger, welcher
> sich fröhlich zum Iraq bewegt,
> doch dann sich rückwärts wendend wieder
> den Weg hin zum Hidschas einschlägt?[4]
> (bzw.: den ersten Ton ‚Hidschas' anschlägt)

Hafis rühmt sich sogar, dass seine Lieder im All erklingen, die Sphären bewegen und himmlische Wesen begeistern.

> Und Klänge aus deinen Gemächern
> begeistern die Sphären zum Tanz;
> War's Hafis doch, der den Klängen
> die lieblichen Silben ersann.[5]

Und schließlich noch dieses entwaffnend bezaubernde Selbstlob:

> Im Sternenall nimmt es nicht wunder,
> wenn Venus des Hafis Gedicht
> zum Tönen bringt und zum Tanze
> sogar den Messias gewinnt.[6]

---

[3] Muhammad Schams ad-Din Hafis – *Gedichte aus dem Divan*, ausgewählt und herausgegeben von J. Christoph Bürgel. Stuttgart 1972, 33, 8; *Dîwân-i* (Khâje Shams ul-dîn-i Muhammad) Hâfiz-i Shîrâzî, hrsg. von Muhammad. Qazwînî u. Qâsim Ghanî, Teheran, Châp-i Sînâ, 3, 8 (QG).

[4] Hafis, *Gedichte*, hrsg. von Bürgel, a.a.O., 18, 4; QG, a.a.O., 134, 4.

[5] Hafis, *Gedichte*, hrsg. von Bürgel, a.a.O., 29u (= ultimus, letzter Vers); QG, a.a.O., 34u.

[6] Hafis, *Gedichte*, hrsg. von Bürgel, a.a.O., 43u; QG, a.a.O., 4u.

HAFIS UND GOETHES „WEST-ÖSTLICHER DIVAN"

So ist denn auch für den alternden, sich an Hafis begeisternden und an ihm verjüngenden Goethe Hafis' Dichtung vor allem andern Gesang. Gleich im Eröffnungsgedicht des *Divans* bestätigt er seinem östlichen Zwillingsbruder:

> Bösen Felsweg auf und nieder
> Trösten Hafis deine Lieder.

Und was er diesen Liedern darüber hinaus noch zutraut, erfahren wir im Divan wenig später aus der Schlußstrophe von ‚Erschaffen und Beleben':

> So, Hafis, mag dein holder Sang,
> Dein heiliges Exempel
> Uns führen, bei der Gläser Klang,
> Zu unsres Schöpfers Tempel.[7]

In den „Noten und Abhandlungen" nennt Goethe ihn dann ‚ein großes, heiteres Talent', ‚einen lieblichen Lebensgeleiter', Grund genug also, daß Komponisten, angefangen mit Schubert, sich für diesen Dichter oder, genauer gesagt, seine deutschen Spiegelungen interessierten.

Für eine nähere Einführung in die Hafis'sche Lyrik ist hier nicht der Ort. Ich darf auf frühere Arbeiten verweisen.[8] Einige Grundzüge seiner Lyrik und die daraus resultierenden Unterschiede ihrer Deutung seien aber kurz in Erinnerung gebracht. zumal diese unterschiedliche Haltung sich eben auch in den diversen deutschen Rezeptionen spiegelt, die den Vertonern als Quelle dienten.

HAFIS

Hafis lebte im 14. Jh. in Schiras, in einer ähnlichen Zeit wie heute, von Kriegswirren und tyrannischen Fürsten bedroht. Hafis erschuf in seiner Lyrik ein Figurenkabinett mit den wichtigsten Vertretern der Gesellschaft, in der er

---

[7] Johann Wolfgang Goethe, *West-östlicher Divan*, zwei Teile (Text und Kommentar) hrsg. von Hendrik Birus, im Rahmen der 40-bändigen Gesamtausgabe *Sämtliche Werke, Briefe, Tagebücher und Gespräche*. Bd. 3. Bibliothek deutscher Klassiker: Frankfurt a. M. 1994.

[8] Vgl. besonders *Drei Hafis-Studien (Goethe und Hafis – Verstand und Liebe bei Hafis – Zwölf Ghaselen übertragen und interpretiert)*. Europäische Hochschulschriften, Reihe I: Deutsche Literatur und Germanistik. Bd. 113. Bern 1975; ‚Wie du zu lieben und zu trinken' – Zum Hafis-Verständnis Goethes. In: A. Maler (Hrsg.), *J. W. Goethe. Fünf Studien zum Werk*. Kasseler Arbeiten zur Sprache und Literatur 15. Bern u. Frankfurt a. M. 1983, S. 115–41; ‚Dein heiliges Exempel'. Hafis-Verse mit religiöser Terminologie und ihre Bedeutung. In: P. Tschuggnall (Hrsg.), *Religion – Literatur – Künste. Aspekte eines Vergleichs* (Im Kontext. Beiträge zu Religion, Philosophie und Kultur 4). Anif/Salzburg 1998, S. 493–515.

lebte, und die sich von der heutigen islamisch-iranischen nicht wesentlich unterschied; Mollas und Sittenvögte, die Vertreter des damals noch überwiegend sunnitisch geprägten Islam, stehen Freidenkern, Liebenden, Zechbrüdern und losen Vögeln mit ihrer Losung *lâ ubâlî* ‚das schiert mich nicht' gegenüber. Der ‚alte Wirt', genauer der Parsenprior (*pîr-i mughân*),[9] Vorsteher eines zoroastrischen Konvents, steht als leuchtende Lichtgestalt den Dunkelmännern der etablierten Religion gegenüber. In den Klöstern der Parsen und Christen gab es den verbotenen Wein. Gleichzeitig ist aber der lautere Wein *sharâb -i nâb* bei Hafis – und das ist eben ein zoroastrisches Erbe – Symbol für seelische Lauterkeit, das Weintrinken ist zudem ein Protest gegen ein religiöses Gesetz, das für harmlose Vergehen blutige Strafen verhängt. Rebenblut und Menschenblut, das wird auch in einem unserer Lieder thematisiert.[10]

Hafis' ganzes Dichten bewegt sich also auf zwei Ebenen. An der Oberfläche wirkt es auf weite Strecken wie eine hedonistische Einladung, das Leben, Liebe, Wein, und Musik, zu genießen.[11] Bei näherem Hinsehen und Hinhören aber entdeckt man eine humane Lebensdeutung. Goethe begeisterte diese Mehrdeutigkeit, der spielerische Umgang mit Religiösem, die überall hinter den Erscheinungen versteckte höhere Bedeutung. ‚Der geistreiche Mensch, nicht zufrieden mit dem, was man ihm darstellt, betrachtet alles, was sich den Sinnen darbietet, als eine Vermummung, wohinter ein höheres geistiges Leben sich schalkhaft-eigensinnig versteckt'.[12] Und so ‚um nur von Hafis zu reden, wächst Bewunderung gegen ihn, je mehr man ihn kennen lernt'.[13] Was Goethe jedoch nicht schätzte, war die in Iran obligatorische mystische oder gnostische Umdeutung der Dichtung des Hafis: Er folgte darin einerseits seinem eigenen Stilempfinden, andererseits aber auch Hammer-Purgstalls Übertragung, der seine Sicht wiederum dem osmanischen Kommentator Sudi verdankte, der als Sunnit keinen Sinn für mystische Allegorien hatte, andererseits aber Hafis keineswegs auf platten Hedonismus reduzieren wollte. Daß dieser Dichter im Grunde der Prophet einer überkonfessionellen Liebesreligion war, der seine Lehre mit einer scheinbar leichten, tatsächlich von höchster Kunst

---

[9] In der von Goethe benutzten Übertragung von Joseph von Hammer-Purgstall, *Der Diwan des Mohammad Schamsed-din Hafis*, 2 Teile, Stuttgart u. Tübingen, 1812/13, ist *pîr-i mughân* immer mit ‚der alte Wirth' wiedergegeben, so dass Goethe die parsische Konnotation dieses Titels verborgen blieb. Die Mystiker erblicken in ihm eine initiatorische Führergestalt (*murshid*), leugnen also ebenfalls die zoroastrische Bedeutung des Namens.

[10] Vgl. unten, Othmar Schoeck, *Zwölf Hafis-Lieder* op. 33, S. 30–31.

[11] Zum zentralen Begriff der *rindî* (Abstraktum zu *rind* = loser Vogel, wohl Pendant des bei Goethe im Divan einmal aufscheinenden Begriffs „Bruder Lustig') vgl. Vf., *Drei Hafis-Studien*, a.a.O., S. 46–47.

[12] Goethe, *West-östlicher Divan*, a.a.O., Noten und Abhandlungen, Künftiger Divan, Buch der Liebe.

[13] Ebd., Künftiger Divan, Buch Hafis.

71

geprägten Diktion vortrug, konnte man Hammers Übertragung sehr wohl entnehmen. Oft zu Unrecht von beckmesserischer Kritik verunglimpft, ist Hammers Übertragung keineswegs so plump und geschmacklos wie manche spätere Adaption, sie zeigt durchaus Stilgefühl, und ist zudem, abgesehen von sinnentstellenden Druckfehlern, sehr zuverlässig, ausgestattet mit kenntnisreichen Fußnoten und ständigen Verweisen auf Parallelen in der antiken Anakreontik und Liebesdichtung bei Horaz, Catull, Tibull.

GOETHES DIVAN

Goethe jedenfalls war elektrisiert. In seinem Tagebuch notierte er:

> Wenn ich früher den hier und da in Zeitschriften übersetzt mitgeteilten Stücken dieses herrlichen Poeten nichts abgewinnen konnte, so wirkten sie doch jetzt zusammen um so lebhafter auf mich ein, und ich mußte mich dagegen produktiv verhalten, weil ich sonst vor der mächtigen Erscheinung nicht hätte bestehen können.[14]

so notiert er in sein Tagebuch. Auf seine alten Tage wurde er zum Orientalisten, las alle ihm erreichbare Fachliteratur, erlernte die arabische Schrift, und versuchte sich darin, sie zu schreiben, wie einige erhaltene Schriftproben zeigen. Für die Entstehung von Goethes *Divan* wurde allerdings noch ein weiteres Ereignis bedeutsam: die Begegnung mit der Frankfurter Bankiersgattin Marianne von Willemer, die nun nach dem Tod seiner Frau Christiane für ihn den Platz des bei Hafis anonymen männlichen Freundes einnahm. Goethe nannte sie Suleika, und schrieb – mit aus der persischen homoerotischen Liebeslyrik entlehnten Metaphern – einige seiner schönsten Liebeslieder. So entstand allmählich der *Divan* mit seinen zwölf ,Büchern', d.h. Kapiteln, darunter das „Buch Suleika", dessen bald ihr bald ihm in den Mund gelegte Verse sich für eine dialogische Rezitation eignen, wie oben ausgeführt, vorausgesetzt, daß die Vortragenden die nötige Anmut und Natürlichkeit besitzen, da nichts dieser zauberhaften Lyrik abträglicher ist als ein falsches oder hohles Pathos.

Zweifellos rechnete Goethe damit, daß diese Lyrik auch Komponisten anregen würde, wobei er wohl eher an seinen Berliner Freund Carl Friedrich Zelter[15] dachte als an den ihm fast unbekannten Schubert.

---

14 Zit. nach H.H. Schaeder, *Goethes Erlebnis des Ostens*. Leipzig 1938, S. 11.
15 Ob und was Zelter aus dem *West-östlichen Divan* vertont hat, kann hier nicht untersucht werden.

DIE FORM DES GHASELS

Wichtig ist neben dem Inhaltlichen für die Vertonung natürlich mindestens ebenso sehr das Formale, d.h. hier speziell die Ghaselform, in der die persische Lyrik und also auch die Lyrik von Hafis, größtenteils abgefaßt ist.[16] Die panegyrische Qaside hat dieser Dichter kaum gepflegt, sie wäre für eine Vertonung durch deutsche Komponisten ohnehin völlig ungeeignet. Der beliebte Vierzeiler (*rubâ'î*) mit seinem Reimschema aaxa ist gewissermaßen ein Ghaselenkopf ohne Rumpf, denn auch das Ghasel beginnt ja mit zwei durch den Monoreim verbundenen Halbversen, während die folgenden Verse diesen jeweils nur noch am Ende des zweiten Halbverses aufweisen. Hinzu kommt im persischen Ghasel häufig noch der sogenannte *radîf*, d.h. ein auf den Monoreim folgendes unveränderliches Element, das ein Wort, eine Wortfolge oder ein ganzer Satz sein kann. Goethe hat mitunter dieses Element unter Verzicht auf den Monoreim nachgeahmt, z.B. in seiner übermütigen Ode auf den berühmten Wein des Jahrgangs 1811 ‚Wo man mir guts erzeigt überall / S'ist eine Flasche Eilfer', dessen 15 Zeilen alle mit dem Wort Eilfer enden.[17] Ja Goethe befolgt hier sogar noch eine weitere Regel des Ghasels, er nennt im letzten Vers den *nom de plume*, wenn auch nicht seinen eigenen – das wäre Hatem –, sondern den des Hafis. Zurecht stellt daher Birus in seinem Kommentar fest, daß dieses Gedicht neben zwei anderen des Divans ‚Goethes größte Annäherung an die Form des Ghasels' darstelle.[18]

ZU AUFBAU UND INHALT DES „DIVAN"

Außer den an Suleika gerichteten, durch Marianne inspirierten Liebesgedichten und Hatems, d.h. seinen Erwiderungen – vom Dialog-Charakter dieses Buches war schon eingangs die Rede – schrieb Goethe im *Divan* Gedichte über den Dichter und das Dichten (Buch des Sängers, Buch Hafis), Schenkenlieder (Buch des Schenken), Spruch- und Weisheitsdichtung (Buch der Betrachtungen; Buch des Unmuts; Buch der Sprüche; Buch der Parabeln), sowie zwei kurze historische Bücher, dem mongolischen Eroberer Timur und dem ‚Vermächtnis altpersischen Glaubens' gewidmet, und beschloss das Ganze mit ei-

---

[16] Vgl. Vf., Artikel ‚Ghasel'. In: *Reallexikon der deutschen Literaturwissenschaft*, hrsg. von K. Weimar, Berlin 1997, I, 722b-724b, sowie ders., Das persische Ghasel. In: W. Heinrichs (Hrsg.), *Neues Handbuch der Literaturwissenschaft*. Band 5: *Orientalisches Mittelalter*. Wiesbaden 1990, S. 265–77.

[17] Goethe, *West-östlicher Divan*, a.a.O., S. 599; in einer früheren Fassung hat dieses Gedicht sogar 31 Verse BDK S. 597.

[18] Ebd., S. 1742.

ner Art spielerischer Spiegelung der Dialoge mit Sulaika, nämlich den scherzhaften Wechselreden mit der Huri im Buch des Paradieses, damit auch den Bogen schlagend zu jenem leicht frivolen Reimpaar im Eröffnungsgedicht ‚Hegire':

> Ja des Dichters Liebeflüstern
> Mache selbst die Huris lüstern.

EINIGE REZEPTIONSVERFAHREN GOETHES UND SPÄTERER

Orientalische Motive sind auf Schritt und Tritt gegenwärtig. Was hier im *Divan* verschmolzen ist, geht weit über die Anregungen, die Goethe aus Hafis bezog, hinaus.

Goethes Verfahren bestand dabei häufig darin, dass er ein, zwei Verse eines Ghasels nahm und daraus mit eigenen Zutaten ein neues Gedicht gestaltete. So geschieht es z.B. in dem Tavernenlied:

> Was in der Schenke waren heute
> Am frühsten Morgen für Tumulte,

das Hugo Wolf in einer wild-bachantischen Musik vertont hat. Es geht unmittelbar auf ein Ghasel von Hafis zurück und trägt auch noch deutliche Spuren der Hammer'schen Vorlage, die dort wie folgt beginnt:

> Ey, ey! Was in der Schenke heut,
> Des Morgens für ein Lärmen war,
> Wo Schenke, Liebchen, Fackel, Licht
> Im heftigsten Tumulte war.[19]

Im weiteren Verlauf seines Gedichtes geht Goethe dann aber größtenteils eigene Wege.

Ein anderes Beispiel ist das von Schubert mit bezwingender Anmut vertonte schalkhafte Gedicht ‚Geheimnis' aus dem Usch(k) Nameh,[20] dessen Anfang

> Über meines Liebchens Äugeln
> sind verwundert alle Leute[21]

---

[19] be-kûy-i maikade yâ rab sahar che mashgale bûd ke jûsh-i shâhid-u sâqî-u sham`-u mash`ale bûd QG, a.a.O., 215; Hammer, a.a.O., I, CVVIV.

[20] Usch Nameh, so im Urtext, in späteren Ausgaben korrigiert zu Uschk nameh, von pers.-arabisch = Liebe.

[21] Goethe, *West-östlicher Divan*, a.a.O., S. 41; Schubert *Lieder* Peters I, S. 232.

auf Hammers eng an Hafis angelehnter Fügung fußt:

Ueber meines Liebchens Aeugeln
Staunen alle Unerfahrne,
Ich bin so wie ich erscheine,
Während sie es anders wissen.[22]

Goethe ist also in solchen Fällen dank Hammer nicht nur gedanklich sondern auch textlich durchaus nahe bei Hafis. Die weiteren Verse des Hafis-Ghasels sind jedoch schwierig und verschlüsselt und finden in Goethes kurzem Gedicht, das in dem etwas saloppen Ton des Anfangs fortfährt, keine Berücksichtigung mehr. Schubert, dem bei seinen ca. 600 Liedern immer etwas Neues eingefallen ist, hat sich bei der Vertonung dieses heiteren Goethe-Gedichtes ganz darauf beschränkt, die Gestik des Äugelns in der Klavierbegleitung wiederzugeben: durch zwei miteinander verbundene Akkorde, von denen der zweite jeweils um eine Achtelpause verkürzt ist.

Es sei hier schon mitgeteilt, daß dieses Goethe'sche Verfahren Schule machte: Rückert in seinen *Östlichen Rosen*, Daumer und Bodenstedt in ihren umfangreichen Hafis-Anthologien haben es, neben der Aneignung ganzer Ghaselen, häufig genug befolgt. Bethge allerdings ist so frei, daß man kaum noch einzelne Verse wiedererkennt. Auf jeden Fall sind es in der Regel diese kurzen Hafis-Fragmente, die es den Komponisten angetan haben.

Gelegentlich vereint Goethe Verse aus verschiedenen Ghaselen – und auch dieses Verfahren findet sich bei seinen Nachfolgern, z.B. bei Daumer, allerdings kaum bei Rückert, dessen philologisches Gewissen dafür zu skrupelhaft war. Oft aber verwendet er auch nur orientalische Metaphern, Requisiten und Namen. So finden sich etwa im Buch Suleika – es ist das mit Abstand längste Kapitel des Divans – in großer Fülle Metaphern und Hyperbeln, die aus der persischen Liebesdichtung stammen, z.B.:

Laß mich nicht so der Nacht, dem Schmerze,
Du allerliebstes, du mein Mondgesicht!
O du mein Phosphor, mein Kerze,
Du meine Sonne, du mein Licht![23]

---

[22] Hammer, a.a.O., I, CX. Der persische Text lautet:
dar nazarbâzî-i mâ bîkhhabarân hairânand
man chunînam ke namûdam digar îshân dânand QG, a.a.O., 193.
[23] Goethe, *West-östlicher Divan*, a.a.O., S. 95: Schlußstrophe von ‚Nachklang'.

ZU DEN VERTONUNGEN DES „DIVAN"

I. Schubert

Auf geniale Weise mischt der Dichter den Ton von Hafis mit seinem eigenen unverwechselbar goethischen Ton. Marianne ist ihm darin gefolgt, wie die von ihr verfaßten Gedichte zeigen, die sie Goethe schickte und von denen er einige im *Divan* aufnahm, so vor allem die beiden von Schubert vertonten an den Ost- bzw. den Westwind gerichteten Lieder. ‚Was bedeutet die Bewegung'[24] und ‚Ach um deine feuchten Schwingen, West, wie sehr ich dich beneide'.[25] In beiden Liedern tritt der Wind, wie bereits in altarabischer und dann durch die Epochen in persischer Liebesdichtung als Bote auf, natürlich auch bei Hafis. In unseren zwei Liedern überbringt nun der Ostwind Marianne-Suleika die Botschaft Goethe-Hatems aus dem im Osten gelegenen Weimar, der Westwind soll ihm die ihre überbringen. Schubert bringt die Bewegung des Windes mit rasch fächelnden Sechzehntelnoten anmutig zu Gehör. Außer diesen beiden Liedern und dem vom verliebten Äugeln hat er noch ein weiteres *Divan*-Poem vertont, und zwar das Gedicht ‚Versunken', das wieder ein Hafisisches Motiv aufgreift, nämlich das von den langen Haaren, in denen das Liebesspiel kein Ende findet. Allerdings läßt sich weder den beiden Windliedern noch diesem ein bestimmtes Ghasel des Schiraser Dichters an die Seite stellen. Schubert suggeriert hier das ‚Auf-und-niederfahren' der Hände mit wilden chromatischen Kaskaden auf- und ablaufender Arpeggien.[26] Alle vier *Divan*-Gedichte Schuberts sind Meisterstücke an Tonmalerei, was übrigens auch von seinen Vertonungen Rückertscher Texte aus den von Hafis inspirierten *Östlichen Rosen* gilt, auf die wir weiter unten zu sprechen kommen.

II. Schumann

Ein weiteres Suleika in den Mund gelegtes Gedicht hat Robert Schumann vertont. Bekannten Forschern wie Burdach und Beutler zufolge stammt es wiederum mindestens teilweise von Marianne, doch gibt es dafür laut Hendrik Birus keinerlei Belege.[27] Wie auch immer, der Text scheint wie geschaffen für eine Vertonung durch Schumann, und seine Vertonung schmiegt sich den Worten an, als seien diese Worte eigens für diese Schumann'schen Töne geschrieben, die Goethes ‚innigstes Behagen' zum Klingen bringen, wie nur ein Schumann es vermochte.

---

[24] Ebd., S. 93; Schubert *Lieder*, a.a.O., Peters II, S. 38.
[25] Goethe, *West-östlicher Divan*, S. 95; Schubert *Lieder*, a.a.O., Peters II S. 68.
[26] Goethe, *West-östlicher Divan*, S. 37; Schubert *Lieder* Peters III, 207.
[27] Goethe, *West-östlicher Divan*, a.a.O., S. 1301.

Wie mit innigstem Behagen,
Lied, empfind ich deinen Sinn!
Liebevoll du scheinst zu sagen,
daß ich ihm zur Seite bin.[28]

In diesem Gedicht erscheint die auch bei Hafis so wichtige Metapher vom Spiegel des Herzen:

Ja mein Herz, es ist der Spiegel
Freund, worin du dich erblickt.

Und von der Dichtung heißt es in der letzten Strophe:

Süßes Dichten, lautre Wahrheit,
Fesselt mich in Sympathie!
Rein verkörpert Liebesklarheit
Im Gewand der Poesie.

Das Wort ‚rein‘, das hier auftaucht, ist übrigens ein Leitwort des ganzen *Divans*. So sagt im Buch des Paradieses die Huri zum Dichter:

Ja reim auch du nur unverdrossen,
Wie es dir aus der Seele steigt!
Wir paradiesische Genossen
Sind Wort und Taten reinen Sinns geneigt. [29]

Springt in obigem Gedicht vor allem die Metapher vom Spiegel des Herzen als ein an Hafis gemahnendes Element ins Auge, so ist ein weiteres von Schumann vertontes *Divan*-Gedicht ganz aus Hafis-Versen zusammengesetzt.[30] Es handelt sich um ein reimloses Gedicht mit vier Strophen zu je sechs Zeilen, das Goethe im Kapitel ‚Chiffer‘ der „Noten und Abhandlungen“ anführt als Beispiel dafür, wie Liebende sich mit Hafis-Versen verständigen können.[31] Die erste Strophe des Gedichts, das von der Ausschließlichkeit der Liebe handelt, lautet:

---

[28] Ebd., S. 100 hier mit der seltsamen Interpunktion ‚Wie! Mit innigstem Behagen,‘ etc.; Schumann, Myrten IX, *Lieder* Peters I, S. 21.

[29] Vgl. Vf., Die Idee des Reinen. Zu einem Schlüsselwort im ‚West-östlichen Divan‘ und seinem islamischen Kontext. In: Bernhard Beutler / Anke Bosse (Hrsg.), *Spuren, Signaturen, Spiegelungen. Zur Goethe-Rezeption in Europa*. Köln; Weimar; Wien 2000, 45–56; sowie die erweiterte englische Fassung, The idea of purity in Goethe's West-Eastern Divan and its Oriental background. In: Mehrborzin Soroushian (Hrsg.), *Atash-e Dorun The Fire Within*. Jamshid Soroush Soroushian Memorial Volume II, Bloomington, Indiana 2003, S. 63–82.

[30] Schumann *Lieder* Peters II, 140.

[31] Goethe, *West-östlicher Divan*, a.a.O., S. 214; Hendrik Birus gibt in seinem Kommentar Hinweise für die Herkunft einzelner Verse. BDK 3/2, 1518 und die jeweils von Goethe vorgenommenen Eingriffe in Hammers Übertragungen.

Dir zu eröffnen
Mein Herz verlangt mich;
Hört ich von deinem,
Danach verlangt mich;
Wie blickt so traurig
Die Welt mich an.

Schumann hat noch mindestens vier weitere *Divan*-Gedichte vertont. Es handelt sich zunächst um zwei bzw. drei Vierzeiler aus dem Buch des Sängers, nämlich einmal die beiden unter der Überschrift ‚Freisinn' vereinten ‚Laßt mich nur auf meinem Sattel gelten'[32] und ‚Er hat euch die Gestirne gesetzt', zum andern die ersten drei der fünf ‚Talismane' (vier Vierzeiler und ein abschließendes sechszeiliges Gedicht). ‚Freisinn' und ‚Talismane' entsprechen den Nummern II und VIII des Zyklus ‚Myrten'.[33] Bemerkenswert ist, daß zwei dieser Vierzeiler auf Koranversen beruhen; sie seien daher hier in vollem Wortlauf zitiert, damit der Leser auch hier wieder die schönen goetheschen Erweiterungen würdigen kann:

Er hat euch die Gestirne gesetzt
Als Leiter zu Land und See;
Damit ihr euch daran ergötzt,
Stets blickend in die Höh.[34]
(Mittelteil von ‚Freisinn')

Gottes ist der Orient!
Gottes ist der Occident!
Nord- und südliches Gelände
Ruht im Frieden seiner Hände.[35]
(Erster der fünf ‚Talismane')

Interessant ist auch die musikalische Form der beiden Lieder: der erste Vierzeiler wird jeweils am Schluß wiederholt, so daß sich die dreiteilige Liedform ABA ergibt.

Schließlich sind es zwei kurze heiter-burleske Poeme aus dem Schenkenbuch, die Schumann vertont hat, nämlich die Gedichte ‚Sitz ich allein'[36] und

---

[32] Ebd., S. 14; Schumann *Lieder* Peters I, 6 (Myrten II).

[33] Goethe, *West-östlicher Divan*, a.a.O., S. 15; Schumann *Lieder* Peters I, 19 (Myrten VIII).

[34] Sure 6, 97 ‚Und Er ist es, der euch die Sterne erschuf, auf daß ihr im Dunkel von Festland und Meer euch durch sie leiten lasset!' (m. Ü.).

[35] Sure 2, 115 ‚Gottes ist der Osten und der Westen, wohin auch immer ihr euch wendet, dort ist das Antlitz Gottes' (m. Ü.).

[36] Goethe, *West-östlicher Divan*, a.a.O., S. 104; Schumann *Lieder* Peters I, 14 (Myrten V).

‚Setze mir nicht, du Grobian',[37] was ihm Gelegenheit bot, die gerade in seinen Liedern immer wieder gezeigte Begabung für den klingenden Ausdruck von Ironie, Scherz und Humor zur Geltung zu bringen.

III. Hugo Wolf

Kein Wunder, dass Hugo Wolf, dessen *Italienisches Liederbuch* ein Kompendium musikalischer Ironie ist, sogar fünf Texte aus dem Schenkenbuch vertont hat, darunter das ketzerisch-frivole ‚Ob der Koran von Ewigkeit sei'.[38] Das Gedicht bezieht sich auf einen schon in der Frühzeit des Islam geführten Streit von Theologen darüber, ob der Koran unerschaffen, also ewig, oder erschaffen sei. Goethes, durchaus im Geiste von Hafis gegebene Antwort lautet: ‚Danach frag ich nicht' bzw. ‚Das weiß ich nicht'. Um dann zu schließen: ‚Daß aber der Wein von Ewigkeit sei,/Daran zweifl' ich nicht'.

Ansonsten steht in den *15 Divan*-Liedern Wolfs, fünf aus dem Schenkenbuch und zehn aus dem Buch Suleika, eher die Trunkenheit, der Liebesrausch im Vordergrund. ‚Trunken müssen wir alle sein',[39] ein dithyrambischer Text, rast bei Wolf in bacchantischem Taumel; das Suleika-Lied ‚Hoch beglückt in deiner Liebe'[40] und die beiden den Zyklus beschließenden Hatem-Lieder ‚Lokken, haltet mich gefangen'[41] und ‚Nimmer will ich dich verlieren',[42] zeigen schon in ihrer Vortragsbezeichnung, was dem Komponisten hier vorgeschwebt hat: ‚Äußerst leidenschaftlich und sehr lebhaft', ‚Rasch und feurig', ‚Sehr lebhaft und leidenschaftlich'. Im Hinblick auf Hafis ist hier übrigens noch ein Text von besonderem Interesse, weil er nämlich auf einen berühmten Hafis-Vers zurückgeht. Es handelt sich um das Gedicht, dessen erste Strophe lautet:

Hätt' ich irgend wohl Bedenken,
Bochara und Samarcand,[43]
Süßes Liebchen dir zu schenken,
Dieser Städte Rausch und Tand?[44]

Jedem Kenner ist sogleich klar, dass Goethe diesen exzentrischen Einfall dem Anfangsvers eines der berühmtesten Ghaselen seines Zwillingsbruders verdankt, der bei Hammer lautet:

---

[37] Goethe, *West-östlicher Divan*, a.a.O., S. 106; Schumann *Lieder* Peters I, 15 (Myrten VI).

[38] Goethe, *West-östlicher Divan*, a.a.O., S. 104; Hugo Wolf *Goethe-Lieder* ed. Peters, Nr. 34.

[39] Ebd., S. 105; Hugo Wolf *Goethe-Lieder* ed. Peters, a.a.O., Nr. 35.

[40] Goethe, *West-östlicher Divan*, a.a.O., S. 76; Hugo Wolf *Goethe-Lieder* ed. Peters, Nr. 40.

[41] Goethe, *West-östlicher Divan*, a.a.O., S. 87; Hugo Wolf *Goethe-Lieder* ed. Peters, Nr. 47.

[42] Goethe, *West-östlicher Divan*, a.a.O., S. 390 (aus dem sog. ‚Neuen Divan'); Hugo Wolf *Goethe-Lieder* ed. Peters, Nr. 48.

[43] Bei Wolf stattdessen Balch, Bokhara, Samarkand.

[44] Goethe, *West-östlicher Divan*, a.a.O., S. 82; Hugo Wolf *Goethe-Lieder* ed. Peters, Nr. 43.

Nähme mein Herz in die Hand der schöne Knabe aus Schiras,
Gäb ich fürs Maal Samarkand und Buchara.[45]

Mit dem ,Maal' ist das Schönheitsmal gemeint. Goethes Fassung zeigt aber
auch, wie er das allzu Befremdliche wegzulassen und in eine zwar immer
noch exotische, aber für seine Leser akzeptable, ja reizvolle Form zu gießen
wußte.[46]

Gerade das dialogische Element hat H. Wolf in den zehn von ihm vertonten Liedern aus dem Suleika Nameh musikalisch, wenn auch nicht ganz pari-
tätisch, umgesetzt, indem sieben Hatem-Liedern nur drei Suleika-Lieder ge-
genüberstehen. Man wird an sein *Italienisches Liederbuch* erinnert, das ganz
von diesem dialogischen Charakter geprägt ist und übrigens im Hinblick auf
die Motive oft ganz orientalisch wirkt.

Soviel zum *West-östlichen Divan*, dem immer noch wichtigsten, literarisch
bedeutendsten Schmelztiegel und Verdeutschungslabor hafisischer Lyrik.

FRIEDRICH RÜCKERT

Der Goethes Hafis-Liebe und daraus geborener Hafis-Vermittlung zeitlich
und an Bedeutung am nächsten Stehende ist der Erlanger Professor für orientalische Sprachen Friedrich Rückert (1788–1866), polyglotter und begnadeter
Übersetzer poetischer Texte aus zahllosen Sprachen, darunter Arabisch, Persisch und Türkisch ins Deutsche, aber auch begabter und äußerst fruchtbarer
Produzent eigener Dichtung, freilich sehr unterschiedlicher Qualität von Ge-
brauchs- und Gelegenheitslyrik bis hin zu wunderbar inspirierten, geheimnisvollen Stücken, die zum Schönsten, Tiefsten und Anrührendsten gehören, was
in deutscher Sprache gedichtet wurde. Er verfaßte so bekannte, volkstümliche
Gedichte wie ,Das Büblein stand am Weiher', oder ,Vom Bäumlein, das andere
Blätter hat gewollt', so innige Choräle wie das Adventslied ,Dein König
kommt in niedern Hüllen', dichtete einen ganzen Band ,morgenländische Sagen und Erzählungen' und sentimentale Liebeshymnen an seine Jugendliebe
Amaryllis, aber auch seine nach hunderten zählenden, durch den frühen Tod
zweier seiner Kinder ausgelösten *Kindertotenlieder,* von denen Gustav Mahler
einige komponiert hat, dem auch weitere Rückertlieder wie etwa ,Ich bin der
Welt abhanden gekommen' ihre Vertonung verdanken. In Parenthese sei hier
vermerkt, daß in diesen über vierhundert Totengesängen immer wieder
streng geformte Ghaselen auftauchen und der Leser mit Staunen wahrnimmt,

---

[45] Hammer, a.a.O., I.13 = Buchstabe alif, VIII; QG, a.a.O., 3,1.
[46] Vgl. weiter zu diesem und einem weiteren das gleiche Motiv aufgreifenden Divan-Gedicht Vf. *Goethe und Hafis*, a.a.O., S. 22f.

dass diese an sich hochartifizielle, daher scheinbar starre, verspielte oder kunsthandwerkliche Form den Ausdruck schmerzlichster Empfindungen, innigster Seelenstimmungen zuläßt, wenn ein Meister wie Rückert sie handhabt. Was uns im Zusammenhang mit Hafis-Vertonungen vor allem interessieren muß, sind jedoch Rückerts *Östliche Rosen*.

Rückerts Hafis-Rezeption begann früh und nahm einen andern Verlauf als bei Goethe.[47] Wie dieser, so lernte auch Rückert die Ghaselenlyrik des Hafis zunächst aus der Übersetzung Hammers kennen, und begann eigene Gedichte über dort vorgefundene Motive zu schreiben. So entstanden die *Östlichen Rosen* mit zauberhaft anmutigen Gedichten, von denen, wie gesagt, zahlreiche vertont wurden und dadurch auch bekannt geblieben sind, wie z.b. die sehr bekannten Schubert-Lieder ‚Lachen und Weinen zu jeglicher Stunde‘[48] und ‚Du bist die Ruh‘,[49] sowie ebenfalls von Schubert, aber weniger bekannt, ‚Daß sie hier gewesen!‘,[50] oder ‚Ich sende einen Gruß wie Duft der Rosen‘[51] von Robert Schumann. In diesen kurzen Gedichten ist es oft nicht möglich, einen bestimmten Hafis-Vers als Inspirationsquelle auszumachen, einzelne Motive dagegen sehr wohl. So ist z.B. das Motiv des Duftes im letzten der drei Schubertlieder und im Gruß duftiger Rosen des Schumann-Liedes bei Hafis allgegenwärtig. Übrigens verlangt unser Thema, folgendes eigens hervorzuheben: In seiner Vertonung von ‚Daß sie hier gewesen‘ ist Schubert das schier Unmögliche gelungen, den aufsteigenden süßen Duft durch pianissimo vorzutragende kühne Dissonanzen, die sich jeweils im angebundenen Achtel (mit folgender Achtelpause, wie so häufig bei ihm) auflösen, geradezu spürbar zu beschwören, ‚immateriell hauchende Lüfte mit tristanschwangeren Klängen zaubernd‘:

> Dass der Ostwind Düfte
> Hauchet in die Lüfte,
> dadurch tut er kund,
> dass du hier gewesen etc.

Weit auffälliger als das gängige Duftmotiv ist jedoch die Metapher vom Augenzelt, das der/die Geliebte bewohnen soll, am Endes des kurzen Textes von ‚Du bist die Ruh‘; sie erinnert an die Eröffnungszeile eines Ghasels, die da bei Hammer lautet:

---

[47] Vgl. Vf., ‚Kommt, Freunde‘, a.a.O., S. 131–46.
[48] Schubert *Lieder* Peters I, 238.
[49] Ebd., I, 212.
[50] Ebd., III, 30. Vgl. auch: Dietrich Fischer-Dieskau, *Auf den Spuren der Schubert-Lieder. Werden Wesen Wirkung*. Dritte Aufl. Wiesbaden 1974, 224.
[51] Schumann *Lieder* Peters J, 55 (Myrten XXV).

Die Zelte meiner Augen
Sind deinem Aufenthalt geweiht,
O komm herab, sei gnädig,
Denn meine Wohnung ist dein Haus![52]

Die Übertragung von *rawâq-i manzar-i chashm-man* mit ‚Die Zelte meiner Augen' ist dabei keineswegs selbstverständlich; genauer wäre ‚der Aussichtsaltan oder -portikus meiner Augen'. Es ist also so gut wie sicher, daß Rückert die schöne Metapher bei Hammer entlehnt hat, wie es ja auch Goethe in zahllosen Fällen tat. Hier, in dieser Zulieferung geeigneter, oft schöner und origineller deutscher Prägungen liegt ein noch viel zu wenig gewürdigtes Verdienst des oft geschmähten Wiener Gelehrten.

Manchmal greift Rückert in den *Östlichen Rosen* wie Goethe im *Divan* einen einzelnen Hafis-Vers auf und formt daraus ein kleines Gedicht, so z. B. den folgenden – ein heiteres Epigramm aus der Sphäre der Anakreontik, der bei Hammer lautet:

Ich habe keine sichre Kunde
Von meinem eignen Kopf,
Bis ich im Stand bin, in der Schenke
Den Kopf emporzuheben.[53]

Bei Rückert wird daraus:

Über meinen eignen Kopf
Bin ich nicht im Reinen –
Hab ich, wie ein andrer Tropf,
Einen oder keinen?

In der Schenke, wann der Wein
Mir zu Kopfe steigt,
Fühl ich erst, der Kopf ist mein,
Und der Zweifel schweiget.[54]

Aus einem einzigen Vers ist also bei Hammer ein Vierzeiler geworden, bei Rückert deren zwei. Solche saloppe aber auch ansprechende Paraphrasen hat er sich später nicht mehr erlaubt, sondern, von wenigen Ausnahmen abgesehen, immer quasi eins zu eins übertragen. Keines seiner streng textnah und formgenau übersetzten Ghaselen wurde aber je vertont, denn das gesangliche

---

[52] QG, a.a.O., 34,1; Hammer, a.a.O., I, 41 = Buchstabe t II; vgl. meine Übertragung dieses Ghasels in Hafis, *Gedichte*, hrsg. von Bürgel, a.a.O., 29.

[53] Hammer, a.a.O., II, 252 = Buchstabe mim LXIV, 6.

[54] *Friedrich Rückerts Werke in sechs Bänden*, hrsg. von Conrad Beyer. Leipzig o. J. 1898, IV, 285.

Element ist darin so gut wie völlig verdrängt. Dagegen finden sich streng gebaute und doch sangliche Ghaselen Rückert'scher Erfindung sehr wohl schon in den Östlichen Rosen, bzw. einem diesem Zyklus in der Regel zugerechneten Vorspann,[55] wie z. B. das wiederum von Schubert vertonte:

> O du Entrissne mir, mit deinem Kusse,
> sei mir gegrüßt, sei mir geküßt!
> Erreichbare nur meinem Sehnsuchtskusse,
> sei mir gegrüßt, sei mir geküßt!

Es liegt ein Ghasel von 6 Versen vor mit dem Ghaselreim Kusse/Gruße, Gusse etc. und dem Echoreim, bzw. Refrain ‚Sei mir gegrüßt! Sei mir geküßt', wobei Schubert zusätzlich das ‚sei mir geküßt' wiederholt, so daß bei ihm die Entrissene nicht nur sechs- sondern zwölfmal geküßt wird. Für das Ghasel gibt es kein Hafisisches Pendant, obwohl sich durchaus einzelne Motive auf ihn zurückführen ließen, doch muß das hier aus Zeit- und Raumgründen unterbleiben. Die Schubert'sche Vertonung ist eine Art Mischung aus langsamem Walzer und Trauerzug, die feierlich ernste Stimmung einer vielleicht endgültigen Trennung wird beschworen, jede Strophe variiert, mitunter sich bis zur Ekstase steigernd, die Vertonung der ersten.[56]

Typisch ist für viele dieser Gedichte die auffällig wiederholungsreiche Struktur, der Hang zum Refrain, das Ritornellartige, das, wie der Germanist Harald Fricke meint, auch der eigentliche Grund für die häufige Vertonung rückert'scher Texte ist.[57] Betrachten wir das kurz noch etwas näher an dem Lied ‚Ich sende einen Gruß wie Duft der Rosen'.[58] Es liegt da gleichsam eine doppelte Ghasel-Struktur vor, denn schon die vier Reime Angesicht, Frühlingslicht, nicht und licht würden genügen, um das kleine Gedicht zu einem Ghasel zu machen (allerdings unterhalb der Mindestzahl von sechs Versen), doch Rückert bringt auch noch die Reime Rosen, tosen, kosen und Freudelosen hinein. Der Reimzwang, die strenge Form des persischen Ghasels hat schon hier gleichsam von ihm Besitz ergriffen. Die Form war ihm sowohl bei seinen Übersetzungen wie auch bei seinen eigenen Arbeiten immer so wichtig, daß die für ein gutes Gedicht unerläßliche Balance zwischen Form und Inhalt mitunter aus dem Lot geriet und manches Gedicht, vor allem aber manche formstrenge Übertragung, auf den Rang von bloßem Kunsthandwerk herabsank.

---

[55] Vgl. Vf., ‚Kommt, Freunde', a.a.O., S. 132f.
[56] Schubert *Lieder* Peters I, 190.
[57] Harald Fricke, Rückert und das Kunstlied. Literaturwissenschaftliche Beobachtungen zum Verhältnis von Literatur und Musik. In: *Rückert-Studien*, V (1990), S. 14–37; ders., Variierte Wiederholung. Rückert und das Kunstlied. In: ders., *Gesetz und Freiheit. Eine Philosophie der Kunst*. München 2000, S. 75–97.
[58] Schumann *Lieder* Peters, I, 55 (Myrten Nr. 25).

Rückert selber war sich dessen bewusst, wie aus dem kurzen Kommentar, hervorgeht, den er dem Verleger der *Östlichen Rosen* schrieb, Cotta in Tübingen, der sie 1821 druckte:

> Es sind, damit ich Sie begierig mache, Curiosa, Persica nämlich, nicht Übersetzungen und auch nicht Nachbildungen, in seiner Weise ein Gegenstück zu Goethes Divan, nur ist bei diesem der Geist die Hauptsache, bei meinem die Form...

Ghaselform und Strophenform zu kombinieren, um den Erwartungen deutschsprachiger Leser entgegenzukommen, das hat allerdings auch Goethe, ohne sich freilich durch strengen Zwang zu gängeln, und es haben dies später mit bravouröser Leichtigkeit Daumer und Bodenstedt getan. Platen dagegen hat in seinen Hafis-Übertragungen, mit ein oder zwei Ausnahmen, nie die Ghaselform benutzt, sich dagegen in seiner eignen Lyrik immer wieder, namentlich auch in bezug auf den sogenannten Radif oder Echoreim, als einer ihrer großen deutschen Meister erwiesen.[59] Vertonungen seiner Hafis-Adaptionen sind mir bisher nicht bekannt geworden.

FRIEDRICH VON BODENSTEDT

Bevor wir abschließend auf zwei für das romantische deutschsprachige Lied von der Spätromantik bis an die Schwelle der Moderne wichtige Autoren, Georg Friedrich Daumer und Hans Bethge, die beide nur noch in ihren vertonten Texten fortleben, eingehen, soll eines dritten gedacht werden, der zwar weniger vertont wurde, als Hafis-Vermittler aber mindestens gleichrangig neben Daumer steht, es ist dies Friedrich (von) Bodenstedt (1819–1892),[60] ein Bel-Esprit, Reisender, Gelehrter und schließlich Theaterdirektor,[61] der in seiner Jugend drei Jahre als Prinzenerzieher in Moskau, wo er Russisch erlernte und russische Literatur studierte, und anschließend mehrere Jahre in Tiflis verbrachte, wo er Persisch und Türkisch trieb und mit seinem Lehrer Mirza Schaffy (i.e. Shafi`) persische Lyrik, vor allem Hafis studierte. Anschließend wirkte er mehrere Jahre als Professor in München, wo König Ludwig II. sein Gönner war, zunächst für Slavistik, dann für Anglistik (und in dieser Eigen-

---

[59] Vgl. Vf., Platen und Hafis. In: H. Bobzin / G. Och (Hrsg.), *August Graf von Platen. Leben, Werk, Wirkung.* Paderborn 1998, S. 85–102.

[60] Vgl. Vf., ,Friedrich Bodenstedt' (Referat in St. Petersburg auf der International Conference on the Study of Persian Culture in the West' – Juni 2004), im Druck.

[61] In Meiningen, dessen Theater später sehr bedeutend werden sollte, wozu Bodenstedt vielleicht den Keim gelegt hat. Der Fürst von Meiningen adelte ihn, um ihm den Verkehr bei Hofe zu ermöglichen.

schaft gründete er die Deutsche Shakespeare-Gesellschaft und lancierte eine vollständige Übersetzung des englischen Meisters, zu der er selber kräftig beitrug). Gleichzeitig verfaßte er die seinerzeit atemberaubend erfolgreichen ‚Lieder des Mirza Schaffy‘, eigene Lyrik, die er als aus dem Persischen übersetzte ausgab, bis er in einem ‚Nachtrag‘ schließlich den Schleier lüftete, inhaltlich eine etwas banale Hedonistik, die aber zwischen 1850 und 1920 über 260 Auflagen erlebte, verfaßte zudem mehrere Bände Novellen und Romane, so wie eine von ihm nun tatsächlich aus dem Persischen übertragene Hafis-Anthologie ‚Der Sänger von Schiras‘, und eine weitere aus den Vierzeilern des Omar Chajjam, die erstaunliches sprachliches Geschick verraten und leichter als der immer etwas schwerblütige Rückert zu lesen sind, verfaßte schließlich, und das ist von bleibendem Wert, eine zweibändige Monographie ‚Die Völker des Kaukasus und ihr Freiheitskampf gegen die Russen‘, ein Buch von noch heute aktueller Bedeutung, sowie umfangreiche Übersetzungen russischer Schriftsteller und mehrere Reisebücher. Es wäre zu erwarten, daß Bodenstedts Name neben denen Daumers und Bethges in den Namenlisten vertonter Autoren auftaucht. Brahms hat jedoch nur einen Text von Bodenstedt vertont, und der stammt nicht aus dessen ‚Sänger von Schiras‘,[62] sondern aus dem Russischen. Allerdings ist es gut möglich, daß man bei weniger bekannten Komponisten des 19. Jahrhunderts fündig würde.

GEORG FRIEDRICH DAUMER

Georg Friedrich Daumer (1800–1875) war eine ähnlich ruhelose Natur wie Bodenstedt, doch äußerte sich seine Unruhe weniger in häufigen Ortswechseln als in innerer Zerrissenheit, wurde er doch vom Atheisten zum ultramontanen Katholiken, um nur die krasseste seiner seelischen Schwankungen zu nennen. Auch Daumers Hafis-Adaptionen, ein stattliches Konvolut von 254 Nummern, verraten Form- und Stilgefühl und große sprachliche Könnerschaft.[63] Freilich entfernen sich weder Bodenstedt noch Daumer auf so eklatante, ja man ist versucht zu sagen, trunkene Weise vom deutschen Sprachgebrauch, wie das Goethe im *Divan* auf Schritt und Tritt tut, – ein ähnlich befremdlicher, aber schließlich auch fesselnder Altersstil wie in Beethovens Spätwerk.

---

[62] *Der Sänger von Schiras. Hafisische Lieder verdeutscht von Friedrich Bodenstedt.* Zweite Auflage Berlin 1877.

[63] *Hafis. Eine Sammlung persischer Gedichte. Nebst poetischen Zugaben aus verschiedenen Völkern und Ländern von G.(eorg) Fr.(iedrich) Daumer.* Zweite Auflage Hamburg 1856.

HANS BETHGE

Von Bethge (1876–1946) möchte ein Hafis-Kenner am liebsten gar nicht reden. Seine unter Hafis' Namen publizierten kurzen reimlosen Gedichte haben mit dem Genius von Schiras nur noch wenig zu tun. Er hat ihn, wie wir gleich noch näher sehen werden, auf einen flachen Hedonismus reduziert. Doch es bleibt eine Tatsache, daß seine Art Lyrik bedeutende Komponisten inspiriert hat. Stammt doch der Text des herrlichen mahlerschen Orchesterwerks ,Lied von der Erde' aus einer von Bethge aus dem Chinesischen adaptierten Sammlung. Und sein Hafis-Zyklus diente nicht nur dem polnischen Komponisten Karol Szymanowski, sondern auch dem österreichischen Gottfried von Einem für einige Hafis-Lieder als Quelle. Ihnen genügten die platten, oft sensualistischen Aperçus, die Bethge unter dem Namen des Hafis verbreitet hat mit Allerweltsmotiven wie Liebe als Krankheit, Geliebte als Arzt etc. Alle Mehrdeutigkeit, alle sublime Divinität der Liebe, alle göttliche Betrunkenheit ist da zu bloßer Genußsucht verflacht.

DAUMER UND BRAHMS

Brahms hat Daumer sehr geschätzt und im ganzen mehr als 50 Texte von ihm vertont, d.h. mehr als von irgend einem andern der zahlreichen von ihm benutzten Autoren, einschließlich Goethe. In seiner Bibliothek fanden sich Bodenstedts ,Lieder des Mirza Schaffy', aus denen er aber nichts vertont hat, sowie vier Titel von Daumer, darunter sein ,Hafis'.[64] Zu den von Brahms vertonten Daumer-Texten gehören auch sieben Texte von Hafis, sechs daraus aus Daumers Anthologie, eines aus seinem Lyrikband ,Polydora'.[65] Eines der herrlichsten Brahmslieder ist darunter, nämlich ,Wie bist du meine Königin, durch sanfte Güte, wonnevoll', mit dem Ghaselreim Güte, Gemüte etc. und

---

[64] Kurt Hofmann, *Die Bibliothek von Johannes Brahms. Bücher- und Musikalienverzeichnis.* Verlag der Musikalienhandlung Karl Dieter Wagner. Hamburg 1974, für Daumer dort S. 134–37.

[65] Für Daumer-Hafis nennt Gustav Ophüls, *Brahms-Texte.* Vollständige Sammlung der von Johannes Brahms componirten und musikalisch bearbeiteten Dichtungen. Zweite durchgesehene Auflage Berlin 1908, folgende 7 Texte
1. Bitteres zu sagen denkst du, Lied f. 1 Singst. (=L1S) Op. 32, Nr. 7.
2. So stehn wir, ich und meine Weide, L1S Op. 32, Nr. 8.
3. Wie bist du, meine Königin, Op. 32, Nr. 9.
4. Botschaft: Wehe Lüftchen, lind und lieblich Um die Wange der Geliebten, L1S Op. 47, Nr. 1.
5. Liebesgluth: Die Flamme hier, die wilde, zu verhehlen, L1S Op. 47, Nr. 2.
6. Wenn du nur zuweilen lächelst, L1S Op. 57, Nr. 2.
7. Finstere Schatten der Nacht, L1S Neue Liebeslieder – Walzer. Op. 65, Nr. 2.

dem Radif ‚wonnevoll'.[66] Ein bestimmtes Ghasel im Divan des Hafis konnte ich dafür nicht ausmachen, einzelne Motive finden sich dort aber. Hafis redet seinen Freund ja einige Male als ‚König' an, eine Anrede, die dann bei Daumer, der, wie Bodenstedt, das homoerotische Element in seiner Hafis-Adaption bewußt ausgemerzt hat, leicht zu ‚Königin' wird. Erwähnt sei noch ein weiterer Text, weil er sich unmittelbar aus einem bekannten Hafis-Vers herleitet. Der Daumer'sche Text lautet:

Finstere Schatten der Nacht,
Wogen und Wirbelgefahr!
Sind wohl, die da gelind
Rasten auf sicherem Lande,
Euch zu begreifen im Stande?
Das ist nur allein,
Welcher auf wilder See
Stürmischer Oede treibt,
Meilen entfernt vom Strande.[67]

Dahinter verbirgt sich der Hafis-Vers:

Finstere Nacht und Wogenangst und Strudel fürchterlich, –
Was wissen sie von unserm Los, die leichtbefrachtet stehn am Strand?

Der Vers entstammt dem ersten Ghasel von Hafis.[68]

DER HAFIS-ZYKLUS VON OTHMAR SCHOECK (1886–1957)[69]

Daumer ist, nochmals sei es betont, sprachlich und im Ton näher an Hafis als Bethge, in seinem ‚Hafis' finden sich ghaselenartige Gebilde mit dichten Rei-

---

1–6 stammen laut Ophüls aus Daumers *Hafis*, 7 aus *Polydora*; tatsächlich steht dieser Text auch in Daumers Hafis, und zwar als Nr. XXVII. Die Texte stehen auf S. 305–06, die Quellenangaben auf S. 390. Den Hinweis auf das Buch von Ophüls verdanke ich meinem Kollegen Victor Ravizza, wofür ich ihm auch an dieser Stelle danken möchte.

[66] Brahms Lieder, ed. Peters, II, 25.

[67] Daumer: Hafis XXVII, Die Vertonung dieses Textes findet sich als Nr. 2 in Brahms' *Neue Liebeslieder*. Walzer für vier Singstimmen und Klavier zu vier Händen, op. 65; vgl. C. M. Schmidt, *Johannes Brahms*. Reclams Musikführer. Stuttgart 1994, 305.

[68] Er lautet auf Persisch:
shab-i târîk u bîm-i mauj u girdâbî chinân hâyil
kujâ dânand hâl-i mâ sabuk-bârân-i sâhilhâ

[69] Den Hinweis auf die Hafis-Vertonungen Schoecks, Szymanowskis, Von Einems verdanke ich der Wiener Dramaturgin Frau Magister Nadja Kayali, der ich dafür und für unsere mehrjährige Zusammenarbeit im Zeichen von Hafis auch an dieser Stelle noch einmal sehr herzlich Dank sagen möchte.

men, Duft und Anmut. Manche seiner von Schoeck vertonten Verse erinnern an die berühmten von Heyse übersetzten Lieder aus dem Italienischen Liederbuch, z. B. ‚Wie stimmst du mich zur Andacht' (Nr. 5). Neben einigen formvollendeten Ghaselen (mit Monoreim) finden sich kurze aperçuhafte Gedichte, die auf einem einzelnen Vers des Hafis beruhen. Manchmal verkürzt er einen Hafis-Vers zu einem Kürzest-Gedicht (wenn nicht etwa Schoeck hier verkürzt hat). ‚Horch, hörst du nicht vom Himmel her, ein wunderherrlich Musizieren? Du hörst die lieben Engelein Hafisens Lieder einstudieren.' Das ist der Schlußvers eines Ghasels, der in Übersetzung lautet.

> Morgens kam von Gottes Thron ein Stimmgewirr und der Verstand[70] sprach:
> Wie! da memorieren ja die Himmelsgeister Hafis' Lieder![71]

In seinen längeren Gedichten (darunter, wie gesagt, formstrengen Ghaselen) kombiniert Daumer oft frei Motive aus verschiedenen Hafis-Ghaselen, so finden sich etwa in ‚Ach wie schön ist Nacht und Dämmerschein' (Nr. 1) Anklänge an das Ghasel:

> Zechgenossen, öffnet mir die Knoten in den Locken meiner Freundin![72]

Namentlich der Vers:

> Sollte wohl in diesem Kreise wer unbelebt vom Hauch der Liebe sein?
> Grabgebete betet über ihn; segnet ihn als Toten ein!

entspricht ziemlich genau dem Hafis-Vers:

> Jeder der in dieser Runde nicht durch Liebe ist lebendig,
> über ihn – so meine Fetwa – spreche man den Totensegen![73]

In einem wieder recht gelungenen ghaselartigen Gedicht hat Daumer erneut eine Reihe hafisischer Motive aus verschiedenen Ghaselen vereinigt, indem er Gabriel, (die Kinder) Israel, Ghasel, Juwel und einige weitere Reime auf -el benutzt und außerdem durch das ganze Gedicht den Refrain (Radif) ‚und dieses ist ja wohl kein Fehl' wiederholt.[74] Hier stoßen wir auf das für Hafis

---

[70] D.h. die Weltvernunft, eine im mittelalterlichen islamischen Denken durch die arabischen Philosophen eingeführte letztlich neuplatonische Instanz.

[71] *Subhdam az `arsh mîyâmad khurûshi `aql guft:*
   qudsiyân gû`î ke shi`r-i Hâfiz az bar mîkunand QG, a.a.O., 199u.

[72] *Mu`âshirân gire az zulf-i yâr bâz kunîd QG,* a.a.O., 244.

[73] *har ân kasî ke dar în halqe nîst zinde be-`ishq*
   bar-û na-murde be-fatwâ-ye man namâz kunîd QG, a.a.O., 244, 7.

[74] Nicht düstre, Theosoph, so tief, Hafis CCXXV, Schoeck Hafis Nr. II.

ebenso wie für Omar Chayyâm so typische Motiv vom Menschenblut und vom Rebenblut.

> Nicht Menschenblut vergießen wir
> Auf wilden Hasses Wuthbefehl;
> Der Rebe Blut genießen wir,
> Und dieses ist ja wohl kein Fehl.[75]

Freilich gibt es bei Daumer auch Verstöße gegen den guten Geschmack z. B. ‚windet euren Arm um silberne Hüften her in einem Bad von Wein' (noch schlimmer bei Bethge, der sich wünscht, in einem Weinfaß begraben zu werden!).

BETHGE – SZYMANOWSKI – VON EINEM

Die von Karol Szymanowski (1862–1937) und Gottfried von Einem (1918–1996) vertonten Hafis-Texte von Hans Bethge (1876–1946) haben, wie ich bereits sagte, mit Hafis nur noch sehr wenig zu tun.[76] Schon rein formal, seine meist ganz kurzen aperçuhaften Poeme sind reimlos und in freien Rhythmen. Seine Sprache ist nicht frei von Ausrutschern, z. B. ‚Tanz schlankbeiniger Mädchen', das hat viel zu viel Konsonanten, um noch an grazilen Tanz denken zu lassen und ist viel zu derb körperhaft, um Hafis zu entsprechen. Die Motive werden bei Bethge teils abgewandelt, manchmal bis zur Unkenntlichkeit, teils vergröbert oder banalisiert. Verbindet sich das mit hohem Pathos, so ist die Grenze des guten Geschmacks erreicht (ein Beispiel unten: ‚Tanz'). Da geht Wesentliches verloren: Wenn Hafis gegen das Weinverbot aufmüpft, so im Namen von Menschlichkeit, wenn dagegen Bethge dazu aufruft, mit dem Liebchen zu sündigen, da wird es einfach ein fragwürdiger Libertinismus:

> Nichtswürdig bist du, wenn gemeiner Sinn und Rohheit dich beim Sündetun beherrschen, doch wenn du lautern Herzens Sünde tust, so ist die Sünde etwas strahlend Schönes, und du wirst herzhaft sündigend zum Gott.

Das liegt – trotz des unüberhörbaren Anklangs an Luthers bekannten Rat *pecca fortiter* ‚Sündige tapfer' – von der Aussage ungefähr auf der selben Ebene wie

---

[75] Vgl. Vf., Drei Hafis-Studien 55–57.

[76] Karol Szymanowski, *Des Hafis Liebeslieder* op. 24 Gesang und Klavier Nachdichtungen von Hans Bethge. Universal Edition 3867. Von Einem nennt seine Quelle nicht, da aber beide ‚Der verliebte Ostwind' vertont haben, sind offensichtlich auch Von Einems Hafis-Texte von Bethge.

der Satz ‚Auf der Alm da gibt's ka Sünd!' Und hat wenig oder nichts mit Hafis'
Tonlage und Mentalität zu tun!

Aber auch Daumer schlägt gelegentlich solche von verdrängter christlicher Moral geprägte Töne an: Das von Schoeck vertonte Gedicht ‚In der Rosen-
zeit/hält die Liebe Schule' mündet in den Ausruf: ‚Darum heiß zum Himmel
fleh' ich im Gebete: Nie, o nie errette mich aus dem Sündenpfuhle!' Bei Hafis
dagegen erscheint die Rückweisung des Sündenvorwurfes immer nur in Verbindung mit dem Weingenuß, weil damit ein islamisches Tabu verbunden ist.
Seine Liebesdichtung ist von einer sublimierten Sensualität, die derartige
Töne ausschließt.

Ähnlich steht es auch mit dem von Szymanowski vertonten Text ‚Tanz':
Heute tanzt alles. Göttlich ist Tanz. Manche tanzen in Strümpfen, manche in
Schuhen nur, manche nackt. Hoch, hoch, ihr nackten Tänzerinnen, hoch! (das
Bein?) Ihr schönsten und kühnsten! Heute tanzt alles, alles. Göttlich ist Tanz!"
Hier ist keine Silbe von Hafis, in dessen ganzem *Divan* das Wort ‚nackt' nicht
vorkommt, und dem eine ähnlich schlüpfrige Sequenz fernliegt. Das sind
Verse, die eher an Mata Hari als an Hafis erinnern.

Da liegt also genau die Scheidelinie, ob man Hafis mit Goethe als ‚lieblichen Lebensgeleiter' betrachtet oder als Libertinisten, mit dem man seine Wol-
lust legitimiert, bzw. aus moralistischer Position heraus dann umgekehrt als
Volksverführer, wie der bekannte indo-islamische Dichter M. Iqbal, der Hafis
in einem boshaften Gedicht als den ‚Imam der Weinsäufer' beschimpfte, ohne
freilich seiner Beliebtheit damit schaden zu können.[77] Zum Abschluß gebe ich
einen Motiv-Index für die Hafis-Zyklen von Schoeck, Szymanowski und von
Einem, da ein weiteres Eingehen auf Einzelheiten den Leser zweifellos ermü-
den würde:

MOTIVE: SCHOECK-DAUMER[78]

Schoecks Zwölf Hafis-Lieder Op. 33, geben eine gute Vorstellung von Daumers ‚Hafis'. Die Musik geht über die spätromantischen Klänge von Schoecks
Frühzeit deutlich hinaus.[79]

---

[77] Vgl. Vf., Die griechische Ziege und das Schaf von Schiras. Bemerkungen zu Gedanken
Muhammad Iqbals über Plato und Hafis. In: H.R. Roemer / A. Noth (Hrsg.), *Studien zur
Geschichte und Kultur des Vorderen Orients*. Leiden, S. 12–27.

[78] Die römischen Zahlen in Klammern verweisen auf die Nummern in Daumers *Hafis*.

[79] Edition Breitkopf Nr. 5204.

1. *Ach wie schön ist Nacht und Dämmerschein.* (CCXXXIX)

Motiv: sich durch Locken fesseln lassen, Totengebet über den Nicht-Liebenden

2. *Höre mir den Prediger.* (CII)

Motiv: nicht auf den Pfaffen hören, sondern auf die Nachtigall

3. *Das Gescheh'ne, nicht bereut's Hafis* (CCXXXVIII)

Motiv: jeder nicht mit Liebe und Wein verbrachte Moment ist vertan

4. *Ach wie richtete, so klagt ich, / Saure Weisheit, Alter, Tugend/ mich so ganz und gar zugrunde* (CLIIII)

Motiv: süße Torheit, Sünde, Jugend machen gesund

5. *Wie stimmst du mich zur Andacht* (CLVIII)

Motiv: Schönheit ist anbetungswürdig

6. *Meine Lebenszeit verstreicht* (XLIX)

Motiv: Flüchtigkeit des Daseins; Bitte um letzte Liebesgabe

7. *Ich roch der Liebe himmlisches Arom* (LXXXVII, Vierzeiler)

Motiv: Schwinden, vergehn

8. *Ich habe mich dem Heil entschworen* (CXL)

Schlußvers: ‚ich habe mich erst selbst gefunden, da ich mich ganz in dich verloren'

9. *Lieblich in der Rosenzeit hält die Liebe Schule* (CI)

Reime: Federspule, Buhle, Ghule, Sündenpfuhle

10. *Horch, hörst du nicht vom Himmel her* (XCI, Vierzeiler)

Motiv: Engel im Himmel studieren die Lieder des Hafis ein

11. *Nicht düstre, Theosoph, so tief* (CCXXV)

Motiv: Schelmen-Moral

12. *Sing o lieblicher Sängermund* (CCLIV)

Motiv: Aufforderung an den Sänger, Hafis nachzueifern und, wie der Refrain/Radif lautet, zu singen ‚stets von neuem und ende nicht'

Motive: Bethge – Szymanowski

Szymanowskis Musik wirkt vergelichsweise zähflüssig, nicht selten bomba-
stisch, schwer zu singen und sehr schwer zu begleiten. Hafis wäre wohl kaum
beglückt von diesen Tonschwaden. Während Schoeck im Titelverzeichnis jeweils den Anfang des Gedichtes angibt, finden sich bei Szymanowski Titel,
die ich daher unten jeweils zuerst nenne:

1. Wünsche:
Ich wollt, ich wär ein morgenklarer See, am Schluß: Ich wollt ich wär ein klei-
nes Korn im Sande und du der Vogel, der es schnell, schnell pickt!
Beide Motive finden sich nicht bei Hafis, haben aber eine Vorlage in Daumers
‚Hafis' XXI, so daß möglicherweise ein mir unbekannter apokrypher Hafis-
Text zugrunde liegt.

2. Die einzige Arznei
Ja, ich bin krank, ich weiß, ich weiß, doch lasst mich!
Die einzige Arznei für den Liebeskranken ist die Geliebte. Gängiges Motiv der
arabischen wie der persischen (und natürlich auch der europäischen) Liebesdichtung.

3. Die brennenden Tulpen
Sie wachsen aus dem Grab des Liebenden, weil er noch immer glüht

4. Tanz
ist göttlich. Eine für Bethge typische Entgleisung lautet ‚manche tanzen in
Strümpfen, manche in Schuhen nur, manche nackt', ganz und gar hafis-fern!

5. Der verliebte Ostwind
er stammelt aus Verwirrung

6. Trauriger Frühling
Motiv: Der Frühling ist erschienen, aber die Geliebte bleibt fern, der Dichter
will wie die Wolke weinen.
Motive: Bethge – Gottfried von Einem (die Lieder haben hier keine Überschrift)
1. *Wahrlich du bist ein kecker Dieb*
Motiv: die Geliebte stiehlt mit dem Fangnetz ihrer Haare Herz auf Herz.
2. *Das zerstückte Herz*:
jedes Stück liebt wie ein unversehrtes Herz.
3. Der verliebte Ostwind, s.o. Szymanowski Nr. 5

4. Das Schicksal hat gesiegt
Zustand ohne Liebe, düster, negativ, ohne Hoffnung.
5. Rohes und reines Sündigen:
herzhaft sündigend wirst du zum Gott.
6. Das zerbrochene Herz: heiliger als die Heiligen.
7. Die Kostbarkeiten dieser Erde. Saitenspiel, Becher, Tanz schlankbeiniger Mädchen, einer Liebsten Gunst und dann ein Schweigen
8. Frühling. Rosenbusen, vom verliebten Ostwind gestreift, quellen aus dem Mieder, der Dichter will in einem Weinfaß begraben werden.

SCHLUSSBEMERKUNG

Wie man sieht, hat Szymanowski bei seiner Textauswahl doch noch etwas mehr Geschmack bewiesen als Gottfried von Einem, dem es vermutlich nicht klar oder auch gleichgültig war, daß es bei Hafis weder einen nackten Tanz noch aus dem Mieder quellende Busen, noch schlankbeinige Mädchen gibt, geschweige denn den Wunsch, als Korn von einem Vogel aufgepickt oder im Weinfaß begraben zu werden. Es gibt jeweils etwas Ähnliches bei Hafis, aber es ist genau der Unterschied, der hier die Scheidelinie zwischen dem Sublimen und dem Ordinären ausmacht. Bei Bethge ist Hafis zu dem verkommen, was er nach Meinung seiner Kritiker von Anfang an war, zum Kneipendichter. Danken wir Goethe, daß er uns Hafis auf eine ja weiß Gott nicht prüde Weise als ‚lieblichen Lebensgeleiter' vorgestellt hat, und mit ihm Rückert, Daumer, Bodenstedt, Platen. Bei ihnen allen ist Hafis als großer humaner Dichter erkennbar. Und danken wir den Komponisten, die uns, oft ohne daß wir uns dessen bewußt sind, herrliche, in ihren Texten von Hafis inspirierte Lieder geschenkt haben. Denn Hafis' Dichtung war von Anfang an mit Musik verbunden; sie ist es auch hier in den fernsten Verästelungen seiner schon längst weltumspannenden Wirkung. Das anhand einiger ausgewählter Beispiele vor Augen (und vor Ohren!) zu führen, war die Absicht meiner durchaus lückenhaften Darlegungen. So bleibt mir nur noch, mich für das Interesse und die Geduld meiner Leserinnen und Leser zu bedanken und mich mit ihnen in einem, auch auf die obigen Erwägungen beziehbaren goethe'schen ‚So' zu verbinden, das nochmals aus dem *Divan*, aus dem (meines Wissens leider nie von einem bedeutenden Komponisten vertonten) Gedicht ‚Erschaffen und Beleben' stammt, genauer: dessen eingangs bereits zitierte Schlußstrophe eröffnet:

So, Hafis, mag dein holder Sang,
Dein heiliges Exempel,

Uns führen, bei der Gläser Klang,
Zu unsers Gottes Tempel.

POSTSCRIPTUM

Nachzutragen ist das „Liederbuch des Hafis" des deutschen Komponisten
Victor Ullmann (1898–1944), der Übersetzungen von Bethge benutzt hat. Ich
danke Herrn Prof. Harald Fricke, Fribourg, für diese Information, die ich leider im obigen Artikel nicht mehr verwerten konnte.

Astrid Ensslin

ESCAPISM, *WELTSCHMERZ* AND WESTERN DOMINANCE – LATE ROMANTIC ORIENTALISM IN WILHELM HAUFF'S *MÄRCHEN*

As a preliminary note, it needs to be mentioned that research on Hauff's Orientalism as manifested in his fairy tale compilations has so far been sparse. With the exception of Abdul Razzah Fattah's (1970) and Inge Fortas's (1975) unpublished doctoral theses, no major work has been undertaken in this specific area.[1] Surprisingly or not, both Fattah and Fortas concentrate on the author's adaptation of the *Arabian Nights,* however, neglecting any kind of Orientalist discourse.[2] I therefore consider it indispensable to revisit Hauff's Oriental tales from a postcolonial perspective, taking into account the enormous educational impact they had on generations exposed to growing German nationalism.

To many Germans today, Wilhelm Hauff's *Märchen,* as he himself calls his collection of fantastic fairy tales and realistic stories, are more familiar than the author himself. This is not surprising as he lived only from 1802 to 1827 and was truly prolific merely during the last three years of his life. His three novels *Mittheilungen aus den Memoiren des Satan* (1825), *Der Mann im Mond* (1825) and *Der Lichtenstein* (1826) were immensely popular during Hauff's lifetime yet almost forgotten thereafter. Although he also wrote a considerable number of novellas, satirical sketches, sociocritical essays and lyrical poems, his canonical significance decreased after the turn of the 20th century. His oriental and regional tales, however, still appear in nearly every child's fairy tale book.

Historically speaking, Wilhelm Hauff can be regarded as a 'Sammellinse' of the manifold tendencies of his time.[3] The Biedermeier period was a time 'in

---

[1] Abdul Razzah Fattah, *Wilhelm Hauff und 1001 Nacht.* Unpublished thesis, University of Leipzig 1970; Inge Fortas, *Wilhelm Hauffs Märchen und Tausendundeine Nacht: Eine Untersuchung zur Aufnahme orientalischer Dichtung in der deutschen Literatur.* Unpublished thesis, University of Algier 1975.

[2] It was not until the first edition of Said's *Orientalism* (London, 1978) that postcolonial approaches to orientalist literature emerged on a large scale.

[3] Irmgard Otte, *Das Bild der Dichterpersönlichkeit Wilhelm Hauff und das Bild des Menschen in seinen Werken.* Unpublished dissertation, University of Munich, 1967.

between', as it were. It occurred between the Napoleonic wars, the establishment of the *Deutscher Bund* in 1815 and the pending revolution of 1848/49. Increasing social upheaval, represented mostly by *Studentenverbindungen*, alternated with reactionary backlashes on the part of the Prussian *Polizeistaat* regime. For the majority of the German people, this resulted in withdrawal into the private, non-resistance, conformity and petty bourgeoisie. Romantic longing for infinity and salvation in visionary worlds was no longer seen as the only feasible way of escaping from political reality – the German nation had to find its own way of coming to terms with their particularistic *Flickenteppich*. A return to the family unit with all its moral, religious values seemed for many an endurable status quo.

Wilhelm Hauff was not only a talented writer, he was also a businessman, an attitude that he owed at least partly to the influence of his temporary employer Ernst Eugen Freiherr von Hügel, in whose house he worked as a private tutor. Opposing the reproaches of many of his aesthetically-minded colleagues, who condescendingly called him a 'writer' rather than a 'poet', he took advantage of the booming literary market of his age. Knowing about the popularity of contemporary literary forms such as calendar stories, novellas, sketches and journalistic essays, he made abundant use of exactly those genres – with increasing success. The 'almanac', as he called each of his three fairy tale compilations 'für Söhne und Töchter gebildeter Stände', was an equally fashionable phenomenon. The fact that the 23-year old author begins his first collection *The Caravan* (1825) with an apology for publishing fairy tales even in the 'Gewand' of an almanac suggests that the chosen genre was no longer considered appropriate at the time. In fact, it is true 'daß sich die Leute da unten so geändert haben' and 'alles, was aus deinem Reich kommt, o Königin Phantasie! Mit scharfem Blicke mustern und prüfen'.[4] Censorship and disillusionment in the face of revolutionary excesses were in effect signs of the time.

So why did Hauff choose to dedicate his valuable time to an obsolete literary form in the first place? For one thing, he was encouraged to do so by von Hügel's wife, who was delighted by his creative, inspiring way of telling and enacting stories to and with her children.[5] For another, especially the form of the oriental tale readily lent itself to political criticism as it was not as likely to fall prey to censorship as other, more adult genres. Its author could shroud contemporary shortcomings with the veil of foreignness, that of the notorious 'other', and situate nonconformist behaviour in exotic settings where enlightenment, reason and morality had not yet taken hold.

---

[4] Wilhelm Hauff, *Sämtliche Märchen*, ed. by Hans-Heino Ewers. Stuttgart 1986, p. 8.
[5] See Ottmar Hinz, *Wilhelm Hauff: Mit Selbstzeugnissen und Bilddokumenten*. Hamburg 1989.

Furthermore, moderate versions of *Weltschmerz* and escapism, traditionally associated with Lord Byron and John Keats, were still prevailing in late German Romanticism. Under Byron's influence, the phenomenon of longing for redemption in another world, which first developed during the sentimental age, was reintroduced into German literature.[6] However, memories of the terror of the French revolution had changed this idealistic notion into a more realistic idea. Instead of hoping to find spiritual resolution in metaphysical spheres, late Romantic heroes such as *Childe Harold* (1812/18) stay on the planet, looking for earthly rather than metaphysical otherness. They leave their 'native land' to 'visit scorching climes beyond the sea' for a 'change of scene'.[7] They turn outward, venturing in south-easterly direction instead of introvertly, melancholically following the 'light-winged Dryad of the trees' as Keats does in his *Ode to a Nightingale*.[8] The Greek war of independence (1821–27), in which Byron participated and rather unheroically died, reinforced this 'secularized' version of escapism.

Hauff's tales give evidence of this new view of the east, developing from an under-explored realm of magic and mystery into a destination for spiritual and materialized tourism. Overall, the Orient served him as a platform for conflicting attitudes of morality as well as for a critique of emerging capitalism.

To the 'Restaurationsbürger', the fairy tale had a 'Surrogat-Funktion'.[9] Withdrawing into remote spheres, even though those spheres did not resemble stereotypical Romantic visions, helped people forget the unpleasant, unsettled socio-political circumstances of the Biedermeier period. Those other, exotic spheres were in fact worldly places, retrievable on a map, yet they were inaccessible to the greater part of the population. Hauff hit the nail on the head, so to speak, in that he captured people's desire to escape, taking into account the increasing 'Mobilitätserfahrungen' of his contemporaries.[10] However, he depicted realistic situations as well as truly human weaknesses and situated them in a realm where the supernatural was still imaginable. After all, biblical miracles had taken place there as well.

---

[6] William Rose, *From Goethe to Byron: The Development of 'Weltschmerz' in German Literature.* London 1924.

[7] Hauff, op.cit., p. 24.

[8] John Keats, *Selected Poems and Letters*, selected by Robert Gittings, ed. by Sandra Anstey. Oxford 1996, p. 187.

[9] Fortas, op.cit., p. 47.

[10] Walter Schmitz, 'Mutabor'. Alterität und Lebenswechsel in den Märchen von Wilhelm Hauff. In: *Schnittpunkt Romantik. Text- und Quellenstudien zur Literatur des 19. Jahrhunderts. Festschrift für Sibylle von Steinsdorff*, ed. by Wolfgang Bunel, Konrad Feilchenfeldt, Walter Schmitz. Tübigen 1997, pp. 81–117 (p. 97).

On a general note, Orientalism as a field of study experienced its first hey-day during the early 19th century, which coincided with Hauff's lifetime. It was introduced spiritually by late enlightenment thinkers such as Lessing, Hamann and Herder, who saw the Orient as yet under-explored and under-acknowledged. While Lessing put this down to a lack of knowledge of the 'Sprache, in welcher sie hauptsächlich aufgezeichnet worden, und derer nur immer sehr wenige Gelehrte in Europa mächtig gewesen sind',[11] it was especially Herder who propagated a new perspective, which was to influence Schlegel, Novalis and Nietzsche. Based on historical evidence, he maintained that 'das Menschengeschlecht in Asien entstanden sei', however, limiting his praise to Judeo-Christian nations rather than Islam.[12] Following this up, Hamann emphasized that Islam epitomized the negative side of the Orient, with the Qur'an spreading lies rather than biblical truths, as the religion was supposed to be derived from Mohammad's epileptic fits.[13]

With his *Divan*, published in 1814, Goethe demonstrated an anti-strategy to his predecessors' hypotheses, by proposing a dialogue with Islam on the basis of intensive studies of the seemingly 'Other'. Goethe believed that, for human history, the Qur'an was just as important a religious document as the Bible. Even earlier, Friedrich Schlegel had brought forward his famous claim that India was in fact the origin of all human existence. With his groundbreaking work *Über die Sprache und Weisheit der Indier* (1808), Schlegel can be counted amongst those who initiated Orientalism as an academic discipline in Germany.

Schlegel's trip to Paris in 1802 to study Sanskrit and Persian with Antoine Léonard de Chézy and Louis Mathieu Langlès is parodied by Hauff in *Almansor*, where the narrator describes young Cairam's experiences with a 'true' oriental scholar in Paris. The wise old man lives and works in an environment called 'klein Arabien' (224) – a room designed and furnished according to generalizing contemporary ideas of the East as homogenizing Persia, India and Arabia. He forbids Cairam to speak French and, instead, uses him as a guinea pig for his own lexicographical and phonological research. His futile attempts to master oriental languages in oral discourse are described thus:

> Dann winkte er dem Jüngling, sich neben ihn zu setzen, und begann persisch, arabisch, koptisch und alle Sprachen untereinander zu sprechen,

---

[11] *Gotthold Ephraim Lessings Sämtliche Schriften*, ed. by Karl Lachmann, 3rd edn. Berlin and Leipzig 1886–1924, p. 171.

[12] Johann Gottfried Herder, *Sämtliche Werke*, ed. by Bernhard Suphan. Berlin 1892, p. 204.

[13] See Andrea Fuchs-Sumiyoshi, *Orientalismus in der deutschen Literatur: Untersuchungen zu Werken des 19. und 20. Jahrhunderts, von Goethes West-östlichem Divan bis Thomas Manns Joseph-Tetralogie*. Hildesheim/Zürich/New York 1984. For a more detailed study of 18th and 19th century orientalist thought, see Jan Loop's contribution in this volume.

und nannte dies eine gelehrte morgenländische Unterhaltung. Neben ihm stand ein Bedienter, oder, was sie an diesem Tage vorstellten, ein Sklave, der ein großes Buch hielt; das Buch war aber ein Wörterbuch, und wenn dem Alten die Worte ausgingen, winkte er dem Sklaven, schlug flugs auf, was er sagen wollte, und fuhr dann zu sprechen fort. (225)

It is unclear whether or not Hauff met any Orientalist scholar during his three-month visit to Paris in 1826. However, it can be assumed that he was told about the current Orientalist euphoria and subsequently reflected this trend with his characteristic poignant cynical wit, typical also of his sociocritical novels and novellas.

Politically speaking, Orientalism started with Napoleon's occupation of Egypt (1798–1801), which Said describes as 'a sort of first enabling experience for modern Orientalism', particularly 'since Egypt and subsequently the other Islamic lands were viewed as the live province, the laboratory, the theater of effective Western knowledge about the Orient'.[14] The Egyptian invasion is repeatedly referred to implicitly and explicitly in Hauff's almanacs. Mustafa for instance, the learned derwish in *The Sheikh of Alessandria and his Slaves*, the second fairy tale volume, characterizes the event from a deliberately constructed easterly point of view: 'Es war damals die Zeit, wo die Franken wie hungrige Wölfe herüberkamen in unser Land und Krieg mit uns führten. Sie hatten Alessandria überwältigt, und zogen von da aus weiter und immer weiter und bekriegten die Mamelucken.' (130)

The narrator goes on to describe the kidnapping of the Sheikh's son Cairam by the Frenchmen as well as the cruelties of the French revolution in orientalistic terminology: 'Sie hatten ihren Sultan umgebracht, und die Bascha, und die Reichen und Armen schlugen einander die Köpfe ab, und es war keine Ordnung im Lande.' (131) Turning the tables of orientalist prejudice, Mustafa characterizes the French as 'ein rohes, hartherziges Volk', especially 'wenn es darauf ankommt, Geld zu erpressen.' (130) In the final tale of *The Sheikh – Almansor –* Napoleon is sanctioned and represented as an ideal ruler. He releases Cairam after befriending him, helping him to return to his father in Alessandria. This is suggestive of Hauff's altogether positive attitude towards Bonaparte, who supported Württemberg, one of his Rheinbund allies, in its territorial ambitions.

An enthusiastic reader and highly educated scholar, Hauff was no doubt familiar with the majority of fictional, journalistic and philosophical writings of his day. In his childhood, he had made extensive use of his grandfather's *Büchersaal*, where he found and virtually absorbed, amongst other interna-

---

[14] Said, op.cit., pp. 122 and 143.

tional literature, various editions and translations of the *Arabian Nights*, first published in French by Antoine Galland in 1704 and soon translated into German by Friedrich Christian Weisser (1809–12). The compilation is considered to be the major recognisable and pervading resource of Hauff's oriental tales.

For his 'schwäbische Antwort auf 1001 Nacht',[15] Hauff borrowed many themes and motives from the *Arabian Nights* – he explicitly refers to Sindbad, for instance, in *The Ghostship* and *The Adventures of Said*. However, the young author's 'autochthone', creative spirit transformed all its models into singular, idiosyncratic works – 'ungegoethet, ungetieckt, ungeschlegelt und ungemeistert', as he himself remarks in a letter to his editor Hofrat Winkler dated 27th April, 1827.

In what follows, I will use a selection of Hauff's oriental tales to give evidence of the following two phenomena: on the one hand, the young author's exemplary status as a representative of a historically transitional period and his response to characteristic fears and longings of his contemporaries; on the other hand, the typically dualistic image of the East as held by pre-imperialistic Germany. I argue that this image, personified by the paradoxical 'noble thief' Orbassan, establishes a feeling of superiority over a disorganized, ambiguous, unsettled counterpart in the reader.

Hauff defied the early Romantic claim of fairy tales epitomizing poetry *per se* in that he popularized the 'Kunstmärchen'. He made it accessible to a wide readership. Rather than writing for either children or adults only, he widened his target group to include both readerships. His tales combine the Horacian functions of *prodesse et delectare* in that they transmit Christian, bourgeois moral values of the old *Ständesystem* through the vehicle of a colourful, extrinsically harmless yet intrinsically self-assuring Orientalism.

Hauff's internalized, bourgeois world picture was representative of the Biedermeier spirit: rather than claiming an exposed position for the distinctly un-realistic genre of the fairy tale, he integrated it into the prevailing paradigm. Therefore, it was self-evident that the genre could no longer play a central part in the literary canon as it had done in the years immediately surrounding the turn of the century. On the contrary, Hauff was well aware of the 'konsequente Verbürgerlichung der Literatur'[16] and, consequently, aimed to integrate the fairy tale in a canon largely dedicated to sociocritical and realistic topics. Other than Hofmannsthal (see Rüdiger Görner's contribution in this volume), he did not 'live' the (oriental) fairy tale. Neither did he 'orientalize himself' (see David Bell's chapter in this volume). Instead, he functioned di-

---

[15] Stefan Neuhaus, *Das Spiel mit dem Leser. Wilhelm Hauff: Werk und Wirkung*. Göttingen 2002, p. 8.
[16] Hans-Heino Ewers, 'Nachwort', in Hauff, op.cit., p. 455.

dactically and commercially – to serve his own purpose of making a living as a writer as well as transmitting educational values.

Hauff ascribed to the fairy tale a rather marginal position amongst other literary genres, yet without denying it altogether. Thus, in his own narrative practice, he refrained from making ample use of fantastic elements tradition- ally employed to transfigure reality. On the contrary, he showed a tendency towards increasingly down-to-earth elements, settings, character features and events. If we follow the widely acknowledged definition of the fairy tale as incorporating a set of supernatural elements intruding into and radically changing the life of the protagonist to draw them into the realm of fantasy, then we have to accept that about half of Hauff's tales are in fact realistic sto- ries rather than fairy tales.

Many of his tales are set in familiar places. His heroes no longer resemble the earlier Romantic enthusiasts, the lyrical poets, with their driving desire for infinity, for losing themselves in a world of dreams and metaphysical transfig- urations, striving for revolutionary upheaval, implementing their anti-ra- tional, anti-philistine, anti-materialist attitudes. Hauff's protagonists rather accept bourgeois structures. They leave home for adverse, external reasons rather than internal urges. They are rational, pensive, self-reflective charac- ters, considering the outcome of their actions before performing them, trying to circumvent adverse situations.

Even so, danger is always impending as characters try to escape into other worlds or social classes. Caliph Casid in *How the Caliph Became a Stork* cannot resist the temptation of knowing the language of beasts and pays for it by not remembering the magic word 'mutabor', which will turn him back into a hu- man being. Labakan, the anti-hero of *The False Prince*, as well as *Little Mouk* are confronted with their greed for power or material wealth. They both return from their unsuccessful journeys into the desirable other. But Said, despite his humane attitudes and noble, exemplary behaviour, falls victim to his father's impatience and becomes trapped in an Odyssey of harmful experiences, from which he returns into the safe haven of family bonds.

Another feature of the previously mentioned *Auflösungstendenz* in Hauff's late Romantic fairy tales is his treatment of the supernatural. Typically evil, supernatural spirits lose their demonic features and, instead, help the protag- onist to restore balance and order in their lives. Mrs Ahavzi, for instance, the harmless yet uncanny pet charmer in *The History of Little Mouk* inadvertently helps Mouk to flee from her house in that he incidentally gains access to her 'magic' chamber, where he finds seven-league boots and a divining rod, which signals hidden treasures. As opposed to the *Kunstmärchen*, the supernatural does not intrude into human life to such an extent as to absorb it entirely.

Rather as in the *Volksmärchen*, the hero returns to his familiar environment, in a state of maturity and purification.

Finally, happy or in fact unhappy endings of the *Volksmärchen* and the *Kunstmärchen* are traditionally brought about by supernatural powers. Not so in Hauff's realistic approach: although there are in fact supernatural elements that disturb normal bourgeois life, they do not take over completely. The pirates on the *Ghost Ship* initially pose a threat to the seafarers. Nevertheless, human reason and unshakable religious faith extinguish the evil spell that is haunting the ghostly crew.

In *The Rescue of Fatima*, Mustafa manages through his own relentless efforts to free his sister and thus happily restores the endangered bourgeois family unit. And Labakan gains insight into his predestined role as a tailor in *The False Prince*, a development brought about by reflection on and comparison with true royalty.

In *The Spessart Inn*, his last almanac, Hauff goes as far as to demystify the fairy tale genre as such. The characters are presented as rational, enlightened, down-to-earth, who associate with fairy tales an ancient belief in superstition. What is more, the genre is given a psychological or even psychoanalytical interpretation by the author himself in that he renders supernatural elements as mental constructs. Consequently, the author moves most of his settings into Western, familiar environments. With one exception (*The Adventures of Said*), all tales take place in occidental regions such as the Black Forest, Scotland and the Swabian Highlands.

In Hauff's fairy tales, we are presented with a bourgeois paradigm threatened by two diametrical poles: the old world on the one hand with its absolutist and reactionary tendencies and the new world on the other, heralding capitalist egocentrism, greed and unfair methods of trade.[17] It is the latter that Hauff's tales are most fervently directed against. The strong faith in fair trade in the sense of equivalent barter is geographically placed in the remote utopian sphere of the orient, the antique realm of unchanging moral, political and economic values.

In analogy to the general *Verbürgerlichung der Literatur*, one could talk about a 'Verbürgerlichung des Märchens'[18] in Hauff's case. In this respect, the question arises as to why he actually needs the charms of the Orient to transmit his message to an enlightened audience. In effect, his settings are surely not used as a mere facade to shroud the necessary evil in a shining disguise. By contrast, the Orient is used as a backdrop for those bourgeois values that Hauff tries to convey. They are emphasized, decorated so to speak, with the

---

[17] See Ewers in Hauff, op.cit.
[18] Ewers in Hauff, op.cit., p. 457.

magic, luring elements of the naive unknown other. The virtues of the ancient social order of the Ottomans, Indians, Persians, North Africans and the Greeks are used to convey Pietist (Gnostic Protestant), bourgeois educational principles. Amongst them are hospitality, the 'love-thy-neighbour' and 'love-thy-enemy' notions (*The Rescue of Fatima*), faithfulness to political authority, modesty (*The False Prince*), prudence, sympathy and mutual respect (*Little Mouk*).

The most pervasive and rounded character in Hauff's tales is Orbassan, 'der edle Räuber'.[19] He appears mainly in *The Caravan*, where he plays a crucial part in the frame narrative – under the pseudonym of Selim Baruch – as well as in the embedded stories (*The Severed Hand*; *The Rescue of Fatima*). He epitomizes oriental otherness in two opposite ways: as a demonized, uncivilized robber chief on the one hand and a generous, humane saviour to unfortunate sufferers on the other. His indirect self-characterization renders him as a man incapable of controlling his emotions: 'Haß gegen alle Menschen tobte in meiner Brust, brennender Haß, besonders gegen jene Nationen, die man gebildet nennt.' (122) The revelation of Orbassan's tragic past to Zaleukos, the one-handed Greek merchant, towards the end of the almanac, however, turns the reader's bias into sympathy. The markedly un-civilized, nomadic, archaic lifestyle Orbassan has willingly chosen for himself and his accomplices reassures the reader of their own spiritual and evolutional superiority:

> Ich lebte mit meiner kleinen Anzahl gleichdenkender Freunde ein stetes, flüchtiges, dem Kampf und der Jagd geweihtes Leben; [...] denn wenn meine Asiaten auch nicht so gebildet sind wie eure Europäer, so sind sie doch weit entfernt von Neid und Verleumdung, von Selbstsucht und Ehrgeiz. (122–23)

In this passage, as in many others throughout his almanacs, Hauff conveys his criticism of growing capitalism. Enlightened Europe had inherited from the 18th century a considerable degree of knowledge and reason as well as Christian altruism, tolerance and moderation. With the emergence of an industrialized society, however, these values had come under threat. Orbassan's comment is to be seen as complementary to Zaleukos' reaction to his enemy's revelation at the close of *The Caravan*. Zaleukos, representing Greek orthodox Christianity, forgives the robber, who brought him into dismay by making him murder a young woman. By the same token, Zaleukos advises Orbassan to live in Christian, European countries, where the robber was actually brought up and educated, as 'er es für seinen Stand, für seine Bildung angemessener fände.' (123)

---

[19] Rose, op.cit., p. 56.

Orbassan's oriental otherness shows man, in Aristotelian terms, as both better and worse than average. His ambivalent personality is represented by his name. The Latin verb *orbare* means to deprive somebody of one's most precious asset or property, especially one's parents. This is true for Orbassan. He lost his parents under tragic circumstances and has since sought revenge on everybody who has harmed himself or his family. The second part of his name is derived from the Latin *sanare*, to heal or to compensate. Similarly, the protagonist shows his willingness to compensate for his evil deeds. He buys material goods for Zaleukos's family, which, however, cannot restore the merchant's spiritual peace of mind. Hence, Orbassan serves as a model as well as an anti-model to Hauff's intended readership. He forms, to quote Reiner Wild, the 'Symmetrieachse der Erzählung',[20] keeping the reader in suspense between threat and rescue, sympathy and antipathy.

His benign characteristics are demonstrated in that he initially joins the caravan on friendly terms. Nevertheless, his external features, which the narrator describes in minute detail, render him from the very outset as a potential threat, veiled in resplendent, exotic attire:

> Er ritt ein schönes, [schwarzes] arabisches Pferd mit einer Tigerdecke behängt, an dem hochroten Riemenwerk hingen silberne Glöckchen, und auf dem Kopf des Pferdes wehte ein schöner Reiherbusch. Der Reiter sah stattlich aus, und sein Anzug entsprach der Pracht seines Rosses; ein weißer Turban, reich mit Gold gestickt, bedeckte das Haupt; der Rock und die weiten Beinkleider von brennendem rot, ein gekrümmtes Schwert mit reichem Griff an einer Seite. Er hatte den Turban tief ins Gesicht gedrückt; dies und die schwarzen Augen, die unter buschigen Brauen hervorblitzten, der lange Bart, der unter der gebogenen Nase herabhing, gaben ihm ein wildes, kühnes Aussehen. (13)

Orbassan alias Selim Baruch thus arouses a mixture of feelings in the reader, all of which increase the level of suspense: his exoticism lies in his colourful, foreign exterior, both attractive and, at the same time, strangely terrifying, as his facial features convey a distinctly non-European, potentially threatening character. In what follows, he proves his benevolence and cultivation by entertaining the group with the first tale of the almanac and, particularly later on, by mysteriously saving the caravan from a band of robbers.

The actual character of Orbassan does not occur until the third story called *The Severed Hand*. This is anything but a fairy tale as it contains no supernatural

---

[20] Reiner Wild, Wer ist der Räuber Orbasan? Überlegungen zu Wilhelm Hauffs Märchen. In: *Wilhelm Hauff. Aufsätze zu seinem poetischen Werk. Mit einer Bibliographie der Forschungsliteratur*, ed. by Ulrich Kittstein. St Ingbert 2002, pp. 45–61 (p. 55).

elements whatsoever. The only mysterious figure is a masked man in a red overcoat, who, as the reader will learn in the last line of the almanac, is in fact Orbassan himself. Zaleukos, the narrator and protagonist of the story, reports his tragic experiences in Florence, where the man in red, whose dark eyes suspiciously parallel those of Selim Baruch, makes him kill Bianca, the governor's beautiful daughter. As a result, Zaleukos loses his hand in an act of dubious, non-democratic jurisdiction. Exiled into his home country, Zaleukos finds himself miraculously bestowed with a house in the Greek district of Constantinople as well as a generous yearly income, a present from a man in a red overcoat. Although Zaleukos emphasizes that his sudden material wealth never compensated for 'den Kummer meiner Seele' (55), he finds comfort in his Christian faith, the 'Glauben meiner Väter, und dieser befiehlt mir, meine Feinde zu lieben.' (56)

The epiphanic moment does not occur until the last episode of the narrative frame, when the caravan has safely reached Cairo. Zaleukos insists on inviting his new friend Selim Baruch to an opulent meal. The arriving guest, however, turns out to be nobody else than the masked man in the red overcoat with those penetrating black eyes. In a range of emotions, Zaleukos remembers his Christian morals, and finally gives in to 'die alte Gewohnheit der Gastfreundschaft.' (118)

Grateful to have evaded revenge, Orbassan reveals his equally tragic life story. Born in Alessandria to Christian French parents, he left for France a few years after the Revolution. Upon his arrival, he found his brother betrayed by his own recently married wife, Bianca from Florence. The governor refused to help and, instead, betrayed Orbassan's brother and his father to the authorities, whereupon both were executed. Encouraged by his desperately insane mother on her deathbed, Orbassan swore revenge. Finding himself incapable of murdering the girl, he transferred the task to Zaleukos, naively hoping he would not suffer too much under the consequences.

Zaleukos finally forgives the foreigner, who refuses to spend the rest of his life in a civilized environment. In the last lines of the almanac, Orbassan reveals his identity: 'Der Fremde sah ihn lange an, drückte ihm noch einmal die Hand, und sprach: "Man nennt mich den Herrn der Wüste; ich bin der Räuber Orbassan."' (123)

Herein lies the quintessence of the character's ambiguity as well as the irrevocability of his fate. He in fact possesses civilized manners symbolized by the handshake and the pensive moment preceding his reply. Yet he denies his potential by retreating into the desert, a place of disorder, infertility, anarchy and despair. Moreover, his willingness to stand up for his name and function conveys a lack of insight – from the perspective of a Western enlightened readership. This arouses feelings of sympathy and, thus, superiority, especially in a young, unreflected reader. Hence, Orbassan is used by Hauff as a vehicle of nationalist, imperialist education. The East is not really seen as a serious threat to Western society yet its insistence on anarchic structures evokes missionary desires. Hence, the paradox of the noble thief takes itself *ad absurdum* and thus smoothes the way for conquest.

To sum up, Wilhelm Hauff's use of oriental motives suggests two interconnected ideas. Firstly, they demonstrate the conflicting paradigms of the Biedermeier society. They reflect the author's intention to bring back to mind endangered moral values of a disintegrating corporative state. Capitalist selfishness and greed for unjustified power and material wealth are rendered as destructive features, which cause characters to fail in their self-inflicted hybris and to finally return to pristine order in a state of purification. Late Romantic *Weltschmerz* and escapism are demystified and secularized. No longer are protagonists represented as isolated visionaries. They appear as rational, enlightened heroes, seeking adventure in existing yet remote, alien locations, where appearance and reality interfere with each other in an exciting, challenging manner.

Secondly, Hauff's oriental tales convey an emerging attitude of superiority and missionary spirit towards the backward, uncivilized orient. The author, who was also a committed teacher, ventured to transmit this evolving paradigm to his young readers through characters such as the robber chief Orbassan, whose repeated decision to defy the enlightened west have turned him into a potential danger as well as a deplorable victim of society. We may thus talk of a functionalized, purely imaginary Orientalism that displays interest in spiritual rather than territorial, geopolitical dominance of the West over an ambiguous East.

Approximately eighty years after the publication of the three almanacs, during the heyday of German imperialism, Marcel Arpad praised Hauff's adaptive powers thus:

> Er hat vielmehr mit einem feinen Instinkte den jungfräulich-unbelasteten Wert der morgenländischen Poesie erkannt und ihr in der ihm eigenen Weise glücklich nachgespürt. [...] Der Dichter scheint ganz richtig begriffen zu haben, daß dem semitischen Stamme eine große farbenfrohe Rezitationsgabe innewohne.[21]

Arpad's position is in fact representative of the attitudes of the Wilhelminian German Empire, as he concludes: 'Alles in allem sind diese Märchen die herr-

---

[21] Marcel Arpad, Wilhelm Hauff und die morgenländische Romantik in Deutschland. In: *Die Kultur* (1) 10 (1902), pp. 618–29 (pp. 625, 627).

lichste Verkörperung einer gesunden östlichen Romantik unter der Hand eines phantasiereichen Künstlers' (629).

Up to the present, Hauff has been celebrated mainly for his unique imagination, his wit and creativity rather than his 'healthy' German nationalism. Gottfried Keller's remark, made in 1848, captures the timeless appeal of Hauff's storytelling more appropriately:

> Hauff scheint mir ein wahres Genie, ein Dichter zu sein. Er hat jenen einfachen, naiven und doch so tiefen und bezaubernden Stil, der an Goethe so hinreißt, wenigstens mich. Da ist nichts Gesuchtes, nichts Geschrobenes, die Ausdrücke und Bilder sind einem aus der Seele gegriffen, man weiß keine andern passenden zu finden. Und dann die liebliche, immer mit neuen Farben blühende Phantasie![22]

---

[22] Quoted in Hinz, op.cit., p. 149.

Constanze Baum

,WOHL MIT HAFIS DARF ICH SAGEN ...'[1] – PLATENS GHASELENDICHTUNG

PROLEGOMENA

Es kann im folgenden nicht geleistet werden, eine Neubestimmung von Platens Ghaselendichtung innerhalb der deutschen Orientalisten-Generation des frühen 19. Jahrhunderts *in toto* vorzunehmen. Es soll aber gezeigt werden, inwieweit und an welcher Stelle die von der Forschung vorgenommene Positionierung Platens zwischen bzw. hinter Hammer, Goethe und Rückert in manchen Punkten revisionsbedürftig ist. Der hier gewählte Ansatz bleibt dabei einer literaturwissenschaftlichen Perspektive treu und gesteht damit von vornherein ein, das Grenzgängertum, das dem Autor Platen und dem hier verhandelten Thema orientalischer Quellenaneignung innewohnt, nur bedingt entsprechen zu können. Das neben anderen auch von Hartmut Bobzin 1998 beklagte Desiderat einer interdisziplinären und intertextuellen Deutung der Lyrik Platens vor dem Hindergrund der Lyrik Hafis' und der anderer persischer Dichter[2] kann somit nicht geliefert werden, wohl aber soll das, was bislang zur Ghaselenrezeption bei Platen vorgestellt wurde, zusammengetragen und hier erstmalig in eine Debatte projiziert werden, die für die Auseinandersetzung mit dem Orient grundlegend ist. Es kann dies nur eine skizzenhafte Annäherung sein, die Anregungen geben und Fragen aufwerfen soll, über eine orientalistische Lesart der Platenschen Ghaselen und die Folgen nachzudenken.

---

[1] 'Wohl mit Hafis darf ich sagen: / Ewig trunken ist mein Mut!' – Ghasele aus dem Jahr 1822, in August von Platen, *Sämtliche Werke in zwölf Bänden. Historisch-kritische Ausgabe mit Einschluß des handschriftlichen Nachlasses.* Hrsg. von Max Koch und Erich Petzet, Bd. 5 (1910), Leipzig 1909–10, S. 284f.

[2] Hartmut Bobzin, Platen und Rückert im Gespräch über Hafis. In: *August Graf von Platen. Leben, Werk, Wirkung.* Hrsg. von Hartmut Bobzin und Gunnar Och. Paderborn u. a. 1998, S. 103–22 (S. 115).

,WOHL MIT HAFIS DARF ICH SAGEN...'

Diese Verszeile, zugleich Auftakt des Gedichts, stammt aus einer der zahlreichen Ghaselen August von Platens. Oft findet der hier auftauchende Dichtername im lyrischen Werk des Autors Verwendung, zweierlei verbirgt sich zunächst dahinter: zum einen und ganz offensichtlich die Anbindung an den persischen Dichter Hafis.[3] Platens orientalische Dichtungen konzentrieren sich in der Hauptsache auf eine produktive Aneignung und Übersetzung Hafizscher Poesie.[4] Das immanente Vorbild, das auch die Gedichtform des *ghasal*[5] bedingt, wird nicht verschleiert oder verschwiegen, es wird benannt. Zum anderen offenbart sich in dem Ausspruch aber auch der dichterische Selbstanspruch Platens, sich mit eben jenem berühmten Ghaselendichter in eine Reihe zu stellen: *mit Hafis sagen*, das heißt auch, sich Hafis ebenbürtig fühlen.

Ein weiteres scheint in dieses Diktum eingeschrieben: *mit Hafis sagen* erlaubt das Sprechen über etwas – hier den Gegenstand der Ghaselen, dessen zu Teilen erotische Färbung eine poetische Absicherung vielleicht nötig erscheinen läßt. Der Gebrauch des Modalverbs ,dürfen' in Verbindung mit dem

---

[3] Muhammed Shams al-Din Hafiz (1320 a.D./ 720 a.H., Shiraz -1389 a.D./ 791 a.H., Shiraz). Grundlegendes in der Hafiz gewidmete Ausgabe (English Section) von *Indo-Iranica. The quarterly organ of the Iran Society* Nr. 40 (1987).

[4] Der aus Shiraz stammende Muhammed Shams al-Din Hafiz galt und gilt als einer der bedeutendsten Lyriker seiner Zeit. Er stellte seine Ghaselen um 1368 zu einem Divan zusammen, der in unterschiedlichen Fassungen überliefert ist, was eine Anbindung der Generation um 1800 an vermeintliche Hafiz-Originale aus heutiger Forschungsperspektive freilich zu großen Teilen revidieren mag.

[5] *ghasal* wird im folgenden als Gattungsbegriff gebraucht. Dort, wo ein direkter Bezug auf Platens Werk besteht, wird der Begriff Ghasele verwendet. Das *ghasal* ist ein kurzes Gedicht von mehr als vier und weniger als fünfzehn Zeilen. Zwei Verszeilen ergeben einen sog. *beit*, vergleichbar dem Distichon. Erste und zweite Verszeile besitzen den gleichen Reim (= *matla*, Binnenreim im ersten *beit*), darauf alternierende Reimfolge (aa, ba, ca, da, ...). Im letzten *beit*, dem sog. *makta^c* nennt sich der Dichter gewöhnlich selbst, oft unter Verwendung eines Pseudonyms (= *takhallus*). Der Inhalt des persischen *ghasal* ist vergleichbar mit den Anakreonteen, wie sie in der deutschen Literatur im Umkreis von Gleim im 18. Jh. in Mode kamen. Hauptmotive sind Wein, Frühling, Gesang und die Figur des Schenken, meist auch ein erotischer Gehalt (der nicht zwingend an eine männliche oder weibliche Person gebunden sein muß). Schon der Name der Gattung deutet auf diesen Sachverhalt hin und kann am besten mit der englischen Entsprechung *flirt* wiedergegeben werden. In die Zeit Hafis' fällt die Einbindung mystischer Einflüsse, die einen komplexen, symbolischen Stil ausprägen, so daß bspw. mit dem Angesprochenen sowohl der Geliebte (*ma^cshuk*) als auch der göttlich Geliebte (*ma^cbud*) aber auch (und gern bei Hafiz) der Herrscher (*mamduh*) gemeint sein kann (letzteres noch häufiger in der Kassidenform). Das *ghasal* fußt auf dem Prinzip einer oszillierenden Bilderreihung – der Vergleich mit der Perlenschnur wird gern angeführt – und kennt durch die Reimwiederholung (*radif* = Überreim) eine meist stark ausgeprägte Leitmotivik, die die einzelnen *beits* zusammenzuhalten versucht.

wohlwollenden ‚wohl' signalisiert jedoch zugleich auch sein verborgenes Gegenstück: das Nicht-Dürfen oder Verboten-Sein. Hafis wird damit zum Fürsprecher und legitimierenden Faktor, das moralisch Verworfene, Anzügliche unter Rückbezug auf die orientalische Tradition aussprechen zu dürfen.[6] Auch darin konstituiert sich ein Sinn in bezug auf den Dichter Platen, findet er doch im *ghasal* die formale Struktur, die seiner ästhetischen und poetischen Haltung am nahestehendsten gewesen sein dürfte.[7]

Hat man einmal die grammatischen Details dieser Formulierung fokussiert, fällt zudem die Präposition ‚mit' ins Auge: *Mit Hafis sagen*, heißt das nicht – im Sinne eines orientalistischen Blickes – sich im Einklang mit der angesprochenen Person, respektive ihrer Kultur zu befinden? *Mit Hafis sagen*, nicht von oder über, heißt jene Dichotomie von Ost versus West, Orient versus Okzident, zu meiden, von der Goethe in seinem Divan spricht, wenn er ihn mit ‚der östliche Divan des westlichen Verfassers'[8] überschreibt. Platens Formel suggeriert dagegen vielmehr ein gemeinsames Sprechen: Nicht die Dialogbereitschaft der antagonistischen Prinzipien von Orient und Okzident wird hier vorgestellt, sondern ein Verfahren impliziert, in dem Sprecher und Vorbild eine Stimme haben.[9] Gleichzeitig fordert dies freilich die Frage heraus, wie eine solche Form und ein solches Verfahren von Kulturüberschreitung zu benennen sei: Sollen wir von einer Vereinnahmung sprechen oder von einer Annäherung? Von Aneignung oder Inanspruchnahme? Finden sich hier oder in anderen Ghaselen Platens Herrschafts- und Machtdiskurse im Beziehungsgeviert von Eigenem, Fremden, Vertrautem und Anderem widergespiegelt?

In diesem kleinen Versauszug steckt demnach ein programmatischer, vielleicht sogar ein poetologischer Anspruch, der auf das Verhältnis von Sprecher und Quelle verweist und dieses bewußt reflektiert. Das Problem des Verstehens, oder genauer des Kommunizierens, wird hier transparent gemacht, spricht sich im Vers aus. Eine solche erste Annäherung an Platens Ghaselendichtung zeigt schon den differenziert schöpferischen Umgang mit dem Vorgefundenen und mag erste Hinweise zu einer genaueren Betrachtung und Hinterfragung von Platens Beschäftigung mit dem Orient geben.

---

[6] So die gängige Lesart, die das homosexuelle Element in Platens Lyrik herausstellt. Vgl. bspw. Peter Bumm, *August Graf von Platen. Eine Biographie.* Paderborn u.a. 1990: ‚Das Ghasel mit seinem Prinzip der Reimserie und der echohaften Wiederholung des Leitmotivs bietet Platen die geradezu schicksalhafte Gelegenheit, seinen gespiegelten, unmöglichen Eros angemessen auszudrücken' (S. 280).

[7] Jürgen Link, *Artistische Form und ästhetischer Sinn in Platens Lyrik.* München 1971, sieht in den Ghaselen den Ausdruck Sinnlos-Disparates durch das oszillierende Bildreihengedicht in eine schwebend-tänzerische Harmonie zu bringen (vgl. S. 239f.).

[8] Johann Wolfgang Goethe, *West-östlicher Divan.* Stuttgart 1999.

[9] M.E. signalisiert in dieser Lesart das ‚wohl' eine behutsame, dem Vorbild Respekt und Eigenwertigkeit zollende Positionierung im Sinne eines Vorschlages.

,DEN ERSTEN HAB' ICH DAS PERSISCHE ANGEFANGEN'[10]

Übersetzungen aus zehn verschiedenen Sprachen finden sich in der historisch-kritischen Ausgabe von Koch und Petzet.[11] Aber noch bevor Platen sich intensiv dem Persischen widmet und sich an eigenen Übersetzungen versucht, läßt sich der Kontakt mit Orientalia und Orientalischem nachweisen. Platens Tagebücher sind penible Notate der eigenen Lektüren. So ist es ein Leichtes zu rekonstruieren, wann und ob er entsprechende Werke zur Hand hatte.[12] Welche Dominanz diese Lektüre-Erfahrungen für den Dichter hatten, läßt sich aus einem Tagebucheintrag ableiten: ,Lektüre und ewig Lektüre', – klagt er an einer Stelle, ,es scheint fast, ich lebe nur, um zu lesen oder ich lebe nicht einmal, sondern ich lese nur!'[13] Die Relevanz des Lesens als allumfassende Lebensaufgabe ernstnehmend, gilt es Lektüre-Spuren von Orientalia aufzufinden. In die unmittelbare Zeit vor der Ghaselen-Phase ab 1819/20 fällt eine ausgiebige Calderon Lektüre. Vielleicht ein Hinweis – wie Jürgen Link es sieht[14] – daraus die Vorliebe für die Redondillas abzuleiten. Dieser spanische Romanzenvers, der den umgreifenden Reim ebenso wie leitmotivische Wortspiele kennt, steht dem *ghasal* formal nahe und ebnet womöglich den Weg für einen Zugang zu der arabisch-persischen Gedichtsform. Genuin orientalischen Stoffen begegnet man in den Lektüre-Listen Platens schon vor 1820, darunter Lord Byrons *The Bride of Abydos* (Januar 1819) – jenes Vers-Epos, in dem Byron die goethianische Formel der Italiensehnsucht, das ,Kennst du das Land, wo die Zitronen blühn', in ein orientalisches Bild wendet: ,Kennt ihr das Land, das Zypressen und Myrten, Sinnbilder des Glücks und des Todes, umgürten?' –. Es finden sich Vermerke zu Voltaires und Crébillons Fassungen der *Semiramis* und einiges mehr. Wird hier nicht bereits ein Blick geschult, der den

---

[10] August von Platen, *Die Tagebücher des Grafen August von Platen. Aus der Handschrift des Dichters.* Hrsg. von Georg von Laubmann und Ludwig von Scheffler, 2 Bände. Stuttgart 1896/1900. Hier Band 2, S. 407, Eintrag vom 4.8.1820.

[11] Vgl. Platen, *Werke*, hrsg. von Koch und Petzet, a.a.O., Bd. 7 (1910): *Übersetzungen*.

[12] Durch seine Tätigkeit als Gehilfe an der Erlangener Bibliothek seit 1823 hatte Platen vielfachen Kontakt mit den Orientalia-Beständen der Bibliothek sowie weiteren Werken, die er per Fernleihe orderte. Hartmut Bobzin hat dies in dem anläßlich des 200. Geburtstages des Dichters erschienenen Katalog anhand der Entleihlisten verdienstvoll aufgezeigt. Vgl. Hartmut Bobzin und Ursula Münchhoff, Platen in den Entleihjournalen der Erlanger Universitätsbibliothek. In: *,Was er sich wünscht, das ist ihm nie geworden'. August Graf von Platen. 1796–1835. Eine Ausstellung im 200. Geburtsjahr des Dichters.* Hrsg. von Gunnar Och. Erlangen 1996, S. 68–88; im selben Band: Hartmut Bobzin, ,Der Orient sey neubewegt ...' Platens Studium des Persischen und seine Ghaselen-Dichtung, Anhang: ,Von Platen entliehene Orientalia', S. 120–30.

[13] Platen, *Tagebücher*, a.a.O., Band 2, S. 104, Eintrag vom 31.8.1818.

[14] Link, a.a.O., S. 43 und S. 78ff.

Orient als Maskerade und literarischen Raum für projizierte Phantasmagorien vorstellt?

Aber bei der Auseinandersetzung mit literarischen Orientbildern anderer bleibt es nicht, die Kapitelüberschrift deutete es bereits an: Platen lernt Persisch! Natürlich kann er 1820 schon auf Hammers wichtige Übersetzung des Divan von Hafis von 1812/13[15] zurückgreifen, auch auf dessen vielleicht in ihrer Wirkungsgeschichte noch bedeutendere Anthologie *Geschichte der schönen Redekünste Persiens mit einer Blüthenlese aus zweyhundert persischen Dichtern* (1818) und nicht zuletzt auf Goethes *West-östlichen Divan* (1819), der – so werden es die Quellen und Ausdeuter nicht müde zu betonen – den Anstoß für Platens Orientbeschäftigung gegeben haben soll.[16] Daß von Goethes *Divan* eine Initialzündung für Platen ausgegangen sein mag, soll hier nicht abgestritten werden, die hier nur ansatzweise vorgestellten Lektüre-Notate in den Tagebüchern weisen aber m. E. auf ein differenzierteres Bild orientalisch geprägter Lese-Erfahrungen und -horizonte hin. Platens Blick ist nicht nur am *Divan* des Weimaraners geschult. Trotz der Möglichkeit, sich in den bereits vorhandenen orientalistischen Diskurs einzuklinken und als stiller Teilhaber von den bereits vorliegenden Übersetzungen und Orientwürfen zu profitieren, wählt Platen einen steinigen Weg, der über Grammatiken und Spracherwerb auf den Originaltext zurückführt.

Die Annäherung an den Orient erfolgt mithin auf unterschiedlichen Ebenen: über die Lektüre von (west-)europäischer Orient-Literatur, durch die sich ein bereits durch den jeweiligen Kulturkontext eingeschriebenes Orient-Bild vermittelt, sowie über das Studium von Original-Handschriften alter persischer und arabischer Literatur, vorzugsweise des Persischen Dichters Hafis.

Die Verknüpfung dieser beiden Momente, des philologisch-empirischen und des literarisch-fiktiven, zeigt, daß die Rezeptionspfade bei Platen von Be-

---

[15] Josef von Hammer, *Der Diwan von M. Schemseddin Hafis.* Übersetzt von Hammer. Theil 1–2, Stuttgart und Tübingen 1812/13.

[16] So Link, a.a.O., S. 42; Gunnar Och, Der Erlanger Platen-Kreis. In: *Salonkultur und Reiselust: nordische und deutsche Literatur im Zeitalter der Romantik. Ein Symposium zum 200. Geburtstag von P.U. Kernell.* Hrsg. von Hubert Seelow. Erlangen 2000, S. 99–114 (S. 103). Vgl. auch Oliver Wiener, Nachrichten aus dem Reich des Schönen. Rezension zu Hartmut Bobzin, Gunnar Och (Hrsg.), *August Graf von Platen*, a.a.O. In: *Rückert-Studien. Jahrbuch der Rückert-Gesellschaft.* Hrsg. von Wolfdietrich Fischer und Claudia Wiener, Bd. 12, Würzburg 1998/99, S. 157–66. Wiener vertritt die Ansicht, daß Goethes Divan normative Wirkung für eine ‚persische Tonart' in der deutschen Literatur hatte: ‚Sie übte, negativ gewendet, den Zwang eines Zeichenregimes aus: Ein Übersetzer nach Goethe, der sich zugute hielt, mit seinen Übertragungen auch Lyrik zu produzieren, die der Kritik standhalten sollten, hatte bei der „Komposition aus dem Hafis" möglicherweise eher noch die goethianischen Modulationen zu berücksichtigen als die Volten der Persischen Originalpartitur – die nur wenige in unserem Kulturkreis zu lesen imstande waren (und auch heute noch sind)' (S. 165). Einen Beleg für diese These bleibt der Autor allerdings in Hinblick auf Platen schuldig.

ginn an verschlungen sind. Hier weben sich viele Fäden in den intertextuellen Teppich ein, ein paar weitere sollen noch geknüpft werden: Platen lernt Persisch beim Erlangener Orientalisten Johann Arnold Kanne, er lernt durch Abschriften, führt Teile seines Tagebuchs in persischen Notaten, lernt Rückert kennen und tritt mit ihm für die nächsten Jahre in einen regen, gelehrten Austausch.[17] Nicht zuletzt fällt in diese Zeit auch die Begegnung mit Bülow, seinem *saki* (= Schenken). Die Einbindung dieser homoerotischen Liebe in das orientalische Bild des Schenken in vielen seiner Ghaselen hat Platen selbst in seinen Tagebüchern eingeräumt.[18] Doch wollen wir es nicht bei dieser biographischen Lesart bewenden lassen, die Platens erotische Beziehung zu Bülow hinter orientalischen Maskeraden vermutet und von der Forschung immer wieder als Erklärungsmuster der Ghaselendichtung herangezogen wird.[19] Freilich codiert Dichtung auch immer einen Reflex von Wirklichkeit, aber es wäre wohl zu kurz gedacht, bei der biographischen Dechiffrierung aufzuhören.

PLATEN UND DER ORIENT – EINE BESTANDSAUFNAHME

Mit Platen tritt ein Dichter auf den Plan, der die Länder des Ostens ebenso wie viele der deutschen Autoren selbst nie betreten hat. Die geplante Persienreise im Gefolge der Prinzessin von Wales nach Isfahan, für die er eigens eine Rede vorbereitet, zerschlägt sich.[20] Das Orientalische aber in seinen verschiedensten textuellen Formen, sei es vermitteltes Orientbild durch Lektüre oder persischer Quelltext, spielt eine entscheidende Rolle im Prozeß der Dichterwerdung.[21] Das Ghaselen-Projekt, so liest man es aus den Tagebüchern heraus,

---

[17] Zu dieser Phase der Auseinandersetzung und Aneignung ausführlich J.C. Bürgel, Platen und Hafis. In: *August Graf von Platen.* Hrsg. von Bobzin und Och, a.a.O., S. 85–102. Daselbst Hartmut Bobzin, Platen und Rückert im Gespräch mit Hafis, S. 103–22 und ders., Der Orient sey neubewegt ..., a.a.O., S. 88–131. Vgl. auch Och, Der Erlanger Platen-Kreis, a.a.O.: ‚Das Verhältnis [von Platen und Rückert, Anm. d. Verf.] ist denn nicht ganz frei von Eifersüchteleien; jeder der beiden erhebt den Anspruch, als erster die Ghaselenform in die deutsche Literatur eingeführt zu haben' (S. 107).

[18] Tagebucheintrag vom 20.11.1821, vgl. Bobzin, Der Orient sey neubewegt, a.a.O., S. 100f. und Friedrich Veit, Graf Platens Nachbildungen aus dem Diwan des Hafis und ihr persisches Original. In: *Studien zur vergleichenden Literaturgeschichte* 7 (1907) und 8 (1908), S. 257–307, 390–438 und S. 145–224 (S. 276f.).

[19] Goethes Divan ausschließlich als Liebesgedichte an Marianne von Willemer in orientalischem Gewand zu lesen, obschon hier ebensolche biographisch belegten Anbindungen vorliegen, bspw. das scherzhafte Benennen als Jussuf und Suleika oder das entsprechende Kostümieren, mag ebensowenig zufriedenstellend sein.

[20] Vgl. Bumm, a.a.O., S. 283f.

[21] ‚Es war, als ob sein Leben hier erst angehe, als ob er vom Bergesgipfel die weite, ruhmbesonnte Ebene seiner Zukunft übersehe.' Veit Engelhardt, Graf Platen in Erlangen. In: *Morgenblatt für gebildete Stände* 211 (1836).

bewegt Platen nicht nur zu einer immensen Produktivität innerhalb kürzester Zeit – von 1821–23 entstehen mehrere hundert Ghaselen – sondern fördert auch ein bis dato noch vages dichterisches Selbstbewußtsein zutage. Platen begegnet uns als Dichter, der sich als solcher erst durch die Veröffentlichung seiner Ghaselensammlung findet. Zudem überzeugt sein Sprachtalent, in dem das Persische, gleich dem Spanischen, Hebräischen, Arabischen, ein Aneignungsprojekt neben vielen ist, im Zuge der von Goethe ausgerufenen Weltliteratur: ‚Herrlich ist der Orient / Übers Mittelmeer gedrungen; / Nur wer Hafis liebt und kennt / weiß, was Calderon gesungen'.[22] Es konnte zudem dargelegt werden, daß Platen ein Autor ist, der die Orient-Rezeptionen seiner Zeit gut kennt, auf sie zurückgreift und in regem Kontakt und Austausch mit den Experten auf diesem Gebiet steht. Immer wieder berichten die Tagebucheintragungen von den Reaktionen der Freunde und Gelehrten auf die vorgelegten Ghaselensammlungen.

Gleichzeitig aber präsentiert sich hier auch ein Dichter, der etwas schuldig bleibt: Wie kommt es, daß Platen sich 1823 dazu veranlaßt sieht, seine Sammlung *Neuer Ghaselen* mit dem bezeichnenden Motto zu versehen: ‚Der Orient ist abgetan, nun seht die Form als unser an'?[23] Die Forschung verweigert über dieses vielzitierte Diktum ebenso vehement direkte Erklärungszugänge wie Platen selbst.[24] Im Tagebuch findet sich am 26. Mai 1823 lediglich der in dieser Hinsicht lapidar anmutende Eintrag:

> Diese Zeit ist reich an Gedichten. Heute allein entstanden 8 Ghaselen. Die Anzahl dieser neuen Ghaselen beläuft sich nun schon bis über 30. Ich hoffe, sie sollen mehr Aufsehen machen, als alles mein Bisheriges. Sie sind gediegener, gedankenreicher, kühner, in der Form vollendeter und entblößt von orientalischen Anspielungen.[25]

Das klingt ja nun beinahe so, als wäre ein von orientalischen Anspielungen entblößter, ein nackter *ghasal*, die wahre poetische Form, derer man bzw. Platen nun habhaft geworden ist. Orientalisten spitzen bei diesen Worten freilich die Ohren, noch dazu, wenn das vorliegende Zitat *‚Der Orient ist abgetan, nun seht die Form als unser an'* der Sammlung als Motto vorangestellt ist.

---

[22] Goethe, *Divan*, a.a.O., S. 130.

[23] Platen, *Werke*, hrsg. von Koch und Petzet, a.a.O., Bd. 3 (1910), S. 101.

[24] So vermerkt Veit in *Graf Platens Nachbildungen*, a.a.O., S. 283, bspw. lediglich, daß die Begeisterung für die Beschäftigung mit dem Orient nach der Veröffentlichung der *Nachbildungen* abklinge und Bürgel, Platen und Hafis. In: *August Graf von Platen*, hrsg. von Bobzin und Och, a.a.O., weiß dem nur hinzuzufügen, Platen habe dennoch bis zu seinem Lebensende Ghaselen geschrieben (S. 87).

[25] Platen, *Tagebücher*, a.a.O., Bd. 2, S. 581.

Nach einer poetologischen Aussage, einem zwischen die Zeilen geschriebenen Wert, die der Autor dem beimißt oder der diese ‚Säuberungsaktion' erklärt, sucht man vergebens. Die Tagebücher vermerken nur immer Aktion und Reaktion der Ghaselen-Produktion, nie Intention![26] Für die Gedichte selbst bleibt nur die Feststellung, daß die Pappel in dieser Sammlung von Ghaselen die Zeder ersetzt hat.[27] Es hat demnach ein Motivaustausch stattgefunden, die formale Anbindung an die orientalische Gedichtform bleibt aber erhalten, während das Motivrepertoire überblendet wird.

Platen, den es so packt, der voll Enthusiasmus an der ersten Auflage seiner Ghaselen bastelt, daß er selbst das ausgewählte Velinpapier in seinen Aufzeichnungen vermerkt – und doch kein Wort darüber, was ihn an Hafiz fasziniert, warum das Persische ihn 1820 reizt und kaum drei Jahre später ‚abgetan' wird, welchen Widerhall in seiner Seele das Orientalische findet, warum die Form dem Eigenen ohne orientalischen Putz widerstandslos einverleibt wird. Mögen die Tagebücher in anderer Hinsicht Intimes aufdecken, hierüber schweigen sie.[28] Nicht, daß Dichtermund immer Wahrheit kund tut, aber Goethe erscheint im Vergleich dazu als geschwätziger Orientalist. Von ihm können wir in den *Noten und Abhandlungen des west-östlichen Divan* (1819) hören:

> Wollen wir an diesen Productionen der herrlichsten Geister Theil nehmen, so müssen wir uns orientalisieren, der Orient wird nicht zu uns herüber kommen. [...] Bedenken wir nun daß poetische Technik den größten Einfluß auf jede Dichtungsweise nothwendig ausübe, so finden wir auch hier daß die zweyzeilig gereimten Verse der Orientalen einen Parallelismus fordern, welcher aber, statt den Geist zu sammeln, selben zerstreut, indem der Reim auf ganz fremdartige Gegenstände hinweist. Dadurch erhalten ihre Gedichte einen Anstrich quod libet, oder vorgeschriebenen Endreimen, in welcher Art etwas Vorzügliches zu leisten freilich die ersten Talente gefordert werden. Wie nun hierüber die Nation streng geurtheilt hat,

---

[26] Ein Beispiel zur Illustration mag hier genügen: ‚Meine Ghaselen sind von gestern auf heute von sechzehn zu vierundzwanzig angewachsen, und ich habe beschlossen, zwei oder drei Dutzend drucken zu lassen, um sie den Freunden auf eine leicht Art mitteilen zu können, und auch vor dem litterarischen Publikum aufzutreten...' Ebd., S. 447, Eintrag vom 9.2.1821.

[27] Vgl. dagegen Heines Gedicht von Fichtenbaum und Palme (‚Ein Fichtenbaum steht einsam [...] er träumt von einer Palme ...'. In: Heinrich Heine, *Historisch-kritische Gesamtausgabe der Werke*. Hrsg. von Manfred Windfuhr, Bd. I, Hamburg 1975–93, S. 165), in dem beide Elemente in einem Gedicht als Gegenüberstellung aufgefaßt werden.

[28] Ungers Hinweis und Plädoyer, daß die Tagebücher Aufschluß in Bezug auf Platens künstlerischen Entwicklungsgang und einzelne Dichtungen geben, muß in dieser Hinsicht zurückgewiesen werden. Vgl. Rudolf Unger, Textgeschichtliche Studien zu Platens Ghaselen nach den Münchner Handschriften. In: *Studien zur vergleichenden Literaturgeschichte* 4 (1904), S. 295–307 (S. 295).

sieht man daran, daß sie in fünf hundert Jahren nur sieben Dichter als ihre Obersten anerkennt.[29]

Ein weiteres Mal liefert Goethe – etwas abseitiger – eine Begründung für die Beschäftigung mit dem Orient in einer Besprechung der *Östlichen Rosen* von Rückert. Goethe lobt hier Rückert und auch Platen, freilich nicht ohne sich selbst als Begründer einer Orientmode und Divanschöpfer darzustellen und wählt ein arkadisch-idyllisches Moment, das an Anakronteen ebenso gemahnt wie an das berühmte Divan-Gedicht *Gingko biloba*.

> Da man aber denn doch im Frieden auch einmal, und wäre es nur auf kurze Stunden, in heiterer Gesellschaft sich als Ohne-Sorge fühlen will, so war ein fremder Hauch nicht unwillkommen, der, dem Ostwind vergleichbar, abkühlend erfrischte und zugleich uns der herrlichen Sonne, des reinen blauen Aethers genießen ließe.[30]

Nur einmal findet sich eine längere, wenn auch etwas spröde philologische Ausführung ähnlicher Couleur bei Platen, wenn er seine *Nachbildungen des Hafis* mit einem Vorwort versieht und darin recht detailliert und ganz im Sinne Goethes beschreibt, welche Abstriche eine deutsche Übersetzung der Hafisschen Ghaselen machen muß.[31] Dieser Text liest sich wie eine Variante der goethischen Bemerkungen in den Noten und Abhandlungen, bezeugt jedoch in seiner Auseinandersetzung mit dem vorgefundenen Material den hohen Kenntnisstand Platens sowohl in bezug auf die Formregeln des *ghasal* als auch auf die Mehrfachbedeutungen der metaphorischen Bilder dieser Gattung, die er hier meint, nicht im Deutschen nachbilden zu können.[32] Aus der Negativität seiner Aussagen ist demnach positiv sein detailliertes Wissen um die persische Gattung ablesbar.

Ein weiterer, bislang von der Forschung unbeachteter Text unterstreicht dieses ausgeprägte Form- und Motivwissen der Gattung und seiner Bedeu-

---

[29] Goethe, *Divan*, a.a.O., S. 346f.

[30] Goethe, Oestliche Rosen von Friedrich Rückert. In: *Über Kunst und Altertum*, 3 (1822), H. 3, S. 173–75 (S. 174).

[31] Vgl. Jürgen Link, Nachwort. In: *August von Platen: Werke in zwei Bänden*, hrsg. von Kurt Wölfel und Jürgen Link, Band I: *Nach der Ausgabe letzter Hand und der historisch-kritischen Ausgabe mit Anmerkungen, Bibliographie und einem Nachwort*. Hrsg. von Jürgen Link. München 1982, S. 840f. Die Ghaselen der *Nachbildungen* werden von der Forschung immer wieder als Untersuchungsgegenstand herangezogen, fallen aber m. E. aus der Ghaselendichtung Platens heraus, da er sich hier – wie dies sein Vorwort belegt – eher als Übersetzer denn als Dichter versteht.

[32] ‚Ich habe daher selten alle Beits oder Distichen einer Ghasele übersetzt. Oft hielten mich unserm Leben allzu fremdartige Anspielungen davon ab; oft wollte, was im Persischen überaus zierlich sich ausnahm, in unserer Sprache durchaus keine rechte Gestalt gewinnen. Dies war besonders der Fall bei den unzähligen Wortspielen, wovon Hafis überfließt'. Zit. nach Link. In: Ebd., S. 841.

tung. Das *Polemische Promemoria an die Feinde der Ghaselen* hält auch in anderer Hinsicht Neues bereit. Der Text rechtfertigt zum einen die Beschäftigung mit dem Orient in Abgrenzung und Vergleichung mit klassizistischen Bestrebungen und bindet das Orientalische in dieser Polemik zum anderen eng an die eigene kulturelle Tradition. Ein längerer Einblick in diesen abgelegenen Text mag dies bestätigen:

> Der Versuch, sich in den Geist der morgenländischen Dichtungen zu versetzen, und diesen oder jenen poetischen Gedanken in die eigentümlichen Formen und Lebensansichten des Orients einzukleiden, die uns durch Neigung, Studium, Gemütsstimmung natürlich geworden sind, scheint nicht mehr und minder lobens- oder tadelswert zu sein, als ähnliche Versuche, welche man in Beziehung auf das sogenannte klassische Altertum gewagt hat. [...] Was das Technische und die, zwar kunstvollen, Reimformen der Orientalen, zumal der Perser betrifft, so möchten sie gleichwohl einer ausgebildeten modernen Sprache, zumal der deutschen, weit näher stehen als die prosodischen Formenverhältnisse der Griechen, welche in ihrer Reinheit und Vollkommenheit darzustellen, unsre Sprache durchaus unfähig erscheint. [...] Indem endlich dem Dichter das Altertum als unfehlbarer Kunstspiegel vorgehalten wird, müssen noch die Fragen beantwortet werden, erstens, ob antike Dichtung ein gültiger Maßstab für moderne Poesie sei, zweitens, ob dem Dichter selbst das Altertum fremd geblieben und er es nicht vollkommen anzuerkennen fähig scheine, und ob er endlich unter den Neuern nicht Muster finden könne, welche über den abgeschlossenen Zirkel antiker Vollendung hinaustraten, und, wiewohl sie ein Unbegrenztes und vielleicht Unerreichbares anstrebten, dennoch einer höhern Einheit nicht entsagten.[33]

Platen verschafft sich damit den benötigten, schöpferisch künstlerischen Freiraum. Im Sinne der von Goethe propagierten Weltliteratur wird es fragend möglich, die klassizistische Antike zu verwerfen. Freilich bleibt es bei den Fragen, die Antworten schreiben sich in diesen Text ebenso wie in die Tagebücher nur als Leerstellen ein.

Wir müssen also, was die Bedeutung des Orients für Platen anbelangt, auf die Aussagen der Gedichte selbst und die Thesen der Forschung zurückgreifen. Grundlegend ist hierfür die Studie von Jürgen Link und das Nachwort der 1982 von ihm besorgten Ausgabe der Lyrik Platens.[34] Link nimmt für Pla-

---

[33] Platen, Polemisches Promemoria an die Feinde der Ghaselen. In: *Werke*, hrsg. von Koch und Petzet, a.a.O., Bd. 11, S. 144f.
[34] Link, *Artistische Form und ästhetischer Sinn in Platens Lyrik*, a.a.O., und Link, Nachwort. In: Platen, *Werke*, hrsg. von Wölfel und Link, a.a.O.

tens poetisches Schaffen eine sogenannte ,Urszene'[35] an, die im Kern die Motive Spiegel, Echo und Narziß enthält und damit den Kosmos umreißt, in dem sich die Gedichtswelt Platens zeitlebens bewegt. Tendenzen zum statischen Gedicht,[36] gestiftet durch das Ennui eines restauratives Zeitgeistes, kennzeichnen demnach schon Platens frühe Lyrik und bilden den Grundstein für seine Affinität zur orientalischen Form. Der so eröffnete Raum böte dichterischen Platz für Projektionen sexueller Wunschträume, verklärte imperialistische Tendenzen und einen gelehrt-philologischen Willen zur Erschließung einer Weltliteratur. Link streitet diese Gründe jedoch für Platen ab und verweigert sich durch die Rückbindung auf Biographisches m.E. der Spurensuche solcher Schauplätze in Platens Werk, wenn er schreibt:

> Für Platen bedeutete das Ghasel mit seinem Prinzip der Reimserie und der echohaften Wiederholung eines Leitmotivs, so orientalisch seine Herkunft immer sein mochte, die Möglichkeit der Verbindung eines artistisch aufs äußerste gesteigerten Echoprinzips mit dem Thema homosexueller Erotik.[37]

PLATEN ALIAS HAFIZ

Hafis als *alter ego* Platens? Identitätsverschiebungen? Mehrfach lassen sich Belege finden, die bezeugen, daß Platen den Namen des persischen Dichters in den Erlangener Freundeszirkeln führte.[38] Im *makta*^{c}, dem letzten *beit* des *ghasal*, wird Hafis in zahlreichen Ghaselen Platens als *takhallus* genannt, vor allem im *Spiegel des Hafis*. Zu Beginn wurde hier eine Lesart vorgeschlagen, nach der Platen seinem Vorbild mit dieser Setzung huldigt, in dem er nicht seinen eigenen Namen als *takhallus* einsetzt,[39] sondern die Referenz auf die Urquelle und damit die Anbindung an das orientalische Vorbild präsent hält.

---

[35] Ebd., S. 968. In der Studie von 1971 fällt dieser Begriff noch nicht, wohl aber werden seine Komponenten und ihr Zusammenspiel zu Teilen verhandelt, wenn auch der Begriff des ,eidos' (vgl. S. 238f.) hier zentral erscheint. Zur Theorie der ,Urszene' und seiner Komponenten bei Platen s.a. Link, Echobild und Spiegelgesang. Zu Platens ,Tristan'. In: *Gedichte und Interpretationen. Vom Biedermeier zum Bürgerlichen Realismus*, Bd. 4. Hrsg. von Günter Häntzschel. Stuttgart 1983, S. 36–47 und Link, Sprünge im Spiegel, Zäsuren. Ein Faszinationskomplex und Platens lyrischer Stil. In: *August von Platen*. Hrsg. von Bobzin und Och., a.a.O., S. 45–62.

[36] Vgl. hierzu besonders Link, *Artistische Form und ästhetischer Sinn in Platens Lyrik*, a.a.O., S. 31ff.

[37] Link in Platen, *Werke*, a.a.O., S. 975.

[38] Vgl. Bobzin, Der Orient sey neubewegt, a.a.O., S. 98f., der dort eine ähnliche Gleichung auf der Grundlage biographischer Ereignisse aufmacht.

[39] Vgl. ein solches Verfahren der Ersetzung des Persischen durch das eigene Alias (=Freimund) bei Rückert in den sog. ,Freimund'-Ghaselen, z.B. ,Freimund-Ghasele' Nr. 7. In: *Friedrich Rückerts gesammelte poetische Werke in 12 Bänden*. Frankfurt am Main 1882. Bd. 5, S. 242. Eine ausführliche formale Gegenüberstellung von Platens und Rückerts Ghaselen findet sich bei Ahmed Hammo, *Die Bedeutung des Orients bei Rückert und Platen*. Freiburg 1971.

Andererseits können auch Argumente gefunden werden, die zu der Überlegung verleiten, daß sich Platen mit Hafis derart in eins gedacht hat, daß es sich bei dem *takhallus* um einen Platzhalter im doppelten Sinne handelt: Hafis wäre demzufolge Platens *alter ego*, im *Spiegel des Hafis* spiegelt sich Platen selbst. Ein solches Ineinsgehen von Identitäten, ein Verschwimmen der Grenzen von Vorbild und Abbild, stände der von Link propagierten ‚Urszene' und ihrer Komponenten Spiegel-Echo-Narziß sehr nah.[40] *Wohl mit Hafis darf ich sagen*, hieße Platen hinter der Maske Hafis zu sehen, in der Verwendung des *ghasal* eine narzißtische Liebeserklärung an sich selbst vorführend, und die oszillierenden Bilderreihen und ihr sich wiederholendes Reimschema als Ausdruck eines ennuierten Echos zu lesen.

Bei der Frage der Identität angelangt ist es nun spätestens Zeit, den Blick auf ein Desiderat der Platen-Forschung zu lenken. Keine germanistische oder komparatistische Arbeit, die sich dem Grenzgängertum von Autoren und ihrer wie auch immer gearteten Beschäftigung mit d e m Orient widmet, kommt an Edward Saids *Orientalism*[41] vorbei, und doch hat die Platen-Forschung die Auseinandersetzung mit den Thesen des großen Orientalisten bislang gescheut oder vielleicht auch bewußt umschifft.[42]

PLATEN UND SAID

Im Zeitalter von ‚linguistic und cultural turn' sind unsere Sinne geschärft für die feinen und weniger feinen Unterschiede, für sprachliche Präzision und Repräsentation, für ‚political correctness', für das Andere und das Fremde, für Abgrenzung und Différance im Sinne Derridas. Diese Bewußtwerdung oder Selbstreferentialität spiegelt das Bedürfnis, das Verhandelte, das Gegenüber, differenziert wahrzunehmen und zu erfassen, seine Objekthaftigkeit aufzulösen. Das Verhandelte tritt als aktives, autonomes Subjekt auf und die neuere Wissenschaftskultur ist bemüht, sich aus den Machtstrukturen zu winden, die

---

[40] Vgl. zu solchen Überlegungen des Ineinsgehens von Sprecher und Angesprochenem auch Link, *Artistische Form und ästhetischer Sinn in Platens Lyrik,* a.a.O., S. 87f., der eine Tendenz zur Poetisierung von Freundesgestalt und Ich sieht und dies exemplarisch an der Ghasele ‚Du fingst im lieblichen Trugnetz der Haare die ganze Welt' vorführt (S. 118f.).

[41] Edward Said, *Orientalism.* New York 1978.

[42] Weder in den Literaturverzeichnissen noch in den Fußnotenapparaten der gesichteten Platen-Forschung ließ sich ein entsprechender Verweis finden. Die neueren Arbeiten, die sich dieser Auseinandersetzung widmen, haben Platen bislang – soweit ich sehe – nicht ins Blickfeld ihrer Untersuchung gerückt, sondern Rückert, Hammer und Goethe den Vorzug gegeben. Said bzw. der Orientalismusdiskurs findet auch keine Einbindung in der unlängst publizierten Dissertation von Muhammad Zouheir Sharaf, *August von Platen und die arabische Welt. Grundzüge und Kontext seiner Rezeption arabischer Literatur.* Berlin 2003 (zugl. Diss. Heidelberg 2003).

dem Gegenstand durch eine Analyse auferlegt wird, ohne daß dies jemals gelingen wird, da es in der Natur der Sache liegt, daß Wissenschaft als handelndes Subjekt eine Sache oder einen Sachverhalt als sprachliches Objekt verhandelt.[43]

Von dieser Grundthese aber geht Edward Said in seiner mittlerweile kanonischen Arbeit *Orientalism* von 1978 aus und entsprechend vorwurfsvoll sind die Urteile, die Said über europäische Autoren, die sich mit dem Orient beschäftigen, in seiner Studie fällt. Seine Negativbewertung aller Phänomene, die eine solche literarische Auseinandersetzung darstellen, mag an Foucaults Machtaxiomen geschult sein, kann aber nicht in allen Punkten überzeugen. Schon mehrfach ist dies vor allem von arabistischer bzw. islamwissenschaftlicher Seite als Kritik an Said festgestellt worden.[44] Saids *Orientalism* ist aber nicht nur zu einem Standardwerk in Fragen des Orientalismus avanciert, sondern in vielen Punkten auch ein wissenschaftlicher Stolperstein geworden. Andrea Polaschegg hat in ihrer unlängst vorgelegten und noch nicht publizierten Dissertation nachhaltig aufgezeigt, daß ein kritisches Said-Bild in der germanistischen Forschung bis auf wenige Ausnahmen nicht anzutreffen ist.[45] Vielmehr werden Saids Thesen zum Phänomen Orientalismus zur Folie jedweder besseren oder schlechteren literaturwissenschaftlichen Arbeit, die sich auf dem Feld orientalisch beeinflußter Literaturen bewegt.[46]

Dabei hat die kritische Auseinandersetzung mit Said gezeigt, und davon muß im folgenden ausgegangen werden, daß Saids Thesen in vielen Punkten nicht aufrecht erhalten werden können oder einer Revision bzw. stärkeren Differenzierung bedürfen. Schon früh wurde dem Buch in vielen Punkten seine Oberflächlichkeit vorgeworfen. Dennoch soll Saids Ansatz hier nicht gänzlich

---

[43] Vgl. dazu auch Siegfried Kohlhammers kritische Auseinandersetzung mit Said, in der er in ähnlicher Weise die aktiv-konstruierende Komponente wissenschaftlichen Arbeitens betont, was für Said ein ‚orientalistisches Vergehen' (S. 290) darstelle. Siegfried Kohlhammer, Populistisch, antiwissenschaftlich, erfolgreich. Edward Saids ‚Orientalismus'. In: *Merkur. Zeitschrift für europäisches Denken*, April 2002, S. 289–99.

[44] Kohlhammer, ebd.; Nina Berman, *Orientalismus, Kolonialismus und Moderne. Zum Bild des Orients in der deutschsprachigen Kultur um 1900*. Stuttgart 1996; John M. MacKenzie, *Orientalism. History, Theory and the Arts*. Manchester und New York 1995, insbesondere S. 1–43.

[45] Andrea Polaschegg, *Deutscher Orientalismus im frühen 19. Jahrhundert. Die Regeln der Imagination*, unveröffentl. Diss. HU Berlin 2003, S. 6–52, besonders S. 8 und 28.

[46] Vgl. bspw. schon im Titel Mirjam Weber, *Der ‚wahre Poesie-Orient'. Eine Untersuchung zur Orientalismus-Theorie Edward Saids am Beispiel von Goethes ‚West-östlichem Divan' und der Lyrik Heines*. Wiesbaden 2001 (= Studien und Texte zur Literatur des Orients 9) oder die ältere Arbeit von Andrea Fuchs-Sumiyoshi, *Orientalismus in der deutschen Literatur. Untersuchungen zu Werken des 19. und 20. Jahrhunderts von Goethes West-östlichem Divan bis zu Thomas Manns Joseph-Tetralogie*. Hildesheim 1984. Beide Arbeiten kommen über eine Abarbeitung der Saidschen Thesen kaum hinaus. Vgl. unlängst auch die kritische Aufarbeitung dieses Phänomens für die amerikanische Wissenschaft, Martin Kramer, *Ivory Towers On Sand. The Failure of Middle Eastern Studies in America*. Washington 2001.

verworfen werden. Said wollte meines Erachtens 1978 mit seinem Buch vor allem ein Bewußtsein für die Problematik schaffen und einen präzisen Blick ohne allen orientalistischen Habitus und Pathos, der vielen frühen Arbeiten eigen ist, einfordern und hat dies entsprechend scharf und polemisch vorgebracht; die stete Auseinandersetzung mit seinen Thesen zeigt auch, daß er mit einer solchen Technik offenbar den gewünschten Erfolg erzielte. Er ist damit in erster Linie ein Diskursbegründer, durch den und mit dem wir nun über das Themenfeld verhandeln können. Saids Positionen zur Auseinandersetzung Okzident-Orient lassen sich auf folgende, in unserem Zusammenhang relevante, zentrale Thesen zusammenziehen:

Nach Said ist der Orient identitätsstiftend für Europa. Es ist der Entwurf eines Gegenbildes und damit ein antagonistisches Prinzip, was zur Stabilisierung der eigenen Identität durch Abgrenzung führt. ‚The construction of identity [...] involves establishing opposites and „others" whose actuality is always subject to the continuous interpretation and reinterpretation of their differences from „us"'.[47] Das Ich wird gestärkt durch die Existenz eines Anderen. Das Andere wird durch die aufgebaute Differenz etabliert. Niklas Luhmann führt in diesem Sinne aus, daß ‚Identität sich nur durch Differenz stiftet'.[48] Gegenläufig ist hierbei allerdings die bereits herausgestellte These einer Ineinsnahme von orientalischer und eigener Identität bei Platen in bezug auf Hafiz. Zu fragen wäre in diesem Zusammenhang, ob für das erste Drittel des 19. Jahrhunderts möglicherweise ein anderes Identitätsmodell greift.[49]

Saids Orientalismus basiert auf den Negativformeln von Kontrolle, Manipulation und Einverleibung. Polaschegg, Berman und Weber konnten in ihren Arbeiten aufzeigen, daß die Gegenüberstellung und Grenzsetzung von Orient und Okzident nicht auf konstanten historischen Fakten beruht, da andere koloniale Diskurse diese dominant überblenden und zudem innerhalb der nachgewiesenen Dichotomien differenziert werden muß.[50] Kann eine direkte Abhängigkeit von Kolonialinteressen, sprich tagespolitisch-imperialistischem Machtgefüge, und Orientbeschäftigung nicht hergestellt werden, fragt sich dennoch: Warum ist der Orient in der Literatur – und auch noch in der deutschsprachigen, die Said explizit ausklammert, so präsent? Said antwortet:

---

[47] Said, *Orientalism*, a.a.O., S. 332.

[48] Niklas Luhmann, *Soziale Systeme. Grundriß einer allgemeinen Theorie*. Frankfurt am Main 1993, S. 243.

[49] Vgl. auch Heines ironische Identitätsstiftung in dem Ausspruch: ‚Ich bin stolz darauf, Perser zu seyn'. Brief an Moser vom 21.1.1824, in Heinrich Heine, *Säkularausgabe. Werke, Briefwechsel, Lebenszeugnisse*. Band 20: *Briefe 1815–31*, bearbeitet durch Fritz Eisner. Berlin und Paris 1970.

[50] Vgl. ausführlich die Feindifferenzierung zwischen Goethe und Heine bei Weber, a.a.O.

The German Orient was almost exclusively a scholarly, or at least a classical Orient: it was made the subject of lyrics, fantasies, and even novels, but it was never actual, the way Egypt and Syria were actual for Chateaubriand, Lane, Lamartine, Burton, Disraeli, or Nerval.[51]

Nina Berman hat in ihrer Studie gezeigt, daß dieses Ausschlußverfahren Saids, das Ausnehmen der deutschsprachigen Literatur, aus seinem Vorwurf – egal wie man diesen im weiteren bewerten will – ungerechtfertigt ist.[52] Zwar hatte Deutschland nicht im selben Maße wie England oder Frankreich koloniale Interessen im Nahen Osten, aber Berman kann doch an zahlreichen Beispielen belegen, daß es permanente Interdependenzen gegeben hat, die von Said vernachlässigt worden sind und die einen Rekurs auf aktuelles Machtgefüge beinhalten.

Diese Schriften [des aufgeklärten und nachaufklärerischen Zeitalters, Anm. d. Verf.] dokumentieren die europäische Expansion durch das deutliche Bemühen, Sprach-, Kultur- oder Weltgeschichte in einer Weise zu interpretieren, welche die Legitimation der Herrschaft Europas über den Rest der Welt ermöglichte. Literarische Texte wie beispielsweise [...] Gedichte von Rückert und August von Platen [...] lassen den ideologischen Hintergrund, vor dem sie entstanden, immer wieder anklingen.[53]

Wenn auch realhistorische, koloniale Bestrebungen für die deutsche Auseinandersetzung nicht im Zentrum stehen,[54] so bleibt die Feststellung, die auf der blühenden Orientalistik im deutschen Sprachraum fußt, daß es sich um ‚intellectual authority over the Orient‘[55] handele. Möglicherweise findet sich eine Antwort zudem darin begründet, daß – handelt es sich tatsächlich um ein antagonistisches Funktionsprinzip, wie Said es herausstellt – der Gegenspieler eben auch stark sein muß (und nicht unterdrückt, wie Said meint). Nur wo sich Widerstand formiert, kann ein Gegenüber als ‚sparring partner‘ wahrge-

---

[51] Said, *Orientalism*, a.a.O., S. 19; diese Haltung auch immer noch so in ‚Orientalism Reconsidered‘, 1985.

[52] Berman, a.a.O., S. 17ff.

[53] Ebd., S. 31f.

[54] Zu prüfen wäre in diesem Zusammenhang auch einmal Platens Zuwendung zur poetischen Tradition Frankreichs und anderen Länder der Romania, die Link sowohl biographisch als auch formal belegt. S. Link, Nachwort. In: Platen, *Werke*, hrsg. von Wölfel und Link, a.a.O., S. 971. Eine solche Anbindung würde dann eine Lesart Platenscher Lyrik außerhalb des eigenen, nationalen Diskurses und eine Zuordnung in den französischen Orientalismus durchaus erlauben. Hinzu tritt die von Link, ebd., S. 972, ebenfalls aufgezeigte Hinwendung zu einem liberalen Bonapartismus seit 1818 und Platens Anwesenheit in Heidelberg 1822 – in den Tagebucheintragungen stehen Bemerkungen über politischen Tagesgeschehen und Studentenunruhen direkt neben den Vermerken über die Ghaselendichtungen.

[55] Said, *Orientalism*, a.a.O., S. 19.

nommen werden. Damit ist kein aktiver Widerstand gemeint, sondern ein kultureller. Nur dort, wo sich eine eigene Kultur – und sei sie historisch, wie im vorliegenden Fall – als Eigenwert erhalten hat, nur dort kann eine produktive Auseinandersetzung, ein Reiben an dieser stattfinden.

Im Gegensatz zu der von Said vorgebrachten These eines schweigsamen Orients[56] muß demnach einschränkend festgestellt werden, daß der Orient, der als Originalquelle in die Wahrnehmung des Dichters rückt, zunächst einmal beredt ist bzw. gemacht wird. Freilich muß eingeräumt werden, daß es auch hier nicht ohne Manipulation geht, denn Platen trifft beispielsweise bezüglich seiner *Nachdichtungen des Hafis* die Auswahl der vorgestellten Gedichte und bestimmt und steuert damit aktiv das zu kolportierende Hafis-Bild. Er läßt nur sprechen, was er sprechen lassen will unter dem Verdikt von Zufall und Vollkommenheit des Einzelnen, das seiner Ansicht nach das Ganze widerspiegelt.

> Da Hafis überall derselbe ist, so habe ich die Auswahl der übertragenen Ghaselen gänzlich dem Zufall überlassen. Ob man aus dieser oder jener Welle des Stroms sich Erquickung schöpft, ist gleichgültig. Doch sind hier so ziemlich aus allen Hauptabteilungen des Divans Gedichte mitgeteilt.[57]

Wenn Said feststellt, daß der Orient eine weithin europäische Erfindung sei,[58] muß jedoch zumindest berücksichtigt werden, daß bei Platen der Ausgangspunkt oder Impulsgeber kein rein imaginärer, sondern ein historisch literarisch Verbürgter ist: der Dichter Hafis und sein Werk.

Es soll nun in einer abschließenden Spurensuche zusammengetragen werden, an welchen Stellen in den Ghaselen sich eine Beziehungsachse zwischen Okzident und Orient, Eigenem und Anderem, aufmachen läßt und wie diese jeweils inszeniert wird. Auffallend ist bei Platen ein Changieren zwischen unterschiedlichen Positionen. Innerhalb einer kurzen Phase wird eine Wandlung durchgemacht, zunächst wird Alterität diagnostiziert und das Machtpotential der Quelle betont, um dann umzukippen in das Gegenteil.

ORIENTALISMUS IN PLATENS GHASELENSAMMLUNGEN

Bezeichnenderweise spricht schon Veit 1907 davon, daß sich Platen mit ‚seinen eigenen Gaselen eine orientalische Form für die deutsche Poesie erobert [habe]'.[59] Diese Eroberung vollzieht sich schrittweise. Im Vorwort der ersten

---

[56] Ebd., S. 94f.
[57] Zit. nach Link in Platen, *Werke*, hrsg. von Wölfel und Link, a.a.O., S. 840.
[58] Said, *Orientalism*, a.a.O., S. 1.
[59] Veit, a.a.O., S. 218.

Ghaselensammlung heißt es noch: ,Diese Form [die Form des *ghasal*, Anm. d. Verf.], die hier nicht bloß äußerlich ergriffen wurde, ist das ursprüngliche Eigentum vorderasiatischer Völker',[60] und in dem sich anschließenden Motto wird sogar der Wunsch geäußert, das hier vollzogene Verfahren der Aneignung Hafizscher Poesie möge sich dereinst wieder umkehren: ,Wenn einst Persen deutsche Verse / Lesen, wie wir ihre jetzt, / Dann geschieht's wohl, daß ein Perse / Diese Lieder übersetzt'.[61]

In der siebten Ghasele findet diese Ineinssetzung ihre dichterische Entsprechung: ,Dem morgenländischen Dichter brennt das Herz, / Es glüht auch uns im Okzident das Herz/'.[62] Gerade die Wiederholungsformel des *radif*, die auf das gemeinsame Herz fokussiert, läßt die Dichotomie von Ost und West aufweichen und bildet eine Klammer. Ist hier also noch die Hoffnung einer gegenseitigen, gleichberechtigten Befruchtung eingeschrieben – der Dichter tritt sogar am Ende in der Maskerade des Orientalen auf –[63] liest man bereits aus dem Vorwort zu den *Lyrischen Blättern*, der zweiten veröffentlichten Ghaselensammlung, eine andere Tonlage heraus. Die Rede ist hier davon, daß diese Ghaselen ,vom glühenden, formenreichen Orient die Hülle borgten für die Fülle des Okzidents'.[64] Auffällig ist auch der weiter ausgeführte politische Charakter dieser Vorrede, der die Gedichte in einen unmittelbaren Zusammenhang zu historischen Zeitgeschehen rückt.[65] Distanzierung und Verschleierung treten hier zugleich auf: das beigestellte Motto ist aus dem Spanischen und nicht wie in der ersten Sammlung aus dem Persischen entlehnt und meint: ,Wir treten ein, aber mitten hinein ins Gestrüpp!'[66] Das Undurchdringliche und Undurchschaubare tritt dem Leser denn auch gleich in der ersten Ghasele entgegen, der Überreim dieses Ghasal lautet treffenderweise: ,doch den Sinn erkennst du nicht'.[67] Auffällig ist auch, daß in der zweiten Sammlung viele Verse als Fragen schließen.[68] Im 15. Ghasal begegnen wir etwas unvermutet einer politisch nationalen Wendung. War im vorletzten *beit* noch vom orientalischen Motiv der Rose die Rede, heißt es nun: ,Ich sah die Völker

---

[60] Platen, *Werke*, hrsg. von Koch und Petzet, a.a.O., Bd. 3, S. 29.

[61] Ebd., S. 30.

[62] Ebd., S. 34.

[63] Vgl. die Zeilen des Schlußwortes von 1821: ,Verzeiht ihm, daß die Stirn ihm heut / der Turban, statt des Hutes, deckt'. Ebd. S. 44.

[64] Ebd., S. 51.

[65] Ebd. Das Vorwort datiert auf den 24.5.1821.

[66] 'Entremos mas adentro en la epesura! San Juan de la Cruz'. Ebd. S. 50.

[67] Ebd., S. 53.

[68] 'Frage'-Ghaselen in dieser Sammlung, Nr. 3, 5, 13, 14, 16, 18… In der ersten Sammlung gab es fast gar keine Fragen und wenn, dann wurden diese direkt beantwortet, während sie nun ungehört verhallen. Vgl. Ghasele 19 der ersten Slg., S. 39: ,Wer zog den Nerv im Weltgehirne? Du.'

alle, als einen großen Leib, / den Deutschen als ihr Leben, er opfert sich der Welt'.[69]

Der Spiegel des Hafis von 1822 markiert nun fast wieder eine Kehrtwende. Hatte sich der Orient in der zweiten Ghaselensammlung verschleiert und war zum Gestrüpp geworden, kehrt der *Spiegel des Hafis* wieder zu einer viel näheren Anbindung an den Orient zurück.[70] Im Vorwort heißt es:

> Mit einiger Scheu übergeben wir unsern Freunden ein Buch, worin Antikes und Modernes, Orient und Okzident, religiöse Gesinnung und anscheinende Freigeisterei zwar nicht miteinander, aber doch nacheinander auftreten.[71]

Die Dichotomie scheint erkannt und in verschiedene Facetten gebrochen, nicht nur Orient und Okzident, sprich eine räumliche Komponente wird aufgemacht, ein zeitlicher Versprung (Antikes vs. Modernes) und ein Spannungsmoment der geistigen Haltung treten hinzu. Dabei wird dem besungenen Dichter hier gleichsam ein Denkmal gesetzt. Statt den eigenen Dichternamen in den *takhallus* zu übernehmen, setzt Platen immer ‚Hafis' ein.[72] Das Motto hebt mit einem ‚orientalischen Musenruf' an: ‚Hilf mir, Hafis…'[73] und immer wieder wird sehr deutlich der Verweis auf die Quelle, den eigentlichen Schöpfer Hafiz hinter dem Neu-Schöpfer Platen verwiesen und diesem mehr als nur eine Referenz erwiesen. Im 18. Ghasal heißt es zum Beispiel: ‚Und was ich tue, verdank' ich dem Meister im Ost allein: / Daß ich dir huldige, Hafis, erfahre die ganze Welt'.[74]

In den *Neuen Ghaselen* erfolgt jedoch der schon bekannte Bruch: ‚Der Orient ist abgetan, / nun seht die Form als unser an',[75] heißt es ganz lapidar im Motto. Im Zusammenklang mit dem vorangegangenen Herantasten und Ausloten eines Orient-Okzident Verhältnisses oder einer Beziehungssetzung gesehen, wirkt dieser Ausspruch umso schneidender.

Zwar tauchen noch bekannte Versatzstücke aus dem Motivrepertoire früherer Ghaselen auf, so die Rose und die Tulpe, aber sie werden in einen ande-

---

[69] Platen, *Werke*, hrsg. von Koch und Petzet, a.a.O., Bd. 3, S. 59.
[70] Bemerkenswert erscheint hierbei zudem die Tatsache, daß der *Spiegel des Hafis* in der Ausgabe letzter Hand von Platen selbst nicht mehr aufgenommen wurde. Vgl. Unger' a.a.O., S. 300f. Statt dessen machten die Gedichte der *Neuen Ghaselen* den Löwenanteil aus.
[71] Platen, *Werke*, hrsg. von Koch und Petzet, a.a.O., Bd. 3, S. 70.
[72] Zur Frage, ob dies eine Ineinssetzung (Platen = Hafis) im Sinne des vom *takhallus* geforderten Synonyms suggeriert, siehe oben.
[73] Platen, *Werke*, hrsg. von Koch und Petzet, Bd. 3, S. 76.
[74] Ebd., S. 87.
[75] Ebd., S. 101.

ren, neuen Sinnbild-Kontext gestellt,[76] verlieren dadurch ihre metaphorische Kraft und mystische Spannung und werden in reine Naturbilder verwandelt. Bleibt auch das formale Gerüst von *beit* und *radif* erhalten, der *takhallus* fällt in dieser Sammlung einfach weg. Im Anhang dieser ‚verdeutschten Ghaselen', die nur mehr das Formpotential der poetischen Gattung benutzen, um eigenen Gehalt und eigenes dichterisches Aussagepotential zu transportieren, findet sich ein weiteres, höchst erstaunliches Dokument in dieser Hinsicht: Platens einziger Versuch einer Kasside, die er später in eine Ghasele umwandelt.[77] Das Thema ist – und hier offenbart sich nun unumstößlich ein unmittelbarer Zusammenhang und Reflex auf die herrschenden, politischen Machtverhältnisse – Napoleon, dem er auf diese Weise huldigt. Wie im Motto literarisch wird hier der Orient ganz konkret ‚abgetan', wenn es heißt: ‚Während alte Zedern krachten, trieb der junge Sproß der Zeit'.[78]

An dieser Stelle soll dieser Durchmarsch durch das Platensche Ghaselenoeuvre abbrechen, obschon sich noch ein Blick in die späte und letzte Sammlung der Ghaselen von 1834 anböte. Napoleon, der mit seinem Ägyptenfeldzug in die Länder des Orients eingebrochen ist und ‚alte Zedern krachen ließ', wird nicht nur zu ihrem Beherrscher auf politischer und territorialer Ebene, er beherrscht nun auch – dank Platen – das literarische Feld. Er tritt, wenn auch nicht als *takhallus* eingeführt, an die Referenzstelle von Hafis. Die Gegenwart bricht damit auch in die Platensche Ghasele ein. Eine Gegenwart vielleicht, in der sich auch Platen nicht freimachen konnte von herrschenden politischen Diskursen, in der die zunächst zaghafte und aus dem philologischen Interesse her stammende Beschäftigung mit dem Orient über eine Identitätsfindung zu einer nationalen Positionierung heranwächst, die in der Saidschen Lesart als imperialistische Okkupationsgeste zu verstehen wäre. Das Ablegen des orientalischen Motivrepertoires und die Aneignung der Form kennzeichnen diese Entwicklung in einer sehr kurzen Phase im dichterischen Werk Platens. In anderer Lesart mag dies als Teil einer produktiven Ästhetisierung im Sinne eines globalen Projektes von ‚Weltliteratur' und einer damit einhergehenden, wertfreien Inanspruchnahme dichterischen Materials angesehen werden. Es bleibt letztlich eine Frage der methodischen Haltung, das hier Aufgezeigte in ein positives oder negatives Licht zu setzen. Wichtig erscheint es aber, diese Lesart einmal angelegt zu haben, um die Diskussion über das Ghaselenwerk Platens, das in vielerlei Hinsicht noch Stoff zur wissenschaftlichen Auseinander-

---

[76] An vielen Stellen taucht in dieser Sammlung das Sinnbild des Frühlings / Lenz' auf, so in Nr. 1, 12, 24.

[77] An Fugger, 24.5.1829: ‚Die schlechte Kasside an Napoleon habe ich in eine gute Ghasele verwandelt'. Zit. nach Platen, *Werke*, hrsg. von Koch und Petzet, Bd. 3, Anm. LV, S. 147.

[78] Ebd., S. 132. Der junge Sproß der Zeit steht in diesem Gedicht synonym für Napoleon und die mit ihm herangebrochene neue Zeit(-rechnung).

setzung bietet und dessen Rang innerhalb der deutschsprachigen Literatur[79] und ihrer Verhandlung des Orients überdacht werden sollte, vielleicht um eine Dimension erweitert zu haben.

---

[79] Erinnert sei hier an die vor allem von der frühesten Platen-Forschung vorgetragenen The- sen zur Bedeutung von Platens Schaffen. Hubert Tschersig, *Das Ghasel in der deutschen Dichtung und das Ghasel bei Platen*, Leipzig 1907: ‚Rückert ist der (zeitlich) erste Ghaselen- dichter im Deutschen, Platen ist der erste deutsche Ghaselendichter', S. 170. Arthur Remy, *The influence of India and Persia on the Poetry of Germany*, New York 1901"the gazals of this poet [Platen, Anm. d. Verf.] were really the first professedly originally poems of this form to appear in Germany (Rückert's claiming to be versions only).' S. 32. Zuletzt wurde eine Würdigung Platens und eine gleichberechtigte Positionierung neben Goethe und Rückert von Bürgel, Platen und Hafis. In: *August Graf von Platen*, hrsg. von Bobzin und Och, a.a.O., S. 101, eingefordert.

Paul Peters

FICHTENBAUM UND PALME: POLITIK UND POESIE IN HEINES ORIENTALISMUS

Für Nima

Es wäre wohl so reizvoll wie naheliegend, einen Überblick über Heines Orientalismus mit einem der bekanntesten und gefeiertsten Heine-Gedichten zu beginnen: dem Gedicht von Fichtenbaum und Palme.[1] Indes, einen für diesen thematischen Zusammenhang geeigneteren Ausgangspunkt bietet eines der am wenigsten bekannten Gedichte Heines, das Orientalisches anspricht – das Gedicht von *Ali Bey*:[2]

> Ali Bey, der Held des Glaubens
> Liegt beglückt in Mädchenarmen.
> Vorgeschmack des Paradieses
> Gönnt ihm Allah schon auf Erden.
>
> Odalisken, schön wie Huris
> Und geschmeidig wie Gasellen –
> Kräuselt ihm den Bart die eine,
> Glättet seine Stirn die Andre.
>
> Und die Dritte schlägt die Laute,
> Singt und tanzt, und küßt ihn lachend
> Auf das Herz, worin die Flammen
> Aller Seligkeiten lodern.

---

[1] Einen umfassenden Überblick über das Thema geben Mounir Fendri, *Halbmond, Kreuz und Schibboleth: Heinrich Heine und der Islam*, Hamburg 1980 sowie speziell für die Lyrik Albertro Destro, Auf Flügeln des Gesanges – Nach der östlichen Gartenheimat. Das Motiv des Orients in der Lyrik Heines. In: *Text und Kontext*, Sonderreihe, Band XVIII, *Aspekte der Romantik*. Kopenhagen und München 1983, S. 107–26. Für jegliche fundierte geisteswissenschaftliche Auseinandersetzung mit dem Thema natürlich unverzichtbar Edward W. Said, *Orientalism*. New York 1978.

[2] Heines Werke werden nach der Düsseldorfer Heine-Ausgabe (DHA) zitiert: Heinrich Heine, *Historisch-Kritische Gesamtausgabe der Werke*. Hrsg. von Manfred Windfuhr. Hamburg 1972–1997. Hier DHA II, S. 87.

Aber draußen plötzlich schmettern
Die Trompeten, Schwerter rasseln,
Waffenruf und Flintenschüsse –
Herr, die Franken sind im Anmarsch!

Und der Held besteigt sein Schlachtroß,
Fliegt zum Kampf, doch wie im Traume; –
Denn ihm ist zu Sinn, als läg' er
Immer noch in Mädchenarmen.

Während er die Frankenköpfe
Dutzendweis heruntersäbelt,
Lächelt er wie ein Verliebter,
Ja, er lächelt sanft und zärtlich.

Fichtenbaum und Palme: wer diesen Titel für eine Arbeit zum Thema ,Heine und der Orientalismus' wählt, könnte leicht einem verlockenden Irrtum aufsitzen. Man könnte nämlich dann dazu geneigt sein, Heine für ein geradezu klassisches Beispiel des eher verträumten, lyrisch-kontemplativen, weil nicht real- und geopolitischen interessierten deutschen Orientalismus zu halten.[3] Während Rudyard Kiplings ,pine and palm' ausdrücklich einen durchaus realen und imperialen Raum des British Empire heraufbeschwören wollte, umreißt ja das besagte Gedicht Heines, gemäß der verbreiteten Vorstellung von Deutschland als, auch orientalisch gesehen, Land der Dichter und Denker, auf unvergleichliche Art einen Raum, der rein imaginär ist. Und dieser Raum des Imaginären bildet dann tatsächlich den eigentümlichsten Beitrag Heines zum deutschen Orientalismus – eine Handvoll lyrischer Gebilde, vornehmlich des jungen Heine, die wohl zum Höchsten und Konzentriertesten – wie auch Verträumtesten – gehören, was jemals in deutscher Zunge geschaffen wurde. Indes, die Erschaffung dieses eigentümlichen poetischen Raumes hatte von allem Anbeginn alles andere als rein kontemplative und weltentrückte, es hatte auch handfeste politische, wie auch existenzielle und identifikatorische Hintergründe; und das eingangs zitierte Gedicht aus dem Jahre 1839 eignet sich vielleicht am ehesten dazu, diese Hintergründe in ihrer mitunter auch brisanten politischen Dimension anzureißen. Denn bei aller Heineschen Hinzugezogenheit zu dem Orientalischen als rein Imaginärem: der ,Ali Bey' seines Gedichts beruht auf einer authentischen und keiner erfundenen, keiner legendären, ja nicht einmal einer bloß historischen, sondern sogar einer zeitgenössischen arabischen Figur, Abd el-Kader, ein Führer des algerischen Widerstands gegen die französische Eroberungspolitik, welche 1830 gegen das nordafrika-

---

[3] Dazu Said, a.a.O., S. 19.

nische Land einsetzte, und welche Heine im Pariser Exil gleichsam an der Quelle studieren durfte.[4] Ja, das Gedicht ist sogar unmittelbar kontemporär, Kommentar des Zeitgeschehens im Jahre seiner Entstehung, wo die Revolte Abd el-Kaders die Franzosen zeitweise in ernsthafte Bedrängnis brachte: kein so üblicher Hintergrund für ein deutschsprachiges orientalisches Gedicht der postromantischen Epoche![5] Halten wir dann sogleich einige weitere Aspekte dieses in vielerlei Hinsicht bemerkenswerten Textes fest. Was zunächst unmißverständlich ins Auge sticht: Es ist durchaus kein kontemplativer Orientalismus, der hier mit solch säbelschwingender Emphase betrieben wird. Denn als erstes ergreift Heine eindeutig für den indigenen arabischen Widerstand Partei gegen die, wie wir heute sagen würden, französische Kolonialmacht. Gleichzeitig aber stilisiert er, auf gut Orientalisch, dabei in heroischer Verkleidung und Verfremdung natürlich auch sich selbst. Denn während Ali Bey gegen die ‚Franken' kämpft – die Franzosen – war Heine in diesem Lebensabschnitt ebenfalls damit beschäftigt, polemisch gegen seine eigenen urgermanischen wie altgermanisierenden ‚Franken', gegen die deutschtümelnden Teutomanen und Antisemiten und ihren Hauptwortführer Wolfgang Menzel polemisch anzutreten: Insofern ist er – als Jude und damit ebenfalls fremdrassiger ‚Held des Glaubens' – in einem ähnlichen Kampf wie sein Heros Ali Bey verstrickt; und diese Identifikation des ausgegrenzten Juden Heine mit dem anderen und fremden, gar dem Morgenländischen, ist für den gesamten Heineschen Orientalismus bezeichnend.[6] Ja, selbst die recht eigenwillige Heinesche Verquickung von streitbarem Kämpfertum und laszivem ‚orientalischem' Sensualismus ist auch wesentlicher Bestandteil dieser Identifikation. Denn der Pariser Heine der *Neuen Gedichte* hatte seine Freude daran, im Rahmen seines eigenen umstrittenen Programms der Rehabilitation des Fleisches sich dem verschreckten rechtsrheinischen Publikum nicht nur als entschiedener Revolutionär, sondern auch als zügelloser Sensualist zu präsentieren. Also sticht an diesem politischen Orientalismus Heines zweierlei hervor: erstens bürstet Heine hier die Geschichte mächtig gegen den Strich; ergreift instinktiv für die Algerier gegen die koloniale Metropole Partei – und damit auch gegen seine geliebte Wahlheimat Frankreich. Zweitens entspringt diese instinktive

---

[4] DHA II, S. 590.

[5] Zu Heine und der Algerienfrage vgl. Fendi, a.a.O., S. 275ff. Eigentümlicherweise übersieht Fendi, der eine Stellungnahme Heines zugunsten Algeriens vermißt, gerade dieses Gedicht. Es steht nämlich in dem sonstigen damaligen Algerien-Diskurs, auch in Heines unmittelbarer geistiger Umgebung, ziemlich alleine dar.

[6] 1837 schrieb er seine Polemik gegen Wolfgang Menzel, ‚Über den Denunzianten', und auch in den darauffolgenden Jahren war der Juden- und Franzosenfresser Menzel Gegenstand der Heineschen Befehdung. Vgl. dazu die entsprechenden Heine-Texte und Dokumentation in der Edition Paul Peters (Hrsg.), Heinrich Heine, *Prinzessin Sabbat: Über Juden und Judentum*, S. 294–305.

Parteinahme einer ebenfalls instinktiven Identifikation – mit dem fremdrassigen und andersgläubigen arabisch-islamischen Helden gegen die Front der ,Franken'; gegen deren Front Heine als Jude wie auch als konsequenter Verfechter der Lehre von den Menschenrechten ebenfalls zu kämpfen hatte. Denn in einem Moment, wo im Zeichen des aufkommenden Imperialismus und Rassismus ganze Völkerschaften aus der Universalität des Menschenrechts- wie Emanzipationsgedankens ausgeschlossen werden sollten, reagiert der Jude und unbeirrbarer Verfechter universaler Menschenrechte Heine allergisch auf alle solche Ausgrenzungsversuche. Und nirgends allergischer übrigens, als dann, wenn es sich um den Islam und das Morgenland handelt. Denn – so seltsam es angesichts heutiger weltpolitischer Verstrickungen, zumal im Nahen Osten, auch klingen mag – Heine empfand gerade auch als Jude zeitlebens eine äußerst lebhafte Sympathie und Anziehung gegenüber der islamischen Welt. Denn er fühlte sich selbst – wie viele Juden damals – mithin auch als Morgenländer.

> Das war ein Vorspiel nur, dort, wo man Bücher
> Verbrennt, verbrennt man auch am Ende Menschen.

Das Heine-Zitat ist allbekannt, und jeder, der es kennt, assoziert es spontan zu dem trübseligen historischen Ereignis der Bücherverbrennung durch die Nazis im Jahre 1933, mit dem es am häufigsten in Verbindung gebracht wird.[7] Dagegen werden nur die wenigsten das Jugendwerk Heines kennen, dem es entnommen wurde: *Almansor*, dem dramatischen Erstlingswerk Heines, das 1823 in Braunschweig zu seiner einzigen Aufführung zu Heines Lebzeiten gelangte. Denn diese Aufführung verlief katastrophal, und das Stück mußte – nach der einen Überlieferung gar wegen eines antisemitischen Vorfalls – sofort wieder abgesetzt werden.[8] Somit stand das öffentliche deutsche Debüt Heines als Autor und Dramatiker unter einem bösen Stern, und man käme leicht in Verlegenheit, wollte man dann da etwas näher bestimmen: ob unter einem morgenländischen oder unter einem abendländischen. So viel aber läßt sich mit Sicherheit festmachen: daß dieses Werk Heines durchaus im Zeichen der unglücklichen Konstellation der Beziehung Abendland–Morgenland, Islam und Okzident, wie auch der von Deutschen und Juden steht. Denn wer weiß: vielleicht hat mit dem traumatisierenden und hochnotpeinlichen Durchfall seines dramatischen Erstlings die deutsche Literatur an Heine einen großen Bühnenautor verloren: denn der Dichter hat sich danach nie wieder in

---

[7] DHA V, S. 16. Als Zitat vgl. *Das war ein Vorspiel nur: Bücherverbrennung Deutschland 1933. Voraussetzungen und Folgen.* Ausstellung der Akademie der Künste vom 8. Mai bis 3. Juli 1983. Berlin und Wien 1983.
[8] DHA V, S. 410ff.

dieser Gattung versucht, und *Almansor* ist bis heute im deutschen Kanon ex-
territorial geblieben, wenn schon der Dichter Heine inzwischen mit Glanz und
Gloria dort wieder eingemeindet wurde. So ist mit seiner geschickten Verknüpfung des intimen und des politischen Geschehens, mit seiner gerafften
und drastischen Handlung, scharf gezeichneten Personen und eindringlicher,
bilderreicher Sprache, vorallem aber in der durchaus originellen und unver-
wechselbaren Behandlung eines großen Themas, Heines *Almansor* bis heute
jenes seltsame Paradox geblieben, ein bis heute weitgehend unerschlossenes
Hauptwerk, ein noch ,weißer Fleck' im Oeuvre eines inzwischen allseits bekannten wie auch anerkannten Autors.[9]

Wovon handelt denn dieses so widerborstige, prophetische, durchaus
bühnenwirksame, und wenn man sagen darf, dann doch scheinbar auch heute
noch für den deutschen Kanon so unassimilierbar gebliebene Stück? Zunächst
von Spanien im Jahre 1492, als die Mauren durch die christlichen Monarchen
von Aragon und Kastilien, von Ferdinand und Isabella mit Feuer und Schwert
von der iberischen Halbinsel vertrieben wurden. 1492: wer dieses Datum aber
im Kontext der abendländischen, gar der Weltgeschichte nennt, hält zunächst
gleichsam reflexartig den Atem an. Es ist ja gleichzeitig das Jahre der offiziel-
len europäischen Entdeckung von Amerika, mit ihren schier unabsehbaren
Folgen, welche gerade im Auftrag des neu vereinten Königreichs Spanien ge-
schah, das sich soeben gegen die Mauren, und damit gegen den heidnischen
Islam so glorreich behauptet hatte. Von diesen beiden triumphalen Ereignissen also nimmt die neuzeitliche Geschichte Europas wie des Abendlandes ihren Ausgang: womit uns Heines Stück indes konfrontiert, ist die ganze Frag-
würdigkeit dieses Triumphes. Denn die ungeheure europäische Expansion begann mit einem Akt der Ausgrenzung. Und wenn, nach Heines Auffassung,
das Drama, zumal das seines Vorbilds Shakespeare, die wahre Geschichtsschreibung ist, so ist Heines eigenes Drama hier Geschichtsschreibung nicht
aus der Sicht der Sieger, sondern der Besiegten, nicht der Spanier, sondern der
Mauren, deren unverdient trauriges Schicksal Heine als Dramatiker unmißverständlich und durchaus parteisch darstellt. In gewisser Weise liest sich sein
Stück nämlich als die Zuspitzung, Radikalisierung und Verschärfung von der
Toleranzproblematik von Lessings *Nathan*, die hier indes mit Kleistscher Dra-
stik sowohl heraufbeschworen, wie auch tragisch zurückgenommen wird.
Denn Heine sieht im dem vergangenen und besiegten Spanien der Mauren-
herrschaft das gleichsam goldene Zeitalter der Verständigung der Völker und

---

[9] Dagegen allerdings die ausführliche und umsichtige Analyse Fendis, a.a.O., S. 15–93.
Neulich hat sich als namhafter Heine-Forscher Walter Hinck des Stückes angenommen:
Konfessionsdialektik in Heines „Almansor"-Dichtungen. In: Bernd Kortländer/ Sikander
Singh (Hrsg.) ,...und die Welt ist so lieblich verworren': Heinrich Heines dialektisches Denken.
Bielefeld 2004, S. 277–91.

der Konfessionen, jenes utopische Reich der drei Ringe, der geistigen Offenheit und religiösen Toleranz, welches Lessing in seinem Stück evoziert hatte, das hier sowohl erfüllt als auch, mit der verhängnisvollen Wende jenes so geschichtsträchtigen Datums, dann auch wieder vernichtet wurde. An die Stelle der Toleranz tritt die Inquisition: das ist Heines durchaus ketzerische Ansicht des so triumphalen abendländischen Jahres 1492. Dabei erreicht er, getragen von dem eigenen, durchaus kontemporären und operativen, heimatbezogenen politischen Impetus, einen Grad an poetischer Einfühlung in die fremde arabische Empfindungswelt, der umso bemerkenswerter ist, als er Heine selber wohl weitgehend unbewußt blieb. Die Klage um den Verlust Spaniens gehört zum Geschichtsbewußtsein der Mosleme: und noch in dem späten Gedicht ,Der Mohrenkönig' wird Heine, kaum anders als ein maurischer Sänger, diese Klage in der klassisch epischen Weise personifizierend ausgestalten als Geschichtsballade vom *ultimo suspiro del Mauro*, vom ,letzten Mohrenseufzer' des Königs Boabdil beim Anblick des verlorenen und nun für immer zu verlassenden Grenada.[10]

Dabei wird, wie immer bei Heines Umgang mit dem Orientalischen, in dem fernen Spiegel auch Ureigenstes und Intimstes abgehandelt. Denn nicht nur die Mauren sind von den christlichen Siegern und Erobern zur Auswanderung oder aber Konversion gezwungen worden; sondern auch die Sephardim, die spanischen Juden. Und damit markierte das besagte verhängnisvolle Jahr das Ende nicht nur der arabischen Kultur in Spanien, sondern auch der jüdischen und hebräischen. Gerade diese hatte im spanischen Mittelalter unter den Bedingungen der islamischen Toleranz eine einmalige Blüte gekannt, sowohl was die jüdische Mystik, die Kabala, betraf als auch die jüdisch-hebräische Poesie, mit ihrem klassischen Dreigestirn von Saloman Gabriol, Moses Iben Esra und Jehuda Ben Halevy, dessen der späte Heine noch am Ende seines Lebens in einem langen und summierenden Gedicht gedacht hat.[11] So stellte das maurische Spanien, mit seiner geistigen Offenheit und Toleranz, für Heine nicht nur den Gegenentwurf zu dem historischen christlichen Spanien der Inquisition, sondern zum zeitgenössischen Deutschland der Restauration dar. In einem Moment, wo im Zeitalter von Aufklärung und Menschenrechtslehre, wie im Zeichen des napoleonischen Edikts die Fragen der Gleichberechtigung und Emanzipation, der Assimilation und Integration der Juden auch für die deutsche Polität anstand – und zunächst nach 1815 negativ beschieden wurde – hat Heine den tragischen Untergang der Maurenherrschaft beschworen. Die Parallelen lagen auf der Hand, und werden übrigens vom Stückeschreiber auch forciert, in der dramatischen Gesamtkonstellation wie auch in so man-

---

[10] DHA III/1, S. 44ff. Dazu auch Fendi, a.a.O., S. 85ff.
[11] ,Jehuda ben Halevy', DHA III/1, S. 130ff.

chem provokanten historischen Detail. Denn Bücherverbrennungen gabs in dem Spanien der Inquisition wie in dem kontemporären Deutschland: in jener berüchtigten Bücherverbrennung ‚undeutschen' Schriftums auf der Wartburg im Jahre 1817, worauf die Nazis sich dann als Vorbild berufen sollten. 1819, knapp ein Jahr bevor Heine sein Drama zu schreiben anfängt, wird ganz Deutschland von einer üblen Welle judenfeindlicher Krawalle, den ‚Hep-Hep' Unruhen, erfaßt, die Heine in Hamburg auch aus nächster Nähe miterlebt; 1815 wird das napoleonische Emanzipationsedikt auf dem Territorium des deutschen Bundes wieder aufgehoben. Damit wird, wie die Problematik der Toleranz, die Problematik der Zwangskonversion indes – welche die dramatische Achse des Theaterstücks bildet – auch, wenn man so will, zur Grundproblematik des eigenen, des Heineschen Lebensdramas. Nach der Aufhebung des Emanzipationsedikts durch den Wiener Kongreß sahen sich die Juden mit der Konversion konfrontiert, wollten sie in deutschen Landen einen öffentlichen Beruf als Anwalt, Beamter oder Professor ergreifen. So auch Heine, der sich 1825 unter fast konspirativ zu nennenden Umständen sich jenen Taufschein ergatterte, welchen er später mit göttlichem Zynismus ‚das Entreebillet zur europäischen Kultur' nannte, den er aber stets innerlich, nicht aus religiösen, sondern aus so politischen wie identifikatorischen Gründen, ablehnte. So hat der junge Dichter dem so zeitfernen und exotischen arabischen Spanien Almansors die eigene intimste Lebensproblematik eingeschrieben.[12]

Er tat dies übrigens auch in einem Sinne, der auf charakteristische Weise Weltgeschichtliches und Intimstes, Liebe und Politik verknüpfte. So bot ihm auch hier der Orientalismus nicht nur die Möglichkeit gleichsam Brechtscher-Äsopischer Verfremdung und Verkleidung, indem er das restaurativ-christliche Deutschland von Anno 1820 in das inquisatorische Spanien des Jahres 1492 hineinverlegte. Sondern das arabisch-maurische Kolorit bietet ihm auch gleichzeitig willkommenen Anlaß zu jenem urorientalisierenden Geschäft der poetischen Erhöhung und Stilisierung. ‚Sie war sehr liebenswürdig, und Er liebte Sie; Er aber war nicht sehr liebenswürdig, und Sie liebte Ihn nicht'.[13] So faßt Heine einmal sein damaliges unglückseliges Werben um seine Kusine Amalie zusammen, das an solch prosaischen Widerständen wie Geld und sozialer Stellung scheiterte. In *Almansor* dagegen – Orientalismus *oblige* – gehen die beiden Liebenden Almansor und Zuleima, von den Spaniern verfolgt, durch den gemeinsamen Sturz vom Felsen, im unangefochtenen Sieg des Ge-

---

[12] Wie sehr, zeigt auch das fulminante Gedicht ‚Almansor' im *Buch der Lieder*, wo der stolze maurische Ritter hinausreitet zum ‚Dome zu Corduva', wo einst ‚die Gläub'gen/ das Prophetenwort gesungen', der aber nun christlichen Zwecken dient, um sich dort taufen zu lassen; nach vollbrachter Taufe, zu Füßen seiner christlichen Geliebten, träumt er dann vom Einsturz der Kathedrale. DHA I/1, S. 318ff.

[13] DHA VI, S. 173.

fühls über alle platte und reale Rücksichtnahme, endlich angemessen passioniert, unbändig, tragisch und erhaben unter:[14]

> Almansor.
> (Springt auf und hält Zuleima im Arm.)
> Hinab! hinab! Die Blumen winken ängstlich
> Die Nachtigall ruft mich mit bangem Ton,
> Der Sel'gen Schatten strecken nach mir aus
> Die Nebelarme, riesig lang, ziehnt mich
> Hinab, hinab –
> > *(Fliehende Mauren eilen vorüber.)*
> > Die Jäger nahen schon,
> Mein Reh zu schlachten! dorten klirrt der Tod,
> Hier unten blüht entgegen mir das Leben,
> Und meinen Himmel halt ich den Armen.
> (Er stürzt sich mit Zuleima den Felsen herab.)

Eigentümlicherweise war gerade dies die Szene, wo damals in Braunschweig der Eklat ausbrach und Heines Karriere als Bühnenautor – man kann sagen, bis heute – ein jähes Ende bereitete.[15] Es war tatsächlich so, als hätten die platten deutschen Verhältnisse die Darstellung der ihnen so entgesetzten morgenländischen Erhabenheiten nicht geduldet und seien – nicht anders als die Spanier gegen die Mauren – tätlich dagegen vorgegangen; wie allerdings auch – wenn es dann faktisch stimmen sollte, daß der ganze Vorfall durch einen judenfeindlichen Claqueur ausgelöst wurde – gegen das im Stück *ex negativo* promulgierte Toleranzgebot.[16] So ging, nicht anders als sein Held Almansor, auch der Stückeschreiber Heine mit seiner Zuleima durch den Sturz vom Felsen unter. Doch das eine Grundmotiv blieb indes bei dem Dichter Heine zeitlebens fortbestehen: Deutschland und der Okzident als die Orte plattester Prosa – Orient und Morgenland dagegen als entrücktes fernes Reich der absoluten Poesie.

Auch dies ein bekanntes orientalisches Grundmuster, das bei Heine immer wieder neu anklingt, und zwar von den ersten lyrischen Anfängen bis in die Gedichte der Spätzeit:[17]

> Auf Flügeln des Gesanges,
> Herzliebchen, trag' ich dich fort.
> Fort, nach den Fluren des Ganges
> Dort weiß ich den schönsten Ort.

---

[14] DHA V, S. 167.
[15] Vgl. ebd., S. 410.
[16] Ebd., S. 412.
[17] DHA I/1, S. 140.

135

…
Dort wollen wir niedersinken
Unter dem Palmenbaum,
Und Liebe und Ruhe trinken,
Und träumen seligen Traum.

Unerschrocken setzt hier Heine alles auf das eine Wort – ‚Ganges'. Es soll, als
suggestiver Reim und Name, als noch ungewohnte unbekannte Vorstellung,
als schierer aparter Klang, uns da herausheben: als sprachliche Evidenz einer
anderen und entrückten Sphäre spricht es nicht bloß die Sehnsucht nach der
Fremde aus, sondern gibt uns gleich ein Stück Fremde und Entrückung selbst:
denn mit ‚Ganges' sind wir bereits, wie der Binnenreim es suggeriert, ‚fort'
und ‚dort'. Und seltsam: denn bei diesem Erzironiker, der sonst an allem zwei-
felt, und zuvörderst am Fortbestand der eigenen romantischen Empfindungen, wird der Orient in seiner poetischen Mächtigkeit nie ironisch gebrochen
oder gar zurückgenommen. Denn der Orient ist bei Heine ja selbst Ironie: Iro-
nisierung des Abendlandes. Wie in dem Gedicht:[18]

Wir saßen am Fischerhause,
Und schauten nach der See;
Die Abendnebel kamen
Und stiegen in die Höh'.
…
Wir sprachen von Sturm und Schiffbruch,
Vom Seemann, und wie er lebt,
Und zwischen Himmel und Wasser,
Und Angst und Freude schwebt.

Wir sprachen von fernen Küsten,
Vom Süden und vom Nord,
Und von den seltsamen Völkern
Und seltsamen Sitten dort.

Am Ganges duftet's und leuchtet's
Und Riesenbäume blüh'n,
Und schöne, stille Menschen
Vor Lotusblumen knien.

Im Lappland sind schmutzige Leute,
Plattköpfig, breitmäulig und klein;

---

[18] Ebd., S. 215f.

Sie kauern ums Feuer, und backen
Sich Fische, und quäken und schrei'n.

Die Mädchen horchten ernsthaft,
Und endlich sprach Niemand mehr;
Der Mast war nicht mehr sichtbar,
Es dunkelte gar zu sehr.

Hier, in dem ebenso heimatverbunden wie exotisierenden Text vom ‚Süden und Nord' sind die ‚Lappländer' selbst Codewort: für die in jedem Sinne ‚plattköpfigen' Deutschen. Pflegt man, durch die Stereotypen des Fremden, unliebsame eigene Qualitäten auf den Anderen abzuwälzen, so sucht die wenig anheimelnde Stereotypie von den Lappländern auch die im Gedicht so schnöde über sie urteilenden Nordländer heim, schlägt auf sie zurück: unangenehm berührt sind die plötzlich Schweigenden über die unausgesprochene Ähnlichkeit zwischen ihnen und den so gehässig beschriebenen. Das Schiff verläßt unterdessen die am nördlichen Fischerhaus in ihrem heimatlichen Dunkel Zurückgelassen, und bricht wohl zu lichteren Gefilden auf: vielleicht gar zum Ganges hin, dessen erhaben schönes Bild hier vollends unangetastet bleibt. Der Exotismus dient somit der kontrastiven ironischen Abrechnung mit dem eigenen prosaischen Hier und Jetzt, dem der Dichter für die kurze Spanne eines Gedichts wenigstens imaginär – wenn letztlich auch vergebens – zu entrinnen trachtet.[19]

Noch spannender wird es indes an den Stellen, wo es dem Dichter gelingen wird, in einigen seiner eigentümlichsten konzentriertesten Gedichte auch die ganze holprige platte deutsche Sprache in jenen fernen unerreichbaren urpoetischen Bereich mit hinein zu entrücken. Doch bevor wir jenen bemerkenswerten Gebilden einige Aufmerksamkeit schenken, ist es vielleicht sinnvoll, uns die Rolle des Orientalischen in dem ganzen Prozeß von Heines Dichterwerdung etwas näher anzuschauen. Denn dort werden wir entdecken: das Morgenländische als Bereich des Poetischen ist ein entscheidendes Motiv nicht nur in der Heineschen Dichtung; es ist auch ein entscheidendes Motiv in der Heineschen Biographie und Dichterwerdung – ist mit der Identitätsbildung des deutsch-jüdischen Dichters Heine auf das Intimste und Existenziellste verknüpft.

Dort, in den frühen Briefen des noch jungen und in den allerersten lyrischen wie dramatischen Anfängen steckenden Dichters, steht etwa zu lesen:[20]

---

[19] Dazu auch Wolfgang Preisendanz, *Heinrich Heine*. München 1983, S. 158ff.

[20] Die Briefe Heines werden zitiert nach der *Heinrich Heine Sakulär-Ausgabe* (HSA), Berlin/Paris 1970ff; hier HSA XX, S. 50 u. 136f. Der Hinweis auf Leila und Medschnun, das klassische tragische Liebespaar der arabisch-persischen Dichtung, ist, wie wir noch sehen werden, nicht bloß okkasionell oder anekdotisch, sondern für den Dichter Heine als formge-

Alles was deutsch ist, ist mir zuwider... Alles Deutsche wirkt auf mich wie ein Brechpulver... Je n'aurais jamais cru que ces bêtes qu'on nomme Allemands soient une race si ennuyante et malicieuse en même temps. Aussitôt que ma santé sera rétablie je quitterai l'Allemagne, je passerai ein Arabie, j'y menrai une vie pastorale, je serai un homme dans le toute l'éntendue du terme, je vivrai parmis des chameaux qui ne sont pas des étudiants, je ferrai des vers arabes, beaux come le Moalaccat, enfin je serai assis sur le rocher sacré, où Mödschnun a soupiré après Leila. (Ich hätte nie gelaubt, daß jene Bestien, die man Deutsche nennt, eine so langweilige wie auch bösartige Gattung seien. Sobald meine Gesundheit wiederhergestellt ist werde ich Deutschland verlassen und nach Arabien gehen; ich werde dort ein Hirtenleben führen, ich werde ein Mensch im vollsten Sinne des Wortes, ich werde unter den Kamelen leben, die keine Studenten sind, ich werde arabische Verse schreiben, schön wie der Moalkat; schließlich werde ich auf dem heiligen Felsen sitzen, wo Mendschun nach Leila geseufzt hat.)

Das Licht ist tief herabgebrannt, es ist spät, und ich bin zu schläfrig, um deutsch zu schreiben. Eigentlich bin ich auch kein Deutscher, wie du wohl weißt.... Ich würde mir nichts darauf einbilden, wenn ich ein Deutscher wäre. O ce sont des barbares! Es giebt nur drei gebildete, zivilisierte Völker: die Franzosen, die Chinesen und die Perser. Ich bin stolz darauf, ein Perser zu seyn. Daß ich deutsche Verse mache, hat seine sigene Bewandtniß. Die schöne Gulnare hat nemlich ... gehört, daß das Deutsche Ähnlichkeit habe mir ihrer Muttersprache, dem Persischen, und jetzt sitzt das liebliche Mädchen zu Ispahan und studiert Deutsche Sprache, und aus meinen Liedern, die ich in ihren Harem hineinzuschmuckeln gewußt, pflegte sie, zur grammatischen Übung, einiges zu übersetzen in ihre süße, leuchtende Bulbul-Sprache. Ach! Wie sehne ich mich nach Ispahan! Ach, ich Armer, bin fern von seinen lieblichen Minaretts und duftigen Gärten! Ach, es ist ein schreckliches Schicksal für einen persischen Dichter, daß er sich abmühen muß in euerer holprigen deutschen Sprache und daß er zu Tode gemartert wird von eueren ebenso holperigen Postwägen, von eurem schlechten Wetter, eueren dummen Tabaksgesichtern, ..., Eurem philosophischen Kauderwelsch und Eurem übrigen Lumpenwesen. O Firdusi! O Daschami! O Sadi! Wie elend ist Eur Bruder! Ach! wie sehne ich mich nach den Rosen von Schiras!

---

bender Archetyp verbindlich. So liegt, wenn man so sagen darf, und wie der Heine-Herausgeber Klaus Briegleb bereits vorgeschlagen hat, der tragischen Almansor-Zuleima Konstellation auch dieser Archetyp zugrunde. Dazu Fendi, a.a.O., S. 97ff; Klaus Briegleb (Hrsg.), Heinrich Heine: *Sämtliche Schriften*. Hamburg 1976, Bd. I, S. 790.

Was ist geschehen? Der junge, um seine Aufnahme in dem deutschen Umfeld gleichsam doppelt bangende jüdische Dichter Heine hat die erste Bekanntschaft mit der damals im Zeichen des neu entstehehenden deutschen Nationalismus wieder aufkeimenden Judenfeindlichkeit gemacht: in den selben Briefen weist er auf die vielen publizistischen, auch professoralen Stimmen hin, welche den deutschen Juden bereits aus völkisch-rassischen wie auch konfessionellen Gründen den Status als Deutsche prinzipiell und auch gleichsam ontologisch absprechen wollen – von der undenkbaren Möglichkeit eines Juden als deutschen Dichter ganz zu schweigen. Ebenso wie die Frage der Taufe bedeutet dies geradezu eine existenzielle Zerreißprobe für den jungen Heine, der sich in beiden Aspekten seiner gerade im Entstehen begriffenen Identität radikal in Frage gestellt sieht: als Jude und als Dichter.[21] Zwischen diesen beiden von der Umwelt mit einmal als disharmonierende und unmöglich gesetzte Pole aufgerieben, setzt Heine auf ein Drittes: das Morgenländische, und wird ‚Perser': Perser wohl, weil diese Identität sowohl das andersgläubige orientalische, morgenländische umfaßt – wie auch, sprachlich gesehen, das indogermanische. Aber persisch wohl auch, weil es in der Imagination Heines so etwas wie einen ebenso unprofanierten wie unanfechtbaren Bereich des Poetischen darstellt. Und mit dieser poetischen Seinsmöglichkeit des Persischen identifiziert sich geradezu existenziell, als gleichsam rettender Auskunft, als *tertium datur* in den krisenhaften Aporien seiner eigenen Selbstfindung, der deutsch-jüdische Dichter. Diese Identifikation mit dem Orientalischen und Morgenländischen wird ihn dann bis ans Ende seines Lebens begleiten. ‚Mein westöstlich dunkler Spleen': noch in dem summierenden, stark identifikatorisch und autobiographisch gefärbten Gedicht von Jehuda Ben Halevy ist, in Anspielung auf Jüdisches, davon die Rede:[22] diesem dunklen Spleen, dieser eigentümlichen ‚westöstlichen' Identifikation, sind dann einige der schönsten und charakteristischsten ‚orientalischen' Gedichte Heines entsprungen.

Um da nur zwei prägnante und sich gleich anbietende Beispiele aus der Spätzeit zu nennen: *Der Asra* und *Der Dichter Firdusi*. Zunächst zum letzteren: auch hier dient das Fremde und Morgenländische als Medium, Ureigenes, Intimstes und Existenziellstes abzuhandeln; und auch hier gilt – wie der Titel es schon verheißt – das Morgenland als Inkarnation und Vorbild des Poetischen: denn der ‚Dichter' des Titels ist hier wohl emphatisch, als besonders auszeichnender Ehrentitel, und nicht als bloße Berufsbezeichnung zu verstehen. Nämlich als es darum geht, eine tiefe und zweifache materiell-seelische

---

[21] Vgl. dazu Paul Peters, *Die Wunde Heine*. Bodenheim 1997, S. 59ff. Dazu auch Heine, *Prinzessin Sabbat*, a.a.O., S. 67–128.

[22] DHA III/1, S. 136.

Krise in der letzten Lebensphase poetisch zu verarbeiten: das als schnöden Verrat empfundene Verhalten seines knausrigen Verlegers Campe bei der Werkausgabe sowie seines reichen Onkels Saloman bei der Erbschaftsaffäre, greift Heine auf eine legendäre Episode aus dem Leben des großen persischen Dichters Firdusi zurück.[23] Wiederum das Orientalische also als Möglichkeit sowohl der Verfremdung und Verkleidung als auch der Stilisierung und Erhöhung. Dort geht es um den Betrug, den der Schach Mohamet an dem Poeten Firdusi verübte, als dieser das iranische Nationalepos *Schach Nameh* verfaßte – wie um den tragisch ungleichen Tausch zwischen den Sphären des Weltlich-Materiellen und des Geistig-Poetischen überhaupt. Oder wie es heißt:

> Goldne Menschen, Silbermenschen!
> Spricht ein Lump von einem Thoman,
> Ist die Rede nur von Silber,
> Ist gemeint ein Silberthoman.

> Doch im Munde eines Fürsten,
> Eines Schaches, ist ein Thoman
> Gülden stets; ein Schach empfängt
> Und er giebt nur goldne Thoman.

Jedoch als Firdusi bei vollbrachter Arbeit den Anblick des versprochenen fürstlichen Lohns von zehntausend Toman erhascht, muß der entgeisterte Dichter feststellen, daß er anstelle der goldenen nur die Silbertomans zum Lohn bekommen hat, und weist das Geschenk empört zurück, um dann bis ans Ende seiner Tage in Armut und Entbehrung zu leben.

Aber damit nicht genug. Als Jahre später der Schach abendlich in seinem Garten ein Lied vernimmt, fragt er ergriffen nach dem Verfasser: ‚Firdusi‘, bekommt er da zur Antwort. Da beeilt sich der reuige Herrscher, den Dichter mit Reichtum und Geschenken zu überhäufen, und schickt die schwerbeladene Karawane nach dem weitabgelegenen Städtchen, wo Firdusi ein kümmerliches Dasein fristet. Aber zu spät – denn wie die Karawane durch das Westtor der Stadt hindurch fährt, wird die Leiche des verstorbenen Dichters gerade zum Osttor hinausgetragen. So das bittere Gleichnis Heines über geistige Leistung und weltliche Anerkennung, über Macht und Ohnmacht der Poesie – gar über

---

[23] Ebd., S. 49ff. Zum entstehungsgeschichtlichen Hintergrund DHA III/2, S. 665ff. An dieser Stelle wäre auch des *poeta minor* Heinrich Stieglitz zu gedenken, aus deren *Bilder des Orients*, Leipzig 1831–1833, die Heine schon im Manuskript zugeschickt wurden, der Dichter, neben Goethe und Hammer-Purgstall, dann scheinbar vielfache Anregung, so auch zum ‚Firdusi‘-Stoff, zu seinen orientalisierenden Gedichten bezogen hat. Dazu Fendi, a.a.O., S. 126.

das ungleiche trügerische Tauschverhältnis vom Leben und Tode selbst: ist doch die sterbliche menschliche Existenz selbst jener finstere unberechenbare Fürst, der uns alles zu gewähren scheint, um uns am Ende alles grausam zu entziehen. Bezeichnend aber, daß Heine zur Darstellung dieses tragischen Sachverhalts zu einem Stoff aus dem persisch-arabischen, dem morgenländischen Raum greift. Denn es ist dies das farbenprächtige Reich nicht nur der absolutistischen Herrschaft orientalischer Despoten, sondern der absoluten Herrschaft der Poesie, deren gebieterischer Macht hier auch die Mächtigsten dieser Erde sich dann letztlich nicht entziehen können. Aber mehr: poetisch ist auch der morgenländische Firdusi in der ungebrochenen Souveräntität und Schroffheit, der durch nichts getrübten, kerzengeraden Kompromißlosigkeit, mit der er hier das silberne Ansinnen des Fürsten stolz abweist. So verschenkt er seinen ganzen Lohn augenblicklich den Boten und Knechten und verläßt, gleichsam als profanierten, nunmehr verunreinigten und seiner bloßen Anwesenheit deshalb unwürdigen Ort, stehenden Fußes die Hauptstadt:

> Bitte lachend hat er jene
> Summe abgeteilt in drei
> Gleiche Teile, und jedwedem
> Von den beiden schwarzen Boten
>
> Schenkte er als Botenlohn
> Solch ein Drittel, und das dritte
> Gab er einem Badeknechte,
> Der sein Bad besorgt, als Trinkgeld.
>
> Seinen Wanderstab ergriff er
> Jetzo und verließ die Hauptstadt;
> Vor dem Thor hat er den Staub
> Abgefegt von seinen Schuhen.

Das ist Poesie. Dem abendländischen und mondänen Dichter Heine in dem teuren Paris war, wie er wohl nicht ohne Bitterkeit feststellen mußte, solche sublime dichterische Prinzipienfestigkeit nämlich nicht vergönnt; und er selber hätte – und hatte – da wohl notgedrungen das angebotene fürstliche Silber durchaus angenommen. Wohl gerade deshalb sucht er nicht nur, sondern schafft in dem orientalischen Bild vom Dichter Firdusi den hehren Gegenentwurf dazu: die Tatsache, daß aus Gründen des materiellen wie nackten physischen Überlebens (ihm war Ketzertum nachgesagt worden) Firdusis Lebensweg keineswegs von Kompromissen mit, von Verbeugungen vor der Macht frei geblieben war, wird Heine zwar durch Hammer-Purgstall durchaus bekannt gewesen sein. Alles dieses blendet er aber sorgsam aus, wie er alles ausblendet, was hier der Erhabenheit des Dichters und der Poesie irgend Abbruch tun könnte.[24] Nicht für Firdusi soll nämlich gelten, was in dem ebenfalls deutlich autobiographischen, jedoch betont realistisch gehaltenen und jeglicher orientalisierenden Stilisierung baren Gedicht *Lumpentum* mit aller niederschmetternden Ernüchterung dann heißt:[25]

Die reichen Leute, die gewinnt
Man nur durch platte Schmeicheleyn –
Das Geld ist platt, mein liebes Kind,
Und will auch platt geschmeichelt seyn.

Das Weihrauchfaß, das schwinge keck
Vor jedem göttlich goldnen Kalb;
Bet' an im Staub, bet' an im Dreck,
Vor allem aber lob nicht halb.

Das Brot ist theuer dieses Jahr,
Jedoch die schönsten Worte hat
Man noch umsonst – Besinge gar
Mäcenas' Hund, und friß dich satt!

Es ist dies die wenig ruhmreiche okzidentale Welt prosaischster profanster Rücksichtnahme, inmitten derer der abendländische Poet zu seiner Schmach und Schande auch leben und überleben muß, und die sich dann selbst noch seinen erhabensten Geistesprodukten, seiner Poesie als korrumpierender Götzendienst überträgt, sich auch ihr gleichsam wie ein entheiligendes und entehrendes Mal unumstößlich aufdrückt: umso schroffer, umso ruhmreicher hebt sich dagegen das reine und sublime, das ungetrübte und unantastbare, das absolute Reich der morgendländischen Poesie dann davon ab. Denn keine Frage: Firdusi steht für Heine als der evokatorische Name dieses noch unberührten und trotz aller drohenden Profanierung noch unbefleckten, dieses absoluten und noch ungebrochenen Reichs.

Und ebenso kompromißlos tragisch wird, wie in *Firdusi* die Kollision von Geist und Geld, in dem späten Gedicht *Der Asra* die urheinesche Grundkonstellation der unglücklichen und unmöglichen Liebe wieder einmal in morgendländischer Verkleidung und Erhöhung durchgespielt:[26]

---

[24] DHA III/2, S. 668. Dazu auch die grundlegende ältere Arbeit von Helene Hermann, *Studien zu Heines Romanzero*. Berlin 1906, S. 94–105.

[25] DHA III/1, S. 108f.

[26] Ebd., S. 41f. Zu dem orientalischen Hintergrund dieses Stoffes – er wurde in Europa erstmalig durch die Nacherzählung Stendhals *De l'Amour* bekannt – vgl. DHA III/2, S. 647ff. Der Stoff entstammt einer Dichtung des arabischen Mittelalters. In einem tieferen Sinne jedoch möchte man jedoch wiederum die von Nizami und Daschami in der persischen Literatur gleich zweifach klassisch ausgestaltete Legende von Leila und Mendschnun die ebenso archetypale wie unausgesprochene Quelle dieser von Sklaven und Sultanstochter

Täglich ging die wunderschöne
Sultanstochter auf und nieder
Um die Abendzeit am Springbrunn
Wo die weißen Wasser plätschern

Täglich stand der junge Sklave
Um die Abendzeit am Springbrunn,
Wo die weißen Wasser plätschern;
Täglich ward er bleich und bleicher.

Eines Abends trat die Fürstin
Auf ihn zu mit raschen Worten:
Deinen Namen will ich wissen,
Deine Heimath, deine Sippschaft!

Und der Sklave sprach: Ich heiße
Mohamet, ich bin aus Yemmen,
Und mein Stamm sind jene Asra,
Welche sterben, wenn sie lieben.

Die Liebe ist ein ebenso demokratisches wie despotisches Spiel: und anhand der morgenländischen Gestalten des Sklaven und der schönen Sultanstochter wird sie in ihren despotischen wie demokratischen Aspekten von Heine hier auf eine Weise veranschaulicht, wie das wohl unter den gediegenen gutbürgerlichen Verhältnissen daheim in Deutschland nicht möglich gewesen wäre. Denn der Sklave unterliegt der Macht der Sultanstochter, wie sie am Ende seiner Macht unterliegt; beide indessen unterliegen zum Schluß, wie der Übermacht der Empfindung, der Übermacht der sozialen Hierarchie, gegen die ihre so unausgesprochene wie unaussprechliche Liebe dann tragisch aufbegehrt. Eigentümlicherweise kehrt Heine hier das übliche orientalische Mo-

---

aus- und nachgelebten Geschichte nennen: denn diese beiden leben hier die Geschichte von Leila und Mendschnun etwa so, wie westliche Liebespaare die Geschichte von Romeo und Julia leben. Zwar kennt das Abendland sowohl seine Liebestode wie auch seine tragischen Liebespaare – Paolo und Francesca, Faust und Gretchen, Tristan und Isolde wären da wohl auch zu nennen – diese jedoch sind keine keuschen, noch besteht ihr tragisches Ende in dem ‚Tod-im-Leben‘ eines hilflosen Dahinsiechens wie Dahinschmachtens. Dies ist vielmehr für den islamischen, den arabisch-persischen Kulturraum charakteristisch. Gerade dieser Aspekt aber hat Heine offenbar sehr tief angesprochen; dabei übernimmt er nicht einfach die Fabel, er übernimmt das tragende Grundgerüst, den morgenländischen Archetyp, und auch diesen wird er schöpferisch umgestalten: fast wie ein in dieser arabisch-persischen Tradition selbst stehender und in sie eingreifender, sie umformender Dichter. Vgl. dazu Fendi, a.a.O., S. 98. Siehe auch unten, bei der Besprechung des Fichtenbaum und Palme-Gedichts, das auf seine Weise die ‚Leila und Mendschnun‘ Konfigurierung aufgreift und neu ausformt.

tiv um, wie er die gängigen Machtverhältnisse und -hierarchien von männlich/weiblich hier umkehrt: untrügliches Zeichen von dem Durcheinanderwirbeln aller solcher Hierarchien durch die Liebe, deren ohnmächtige Allmacht, deren allmächtige Ohnmacht hier ebenfalls präsent ist. Denn unweigerlich assoziert man im ‚orientalischen' und orientalisierenden Zusammenhang zur erotischen Begegnung mit schöner morgenländischer Weiblichkeit den Harem: aber während die laszive orientalische Frau und Sinnlichkeit – vor allem lautlich, in den so farbenprächtigen üppigen Vokalen – im Gedicht durchaus präsent sind, sind sie dieses nicht als mühelos verfügbare, sondern als schier unerreichbare. Nicht despotisch herrscht der Mann über die Frau, sondern die Frau über den Mann – die orientalische Rollenverteilung von Sultanstochter und Sklave schreibt dieses zunächst fest, bis unter dem Druck gegenseitiger Anziehung auch noch dieses invertierte Machtverhältnis von Mann-Frau fällt. Und zwar wird es zu Fall gebracht durch Demokratie und Despotie der Liebe, im ebenso Gebieterischen wie Ohnmächtigen jener Frage nach dem Namen – Urfrage aller Liebenden – welche an den Sklaven zu stellen auch sie, die sonst Unnahbare, sich am Ende dann genötigt sieht. Das orientalische Schicksal des Dahinschmachtens und Dahinsiechens sucht sie dann beide heim, wie es wohl auch so manch Okzidentalen – darunter auch Harry Heine – heimsuchte, der sich aber, anders als der Sklave Mohamet, den orientalischen Luxus des Dahinsterbens nicht erlauben durfte. ‚Und ich schieß mich todt im Ernst', hatte der hilflos selbstironische Heinesche Protagonist des *Buchs der Lieder* angedroht, wohl wissend, daß er, nach seiner Abweisung durch die sozial unerreichbare Geliebte, sich nicht totschießen, sondern ebenso verzweifelt – ja, vielleicht sogar noch verzweifelter – nach einer beruflichen Anstellung als Anwalt oder Professor würde Ausschau halten müssen.[27] Das war – und ist – bitter. Und auch aus der puren Verzweiflung hierüber, der Verzweiflung über dem *nicht* aus-Liebe-Sterben-Dürfen, ist ein Gedicht wie *Der Asra* dann entstanden. Denn keine Frage, daß zu den *petites,* und weniger *petites morts* des Eros die Abweisung und die Nicht-Erfüllung gehören, wie so viele schmerzhafte symbolische und psychische Tode, durch die man da – auch als prosaischer Abendländer – in diesem Erdenleben hindurchgehen muß. In der Gestalt des Asra hat Heine Jahre später aber endlich das Bild dieses Bildlosen, dieses so nahen und unfaßbaren, dieses äußerlich so unsichtbaren, spurlosen und doch vielfach selbst erlittenen Todes in dem fernen Morgenland dann aufgefunden.

Denn das, was ein Dichter sich von der Fremde, und gar der orientalischen, verspricht, sind die Bilder: die neuen, unerhörten Bilder. Er ist für den eigenen, für den poetischen Stoffwechsel bisweilen so existenziell auf sie an-

---

[27] DHA I/1, S. 270.

gewiesen, wie die Weltreiche und Herrscherhäuser für Bodenschätze, Stoffe und Gewürze. So rühmt beispielsweise Goethe die Gleichnisse, die Marco Polo auf seiner Fahrt sich aus eigener Anschauung hat aneignen können, und Chateaubriand, als man ihn fragte, weshalb er die beschwerliche Reise in den Orient tue, erwiderte: ‚j'allais chercher des images: voilà tout'.[28] Und so gibt es wie bei dem späten so auch bei dem frühen Heine eine kleine, aber in ihrer dichterischen Vollendung und Bedeutsamkeit unübersehbaren Anzahl von Gedichten, die ohne das Hineinschimmern orientalischer Bildlichkeit und Fremde schlechterdings undenkbar wären: aus dem geographisch wie kulturell so weit entrückten, poetisch jedoch so aufgeladenen Raum fällt ihm dann das Bild zu, das er braucht, um eine sonst ‚bilderlose' Sphäre zu durchdringen. Solche Gedichte – ein solcher Stoffwechsel – mögen zugleich als Beispiele für jenes Dialogische, jenes ‚Einfühlende' stehen, wie es Herder und Goethe in ihrem Modell der ‚Weltliteratur' gefordert haben, und worauf noch der emphatische Antiorientalist Edward Said, in einem gleichsam testamentarischen Text, in unseren Tagen sich noch ausdrücklich berufen hat.[29] So kennt die persische Literatur die Legende von dem Becher Dschemschids, welcher die zauberische Macht besaß, die Geheimnisse der verschiedenen Erdteile zu zeigen.[30] Darauf berief sich einmal auch der junge Heine, und bei ihm scheint bisweilen das Gedicht selbst ein solches Medium, um die so hieroglyphisch verzierten und chiffrierten mystischen Botschaften einzufangen. Eines dieser Gedichte lautet:[31]

Die Lotusblume ängstigt
Sich vor der Sonne Pracht,
Und mit gesenktem Haupte
Erwartet sie träumend die Nacht.

Der Mond, das ist ihr Buhle,
Er weckt sie mit seinem Licht,
Und ihm entschleyert sie freundlich
Ihr frommes Blumengesicht.

Sie blüht und glüht und leuchtet
Und starret stumm in die Höh';

---

[28] Johann Wolfgang Goethe, *Gedenkausgabe*. Zürich 1949, Bd. III, S. 473; Chateaubriand, zit. nach Said, a.a.O., S. 169.

[29] Said, L'humanisme, dernier rempart contre la barbarie. In: *Le Monde Diplomatique*, September 2003, S. 20f.

[30] Vgl. Fendi, a.a.O., S. 120. Die Stelle bei Joseph von Purgstall-Hammer, *Geschichte der schönen Redekünste Persiens*. Wien 1818, S. 23; dazu das vergleichbare Motiv bei Heine DHA I/1, S. 422.

[31] Ebd., S. 142.

Sie duftet und weinet und zittert
Vor Liebe und Liebesweh'.

Wiederum wissen wir genau über die Quelle dieser Zeilen Bescheid; eine Notiz in Georg Forsters Übersetzung der *Shakuntala*, wo von der Lotusblume die Rede ist, deren Blüten in der Nacht aufgehen statt am Tage.[32] Was aber diese Information bei dem Dichter Heine ausgelöst hat, ist nicht so leicht zu erfassen. Das morgenländische Bild der Lotusblume wird ihm zur Chiffre für alle Geschehnisse, die sich im Dunklen, Verborgenen, fast Unsichtbaren abspielen, auf jener Nachtseite der Schöpfung, der die Romantik so zugetan war, und die Heines Bild momentan erhellt, um dann selber zu erlöschen.

Was ist aber mit diesem Bild gesagt? Man kann es gewiß so auslegen, daß Heine hier wie die Romantik den Tag als die Zeit prosaischer Geschäfte verschmäht, um dann jene Nacht zu besingen, die die Zeit für das Geschäft der Liebe ist. Oder man kann mit Alexander von Humboldt in diesem Gedicht den Beweis für Heines Fähigkeit erblicken, die Natur noch in ihren mysteriösten feinsten Regungen aufzuspüren.[33] Aber eines steht fest: Ohne die morgenländische Lotusblume hätte es, auch bei Heine, kein Bild für diese Sphäre gegeben.

Das Gedicht besteht indes nicht nur aus diesem Bilde; es besteht ja auch aus Klängen. Und was diese Klänge, zumal die Vokale, aus diesem Text machen, geht jedem auf, der Heines Gedicht mit Forsters prosaischer Notiz vergleicht. Heines Lehrer August Schlegel hatte die Vokale die Seele der Sprache genannt; und jeder, der Heines Gedicht neben Forsters Notiz liest, wird sofort spüren, wie die Vokale hier auf den Stoff einwirken: ,was sind die Vokale – ein Hauch, ein Odem, der allein die Sprache belebt und beseelt', und genau so kommen die Heineschen Vokale hier über Forsters Prosa.[34] Aber mehr: denn es ist ja sogar so, daß kraft der Berührung durch die Lotusblume – wie durch den Juden Heine – die deutsche Sprache hier zu etwas wird, wovon noch die wüstesten Teutomanen nicht träumten: nämlich zur Sprache des Paradieses. Und dies in einem strengen Sinne. Denn für jede eminent mystische Sprachauffassung – sei es die Jakob Böhmes, der Kabala oder der deutschen Romantik – gilt es als Zeichen des Sündenfalls, der Vertreibung aus dem Paradies,

---

[32] Dort heißt es von der Lotusblume: ,sie ist die Blume der Nacht, „die kühlende Blume, die sich ängstet, wenn der Tag erscheint, die sich fürchtet vor den Sternen;" die nur dem Monde sich öffnet, ihm allein duftet, und ihr Haupt herabsenkt vor dem Stral der Sonne'. Georg Forster, *Sämtliche Schriften* VII. Berlin 1963, S. 410f. Dazu auch DHA I/2, S. 787.

[33] HSA XXVI, S. 142, wo Humboldt in einem Brief an Heine, der eigentlich von ganz anderem handelt, nämlich den schlechten Aussichten darauf, daß Heine jemals wieder polizeilich unbehelligt preußisches Territorium betreten würde, eingangs dennoch des ,herrlichen, ein tiefes Naturgefühl athmenden „Buches der Lieder"' gedenkt.

[34] August Wilhelm Schlegel, *Gesammelte Schriften*, Bd VII. Hildesheim 1971, S. 161.

daß wir das Verständnis für den ursprünglichen Zusammenhalt von der lautlichen Gestalt der Wörter und ihrem Sinn verloren haben, daß beide für uns auseinanderfallen, für uns in keiner nachvollziehbaren Weise mehr zusammenhängen.[35] Nun liest sich dieses Gedicht wie die Restitution dieses verlorenen sprachlichen Gnadenstands, des paradiesischen Zusammenhalts von Sinn und Klang: denn wie das Gedicht in das orientalische Eden tritt, geht das Edenische auch in das Gedicht ein: in ihm mutet uns die deutsche Sprache fast fremd an, weil sie so sehr wieder ,zu sich', sprich zu einer inneren Entsprechung von Bedeutung und Laut gekommen ist. Wer das näher nachgewiesen bekommen haben möchte, der lese August Schlegels Ausdeutungsversuche, in seiner Poetik, des Klangmaterials der deutschen Sprache, die sich zum Teil wie ein unterirdischer Kommentar zu diesem Heine-Gedicht lesen.[36] Ich muß mich hier mit zwei Hinweisen begnügen: in der Sequenz der Vokallaute des deutschen Wortes ,Lotusblume' ist jener Prozeß der Erhellung aus dem Dunklen bereits enthalten, von dem das Gedicht spricht, und der dann von der Folge der Vokale im ganzen Gedicht nachvollzogen wird, als sprächen bereits die bloßen Laute von diesem Prozeß, als läge er, für den, der sie zu vernehmen verstünde, bereits in ihnen beschlossen. Und wo die Blume sich öffnet, endet das Gedicht auf dem offenen Vokal, Signum dieser Öffnung sowie der sich verströmenden Gefühlsaufwallung, welche die Sprache hier nicht bloß ausspricht, sondern gleichsam ist.[37] In dem *Buch der Lieder* folgt das ,Lotusblume'-Gedicht unmittelbar auf das Gedicht vom Ganges: und in ihm wird die Verheißung des magischen Reims und Namens nun erfüllt: der Einbruch seines paradiesischen Sinnes erstreckt sich hier auf das ganze lyrische Gebilde und damit – für den Augenblick des Gedichts – auf das gesamte Klangmaterial der Sprache. Über dem Fremden und Entrückten kommt die Sprache so zu sich. ,Täglich ging die wunderschöne/ Sultanstochter auf und nieder': in solchen Zeilen leuchtet selbst die Muttersprache auf zugleich als sich wie auch als die fremde: und jedes Wort gewinnt den beschwörenden ,Ganges'-Charakter. Denn man nimmt sie, die deutschen Worte, hier zunächst, aufgrund der ungewöhnlich intensiven Sukzession der Vokallaute, genauso wie die fremde eher als Musik, als Beschwörungsformel, als Arabisch, als Sanskrit, sprich als reine unentziffbare Klanggestalt, denn als deutbare semiotische Einheit wahr. Man

---

[35] Eva Fiesel, *Die Sprachphilosophie der deutschen Romantik*. Jena 1927; Gerschom Scholem, *Zur Kabbala und ihrer Symbolik*. Zürich 1960.

[36] Schlegel, a.a.O., S. 161f.: ,Die Sprache ist in ihrem Ursprung mimisch, und sie soll noch in ihren höchsten Ausbildung darstellend sein ... hier ist ein Verhältnis zwischen Bedeutung und Laut, der innere Sinn vergnügt sich daran, Analogien zu suchen und zu finden'. Im Medium der Beschwörung der fernen Lotusblume kehrt Heine zu diesem mimischen Ursprung der Sprache zurück.

[37] Zur Schlegelschen Ausdeutung der Vokale ebd., S. 162 und 175f.

ist dann fast erstaunt darüber, daß die Worte dann doch scheinbar auch für einen normalen deutschsprachigen Sterblichen leicht verständlichen Sinn ergeben. Die intensive Sinnlichkeit, die orientalische Farbenpracht, gar die morgenländische Fremde wird somit gerade im Medium der charakteristischsten deutschen Vokallaute sowohl evoziert wie eingefangen: so wird das sprachliche Material selbst zum Gleichnis der Begegnung des Eigenen und des Fremden.

> Ein Fichtenbaum steht einsam
> Im Norden auf kahler Höh'.
> Ihn schläfert; mit weißer Decke
> Umhüllen ihn Eis und Schnee.
>
> Er träumt von einer Palme,
> Die fern im Morgenland,
> Einsam und schweigend trauert
> Auf brennender Felsenwand.[38]

Man hat – wie bei der unendlichen Suggestionskraft eines großen lyrischen Gebildes wohl unvermeidlich – Heines Gedicht von Fichtenbaum und Palme verschiedentlich ausgelegt. Bevor wir indes diesen Interpretationen eine weitere hinzufügen, sei in unserem heutigen orientalischen Zusammenhang die folgende markante Aussage gewagt: dieses lyrische Kleinod – wie so manch andere von den ganz großen Gedichten in Heines *Buch der Lieder*, über die Heine selber zum großen Dichter geworden ist – wäre ohne Hafis nicht denkbar, ohne Hafis und die Goethsche Eindeutung des Hafis in dem *West-Östlichen Diwan*, jener Sammlung, die Heine nicht genug rühmen konnte. ,Unbeschreiblich ist der Zauber dieses Buches, den berauschendsten Lebensgenuß hat hier Goethe in Verse gebracht, und diese sind so leicht, so glücklich, so hingehaucht, so ätherisch, daß man sich wundern, wie dergleichen in deutscher Sprache möglich war'.[39] Nicht nur die Goetheschen Verse lobt indes Heine überschwenglich, die in ihrer Leichtigkeit wie in ihrer Lebenshaltung gewiß einem Heineschen Ideal entsprachen. Er lobte indes auch die Goethesche Prosa, d.h. die Erklärungen und Erläuterungen, die Goethe seiner Übertragung hinzufügte. Zu recht: denn diese Goetheschen Ausführungen ent-

---

[38] DHA I/1, S. 164.

[39] DHA VIII/1, S. 160f. In der Tat muß in der Heineschen Biographie das Erscheinen von Goethes *Westöstlichen Diwan* zu dem Zeitpunkt 1819 geradezu providentiell vorkommen: in just dem Augenblick, wo dem Dichter in seinem ,westöstlich dunklen Spleen' an der Möglichkeit seiner eigenen, deutsch-jüdischen Dichterexistenz die aufreibendsten Zweifel kommen, wird von dem unangefochtenen deutschen Dichterfürsten Goethe gerade die poetische Symbiose von Abendland und Morgenland vorbildlich vorgeführt.

hielten auch einen Umriß der Hafisschen Poetik, die dann in die besagten Heine-Gedichte auf eine Weise eingegangen ist, die man nur als generativ, die man nur als qualitativer und schlechterdings bestimmender Einschnitt bezeichnen kann. ‚Ich bin stolz darauf Perser zu sein': der junge Heine war es zwar noch nicht, als er jenen Brief schrieb, jedoch gibt es das eine oder andere Gedicht in seiner jugendlichen Sammlung des *Buchs der Lieder,* wo er fast zum Perser wird; und dies im Doppelsinn des Heineschen Gebrauchs des Wortes: ‚Perser' indem er entscheidende Aspekte der persischen, sprich der Hafisschen Poetik übernimmt; und ‚Perser', indem er sich und damit auch die holprige platte deutsche Sprache in einen Bereich des absolut Poetischen, namentlich des poetisch Transformierten und Transmorgifizierten entrückt, und dies auf eine Weise, die man schlechterdings nicht für möglich gehalten hätte. Denn in Heines Gedicht wird ein nichts ahnender Okzident gleichsam im Handumdrehen, wie durch einen Zauberspruch orientalisiert, der deutsche Leser von seinem vertrauten nördlichen Abendland in die weiteste morgen- und südländische Fremde entrückt, ohne jedoch seinen nördlichen germanischen Boden jemals verlassen zu müssen. Handelt Heines Gedicht – um unserer Interpretation so weit vorzugreifen – von dem radikalen, gar konstitutiven Angewiesensein des Eigenen auf das Fremde – so wiederholt das Gedicht diese Sinnesstruktur auch in seinem eigenen mikrologischen und formalen Inneren, indem es auf knappsten Raum Deutschland und Persien verbindet, sprich die persische Poetik für das deutsche Gedicht fruchtbar werden läßt. Was aber war diese persische Poetik? Goethe hat sie in seinen Abhandlungen zum *Diwan* wie folgt zusammengefaßt: die ‚Produktivität der Sprache', ihr stetes Über-sich-selbst-Hinaussein, ihre Fähigkeit, durch ihre spontanen Metapher- und Analogiebildungen, von sich aus ‚das Fernste zu verknüpfen'; zweitens, eine durch unablässige Einübung kultivierte Wahrnehmung der Welt und ihrer Erscheinungen in ihrem Gleichnischarakter (was Goethe gerade anhand der Fähigkeit des persischen Dichters Nisami festmacht, noch aus dem Anblick eines toten Hundes ein anmutiges Gleichnis hervorzuzaubern); und zu guter Letzt das Schweben, in den Dichtungen des Hafis, zwischen sinnlicher und übersinnlicher Bedeutung, ‚ohne sich für das eine oder das andere zu entscheiden'.[40] Mit anderen Worten: die auch Heine als Stilideal vorschwebende ‚Leichtigkeit' der Goethe-Hafisschen Verse hat es in sich: denn sie vermag durch leichtestes Anrühren eines Unmittelbaren und Sinnlichen ein sonst Verborgenes und Übersinnliches freizulegen und aufzutun. Und dies ist es auch dann, was in Heines Gedicht von Fichtenbaum und Palme geschieht.

---

[40] Goethe, a.a.O.: zu Nisami, S. 454; zur Produktivität der Sprache, S. 471.

Macht nach Goethe das Schweben auf dem schillernden und metaphorischen Grund der Sprache das Wesen der Hafisschen Poetik aus, so ist das Gedicht von Fichtenbaum und Palme just durch dieses irisierende Schweben gekennzeichnet: wie durch den daraus entstehenden plötzlichen Umschlag von Sinnlichem in Übersinnliches, bis hin zu dem Sprung in einen Bereich anderer Wirklichkeit. Und ebenso wie das Schweben und Irisieren des Gedichts ein prinzipiell ‚Orientalisches' ist, wird hier auch der besagte Umschlag von einem konkreten Motiv des Orientalischen – der Palme – ausgelöst, indem sie mit einmal als der andere Pol zur gewohnten, nördlichen, realen Welt der Fichte hervorbricht, als ein Konzentrat des Imaginären, Erträumten, Morgenländischen. Wiederum ist es der metaphorische Grund der Sprache, ihre Produktivität darin, ‚das Fernste zu verknüpfen', die hier den Ausschlag gibt. Ist das Gleichnis von der Baumliebe selbst morgenländischen Ursprungs – zum Beispiel auch in der altjüdischen Überlieferung tradiert –[41] so geht Heine hier zunächst von einem ‚Abendländischen' aus, einer naturalistisch-realistischen Anschauung, dem scharf umrissenen Bild des Fichtenbaums. Die leichten Personifizierungen des Baumes, als ‚einsam', ‚schläfernd', fallen da nicht weiter auf; wir nehmen sie hin, als keine unüblichen Bestandteile ‚poetisch' aufgeschönter Beschreibung. Diese verwandelt Heine dann jedoch instantan ins Gleichnishafte, gerade indem er die ‚uneigentliche' Rede – der Baum als einsam und schläfernd – wörtlich, als die eigentliche nimmt. Der Baum, der schläft, kann träumen. Dann, in einem Schöpfungsakt *ex nihilo* wird hier rein aus der Sprache heraus als Gegenpol zur Fichte die imaginäre Palme erschaffen, indem durch Polaritäten, Gemeinsamkeiten und Kontraste umfassendster Art die Palme aus der Fichte – wie Eva aus der Rippe Adams – sprachlich förmlich erzeugt wird: im Kontrast zwischen männlich und weiblich, Kälte und Hitze, Innen und Außen, offen dahinschmachtender Sehnsucht und eisig zugedeckter Umhüllung, sowie dem Gemeinsamen der Verlassenheit und – in der reglos angewurzelten Starre des Baumes – des hilflosen Gefangenseins, jenes *perpetuum immobile* des, in der Komplementarität ihrer Existenz, sowohl unbedingt Zueinandergehörens und Zueinanderwollens wie letztlich tragischen und unabänderlichen Nicht-Zueinanderkönnens.

Somit ist, in einem bemerkenswerten Akt archetypaler Einfühlung, genauso wie *Der Asra*, Heines Lied von Fichtenbaum und Palme in seiner Tiefenstruktur eine weitere Ausgestaltung des arabisch-persischen ‚Leila und Mendschnun'-Stoffes; der Legende der auf immer getrennten, der auf immer einander zugehörig fühlenden Liebenden. Nur daß hier, wie anderswo in Heines Werk, das orientalische Motiv nicht als Stereotyp, sondern als Archetyp in

---

[41] Vgl dazu Gustav Karpeles, *Heinrich Heine und seine Zeitgenossen*. Berlin 1888, S. 71f. Auch DHA I/2, S. 814.

sein Werk eingegangen ist, der selber, von einer Art Ursprung aus, immer wieder neue und unerhörte Konfigurierungen und Formen hervorbringt. So zum Beispiel hier, wo, nicht anders als im Moment der Krise in der klassischen Mythologie Niobe sich in einen Felsen, die Liebenden sich zu Bäumen verwandelt haben: und damit – dem Ingenium der orientalischen Fabel gemäß – nicht zu Toten, sondern zu Lebend-Toten geworden sind.[42] So poetisiert Heine hier die Poesie: vertieft und kompromiert die Fabel zu ihrer bildhaften Essenz, zum puren bildhaften Gleichnis. Mit anderen Worten: das morgenländische Motiv, die klassisch Liebenden ,Leila und Mendschnun' sind hier nicht als orientalisches Requisit oder bloßer westöstlicher Plunder übernommen worden: auch sind sie nicht einmal mehr an der Oberfläche unmittelbar präsent, sondern in die generative Tiefe eingegangen, gleichsam als Elemente, als chemische Bestandteile in den Prozeß des Dichtens, um dort qualitativ umgeformt zu werden. So wird Heine, im Zeichen des Dialogischen, in der ganzen existenziellen Affiziertheit und Aufgeschlossenheit gegenüber dem fremden poetischen Stoff, für den Augenblick des Schaffensaktes, in der Intensität der schöpferischen Identifikation, im Medium des Dschemschid-Bechers gleichsam momentan zum Dichter *innerhalb*, nicht außerhalb jenes Kulturkreises, dem der Stoff entsprang.

Schon die Palme ist, wie bereits erwähnt, Konzentrat des Orientalischen: keineswegs alleine wegen der Baumart oder der Assoziation mit dem südlich-morgendländischen Klima, sondern hier auch aufgrund der überbordenden Sinnlichkeit bei gleichzeitiger Keuschheit und Enthaltung, gar des ,orientalischen' Motivs des Schmachtens, Siechens, der erotischen Hörigkeit und Versklavung. Auch der Kontrast von Abendland als Ort des Realen und der realen Zwänge und dem Orient als Ort des Unbändigen und der mystischen Zusammenhänge klingt hier an. Zweifellos: die Polarität von Fichtenbaum und Palme ist die Polarität von realem Okzident und – imaginierten – Orient. Selten ist die Macht der Fremde und der Imagination mit solcher Wucht in einen Text hereingebrochen, die Angewiesenheit des Bodenständigsten, Angewurzelten, Realsten noch auf sie; Fichte und Palme sind hier existenziell auf ihr je Anderes, Verschiedenes, Komplementäres bezogen wie mit der Naturnotwendigkeit eines Stoffwechsels.

Aber was, könnte man sich fragen, ist mit diesem Bild gesagt? Heute kommen wir nicht so leicht in Versuchung, wie dereinst der Historiker, Antisemit, und Heine-Fresser Heinrich von Treitschke, das Gedicht, trotz der jüdischen

---

[42] Vgl. Anmerkungen 20 und 26 oben; auch Fendi, a.a.O., S. 188: ,Insofern erscheint uns die im Morgenland einsam und schweigend trauernde Palme mit Medschnuns Geliebter Leila identisch, die der Überlieferung zufolge nach dem Tode des Geliebten sich zu dessen Stammfelsen begab und ihm einsam und trauernd nachtrauerte'.

Herkunft seines Autors, als gültiger Ausdruck altgermanischer Wanderlust und völkerwandlerischen Fernwehs zu feiern.[43] Freilich wäre es auch verküzt, in ihm nur die Kritik an vorhandenen gesellschaftlichen Zwängen zu erblicken, als den zum Sinnbild geronnenen Wunsch nach dem ersehnten unmöglichen Ausbruch aus den fetternden Konventionen, so sehr dieses sehr abendländisch begründete Motiv des Orientalismus hier zweifelsohne ebenfalls mitschwingt. Noch ist das Gedicht einfach als den Ausdruck von Heines Doppelidentität als Deutscher und als Jude zu verstehen, so fraglos auch ohne diese Doppelidentität das Gedicht ebenfalls nicht denkbar wäre, wo Heine in dem Augenblick der Krise sich der beiden Bäume seines doppelten Ursprungs, der germanisch-nördlichen Fichte und der jüdisch-morgenländischen Palme, vergewissert, wie auch, poetologisch gesehen, jener für die Dichter nicht minder konstituitiven Pole des Imaginären und Realen: denn im Schillern und Irisieren gehen Fernweh und Heimweh hier ineinander über, wie Reales und Imaginäres, Äußeres und Inneres ineinander übergehen.[44] Gerade dieser Umstand gibt in der Tat auch für ein weiterführendes Verständnis einen interessanten Hinweis. Denn indem das Gedicht von der nördlichen Heimat in die weite morgendländische Fremde schweift, entdeckt es dort ein Inwendiges, das sonst verborgen bliebe. ‚Die Natur ist Sehnen' hatte der romantische Naturphilosoph Schelling geschrieben, und von allen Aussagen über die Natur, als harmonische Gesetzmäßigkeit oder verwildertes Chaos, ist dies sicherlich eine der originellsten und eigentümlichsten.[45] In der Polarität von Fichtenbaum und Palme, Okzident und Orient, gibt uns Heine das Bild dieses universellen Sehnens.

Der Tod, das ist die kühle Nacht
Das Leben ist der schwüle Tag.
Es dunkelt schon, mich schläfert
Der Tag hat mich müd' gemacht.

Über mein Bett erhebt sich ein Baum
Drin singt die junge Nachtigall;
Sie singt von lauter Liebe
Ich hör' es sogar im Traum.[46]

---

[43] Heinrich von Treitschke, zit. nach Peters, *Wunde Heine*, a.a.O., S. 76.

[44] Was die Doppelidentität betrifft, vgl. auch das Epitaph, das Heine für sich selbst verfaßte und das heute seinen Grabstein auf dem Pariser Friedhof von Montmartre ziert: ‚Wo wird einst des Wandermüden/ Letzte Ruhestätte seyn? Unter Palmen in dem Süden?/ Unter Linden an dem Rhein?' Palme und Linde, emblematische Bäume des morgenländischen Südens und des germanischen Nordens also – vor den letzten Dingen – auch hier. DHA II, S. 197.

[45] Friedrich Wilhelm Josef von Schelling, *Über das Verhältniß der bildenden Künste zur Natur*. In: *Werke*, Dritter Ergänzungsband. München 1959, S. 410.

[46] DHA I/1, S. 300.

Der Vorstoß, mittels des Orientalischen, in den sonst bilderlosen Raum: Jeder, der dieses Gedicht liest, wird sich fragen müssen, wie es nach der so vollendeten und in sich abgeschlossenen ersten Strophe überhaupt weitergehen kann. Soeben hat der Dichter von den letzten Dingen, vom Leben und Tod, in der zwar uns allen geläufigen, jedoch hier schön abgewandelten und wunderbar geschlossenen Metaphorik von Schlafen und Wachen, Nacht und Tag, Ruhe und Erschöpfung gesprochen. Was gäbe es da noch zu sagen? Was könnte es da noch zu sagen geben?

Daß es da noch was zu sagen geben kann, verdankt Heine dem Orientalischen. Ein feindseliger Kritiker warf Heine sogar vor, dieses Gedicht Hammer-Purgstalls Hafis-Übersetzungen einfach abgekupfert zu haben. Aber wiederum ist Heines Verhältnis zu den auslösenden Momenten und Vorlagen seiner Gedichte mit solchen Begriffen überhaupt nicht erfaßt. Die vier inkommensurablen Zeilen, die Heine den formvollendeten ersten vier nachschickt, von denen es schien, daß man ihnen gar nichts mehr nachschicken könne, sind weniger als das Ergebnis eines bestimmten Hafis-Einflusses – wie etwa in der Verwendung des Nachtigall-Motivs – als vielmehr als die ungeheuerliche Kompromisierung, das poetische Konzentrat alles dessen zu verstehen, was ein aufgeschlossener – genialer – lyrischer Kopf in Deutschland damals prinzipiell von Hafis lernen konnte. Bei Heine bewegt sich dieses, wie wir gesehen haben, in einer ganz anderen Sphäre der produktiven Anleihe, als der Übernahme einer Versform – etwa des Ghaselen –, der er skeptisch gegenüber stand, oder gar dem bloßen Aufgreifen eines bestimmten poetischen Motivs, so gerne auch Heine die orientalische Motivik bisweilen auch schlicht als Ausschmückung und Ausstaffierung, als poetischen Zierat herbeizitierte.[47] Hier jedoch, wo dieses Motiv fraglos aufleuchtet, wird man die tiefgreifende Veränderung feststellen, die mit dem Motiv vorgenommen wurde, und dazu fast sagen müssen: das Wunderbare an Heines Nachtigall ist doch, daß sie zugleich die deutsche und die persische ist: die natürliche und die mystische, und das dieser perfekt durchgehaltene Schwebezustand, dieses Spagat, wenn man so will, des natürlichen und des mystischen Sinnes gerade das ist, was das Spezifikum des Gedichts ausmacht. Mit anderen Worten: das Produktive von Heines Verhältnis zu Hafis knüpft auch hier wieder genau daran, was

---

[47] ‚Von den Früchten, die sie aus dem Gartenhain von Schiras stehlen,/ Essen sie zu viel, die Armen, und vomiren dann Ghaselen': diese Xenie Karl Immermanns an die Adresse Rückerts und Platens hatte Heine 1826 in seine *Reisebilder* aufgenommen, mit schier unabsehbaren Konsequenzen: daß Heine aber Immermanns poetologische Bedenken teilte, zeigt dann auch der ästhetische Teil seiner in der unmittelbaren Folge entstandenen Platen-Polemik. Dazu DHA VI, S. 166, DHA VII/1, S. 138f. Dabei gehört die Nachtigall in der Hafisschen Paarung mit der Rose wie in der Eigenschaft als Liebesbotin zum festen Motivenschatz auch der Heineschen Poesie. Dazu Fendi, a.a.O., S. 114.

Goethe in seinen Abhandlungen zur Poetik des Morgenlands die Produktivität der Sprache nannte – ihre wildwuchernde Fähigkeit zu kühnsten metaphorischen Analogiebildungen; und dies dann verbunden mit der spontanen und unmittelbaren Wahrnehmung der gesamten Sinnenwelt und ihrer Phänomene als soviele Gleichnisse, nebst dem entsprechenden angestrebten Indifferenzzustand von sinnlicher und übersinnlicher Bedeutung. Das war die leuchtende ‚Bulbul'-Sprache, von der Heine in dem einen jugendlichen Brief schwärmt; und es spricht einiges dafür, daß er, zumindest für die Dauer des einen oder anderen Gedichts, diese Sprache dann auch gelernt hat: es ist auch dies die Hafissche Nachtigall, die in der zweiten Strophe seines Gedichts dann als Botin und Symbol in die mystische Erscheinung tritt.

Denn sind es nicht diese drei Elemente, die Heine an einem Punkt, wo alle Sprache zuende schien, ein Sprechen noch ermöglichen?[48] Nicht nur der poetische ‚Morgenländer', auch der prosaische Abendländer spricht immerfort in den kühnsten Metaphern, Allegorien und Gleichnissen, ohne sich dessen bewußt zu sein; und der kühnsten eine ist jene alltägliche, die vom Tod als Nacht, Schlaf und Ruhe spricht. Was wir aber geneigt sind, als Euphemismus zu betrachten, nimmt Heine hier als Gleichnis. Er verwandelt die Aussage schlicht dadurch, daß er die Sprache auf ihren metaphorischen Grund zurückführt und diesen dann ernstnimmt. Und dann spinnt er, mittels der ‚Produktivität der Sprache', das Gleichnis fort. Ist Schlaf Tod, und Tod Schlaf, so kann das ‚Bett' in der ersten Zeile der zweiten Strophe sowohl die Stätte der nächtlichen, als auch der letzten Ruhe sein. Mit einmal tritt der ‚Baum' hinzu, und auch in dieser Doppelgestalt; einmal als der mystische Baum des Lebens –auch ein ebenso morgenländisches wie germanisches Motiv –, der hier noch in den Bereich des Todes hineinragt; zweitens als der natürliche, der sich über den Schlafenden erhebt. Auch der Nachtigall, als Liebesbotin, kommt mystische Bedeutung zu, ohne ihren realen Charakter dabei einzubüßen Die Liebe besiegt den Tod: so hat Heine hier das Substrat verschiedenster Mythologien und volkspoetischer Überlieferungen zusammengefaßt.[49] In seinem Gedicht diese Aussage Gestalt geworden auf eine

---

[48] Es ist Werner Kraft, der als berufener Leser von Gedichten diese Frage erstmalig, und mit allem gebührenden Nachdruck, gestellt hat. Werner Kraft, *Augenblicke der Dichtung*. München 1964, S. 125ff. (S. 127).

[49] Auch wenn wir, unzulässig verengend, das Gedicht unter einem rein biographischen Aspekt lesen, kommt der Botschaft der Hafisschen Nachtigall in der zweiten Strophe eine solche ‚lebensrettende' wie lebensspendende Funktion zu. Ist der von unmittelbaren Existenzsorgen wie von Existenzzweifeln, vom deutschjüdischen Spleen geplagte Heine angesichts der Aporien seiner Lebenssituation bisweilen von resignativen Stimmungen, gar vom Todestrieb befallen – ‚der Tag hat mich müd' gemacht' – so holt ihn da die Nachtigall, als Botschaft der Liebe wie der Poesie, aus solchen Stimmungen heraus; auch ist jener ‚eine' Baum, der sich unerklärlich wie das Leben selbst hier mit einmal über den Schlafen-

Weise, die zwischen dem Realen und dem Mystischen – Sinnlichen und Übersinnlichen – genau die schwebende Mitte hält, die den Blick in den sonst ‚bilderlosen' Bereich des Todes freigibt, ohne dabei je die Domäne des Realen zu verlassen. Ja, wo der Schwebezustand selbst als Wachtraum, als Reverie, noch Mimesis eines Realen ist, als auch Hinübersein über das Reale. Oder wie es in dem vielleicht tiefsinnigsten Kommentar zu diesem Heine-Gedicht heißt:

> Es stammt aus jenen Sprachtiefen, in denen die Dinge Raum und Ton werden; es ist in gewisser Beziehung sein schönstes, Erlebnis und Wort sind ohne die leiseste Veränderung traumverwoben. Das Gedicht hebt im Leben an, mit knappen prosaischen Angaben, und wandelt sich sofort in das ganz Andere. Das Leben, seiner selbst müde, erwacht im Traum zu einem jenseitigen Tag. Er ist anders als jeder bekannte…. Was für ein fremder und doch eigentlicher Baum aus dem Boden des Traums herauswächst und von welchem Kosmos tönt der Schlag der Nachtigall her – aus ihrem, aus unserem? Gibt es zwei verschiedene Leben? Im Gedicht verfließen sie.[50]

Es ist dieses Verfließen der Sphären, welches die Präsenz der Hafisschen Nachtigall im Gedicht Heines dann bewirkt. Dabei sollte Heine einmal selber dazu schreiben:[51]

> Es dünkt mir aber dies höchsten Preises werth, wenn die Symbole, womit der Künstler seine Idee ausspricht, abgesehen von ihrer inneren Bedeutsamkeit, außerdem an und für sich die Sinne erfreuen, wie Blumen eines Selams, die, abgesehen von ihrer geheimen Bedeutung, auch an und für sich blühend und lieblich sind und verbunden zu einem schönen Strauße… Der Künstler gleicht jener schlafwandelnden Prinzessinn, die des Nachts in den Gärten von Bagdad… die sonderbarsten Blumen pflückte und zu einem Selam verband, dessen Bedeutung sie selbst gar nicht mehr wußte, als sie erwachte.

So erhebt der Dichter den Selam zum mystischen Inbegriff und Ideal des künstlerischen Schaffens: und einen solchen hat er, zumal in jener Handvoll großartigster lyrischer Gebilde, die gleichsam selber zwischen Orient und Okzident zu schweben scheinen, seinen Lesern dann auch dargereicht.

---

den erhebt, nicht mehr zweigeteilt, wie sonst, wenn Heine sich seiner Wurzeln vergewissern möchte: denn im Traum ist auch jene Zweiteilung überwunden.
[50] Zit. nach Kraft, a.a.O.
[51] DHA XII/1, S. 25.

Frank F. Scherer

FREUDS MORGENLAND: ORIENTALIS-TICK UND DIE ENTSTEHUNG DER PSYCHOANALYSE

In diesem Beitrag möchte ich den ‚Orient' oder, älterem deutschen Sprachgebrauch folgend, das ‚Morgenland' erkunden, dem wir im Werk von Sigmund Freud (1856–1939) begegnen. Zwar erinnern uns seine biblisch-babylonisch oder kleinasiatisch gehaltenen Bilder an die völkerkundlichen Vorstellungen anderer Denker, doch gehört Freuds Morgenland nicht dem Bereich der Erforschung des Nahen oder Mittleren Ostens an, sondern offenbart uns in seiner ‚west-östlichen' Disposition ein entscheidendes Element seiner modernistischen Weltanschauung. Dies ist sicher nicht ohne Bedeutung für die Gründung der Psychoanalyse als allgemeine, interpretative Wissenschaft auf der einen Seite, wie auch für die inkrimentierte Existenz und damit das Weiterleben des Orientalismus als akademischem und populärem Diskurs auf der anderen. Aus diesem doppelten Grund umfasst meine Fragestellung zwei eng verwandte Lesarten und sucht im Orientalismus der Psychoanalyse gleichzeitig die Psychoanalyse des Orientalismus: welche Bedeutung kann der Orientalismus für unser Verständnis der Psychoanalyse und die Psychoanalyse für unser Verständnis des Orientalismus haben?

Das neunzehnte Jahrhundert sah nicht nur die Geburt des modernen Orientalismus im Sinne von Edward Saids (1978) bahnbrechender, wenn auch problematischer Kritik, sondern wurde gleichfalls Zeuge einer bis dahin nicht gesehenen globalen Expansion europäischer Kolonialmacht und ihrer Herrschaftsinteressen. Freuds Orientalismus spiegelt in diesem Zusammenhang jedoch nicht so sehr europäische Ambitionen in Übersee als eine ambivalente Schreibstrategie zu Hause. Vor dem Hintergrund der wachsenden Fragmentierung eines bis dahin multinational, multikulturell und mehrsprachig organisierten Österreich-Ungarischen Reiches, und begleitet von der massiven Einwanderung sogenannter ‚Ostjuden', entfaltet sich Freuds Orient als eine misé-en-scène des ‚okzidentalen' Ichs. Diese Inszenierung des westlichen Ichs geht Hand in Hand mit der Konzeptualisierung der Psychoanalyse als universeller, das heisst westlicher Wissenschaft und basiert in ganz typischer Weise auf festen Vorstellungen von Okzident und Orient, was Ersterem verhalf, sich gegenüber Letzterem ‚als dessen kontrastierendes Bild, Idee, Persönlichkeit,

Erfahrung zu definieren'.[1] Es mag hierbei erstaunen, dass ausgerechnet der Gründer der Psychoanalyse, einer Theorie also, die Wesentliches zur Dekonstruktion eines einheitlichen cartesianischen Subjekts und den damit verbundenen Ideen und Vorstellungen einer in sich stabilen und einheitlichen Identität beitrug, uns mit einem solchen Dilemma konfrontiert.

Edward Said definiert den ‚Orient' als ‚eines seiner [Europas] ältesten und am häufigsten wiederkehrenden Bilder des Anderen' und Orientalismus als ‚einen westlichen Stil der Herrschaft, Umstrukturierung und des Autoritätsbesitzes'[2] über den Orient. Ganz ähnlich, und doch fast zweihundert Jahre früher, hatte schon G.W.F. Hegel mit seinen Gedanken über ‚Herrschaft und Knechtschaft' deutlich gemacht, dass es im Kampf zwischen Eigenem und Fremdem, dem ‚Selbst' und dem ‚Anderem', sowie in ihrer komplementären, wechselseitig konstitutiven Existenz letztlich darum geht, die Reichweite der eigenen Unabhängigkeit abzustecken, ‚zu sterben oder versklavt zu werden'.[3]

Dies vor Augen, können wir nun folgende Prämisse formulieren: Freuds Selbst-Konstruktion als männlicher/heterosexueller, jüdischer Wissenschaftler und Orientalist steht in direktem Gegensatz zur damals weitverbreiteten antisemitischen Stereotype vom jüdischen Mann als verweiblichten/homosexuellen Orientalen. Freuds identifikatorische Positionierung widersetzt sich hier der Stereotype durch ihre Umkehrung. Sander Gilman hat bereits auf das Zusammenspiel und die Auswechselbarkeit von Gender- und Rassekategorien im ‚Fall Freud' hingewiesen.[4] Mehr noch, Judith Van Herik's Beitrag erinnert uns in diesem Kontext an den anthropozentrischen Status, dem die Wissenschaften im Europa des neunzehnten Jahrhunderts unterlagen.[5] Dieselbe Opposition also die hier zwischen Orientalist und ‚Orientale' aufgestellt wird beherrscht sowohl die antithetische Gegenüberstellung von männlich und weiblich als auch diejenige von rationaler Wissenschaft (Psychoanalyse) und irrationaler *Weltanschauung* (Religion). Diese markanten Unterscheidungen fliessen schliesslich ein in Freuds Konstrukt eines okzidentalen Ichs und seiner Entwicklung einer universell konzipierten Psychoanalyse. Anders gesagt, die Leitmotiv-artige Präsenz von universalistischem Anspruch und die latenten Forderungen eines literarischem Orientalismus sind in Freuds Schriften unauflösbar miteinander verbunden.

---

[1] Edward Said, *Orientalismus*. Frankfurt/Berlin/Wien 1981, S. 8.

[2] Ebd., S. 8–10.

[3] *Hegels Dialectic of Desire and Recognition*. Hrsg. von John O'Neill. New York 1996, S. 8 (meine Übersetzung).

[4] Sander L. Gilman, *The Case of Sigmund Freud. Medicine and Identity at the Fin de Siècle*. Baltimore und London 1993.

[5] Judith van Herik, *Freud on Femininity and Faith*. Berkeley und Los Angeles 1985.

Ein Überblick über seine Werke verdeutlicht, in welchem Ausmaß Freud Platz für orientalistische Diskurspraktiken gemacht hat. Von der Einfügung türkischer Szenen in seiner *Traumdeutung* über die Verwendung babylonischer Etymologien in seinem *Charakter und Analerotik* bis hin zur Darstellung des pharaonischen Ägyptens in *Moses und Monotheismus* finden sich eine Vielzahl ‚orientalischer' Elemente wie Anekdoten, Träume, Metaphern und andere Bezüge, die zusammen genommen eine eindringliche und umfassende orientalistische Präsenz (re-)produzieren.[6] Augenscheinlich wird diese Präsenz im Museumsähnlichen Innern seiner Sitzungs- und Arbeitszimmer in der Wiener Berggasse 19, wie die Photographien von Edmund Engelmann sehr anschaulich bezeugen.[7] In diesen Räumen traf der Patient eine überwältigende Sammlung von ‚alt-orientalischen' Antiquitäten an, während ‚orientalische' Teppiche den Boden sowie den ‚Diwan', Freuds berühmte analytische Couch, bedeckten.[8] Überraschenderweise gibt es bis heute keine Studie, die Freuds ‚Orient' untersucht hätte und noch weniger eine, die das Verhältnis zwischen der Entwicklung der Psychoanalyse und dem Diskurs der Orientalistik in den Blick genommen hätte. Im Folgenden soll genau diese zentrale und doch bisher nur unangemessen – wenn überhaupt – kartographierte konzeptuelle Geographie von Freuds Schriften erkundet werden.

Eine Prüfung der weitverbreiteten englischen Übersetzung von Freuds Werken birgt ähnlich überraschende Mängel. Diese wurde zwar von James und Alix Strachey in Zusammenarbeit mit einem hochqualifizierten Kreis von Übersetzern neu besorgt, doch deren Bestrebungen, Freuds meisterhafte Prosa durchgängig einem medizinischen Duktus zuzuführen, kam einem Neuschreiben und damit einer Ent-Freudigung des Originaltexts gleich. Die vielen Probleme die Stracheys *Standard Edition* (1961) begleiten – von ganz unglücklichen Übertragungen bis hin zu irritierenden Auslassungen – sind mehr als nur problematisch und unterstreichen Mahonys Forderung nach einer Psychoanalyse der Freud-Übersetzungen Stracheys.[9] Es ist vielleicht nur auf diese Art, dass wir verstehen lernen warum Freuds kultureller ‚Orient' zunächst getilgt, dann durch eine geo-strategische Kategorie, nämlich den

---

[6] Sigmund Freud, *Gesammelte Werke*. Frankfurt/Main 1900/1999: *Die Traumdeutung*, Band II/III 1900/1999; *Charakter und Analerotik*, Band VII 1908/1999; *Der Mann Moses und die monotheistische Religion* Band XVI 1939/1999.

[7] Edmund Engelmann, *Sigmund Freud. Wien IX. Berggasse 19*. Wien 1993.

[8] Rita Ransohoff, Sigmund Freud: Collector of Antiquities, Student of Archaeology. In *Archaeology* 28 (1975), S. 102–11; George Dimock, ‚The pictures over Freud's couch', in Mieke Bal und Inge Boer (Hrsg.), *The Point of Theory: Practices of Cultural Analysis*. Amsterdam 1994; Lydia Marinelli (Hrsg.), ‚*Meine...alten und dreckingen Götter': Aus Sigmund Freuds Sammlung*. Sigmund-Freud-Museum. Frankfurt/Main 1998.

[9] Patrick J. Mahony, *Freud and the Ratman*. Foreword by Otto F. Kernberg. New Haven und London 1986.

‚Osten', ersetzt und danach im Index schlicht unterschlagen wurde. Eine Tatsache, die in meinen Augen bezeichnend ist für das völlige Fehlen einer kritischen Erforschung des Orientalismus in Sigmund Freud, den ‚Complete Psychological Works' oder der Entwicklung der Psychoanalyse generell. Fast 150 Jahre nach Freuds Geburt und über 25 Jahre nach Saids *Orientalism* kann dieses völlige Fehlen einer Debatte um den Orientalismus einer der wichtigsten und einflussreichsten Figuren in der ‚westlichen' Konzeption der Psyche nur als eine enorme blinde Stelle im gegenwärtigen kritischen Denken bezeichnet werden.

ORIENTALI(STI)SCHE SZENEN

Zwei grundlegende und eng verwandte Begriffe des psychoanalytischen Denkens sind die Vorgänge des ‚Unbewussten' und die Dynamik der ‚Verdrängung', Themen, denen Freud im Jahr 1915 zwei wegweisende Artikel widmete. Nur wenig später, 1922, hat Hugo von Hofmannsthal vorgeschlagen das ‚Reich des Unbewussten' durch einen ‚geheimnisvollen und mystischen Orient' darzustellen. Dabei ist die Entsprechung von Freuds psychoanalytischer Definition des Unbewussten zu den im 19. und 20. Jahrhundert geläufigen literarischen und konventionellen deutsch-österreichischen Konzepten des ‚Orients' in der Tat frappierend. Ich möchte in diesem Zusammenhang eine Schlüsselstelle aus *Das Unbewusste* zitieren, die uns eine beeindruckend präzise Definition bietet:

> Fassen wir zusammen: Widerspruchslosigkeit, Primärvorgang [...], Zeitlosigkeit und Ersetzung der äußeren Realität durch die psychische sind die Charaktere, die wir an zum System *Ubw* gehörigen Vorgängen zu finden erwarten dürfen.[10]

Diese Merkmale – Zeitlosigkeit, Widerspruchslosigkeit, Verneinungslosigkeit – welche Freud in den tieferen Schichten der menschlichen Psyche ausmacht, bildeten einen wesentlichen Bestandteil des Prozesses der Orientalisierung und (Re-) Produktion des Orients, wurden sie doch über lange Zeit in westlichen Repräsentationen mit dem ‚Orient' assoziiert.[11] Während die *Widerspruchslosigkeit* der Vorstellung einem ‚irrationalen' Orient entspricht, erinnert Freuds Hinweis, dass wir es mit einem *Primärvorgang* libidinöser Präsenz und Absenz zu tun haben, an ähnliche, westliche Obsessionen vom orientalischem Despoten (publik) und seinem Harem (privat). Daneben stehen wir mit dem Begriff der *Zeitlosigkeit* dem wohl zentralsten Merkmal des orientalisti-

---

[10] Freud, *Das Unbewusste. Gesammelte Werke*, a.a.O., X, 1915/1999, S. 285–86.
[11] Said, *Orientalism*. New York 1978, S. 19.

schen Diskurses gegenüber, evoziert er doch den weit verbreiteten Stereotyp eines statischen, erstarrten, unveränderlichen, ‚ewigen' Orients.[12] Und nicht zuletzt öffnet die *Ersetzung der äußeren Realität durch die psychische Realität* die Tore zum säkularen, westlichen Tag-Traum eines spirituellen Reiches, aus welchem man die Weisheit des mystischen Orients auszufließen glaubte (... *ex Oriente lux*). Wie auch immer fand ein fünftes Element, nämlich *der Einfluss, den das Unterbewusste auf die somatischen Vorgänge* hat, erst zwei Jahre später in einem Brief an Georg Groddeck seinen Ausdruck.[13] Während die Verknüpfung von Krankheit und Orient auf primitive Ausgrenzungsängste hinweisen mag, ist sie nicht selten eine Folge westlicher (Wunsch)Vorstellungen von ‚orientalischer Degeneration.' Kurz, Freuds Konzept des Unbewussten präsentiert sich ganz deutlich als Raum des radikal Anderen – und damit als die Quintessenz des ‚Orients.'

Um zum zweiten grundlegenden Begriff – zur Dynamik der Verdrängung – zu kommen, soll im Folgenden kurz Freuds psycho-archeologisches Werk *par excellence, Der Wahn und die Träume in W. Jensens Gradiva*, diskutiert werden. Hier wird ein zu jener Zeit sehr populäres literarisches Stück untersucht, in dem ‚archäologische Schichten der Vorstellung' aufgedeckt werden die uns schliesslich zu einer priviligierten Ausgrabungsstätte führen. Angesiedelt in Pompeij, Italien, dem wohl bekanntesten archeologischen Besucher-Ort des auslaufenden 19. Jahrhunderts, wird Freuds Idee der Verdrängung entlang von psycho-archäologischen ‚Strata' erläutert:

> Es gibt wirklich keine bessere Analogie für die Verdrängung, die etwas Seelisches zugleich unzugänglich macht und konserviert, als die Verschüttung, wie sie Pompeji zum Schicksal geworden ist, und aus der die Stadt durch die Arbeit des Spatens wieder erstehen konnte.[14]

Nicholas Rand und Maria Torok, die Freuds *Gradiva* detailliert und unter Einbezug von Freuds Unbewusstem untersucht haben, sind hier sehr hilfreich. In ihrem Versuch, einige von Freuds verdrängten Schichten der Seele ans Licht zu bringen, fanden sie unter seiner Ausarbeitung von Jensens ‚pompejanischen Phantasie' ein nur teilweise ausgesprochenes Familien-Trauma welches ihrer Meinung nach letztlich Freuds Konzeptionalisierung der Psychoanalyse nicht wenig beeinflusst hat. Ihre detektivistische Interpretation zeigt, wie Freud, indem er sein Modell der sexuellen Verdrängung der Pompejanischen Archäologie-Historie anpasst, einen zentralen Widerspruch übersah. Rand und Torok konnten zwei unvereinbare Ideen in Freuds tiefen-

---

[12] Vgl. dazu die Ausführungen von Jan Loop im vorliegenden Band.
[13] Georg Groddeck/Sigmund Freud, *Briefwechsel*. Wiesbaden und München 1985, S. 20.
[14] Freud, *Der Wahn und die Träume in W. Jensens Gradiva*. In: *Gesammelte Werke*, a.a.O., VII, 1907/1999, S. 65.

psychologischem Versuch entdecken: a) den Protagonisten, der an sexueller Verdrängung leidet; mit b) der Diskussion des Mechanismus der Verdrängung auf der Basis ‚des Schicksals des antiken Pompeji‛ zu verbinden.[15] Und in der Tat muss die Pompejianische Analogie versagen, wenn wir die Verdrängung als ein *dynamisches* Konzept ansehen und sie als den ununterbrochenen Kampf zwischen zwei entgegengesetzten Kräften verstehen. Es ist Rand and Torok beizupflichten, wenn sie Freuds Aussage zurückweisen, dass es keine ‚bessere Analogie für die Verdrängung‛ gebe, wo sie doch klarstellen, dass Pompeji, ‚zugleich unzugänglich und konserviert‛, nicht als ein erklärendes Bild für die Dynamik der Verdrängung taugen kann.[16]

Wie wir sehen werden, fühlte Freud das Bedürfnis, den Orient und die Sphinx aufzufinden, um das Problem, das heisst das Rätsel, zu lösen. So inserierte Freud im Sommer 1914, wenige Wochen vor dem Ausbruch des Ersten Weltkriegs, eine späte aber nicht unbedeutsame Fussnote in *Die Traumdeutung*, worin er zur Illustration der Tätigkeit des Unterbewussten, und insbesondere der Dynamik der Verdrängung, eine exotische und unmissverständlich orientalistische Reise-Metapher verwendete.[17] Freuds Analogie zielt hier auf die historische und archäologische Einzigartigkeit der grossen Pyramiden von Gize aus dem Blickwinkel des Touristen:

> In einer Darstellung der Lehre von der Verdrängung wäre auszuführen, daß ein Gedanke durch das Zusammenwirken zweier ihn beeinflussenden Momente in die Verdrängung gerät. Er wird von der einen Seite (der Zensur des *Bw*) weggestoßen, von der anderen (dem *Ubw*) angezogen, also ähnlich wie man auf die Spitze der großen Pyramide gelangt.[18]

Freuds Reise-Metapher ist fast identisch mit einer Passage aus Gerard de Nervals *Voyage en Orient* aus dem Jahre 1851, wo die Grosse Pyramide von Pharaonischer Grabstätte zur touristischen Aussichtsplattform umfunktioniert wird. Dort sind dann ‚Gruppen von Beduinen‛ damit beschäftigt, ‚den Schriftsteller oder den Autor auf die Spitze zu hieven oder zu stossen, wo zwei oder mehr Beduinen den Europäer auf den Schultern zu allen vier Ecken tragen, damit sie den Ausblick erkunden können‛.[19] So an-schaulich (exotisch/ägyptisch) Freuds Fremdenverkehrsmetapher auch sein mag, die drückende kolo-

---

[15] Nicholas Rand und Maria Torok, *Questions for Freud. The Secret History of Psychoanalysis*. Cambridge 1997, S. 77–78.

[16] Vgl. auch Jean Laplanche und J.-B. Pontalis, *The Language of Psychoanalysis*. New York und London 1973, S. 393.

[17] Wir finden eine sehr ähnlich formulierte Anmerkung eingefügt in der 1915 erschienenen Ausgabe der *Drei Abhandlungen zur Sexualtheorie*. In: *Gesammelte Werke*, a.a.O., V, S. 76.

[18] Freud, *Die Traumdeutung*, a.a.O., S. 553.

[19] Zit. nach Timothy Mitchell, *Colonizing Egypt*. Berkeley und Los Angeles 1988 (meine Übersetzung).

niale Atmosphäre des im vorangehenden Textausschnitt geschilderten touristischen Eroberung der Grossen Pyramide wird völlig übergangen. Dafür lehnen diese dezidiert positiven Darstellungen, zusammen mit bewundernden Verweisen auf ,Hieroglyphen' und andere ungezählte Schätze des Landes am Nil – einem Geburtsort der Zivilisation – immer an ihrer exakten Kehrseite, das heißt an einer Reihe von entwertenden Bildern. So finden wir in Freuds Schriften zahlreiche Hinweise auf die Türkei, welche stets mit dem Osmanischen Reich gleichgesetzt und immer anhand von negativen Begriffen beschrieben wird. Zwei kurze Beispiele mögen dies verdeutlichen.

In Freuds *Psychopathologie des Alltagslebens* heißt es zum Beispiel: ,Diese Türken schätzen den Sexualgenuß über alles und verfallen bei sexuellem Störungen in eine Verzweiflung welche seltsam gegen ihre Resignation bei Todesgefahr absticht'.[20] Mehr noch, in seiner kurzen, aber berühmten Korrespondenz mit Albert Einstein schrieb Sigmund Freud zum Thema ,Warum Krieg?': ,Man kann die Eroberungskriege nicht einheitlich beurteilen. Manche, wie die der Mongolen und Türken, haben nur Unheil gebracht...'.[21] Die Einbeziehung einer Anzahl anderer, ähnlich abwertender Äusserungen zeigt, wie negativ die ,Türkei' vom Autor von *Das Ich und das Es* angesehen wird: Die unmittelbaren (imperialistischen) Nachbarn des Österreichisch-Ungarischen Reiches werden durchgängig als rückständig und grausam dargestellt. Während also bei Freud Ägypten, wo die Juden ihre Sklaverei zurückliessen, um vielleicht einen der grössten Momente ihrer Selbst-Findung zu erleben, durchwegs idealisiert wird, ist die Türkei als Hort der Barbarei, des Despotismus und der Knechtschaft ständig diskreditiert. Es hat sich demnach herauskristallisiert, dass Freuds orientalistischer Diskurs tief gekennzeichnet ist von einer doppelten Gegensätzlichkeit (Okzident/Orient; positiver/negativer Orient) und damit beständig durch seine eigenen, unbewussten Mechanismen kompliziert wird.

Nachdem wir die Entwicklung der Psychoanalyse durch die Linse von Freuds orientalistischer Diskurs-Praxis fokusiert haben, bietet sich uns nun ein günstiger Moment den Blick zu wenden. Wir wollen also versuchen, den Orientalismus aus einer psychoanalytischen Perspektive anzusehen. Im Zuge unseres Überblicks über Freuds Orient(alismus) konnten wir nicht nur eine eher typische Polarisierung von Okzident und Orient beobachten, sondern auch die Formierung eines doppelten Orients: Auf der einen Seite steht ein guter/edler Orient (Ägypten) und dem gegenüber, auf der anderen Seite, ein schlechter/elender Orient (Türkei). Diese (Auf)Teilung des ,orientalischen' Objekts in gegensätzliche, positive/negative Bestandteile ist in der Psycho-

---

[20] Freud, *Die Psychopathologie des Alltagslebens*. In: *Gesammelte Werke*, a.a.O., IV, 1901/1999, S. 8.
[21] Freud, *Warum Krieg?* In: *Gesammelte Werke*, a.a.O., XVI, 1933/1999.

analyse als *Ichspaltung* bekannt. Es handelt sich dabei um einen mentalen Prozess, der mit Ambivalenz in Verbindung gebracht wird und als archaischer Verteidigungsmechanismus bekannt ist. Sogenannte ‚normale' wie auch neurotische Ängste werden neutralisiert, indem das sowohl erotisch als auch destruktiv besetzte Objekt in ‚gut' und ‚schlecht' gespalten wird.[22]

Zwar hatte Freud dieses Phänomen in früheren Arbeiten wie der *Analyse der Phobie eines fünfjährigen Knaben* (1909), *Das Unheimliche* (1919) oder *Das Ich und das Es* (1923) bereits aufgegriffen, doch erst in einem seiner letzten Aufsätze mit dem Titel *Die Ichspaltung im Abwehrvorgang* richtete er seine volle Aufmerksamkeit auf die komplexe Funktionsweise dieses Phänomens.[23] Freud nimmt die Diskussion des Falles eines jungen Knaben (vielleicht der ‚kleine Hans', vielleicht er selbst) mit der Bemerkung auf, dass der Prozess der Spaltung im Allgemeinen ‚unter dem Einfluss eines psychischen Traumas' auftritt und lokalisiert seinen Ursprung im Konflikt zwischen ‚dem Anspruch des Triebes und dem Einspruch der Realität'. Indes tut das Kind und mutmassliche spätere neurotische Patient ‚aber keines von beiden, oder vielmehr, es tut gleichzeitig beides, was auf dasselbe herauskommt'.[24] Die Reaktion auf das Trauma und den Konflikt ist zwie-spältig und gegensätzlich. Es umfasst a) die Zurückweisung der Realität, die mit einer Ablehnung des Verbots einhergeht, und b) die Anerkennung der Gefahren der Realität, welche als pathologische Symptome übernommen und später (im Idealfall) beseitigt werden. Da hier sowohl Instinkt wie auch Realität ‚zum Zuge kommen' und berücksichtigt werden, mag diese Spaltungs-Lösung zunächst als sehr ‚raffiniert' erscheinen. Jedoch kommt der Erfolg dieser Operation lediglich um den Preis eines Grabens im Ich zustande, der sich nicht mehr schließt, sondern sich nach Freud mit der Zeit weiter vergrössert. Wo diese ‚guten' und ‚schlechten' (An)Teile im Zusammenspiel von Introjektion und Projektion eines Individuums relativ eindeutige Rollen übernehmen, ist es plausibel, unsere Einsichten in die Funktionsweise der Ichspaltung auf Freuds Morgenland zu übertragen, auf seine diskursiven Praktiken und auf seine Bestrebungen, diese gegen die – imaginären und realen – Bedrohungen von ‚östlichem' Judentum und ‚westlichem' Antisemitismus zu wenden.

---

[22] Vgl. Laplanche und Pontalis, a.a.O., S. 427–29.
[23] Freud, *Gesammelte Werke*, a.a.O.: *Analyse der Phobie eines fünfjährigen Knaben*, VII, 1909/99; *Das Unheimliche*, XII, 1919; *Das Ich und das Es*, XIII, 1923; *Die Ichspaltung im Abwehrvorgang*, XVII, 1938/1999, S. 57–62.
[24] Ebd., S. 59.

SCHLUSSFOLGERUNG

Zum Schluß möchte ich fünf Hauptpunkte herausheben. Erstens fallen zum einen Freuds Lebensdaten (1856–1939) *zeitlich* exakt mit dem Höhepunkt des modernen Orientalismus von der weitesten Expansion europäischer Kolonialherrschaft bis zum Zweiten Weltkrieg zusammen, während zum andern sein orientalistischer Diskurs *räumlich* mit lokalen (Wien), nationalen (österreichisch-ungarisch) und internationalen (europäisch) diskursiven Praktiken zusammentrifft. Zweitens bleibt Freuds Konstruktion eines ‚okzidentalen' Ichs unauflösbar verknüpft mit seinem Gegenstück, nämlich der *zeitgenössischen* Annahme von essentieller biologischer Differenz und ‚orientalischer' Andersartigkeit. Drittens sind diese Ideen zur gleichen Zeit von höchst ambivalentem Charakter, insofern sie allezeit in idealisierenden (gut) *und* entwertenden (schlecht) Representationen erscheinen (spalten) und damit auf eine Dialektik von Begehren und Erkennen hinweisen. Viertens offenbaren sowohl der Orientalismus (eigen/anders) als auch die Spaltung (gut/schlecht) eine Komplizität in ihrer Duplizität, die sich nicht nur auf der Ebene des Individums ausspielen, sondern eine ähnlich wichtige Rolle als umfassendere soziale Phänomene tragen. Fünftens dürfen die ‚normalen' im Gegensatz zu den pathologischen Dimensionen der (orientalistischen) Spaltung nicht als klar abgrenzbare Kategorien betrachtet werden. Sie sind vielmehr durchlässig, fliessen ineinander über und bilden damit ein entscheidendes Merkmal eines Phänomens, das ich ‚PsychOrientalismus' nennen möchte und das am Schnittpunkt von psychoanalytischer Interpretation und Kritik der Orientalistik entsteht. Während ich von der Notwendigkeit eines kritischen Wieder-Lesens von Freuds Schriften überzeugt bin, so glaube ich doch auch, dass eine solche Lesart in keiner Weise die Grundsätze der Psychoanalyse in Frage stellt. Diese wird uns auch weiterhin entscheidende Einsichten in die Funktionsweise des menschlichen Geistes oder – um die Worte Sigmund Freuds zu gebrauchen – des ‚Seelenapparats' liefern.

Aus dem Englischen übersetzt mit Jan Loop

Rüdiger Görner

HOFMANNSTHALS ORIENTALISMUS

Um ihre eigene Verödung zu unterlaufen, exotisierte sich die bürgerliche Gesellschaft an ihren ästhetischen Rändern – und das während des 19. Jahrhunderts in verstärktem Maße. Sie folgte auch darin der monarchisch-aristokratischen Inszenierung des Orientalischen, die vom Pavillion in Brighton bis zur Pfaueninsel bei Potsdam und den luxuriösen Gegenwelten des wittelsbacher Märchenkönigs reichte, wenngleich letzterer seinen Orientalismus weitgehend unter Ausschluß der Öffentlichkeit praktizierte, und das selbst noch in einem hochalpinen Jagdhaus, dessen ersten Stock er in einen maurischen Märchensaal verwandeln ließ. Der Märchenkönig antwortete, wie es scheint ganz und gar bewußt, auf die Zumutungen der Machtpolitik mit der Macht seiner von allen nur denkbaren technisch-architektonischen Rafinessen gestützten Phantasie. Dieser machtlose Illusionist auf dem ältesten Thron Westeuropas übte Machtkritik, indem er sein eigenes Märchen nicht erzählte, sondern *lebte*.

Die *bürgerliche* Variante des ,Orientalismus' hatte als intellektuell-artistisches Projekt entschieden anti-industrielle Züge und kultivierte von Opiaten genährte, eminent poesiefähige Phantasien, träumte mit Gaugins Südsee-Darstellungen von der Fremde und ergab sich dem Spiel mit der Pentatonik, etwa in Mahlers *Lied von der Erde*. Im Wien der Jahrhundertwende positionierten sich die jungen Dichter, sofern sie sich am deutlich synästhetisch ausgerichteten ,Orientalisieren' beteiligten, gegen eine zunehmend vom Positivismus geprägte Bewußtseinshaltung, die schließlich einer Sachlichkeit den Weg ebnete, in deren Namen das Ornament dann quasi kriminalisiert werden konnte. Fin de siècle und junges Wien beerbte einen literarischen Orientalismus, der sich philologischer Erkenntnis und romantischer Attitüde verdankte, durch seine laszive Allianz mit der Décadence bei kritischen Zeitgenossen jedoch längst in Verruf geraten war.

Das Orientalisch-Exotische stand weiterhin für Überfluß, Üppigkeit, für das Maßlose, Verschwenderische und damit in scheinbar offenkundigem Widerspruch zur Idee eines Ökonomismus und Reduktionismus, die als einer der ersten Ernst Mach propagierte. Denkökonomie war für Mach wesentlich und mit ihr schiere Empfindungsanalytik, die ihn sein Augenmerk auf Erfahrungsinhalte wie Farben und Temperaturen richten ließ, auf Dinge, die für ihn

,Gedankensymbole [...] von relativer Stabilität' waren.[1] Das Beispiel von Hugo von Hofmannsthals Orientalismus, der von Anbeginn, seinem frühen Entwurf *Amgiad und Assad* (1895), bis zur *Ägyptischen Helena* und der Prosa *Reise im nördlichen Afrika* (1924/1925) werkbestimmend gewesen war, diese Hofmannsthalsche Lesart des Orientalischen versuchte, so die These im folgenden, eine Synthese von überbordender Imagination und Sprachökonomie. Denn was ein Ernst Mach in seiner empiristischen Erkenntnistheorie forderte, nämliche eine am Alltag orientierte Empfindungsanalytik, beschäftigte auch den jungen Hofmannsthal, wie aus seinen Selbstzeugnissen zu seiner frühen Prosa *Das Märchen der 672. Nacht* hervorgeht, spricht er doch von der darin erreichten ,Märchenhaftigkeit des Alltäglichen'. Und man sollte ihn durchaus wörtlich nehmen, wenn er sagt, daß diese Prosa ein ,ins Märchen gehobener Gerichtstag des Ästhetismus' sei,[2] bei dem man Abschied nehme von pseudo-orientalistischer Wortschwelgerei. Zur Zeit der Arbeit am *Märchen*, im August 1895, schrieb Hofmannsthal an Arthur Schnitzler freilich: ,Ich weiß von meinem wirklichen Leben und bin doch unendlich weit davon entfernt.'[3] Schnitzler, zu dessen Lektüren in jenem Jahr auch Goethes *West-östlicher Divan* gehört hatte, hielt dieses *Märchen* übrigens für einen erzählten Traum[4], für eine eher erträumte und weniger erzählte Episode aus *Tausendundeiner Nacht*.

Hofmannsthals *Märchen* handelt von einem ,jungen Kaufmannssohn', dessen anfängliche Lebenstrunkenheit in Lebensqual umschlägt. Zunächst entdeckte er das Eigenleben der ,Formen und Farben' in den Dingen seines Gewerbes: ,Er erkannte in den Ornamenten, die sich verschlingen, ein verzaubertes Bild der verschlungenen Wunder der Welt' (VII, 45). Die Entdeckung der ,tiefsinnigen Schönheit' enthüllt ihm aber auch die ,Nichtigkeit' dieser Dinge. Die erschaute Schönheit in was oder wem auch immer, ob in den Dingen oder in seiner Dienerin, ruft in ihm freilich kein Verlangen hervor, sondern nichts als Sehnsucht. Wie Hofmannsthals eigene Lebenswirklichkeit kommt auch diesem jungen Kaufmann alles Nahe, die unmittelbare Umgebung, unerreichbar vor.

Diese Prosa war Hofmannsthals zweiter, freilich zusammenhängend vorgetragener Versuch, den Abglanz der orientalischen Erzählwelt neu zu fassen. Sein erster, im Dezember 1894 unternommener Anlauf galt dem Märchen von

---

[1] Ernst Mach, *Die Mechanik in ihrer Entwicklung, historisch-kritisch dargestellt*. Darmstadt 1963, S. 459.

[2] Zit. nach Hugo von Hofmannsthal, *Gesammelte Werke in zehn Einzelbänden*. Bd. VII: *Erzählungen. Erfundene Gespräche und Briefe. Reisen*. Hrsg. v. Bernd Schoeller, in Beratung mit Rudolf Hirsch. Frankfurt am Main 1979, S. 666. (Sofern nicht anders angegeben, beziehen sich die Bandzahlen und Seitenangaben im Text auf diese Ausgabe.)

[3] Brief vom 21. August 1895. In Hugo von Hofmannsthal/Arthur Schnitzler, *Briefwechsel*. Hrsg. v. Therese Nickl und Heinrich Schnitzler. Frankfurt am Main 1983, S. 60.

[4] Ebd., S. 63f. (Br. v. 26.11.1895).

den Zwillingen Amgiad und Assad, das zur Geschichte von Kamar ez-Zaman gehörte, das Hofmannsthal seiner illustrierten Ausgabe von *Tausend und Eine Nacht, Sammlung persischer, indischer und arabischer Märchen* der Gebrüder Dalziel entnahm (VII, 666). Sein Plan einer Darstellung dieser Episode, die in Terzinenform gedacht war, verrät den von Jules Michelet abgeleiteten Grundgedanken, auf den es Hofmannsthals besonders angekommen zu sein schien: ,an der Betrachtung des Todes erwacht das Lebensgefühl' (VII, 40).

Zwei Jahre nach seiner Arbeit am ,Märchen der 672. Nacht' wandte sich Hofmannsthal wiederum erzählend dieser Phantasienwelt zu, und zwar der in seiner Version Fragment gebliebenen Geschichte ,Der goldene Apfel'. Wie die biblischen Geschichten, wie jede mythische Textsammlung so verleitet auch *1001 Nacht* zum Wieder- oder Nacherzählen. Der Unterschied ist freilich, daß diese Geschichtenwelt das Erzählen selbst mythisierte. Das Nacherzählen, um das die Erzähltheorie gewöhnlich einen mehr oder weniger eleganten Bogen macht, bietet Möglichkeiten im Bereich Wiederholung und Variation. Hofmannsthal entwickelte darin eine frühe Meisterschaft. Orientalische Märchen wurden ihm zur Vorlage eines letztlich unabschließbaren Erzählprojekts, das sich besonders der Nebenlinien und Zwischenräume einer vorgegebenen Geschichte widmete. Hofmannsthals Erzählen zeichnet sich ja gerade dadurch aus, daß er das scheinbar Marginale, Nebensächliche ins Zentrum rückt, den vermeintlichen Handlungskern relativiert und gewissermaßen zum Spielball freier Improvisationen erklärt.

Das Märchen vom ,Goldenen Apfel' bot Hofmannsthal für dergleichen Erzählexperimente offenbar reiches Material, zumal es sich in Gestalt zweier Parallelgeschichten (re-)konstruieren ließ. Ein sich nach längerer Abwesenheit auf der Heimreise befindlicher Teppichhändler wird in einer ,gelblichen alten Stadt' plötzlich von Erinnerungen überfallen, deren er nicht Herr zu werden versteht. Sie (ver-)stören ihn und um ihnen zu entkommen, versucht er, ,sein Denken mit aller Kraft auf etwas Gegenwärtiges zu werfen'. Dies mißlingt ihm, weil in seinem (geistigen) Zustand ,jeder Gegenstand [seines Denkens] augenblicklich in den Strudel aufgeregten Denkens' hinein gerissen wird (VII, 105). Das entspricht in etwa jenem späteren Bild im Chandos-Brief, in dem die Worte zu Augen werden und – wiederum in einen Strudel geraten und ins Leere gewirbelt werden (ebd., 466).

Vor sieben Jahren nun hatte er seiner unangreifbar wirkenden Frau, der er nur mit einer ,Mischung von Trunkenheit und Befangenheit' zu begegnen versteht, einen ,goldenen, mit Essenzen gefüllten Apfel' geschenkt, das ihm jetzt zu einem ,greifbaren Sinnbild' seiner Phantasien wird (VII, 107). Der Apfel steht für das ,wunderlich Königlich-Überflüssige' (ebd.); er ist Ornament des Überflusses. Er glaubt in seinem Wachtraum bereits wieder bei seiner Frau zu sein und erzählt ihr, was ihm auf seinen Reisen widerfahren ist. Doch was er sagt, wirkt lügenhaft, gleicht einem ‚unaufhörlichen Selbstbetrug' (ebd., 106). Dient das orientalische Erzählen, das sich durch souveränen Umgang mit der – erdachten – Vergangenheit auszeichnet, der Selbstvergewisserung, so führt dieses Erzählen zur Selbstunterminierung: ‚Es lag etwas Beängstigendes in solchem plötzlichen Hervorbrechen einer verlebten Zeit: mit aller Gewalt wollte er sich auf die Gegenwart besinnen, mit gewaltsam heraufgerufener Erinnerung focht er gegen jene unwillkürliche, der Boden seines Lebens schien ihm zu schwanken' (ebd., 108).

Schließlich vermag der Teppichhändler Hofmannsthals nicht mehr zu unterscheiden zwischen träumen und denken, sprechen und schweigen; und während er ‚in endlichen Schlummer' hinüber gleitet, ereignet sich bei ihm zu Hause ein Vorfall von potentiell erheblicher Tragweite: das kostbare Geschenk von einst, den goldenen Apfel, entwendet seine siebenjährige Tochter wie in Trance, nimmt ihn nach einem Akt kindlicher Selbstbespiegelung an sich und auf ihre Streifzüge mit, um schließlich damit den kräftigen Stallmeister des Königs zu belohnen, der auf ihr zartes Geheiß hin den Abschlußstein eines Schachts auf einige Momente anhebt und dem Kind kurze Einblicke in unergründliche Tiefen, in Abgründe des Daseins ermöglicht oder – im wörtlichen Sinne – eröffnet (ebd., 114).

Inzwischen entdeckt die Mutter den Verlust des Apfels und begibt sich auf eine aussichtslose Suche nach ihm, auf der wir übrigens sie und die Geschichte verlieren; denn bei Hofmannsthal bricht sie an dieser Stelle ab. Während also die *Geschichten von 1001 Nacht* in sich geschlossene Episoden darstellen, brach Hofmannsthal einige von ihnen quasi von innen heraus auf und beließ sie als Fragment. Dieses Verfahren wird im *Andreas*-Fragment noch augenfälliger, obzwar hier nicht eine konkrete Episode aus *1001 Nacht* Vorlage ist, wohl aber die Methode, die in diversen Schichten und Lagen ins scheinbar freie, assoziative Fabulieren ausgreifende Erzählung an orientalische Erzählpraktiken anschließen zu lassen oder an das, was Hofmannsthal dafür hielt.

Sieht man von der arabesken Sprach- und Gedankenführung im *Andreas*-Fragment einmal ab, von der Ornamentalik der Geschehenslinien, dann bleiben besonders die ‚Notizen zu der „Reise des Maltesers nach Persien"' zu bedenken. Hofmannsthal hatte beabsichtigt, die Figur des Maltesers dadurch interessanter zu machen, daß er ihn eine Orientreise zu den ‚Ruinen von Persepolis' erinnern ließ. Dieser Plan und die Notizen verdanken sich Hofmannsthals Lektüre der *Voyages en Perse* (Paris 1811) des Chevalier Chardin, auf die er im Mai 1918 gestoßen war. Das dem Malteser unterschobene Motiv zu seiner Reise entsprach wohl auch Hofmannsthals eigenem, diese Reise novellistisch auszuführen und mit dem Romanfragment zu verweben: ‚Ehrgeiz des Maltesers', so schreibt er, ‚an das sterbende Europa Asien neu heranzubringen. Venedig die Situation dazu' (VII, 312). Er plante eine Begegnung des Maltesers mit dem Sultan, der die Europäer ‚Menschen der Grenze' nennt (ebd., 313), wobei dieser, der Sultan, wiederum an ‚Ich-sucht' [sic!] leidet. Der orientalische Potentat herrscht vor allem mit und über die Sinne; er spielt auf ihnen wie ein Europäer auf der Klaviatur.

Hofmannsthal wollte eine ganze Fülle von Erzählungen sich in dieser Reiseerzählung entfalten lassen; Episode sollte mit Episode spielen, eine Erzählung die andere ergeben, wobei es mehr als eine ironische Pointe gewesen wäre, daß Andreas beim ‚Lesen der persischen Erzählung' das Licht hätte ausgehen sollen (VII, 314). In diesem Gewebe von Erzählungen in der Erzählung sollten diverse Themen miteinander rivalisieren oder einander ergänzen, so die ‚Überwindung des Individualismus, der sich als Übergangsphase entpuppt' (318) und die ‚Sehnsucht nach dem Geheimnis des Ich'. Geheimnis und anklingende Mystik zuhauf. Hofmannsthals kryptischstes Notat in diesem Konvolut: ‚Und wenn die Worte der Tafeln zerbrochen sind, leben die Buchstaben weiter' (318).

Man gewinnt den bestimmten Eindruck, als habe Hofmannsthal mit *1001 Nacht* konkurrieren, diese Erzählwelt noch überbieten wollen. Wenn es freilich so etwas gibt wie einen Orientalismus Hofmannsthals, dann erschließt sich dessen Bedeutung eher über seine diskursiven Texte.

Aber auch das satirische Satyrspiel zu diesem österreichisch orientalisierenden Erzählansatz fehlt nicht, wenngleich es vergleichsweise lange auf sich warten ließ. Es findet sich in einem der letzten großen Erzähltexte Joseph Roths, dem Exil-Roman *Die Geschichte von der 1002. Nacht* (1939). Die ‚Geschichte' handelt vom Besuch des Schah im kaiserlichen Wien, der dem Leben einer ganzen Reihe von mehr oder weniger ‚einfachen Menschen' eine tragische Wendung geben sollte. Mizzi Schinagl, die – freilich subtil gezeichnete – Karikatur eines Schnitzlerschen ‚süßen Mädls', muß auf höheres Geheiß hin die Gräfin W. spielen und für eine Nacht die Geliebte des Schah werden, was zu einer Kette von Verstrickungen, Verwechslungen, Fehleinschätzungen und burlesk-tragischen Konsequenzen führt. Als Jahre später der Schah Wien noch einmal besucht, richtet ein geschäftstüchtiger Hersteller von Wachsfiguren ein ‚Welt-Bioscop-Theater' ein, das den ersten Besuch des Schah zum Thema hat – einschließlich einer Mizzi-Wachsfigur, der ‚Kebsfrau von Wien', wobei die wirkliche Mizzi Schinagl, die das Schicksal seither schwer mitgenommen hat, eine Stelle als Kassiererin in besagtem Bioscop-Theater angenommen hat. Doch der Besitzer des Theaters und Wachsfiguren-Hersteller, Tino Percoli, resümiert desillusioniert: ‚Ich könnte vielleicht Puppen herstellen, die Herz, Gewissen, Leidenschaft, Gefühl, Sittlichkeit haben. Aber nach dergleichen fragt in der ganzen Welt niemand. Sie wollen nur Kuriositäten in der Welt; sie wollen Ungeheuer. Ungeheuer wollen sie!'[5]

Von einem solchermaßen ernüchterten Pseudo-Orientalismus wußte sich Hofmannsthal freilich sehr entfernt. Für ihn stand das Orientalische nahezu konsistent für einen bestimmten Vorstellungshorizont, eine *imaginatio perpetua*, die sich im Zustand permanenter Selbstbefruchtung befindet. Hofmannsthal schätzte das Orientalische als eine ästhetische Ausdrucksform, die keiner Unterscheidung zwischen Innenwelt und Außenwelt mehr bedarf; sie *ist* die Einheit von Innen und Außen: das orientalische Ornament, der arabische Schriftzug, die Arabeske, sie galten ihm als sichtbare Zeichen eines unaufhörlichen Traumes, man könnte sagen, als Seismographen träumerischer Bewegungen und Erregungen.

Um zu illustrieren, was ihm das Orientalische bedeutete, wählte Hofmannsthal im Jahre 1902 eine etwas überraschende Methode, ein fiktives ,Gespräch zwischen Balzac und Hammer-Purgstall in einem Döblinger Garten im Jahre 1842', dem er den Titel gab *Über Charaktere im Roman und im Drama*. Dem großen Orientalisten, Hammer-Purgstall, bleibt es rechtmäßigerweise vorbehalten, das Grundprinzip ,orientalischen Erzählens' – freilich mit Bezug auf Balzacs Romanwelt – zu benennen. Was man bei dieser Art des Erzählens erhalte, seinen ,Gestalten, die durch eine bewundernswerte Zauberei einander wie hundertfältige Spiegel ihr ganzes Leben, ihr Denken, ihre Leidenschaften, ihre Vergangenheit, ihre Zukunft tausendfach multipliziert zuwerfen' (VII, 482). Was Hofmannsthals fiktiver Orientalist da ausspricht, ist potenzierte ,wiederholte Spiegelung' im Sinne Goethes, ist unendliche Vervielfachung freilich nicht des Einen, klar Erkennbaren, sondern des Unbestimmten (,Leben', ,Denken', ,Leidenschaften' der erlebten Zeitebenen). Hofmannsthals Balzac nun, der dieses Gespräch zunehmend zu einem Monolog werden läßt, zu seiner Erzählung über das künstlerische Schaffen, bedient sich ,orientalischer' Metaphern, um diesen Schaffensprozeß zu beschreiben. Die Zelle des Künstlers sei behangen ,mit bunten Teppichen mit der Phantasmagorie des Universums' (486); sein Geist gleiche jenem ,aus der Flasche Sindbad des Seefahrers', der sich einmal ,wie ein Rauch, wie eine Wolke' über Länder und Meere ausbreitet und dann wieder in seine ,Flasche zusammengepreßt' werde, wo er ,tausend Tode leide' und sich seiner Grenzen schmerzlich bewußt werde.

Doch dieser fiktive Balzac bietet noch einen anderen Vergleich auf zwischen künstlerischem Verfahren und Lebenswelt, der diese quasi orientalische Seite ergänzt. Es ist das chemische Phänomen der Allotropie, das Balzac zu einem probaten Stilmittel erklärt: ,Derselbe Stoff erscheint zweimal im Reich

---

5 Joseph Roth, *Die Geschichte von der 1002. Nacht. Roman*. In J.R., *Werke*. Hrsg. v. Fritz Hakkert. Bd. 6. Köln 1991, S. 349–514 (S. 514).

der Dinge, in verschiedener Kristallisationsform' (485) – man denke an Kohle und Diamant. Hofmannsthals Balzac sieht sich sowohl als Phantasmagorist und als Chemiker, der sich mit der ,Säure' namens Wirklichkeit und den emotionalen wie sozialen Reaktionsketten zwischen den Menschen und ihren Schicksalselementen auseinandersetzt.

Als Hofmannsthal fünf Jahre später einen Essay über Balzac verfaßte, sprach er ihm ,eine große, namenlos substantielle Phantasie' zu, ,die größte, substantiellste schöpferische Phantasie, die seit Shakespeare da war' (VIII, 382). Balzac erscheint in dieser Charakteristik, wie übrigens auch in Stefan Zweigs Essay von 1919[6], als orientalischer Fabulierer und Homer des bürgerlichen Zeitalters in einem. Gerade in Balzac findet Hofmannsthal wie sonst nur bei Goethe vollendete Illustrationen seines eigenen ästhetischen Hauptprinzips, des Transitorischen: ,Und es ist das Wesen der Welt, ,in dieser grandiosen und epischen Weise gesehen,' schreibt Hofmannsthal mit Blick auf den novellistischen Makro-und Mikrokosmos der *Comédie humaine*, ,daß alles zu allem kommt. Es sind überall Übergänge, und nichts als Übergänge, in der sittlichen Welt so gut wie in der sozialen' (VIII, 392).

Balzac, so scheint es, wenn man Hofmannsthals Deutung folgt, habe die soziale Wirklichkeit wie eine endlose Abfolge von Märchen erzählt, das erfunden und wieder gefunden, was im Grunde jeder schon kannte, aber *so* noch nicht gesehen hatte. Balzac, wie jeder große Künstler, habe das Wiedererkennen von Lebenswelt und ihre phantasiereiche Überformung, ja, Verfremdung, ihre in diesem Sinne narrative Orientalisierung in eins gesetzt. Der Begriff ,Orientalisierung' ist damit seinerseits Gegenstand einer Allotropie, bedeutet er nun doch einerseits eine ästhetische Verfremdungsstrategie *und* eine kulturspezifische Qualität.

Hofmannsthal ließ jedoch keinen Zweifel daran, daß er im ästhetischen Orientalismus nicht in erster Linie ein narratives Verfahren sah, sondern einen genuin poetischen Wert. Seine 1913 entstandenen Reflexionen über Goethes *West-östlichen Divan* belegen diese These besonders deutlich. Wiederum beschäftigt Hofmannsthal das Spezifikum des intendierten Übergangs von einer Kulturzone in die andere oder des Übergangscharakters von Goethes Dichtung an sich, wenn er über die verschiedenen ,Bücher' des *Divan* schreibt: ,Dies alles ist einer fremden Welt angenähert oder zwischen ihr und uns in der Schwebe: alles ist doppeltblickend, und eben dadurch dringt es uns in die Seele; denn das Eigentliche in uns und um uns ist stets unsagbar, und doch ist dem Dichter alles zu sagen gewährt' (VIII, 440).

---

[6] Stefan Zweig, *Drei Meister. Balzac. Dickens. Dostojewski* (1919). Frankfurt am Main 1981, S. 9–37.

Jedes Gedicht im *Divan* habe, so Hofmannsthal, eine ‚magische Grenze‘ um sich, die man lesend überschreite, um sogleich in der Mitte des Gedichts zu stehen. Die ‚Wunderwelt des Orient‘ (ebd.) sei in diesen Gedichten gegenwärtig und die sich aufschlagende ‚große weltliebende Seele‘. Denn Hofmannsthal betonte, daß diese Gedichte nicht Verhüllung, sondern reifeste, aber eben keine narzißtische Selbstoffenbarung betrieben. Worauf Hofmannsthal hoffte, und er sprach es aus in einer kleinen Betrachtung über Henry de Marsays orientalische Geschichte ‚Das Mädchen mit den Goldaugen‘, war eine ‚Poesie der Sinne‘ (VIII, 360). Hofmannsthal sah und gebrauchte die orientalische Erzählwelt, aber eben auch Goethes *West-östlichen Divan*, wie ein – mit Michel Serres gesagt – ‚livre des fondations‘, eine ‚moirierte, buntscheckige, gestreifte, changierende Landschaft‘.[7] Aber nicht Rom steht für dieses vielgestaltige Buch, sondern das Bagdad der Kalifen. Wann immer diese ‚tausend Formen und Farben‘, von dem in der Gemenge-Philosophie eines Michael Serres ebenso oft die Rede ist wie in Hofmannsthals Versuchen, wann immer also das Tausendfältige aufgerufen wird, bewegen wir uns im ‚merkwürdigen Palast der vielfach ineinander verschachtelten Geschichtenwelt‘, wie dieser Tage der Schriftsteller Georg Klein über die Welt von *1001 Nacht* angemerkt hat.[8] Auch für Hofmannsthal war das Orientalische mythische Unübersichtlichkeit und damit der plurale Ort für sichere Phantasiegewinne.

In zweien seiner für die amerikanische Zeitschrift *The Dial* geschriebenen Wiener Briefe (II und IV von 1922/23) äußerte sich Hofmannsthal zum ‚Orientalischen‘, wobei er den Bedeutungsbereich bis ins Indische ausweitete. Anlaß war ein Hinweis auf den bedeutenden Wiener Orientalisten und Übersetzer der Reden Buddhas, Karl Eugen Neumann, sowie auf Rudolf Kassner und dessen Studie *Der indische Gedanke*. Wichtiger noch als diese Hinweise ist Hofmannsthals Versuch, in diesem ‚Brief‘ seinen amerikanischen Lesern Wien vor allem als ‚alte porta Orientis‘ in Erinnerung zu rufen; und es sei nur konsequent, so Hofmannsthal weiter, daß an diesem Tor zum Orient Sigmund Freud wirke, denn ‚Wien ist die porta Orientis auch für jenen geheimnisvollen Orient, das Reich des Unbewußten […]. Freuds Interpretationen und Hypothesen sind die Exkursionen des bewußten Zeitgeistes an die Küsten dieses Reiches‘ (IX, 195). Durch Freuds ‚Psychologie‘, lautete Hofmannsthals unausgesprochene These, werde das labyrinthische Innere der menschlichen Seele

---

[7] Michel Serres, *Die fünf Sinne. Eine Philosophie der Gemenge und Gemische*. Übersetzt von Michael Bischoff. Frankfurt am Main 1993, S. 417.

[8] Georg Klein, Bin der König meiner Zeit! Selig verloren im Geschachtel von 1001 Nacht. In: *Die Literarische Welt* v. 20.3.2004, S. 10. Zur Rezeption von *Tausendundeiner Nacht* und der Darstellung des sozio-kulturellen Umfeldes der Geschichten selbst vgl. die Untersuchung von Helga Volkmann, *Mit goldenen Lettern. Leben und Lieben in ‚1001 Nacht‘*. Göttingen 2004.

als Entsprechung zur orientalischen Verschlungenheit des Ornaments und der Erzählfiguren sichtbar. Eine Aufwertung des Orientalischen glaubte Hofmannsthal auch in seinem vierten Wiener Brief erkennen zu können. Nach der Katastrophe des Ersten Weltkrieges suche, so der Dichter, die ‚junge Generation' nach mehr als nur Rationalismen; sie finde wieder Gefallen an einer ‚orientalisch heidnischen [...] grandiosen Erfassung des sinnlichen Lebens', die ihrerseits zur Aufwertung des Schicksalhaften führe (IX, 487). Hofmannsthal scheint diese Unterordnung des Rationalismus unter die verwirrende Dominanz des Irrationalen – er meinte ganz offensichtlich damit auch das ‚Unbewußte' – als positives Moment gewertet, die politische Instrumentalisierung des Irrationalen zumindest zu jenem Zeitpunkt (1923) nicht reflektiert zu haben.

Im März 1925 gewann ‚das Orientalische' für Hofmannsthal auf einer dreiwöchigen Reise nach Nordafrika erlebte Gestalt. Casablanca, Marrakesch und Fez vermitteln ihm Eindrücke, die seinen zuvor rein literarischen Orientalismus untermauerten, mit Anschauungsmaterial bereicherten, dessen Grundzüge jedoch nicht korrigierten. Das Ergebnis, die Prosa *Reise im nördlichen Afrika*, ist denn in erster Linie eine ästhetische Bekenntnisschrift, die sich am – goetheschen – Prinzip des Schauens orientiert. In Marrakesch unterstreicht er dieses Prinzip: ‚[...] diese Gabe des Schauens und des tiefen eindringlichen Genießens durch den Sinn des Auges, der in unserem geistig-gerichteten, sinnlich armen Volk so wenigen gegeben ist' (VII, 655). Nicht das Hören des Stimmengewirrs beeindruckt ihn – wie später Elias Canetti –, sondern die schiere Bildlichkeit der Orte paßt in sein Konzept eines primär visuellen Orientalismus, der auch im Erzählen Bilder zum Schein verlebendigt.

Die Art nun, wie er seine Beschreibung von Fez beginnt, verrät die Nähe zu *Tausendundeiner Nacht*, nämlich durch die wiederholte Hervorhebung der allegorisch gemeinten Zahl tausend. ‚Tausend Schritt, tausend Jahre', Diener die auf einem Divan wie vor tausend Nächten sitzen – Hofmannsthal glaubt, in einem ‚arabischen Märchen' zu gehen. Aus dem Erzähler wird der Gehende, der von einem lebenden Bild zur nächsten Szene *lust*wandelt. Was schon sein fiktiver Hammer-Purgstall im Gespräch mit Balzac anmerkte, kehrt jetzt in Hofmannsthal, in Fez, einst die ‚große Unbetretene' der islamischen Städte, wieder: Die spiegelnde Vervielfachung des Gesehenen im Orientalischen, die in seiner Schilderung von Fez exemplarisch wird:

> Und dieses Zusammenhängen aller Dinge mit allen, diese Verkettung der Behausungen und der Arbeitsstätten und der Märkte und der Moscheen, dieses Ornament der sich ineinander verstrickenden Schriftzüge, das überall von den sich tausendfach verstrickenden Lebenslinien wiederholt wird, all dies umgibt uns mit einem Gefühl, einem Geheimnis, einem Geruch, in dem etwas Urewiges ist, eine Urerinnerung – Griechenland und

Rom und das arabische Märchenbuch und die Bibel –, aber dem zugleich
etwas leise Drohendes beigemengt ist, das wahre Geheimnis der Fremdheit, und dieser Geruch, dieses Geheimnis, dieses Drinnensein im Knäuel
und die leise Ahnung des Verbotenen, die niemals ganz schweigt, dies ist
– heute und vielleicht morgen noch Fez [...] (VII, 646).

Dieses ‚Geheimnis der Fremdheit' bewegte Hofmannsthal und bestimmte
noch die ursprüngliche Wahl des Mottos aus Goethes Schweizerreise von
1797: ‚... so ist mir aufgefallen, daß man eigentlich nur von fremden Ländern,
wo man mit niemand im Verhältnis steht, eine leidliche Reisebeschreibung
machen könnte'. Ein weiteres Echo dieses ‚Geheimnisses der Fremdheit' fand
in Hölderlins poetischer Frage seinen Ausdruck: ‚Was ist es, das / An die alten
seligen Küsten / Mich fesselt, daß ich mehr noch / Sie liebe, als mein Vater-
land?'[9] Hofmannsthal, stets um kulturelle Synthesen bemüht, stellte denn
auch ein Bekenntnis zu Hölderlins Verbindung von Fremdem und Eigenem,
von Bacchus und Christus an den Schluß seines bereits erwähnten vierten
‚Wiener Briefes', wobei auch diese Parteinahme für Hölderlin das Geheimnis-
volle von dessen Schaffen betonte.

Diesem Geheimnis in seiner ‚tausendfachen Verstrickung' auf die Spur
kommen, dieses Anliegen zieht sich eben auch durch diese eindrucksvolle
Reiseprosa Hofmannsthals. Von ‚zaubrischen Städten' spricht er, von einer
Sprache, in der in ‚tausend Wendungen und Schwebungen [...] fortwirkende
Gegenwart fühlbar' sei (VII, 650), eine Sprache, wiederum ist der Verweis auf
‚tausend' vielsagend, die immer ins Märchenhaft-Erzählerische zu tendieren
scheint. In diesem Orientalischen scheint für Hofmannsthal jenes Erleben des
Ästhetischen aufbewahrt, das sich durch den Ersten Weltkrieg in Europa
selbst liquidiert hatte. In diesem Sinne wäre auch der Schluß der *Reise im nördlichen Afrika* zu lesen, der sich im Frühjahr 1925 einer Tonlage und Bildlichkeit
bedient, wie sie für den jungen Hofmannsthal konstitutiv gewesen sind:

Die schmale Wolke in der Gestalt eines Fisches glühte purpurviolett. Ein
Starenzug flog von ihr aus gegen Osten hin, und dort ging das Türkisblau
in ein zartes Grün über. Das Ferne schien sehr nahe – das Nahe ungreifbar
vergeistigt. Alles bebte in sich, aber eine völlige Harmonie hielt alles in
zauberhaftem Gleichgewicht, und die Offenbarung des Schönen schien
eine ungeheure Bedeutung anzunehmen, die uns im nächsten Augenblick,
fühlten wir, sich zu unverlierbarem Besitz enthüllen würde (VII, 654).

Hier nun übernehmen Naturbilder das kunstvoll Orientalische, spiegeln es,
setzen es noch intensiver fort. Und doch wäre es trügerisch, gerade Hof-

---

[9] In Friedrich Hölderlin, *Sämtliche Werke und Briefe*. Drei Bände. Hrsg. v. Jochen Schmidt. Bd.
I. Frankfurt am Main 1992, S. 343 (‚Der Einzige').

mannsthal auf eine eher konventionell-literarische Orientalistik mit entsprechend bunter Motivik festlegen zu wollen. Wie trügerisch ein solches Vorhaben wäre, veranschaulicht seine bislang hier ausgesparte *Frau ohne Schatten*, und zwar sowohl das für Richard Strauss geschriebene Libretto wie auch die Erzählung gleichen Titels, die wenige Monate vor der Berliner Uraufführung der Oper im Jahre 1919 erschien. Die Arbeit an der *Frau ohne Schatten* reicht dagegen bis in den Mai 1911 zurück; und die in engem Austausch mit Strauss erfolgte Auseinandersetzung um die musikdramatische Realisierung des Stoffes setzte sich während des Ersten Weltkrieges fort. In Libretto und Prosafassung ging es Hofmannsthal augenscheinlich darum, eine Art Meta-Orientalistik zu entwickeln; auch Strauss übernahm diesen Ansatz, indem er auf allzu offenkundig ‚orientalische‘ Anklänge in der Art der Mozartischen *Entführung* oder der *Salomé* in seiner Musik weitgehend verzichtete.

Akut wurde die Frage: Wie ‚orientalisch‘ ist die *Frau ohne Schatten*? im Vorfeld ihrer Berliner Premiere. In einem Brief an Strauss vom 12. Februar 1919 wandte sich Hofmannsthal explizit gegen eine orientalisch-historisierende Opernkulisse, die zwar die Gelehrtheit des Regisseurs bewiese, aber nicht dessen Künstlertum. ‚Die Konfusion in diesen norddeutschen Köpfen ist groß und ziemlich hoffnungslos‘, schreibt Hofmannsthal über diese Art des Inszenierens. ‚Sie kommt daher, daß die Leute so gar kein primäres Verhältnis zur Kunst haben, sondern immer Kunst und Bildung, d.h. Gelehrsamkeit, zwei Dinge, die ganz und gar nichts miteinander zu tun haben, durcheinanderbringen‘.[10] Er betont, daß er in seinen Regieanweisungen bewußt ‚Stillosigkeit‘ habe walten lassen, sich verschiedener ‚alt-orientalischer Stilformen‘ bedient, letztlich aber einen ‚zeitlos symbolischen Stoff‘ gestaltet habe. Hofmannsthal wollte einen ‚Orient‘, der über sich hinaus weisen könne. Er begriff diesen Stoff als ein ‚Zaubermärchen‘ schlechthin, wobei das Orientalische daran ganz wie der thematisierte Schatten am Ende des zweiten Aktes gleichsam in der Luft liege. Hofmannsthal wie natürlich auch Strauss hielten an diesem Stoff fest, gerade *weil* seine literarisch-musikalische Ausarbeitung in die Katastrophe des Ersten Weltkrieges fiel, als formenreiches Spiel in abgrundtief ernster Zeit, als farbige Phantasmagorie in einer Zeit grauenvoller Ernüchterung. Und vielleicht ist damit ein Gutteil der Intention, die sich hinter dem ästhetischen Orientalismus überhaupt verbirgt, angesprochen.

---

[10] In Richard Strauss/Hugo von Hofmannsthal, *Briefwechsel*. Hrsg. v. Franz und Alice Strauss. Bearbeitet von Willi Schuh. Zürich 1955, S. 373.

Bettina von Jagow

ORIENTALIZATION AND IDENTITY. ELSE LASKER-SCHÜLER'S LITERARY PROJECTIONS OF BELONGING

Else Lasker-Schüler (1869–1945) 'looked to an imaginary Orient in order to heal her own sense of split identity'.[1] Ritchie Robertson begins his illuminating analysis of Lasker-Schüler's poetic work and private persona in the context of dissimilation with this sentence. Behind Lasker-Schüler's view of an imaginary Orient stands the persona of a German-Jewish poetess whose appearance represented an attempt to create a new identity outside Jewish stereotypes and outside gender, avoiding what she disliked in the available models of Jewishness in a way that still allowed her proudly to affirm her Jewishness. Thus, Jewish self-hatred, a phenomenon Sander Gilman studied,[2] is also evident in Lasker-Schüler's perception of herself and others. This sense of split identity is apparent from a furious letter which she sent to Martin Buber in 1914 after an argument in which Lasker-Schüler had, of course wrongly, maintained that Stefan George was a Jew. It begins with *Honoured Lord of Zion* and is signed *Your Prince of Thebes*:

> Ein Wolf war bei Ihnen – ein Oberprister mit gepfeilten Zähnen, ein Basileus mit einem Wildherzen, eine Faust die betet, ein Meer ohne Strand, ein Bett das sich auftrank – und – Sie sprachen von Literatur – Sie lasen Gedichte und ich mag das nicht. Sie schämen Sich [sic!], daß George Jude ist – und sind der Herr von Zion? Ich *hasse* die Juden, weil sie meine Sprache mißachten, weil ihre Ohren verwachsen sind und sie nach Zwergerei horchen und Gemauschel.[3]

---

[1] Ritchie Robertson, *The 'Jewish Question' in German Literature 1749–1939. Emancipation and its Discontents.* Oxford 1999, p. 442.

[2] See Sander L. Gilman, *Jewish Self-Hatred: Anti-Semitism and the Hidden Language of the Jews.* Baltimore and London 1986.

[3] Martin Buber, *Briefwechsel aus sieben Jahrzehnten*, ed. by Grete Schaeder, 3 vols. Heidelberg 1972–75, I, pp. 353–54; also in *Lieber gestreifter Tiger. Briefe von Else Lasker-Schüler*, ed. by Margarete Kupper, vol. I. Munich 1969, p. 117.

This letter not only shows Lasker-Schüler's dislike, shared by many contemporaries, of partially assimilated modern Jews, but also contains several of the motifs used to construct a concept of Jewishness in her poetic works: firstly, her Jewishness is focused on the Old Testament (David, Joseph, High Priest); secondly, her ideal is aristocratic (lords, priests, kings; Basileus is the Greek word for king,); thirdly, she invokes the primitive, aggressive, and elemental energies (wolf, fist, sea, she is herself a wild animal); and finally, her identification with David or Joseph signifies that element of androgyny which appears both in her books and in her public persona.[4]

Lasker-Schüler constructed Jewishness from various components, among which literary Orientalism was prominent. The Orient she creates is of a thoroughly composite nature, combining eclectic religiosity with Oriental imagery from different sources.[5] This was a reason for many critics to postulate an emptiness of space and time as a major poetic criterion for Lasker-Schüler.[6] I would like to give an altogether different account, one that debates with this common notion of an emptiness of time and space in her poetic work. Instead, I shall argue that by viewing it in the cultural context of its time, we are enabled to appreciate its veracity, both then and now. My attempt to valorize her work in this way follows the theory developed by Walter Benjamin in his historical materialism, ac-

---

[4] The picture shows Else Lasker-Schüler as *Die Flötenspielende*, 1912. Cover of *Mein Herz* (Privatsammlung). Marbacher Magazin Doppelheft 71/1995. *Else Lasker-Schüler 1869– 1945*. Bearbeitet von Erika Klüsener und Friedrich Pfäfflin. Mit einer Auswahl aus den Tagebüchern von Werner Kraft 1923–1945. Ausgewählt von Volker Kahmen. Tübingen 1995, p. 99.

[5] Ritchie Robertson sees the traces of the composite character in her family's tradition: whereas her family had largely abandoned Jewish tradition, Lasker-Schüler refers in her construction of Orient and Jewishness to literary sources. See Robertson, op.cit., pp. 444– 46. See also Nina Auguste Berman, *Orientalismus, Kolonialismus und Moderne: Zum Bild des Orients in der deutschen Kultur um 1900*. Stuttgart 1996; Donna K. Heizer, *Jewish-German Identity in the Orientalist Literature of Else Lasker-Schüler, Friedrich Wolf, and Franz Werfel*. Columbia, SC 1996; Peter Sprengel, Exotismus bei Paul Scherbart und Else Lasker-Schüler. In: *Begegnungen mit dem 'Fremden'. Grenzen-Traditionen-Vergleiche*. Akten des VIII. Internationalen Germanisten-Kongresses, Tokyo 1990, ed. by Eijiro Iwasaki. Munich 1991, pp. 465–75.

[6] Jakob Hessing and Wolfgang Paulsen have carefully reconstructed the various aspects of Lasker-Schüler's reception. See Jakob Hessing, *Die Heimkehr einer jüdischen Emigrantin: Else Lasker-Schülers mythisierende Rezeption 1945–1971*. Tübingen 1993; Wolfgang Paulsen, Zur deutschen Rezeption Else Lasker-Schülers. In: *Études Germaniques* 49 (1994), pp. 78–80.

cording to which only those artistic creations can survive in the future that were themselves genuine in their time.

The question then is this: how can we read and interpret this complex structure that we find in Lasker-Schüler's texts? Among these *Die Nächte Tino von Bagdads* (1907), along with the *Hebräische Balladen* (1913) and *Der Prinz von Theben* (1914), form a major contribution to literary Orientalism of early twentieth-century German literature. Over the course of my argument, in which I would like to analyze first from a methodological, then from a poetic perspective the connection between poetics and Orient-*logos*, I will be concerned to explore how far orientalization (as a process) on a textual level, and self-orientalization on a realistic level, may be defined as Else Lasker-Schüler's projections of belonging, and hence as a way of constructing her identity.[7] I shall suggest that this process is based on Lasker-Schüler's specific perceptions of self and other and involves inner transformations of her Jewish identity that are realized in her poetic work. Consequently, her personal world and her art intersect with each other; something which does not, however, mean a superimposition of her public persona onto the poetic work, a conclusion that has often been reached in the critical reception of her work.[8] Lasker-Schüler's specific approach to identity construction can be seen as a transgressive process in which both poetics *and* persona form a border that represents and mirrors perceptions and actions. Beyond this border – on the margins of the text – a dialectical process of constitution and deconstruction is at work, and this re-

---

[7] There has been a continuous discussion concerning identity in Lasker-Schüler's work, recently above all in the field of gender and masquerade. See Gotthard Guder, Else Lasker-Schüler's Conception of Herself as a Poet. In: *Orbis Litterarum* 15 (1960), pp. 184–99; Mary-Elizabeth O' Brien, 'Ich war verkleidet als Poet … ich bin Poetin!' The Masquerade of Gender in Else Lasker-Schüler's Work. In: *The German Quarterly* 65 (1992), pp. 1–17; Meike Feßmann, *Spielfiguren. Die Ich-Figurationen Else Lasker-Schülers als Spiel mit der Autorrolle: ein Beitrag zur Poetologie des modernen Autors*. Stuttgart 1992; Judith Kuckart, Alltagstheater: die Maske verrät mehr als das eigentliche Gesicht. In: *Mein Herz – Niemandem: Ein Else Lasker-Schüler Almanach*, ed. by Michale Schmid-Ospach. Wuppertal 1993, pp. 99–104; Marianne Schuller, Maskeraden: Schrift, Bild und die Frage des Geschlechts in der frühen Prosa Else Lasker-Schülers. In: *Zwischen Schrift und Bild. Entwürfe des Weiblichen in literarischer Verfahrensweise*, eds. Hannelore Scholz and Penka Angelowa. Berlin 1995, pp. 72–85; Barbara Lersch-Schumacher, Ich sterbe am Leben und atme am Bilde wieder auf: Zur Allegorese des Weiblichen bei Else Lasker-Schüler. In: *Deine Sehnsucht war die Schlange: Else Lasker-Schüler Almanach*, eds. Anne Linsel and Peter von Matt. Wuppertal 1997, pp. 53–85; Vivian Liska, Ich sterbe am Leben und atme im Bild wieder auf: Else Lasker-Schülers *Die Nächte Tino von Bagdads* als weibliche Autobiographie. In: *Das erdichtete Ich – eine echte Erfindung. Studien zu autobiographischer Literatur von Schriftstellerinnen*, ed. by H.M. Müller. Aarau 1998, pp. 73–84; Stefanie Stockhorst, Auf der Suche nach der verlorenen Identität: Perspektiven des androgynen Rollenspiels bei Else Lasker-Schüler. In: *Jahrbuch zur Literatur der Weimarer Republik* 6 (2001), pp. 165–79; Sarah Colvin, *Women and German Drama. Playwrights and their Texts, 1860–1945*. Rochester, NY 2003.

[8] See Hessing, op.cit., and Paulsen, op.cit. (n. 6).

flects a binary movement between emancipation and assimilation. Thus, the heterogeneous inventions of Lasker-Schüler's texts and her body figure as boundaries that exercise and test classical stereotyping of a fixed model of identity.[9] This hypothesis leads me to some methodological comments relating to poetics in the context of Else Lasker-Schüler's work.

METHODOLOGICAL PERSPECTIVES ON POETICS

Else Lasker-Schüler referred to nineteenth-century German literature when she was writing *Die Nächte Tino von Bagdads* and her early prose. This is obvious from motifs and structures that mainly recall Goethe's *West-östlicher Divan* (1819), a text Lasker-Schüler loved and read extensively. Moreover, her texts recall the Romantic poems, namely the *Nachtstücke*. The night thus evokes the space of dreams, of secrets and of love;[10] in sum it evokes the role of the imagination. The concept of the imagination comes to the fore in literature during the nineteenth century and is realized in the metaphor of the novel as a mirror, described by Stendhal in his *Le rouge et le noir* (1830), in chapter 29, 'L'opéra bouffe'.

> Eh, monsieur, un roman est un miroir qui se promène sur une grande route. Tantôt il reflète à vos yeux l'azur des cieux, tantôt la fange des bourbiers de la route. Et l'homme qui porte le miroir dans sa hotte sera par vous accusé d'être immoral! Son miroir montre la fange, et vous accusez le miroir! Accusez bien plutôt le grand chemin où est le bourbier, et plus encore l'inspecteur des routes qui laisse l'eau croupir et le bourbier se former. Maintenant qu'il est bien convenu que le charactère de Mathilde est impossible dans notre siècle, non moins prudent que vertueux, je crains moins d'irriter en continuant le récit des folies de cette aimable fille.[11]

Read on a metapoetic level, the scene describes the author as a role player involved in a kind of masquerade that allows him to construct the text as a hybrid patchwork of realism and imagination.[12] The phenomena of difference

---

[9] In this perspective, Jürgen Straub and Joachim Renn have been defining identity as transitory. See *Transitorische Identität. Der Prozesscharakter des modernen Selbst*, eds. Jürgen Straub, Joachim Renn. Frankfurt/M. 2002, pp. 10–31.

[10] See for an interpretation of the night and Romanticism in the context of Lasker-Schüler's *Die Nächte Tino von Baghdads* Vivian Liska, *Die Dichterin und das schelmische Erhabene. Else Lasker-Schüler's* Die Nächte Tino von Bagdads. Tübingen 1998, pp. 62–70.

[11] Stendhal, *Romans et Nouvelles*, ed. by Henri Martineau, 2 vols. Paris 1948, I, p. 557.

[12] See for a literary concept of poetic texts between realism and imagination, especially concerning the period of French realism, Rainer Warning, *Die Phantasie der Realisten*. Munich 1999.

and mimicry are critical elements in this construction.[13] In my opinion, Else Lasker-Schüler works with the same phenomena and thus her texts and her persona are mirrors, or borders, that reflect perceptions and actions. Although there is no evidence to suggest that Lasker-Schüler read Stendhal and the so-called realists, all realists grew up with the romantic movement and thus worked with *the* criterion of romantic texts: the infiltration of the imagination. With this in mind, I shall turn now to Lasker-Schüler's language of the Orient and the term Orient-*logos*.

ORIENT-LOGOS AND ITS ANTITHESIS, THE MYTHOS

The term 'Oriental' serves as a marker of difference. In general, it marks a binary division between the West and the East.[14] The East is usually taken to mean the Muslim world but may extend to Persia and India, and even to China and Japan. In the dispute over Jewish identity, one important and controversial term was 'Oriental'. Some anti-Semites applied it to Jews in order to define them as aliens incapable of being assimilated; some Jews, frustrated in their desire for assimilation, applied it to themselves or to other Jews in a spirit of self-contempt; and still other Jews accepted the term but either changed its content or positively valued the associations that anti-Semites regarded negatively.

Thus, what one really learns about when reading Orientalist literature is not the Orient, but European cultural definitions of self and other. In this sense, although Edward Said's *Orientalism* might be considered problematic because of his tendency to use sweeping generalizations in the context of Orient and Occident, he defends and slightly modifies his conclusions from an interesting perspective when he argues that 'the line separating the Occident from the Orient [...] is less a fact of nature than it is a fact of human production, which I have called *imaginative geography.*'[15] With the term *imaginative geography* he makes clear that all concepts of Orient or Occident are socio-cultural constructions and that it is equally important to scrutinize the people who are portraying the Orient as it is to scrutinize the constructions themselves. The

---

[13] See for *Die Nächte Tino von Baghdads* Liska, op.cit., (n. 10), p. 35.

[14] See Edward Said, *Orientalism*. London 1978; Rana Kabbani, *Europe's Myths of Orient*. London 1986; John M. MacKenzie, *Orientalism: History, Theory, and the Arts*. Manchester 1995. John M. MacKenzie's study in Orientalism can be seen as an important critique of the general concept of Orient as a binary model. In the context of Said's concept and religion see also William D. Hart, *Edward Said and the Religious Effects of Culture*. Cambridge 2001.

[15] Edward Said, Orientalism Reconsidered. In: *Cultural Critique* 1 (1985), pp. 89–107, (p. 90).

imaginative geography of the Orient corresponds, of course, to the imaginary Orient as portrayed by Lasker-Schüler.

Furthermore, Orientalism, according to Said, is based upon a more universal axiom than that which Said borrows from Michel Foucault: namely, knowledge equals power. As described above and in the context of literature one could argue – *grosso modo* – that the poet's knowledge is equal to his power of imagining possible worlds of fiction. Fiction in the antique tradition since Plato and Aristotle is *mimesis*, often represented in the form of a *mythos*. *Mythos* has its antithesis in the *logos*. *Logos* means speech in general, and refers in a more specific sense to process and meaning (*legein*). During the fifth and sixth centuries the term *logos* went through some transformations and differentiations, and since then has been subject to re-examination and reconsideration (of the delivered/tradition). And since Plato, Socrates and Aristotle, *logos* has achieved a kind of absolute value.

How far is it possible, then, to speak of an Orient-*logos* in the antique sense of the word when reading Lasker-Schüler's early prose, for example *Die Nächte Tino von Bagdads*? In the following discussion, I will take the example of a paradigmatic passage of text from the *Nights* to analyze how Lasker-Schüler's language of the Orient employs the antithesis of *logos* and *mythos*. Her Orient-*logos* refers to antique traditions and simultaneously undermines them by destabilizing traditional structures of text and language and representations of an imagined Orient. Her language of the Orient is located on the margins of Oriental space. In that respect she neither wanted to nor managed to break into the Orient itself, as Sonja Hedgepeth is concerned to show in her discussion of Lasker Schüler's Orientalism.[16]

ELSE LASKER-SCHÜLER'S *DIE NÄCHTE TINO VON BAGDADS*, 1907

Else Lasker-Schüler's experimentation with what she considered to be orientalized German is complex. She uses neologisms peculiar to her own Oriental style, describing, for example, Eastern eyes as 'Sichelaugen, mandelgoldene, zimtfarbene, Schwärme von schillernden Nilaugen'.[17] She subverts syntactical structures, thus turning prose into poetry: 'Alle goldenen Bilder küßten die Moschee, da sie den Dervisch gebar'.[18] A central moment that exemplifies her

---

[16] See Sonja M. Hedgepeth, Die Flucht ins Morgenland. Zum Orientalismus im Werke Else Lasker-Schülers. In: *Kulturelle Wechselbeziehungen im Exil*, ed. by Helmut Pfanner. Bonn 1986, pp. 190–201.

[17] Else Lasker-Schüler, *Gesammelte Werke in acht Bänden*. Munich 1986, here vol 4, *Der Prinz von Theben und andere Prosa*, pp. 102–03.

[18] Ibid., p. 102.

poetic language and style and mirrors exactly what the term Orient-*logos* sig-nifies in the case of Lasker-Schüler can be analyzed with the first story of *Die Nächte Tino von Bagdads*.

Unlike *Der Prinz von Theben*, to which Lasker-Schüler gave the subtitle *Ein Geschichtenbuch*, the *Nächte* is a hybrid text between prose and poetry and be-tween fiction and realism, and so between imagination and biographical back-ground.[19] A summary of the composition is as follows. The book starts with a wakening of the voice and the lips (*Ich tanze in der Moschee*), then talks of a painful love experience (*Das blaue Gemach*) from which a son is born. After a wedding with a good man who accepts the son (*Plum Pascha*), there is a flash-back to several stories that discuss how the poetess's love is destroyed by vari-ous aggressive masculine father figures (*Ached Bey, Minn*). Then, like a circle, love starts again but is focused restrictively by the lovers themselves (*Heimlich zur Nacht; Apollydes and Tino*). In the middle of the book we find repetitions of those exemplary stories (*Mein Liebesbrief, Der Magier, Der Grossmogul von Philippopel*); these are fragments and poetry, narrated from different perspec-tives. In sum, the construction of the *Nächte* represents a rejection of an author-ial narrative perspective and foreshadows an avant-garde art which reveals an apocalyptical birth of the new from the old in an iconoclastic artistic frame-work (*Der Dichter von Irsahab*).[20]

When the reader starts his journey in Lasker-Schüler's Oriental world he is confronted with the story *Ich tanze in der Moschee*. The language and styliza-tion of the Arab poetess Tino by the narrator in this first story sets the tone for the whole of the *Nächte* and reflects what the phenomenon of the night initially refers to in a traditional sense:

> Eine sternjährige Mumie bin ich und tanze in der Zeit der Fluren. Feierlich steht mein Auge und prophetisch hebt sich mein Arm, und über die Stirne zeiht der Tanz eine schmale Flamme und sie erblaßt und rötet sich wieder von der Unterlippe bis zum Kinn. Und die vielen bunten Perlen klingen um meinen Hals … oh, machmêde machmeii. … hier steht noch der Schein meines Fußes, meine Schultern zucken leise – machmêde macheii, immer wiegen meine Lenden meinen Leib, wie einen dunkelgoldenen Stern. (*Nächte*, p. 59)

---

[19] For a biographical background see Sigrid Bauschinger, *Else Lasker-Schüler. Ihr Werk und ihre Zeit*. Heidelberg 1980; Sigrid Bauschinger, *Else Lasker-Schüler. Biographie*. Göttingen 2004.

[20] For a study of Else Lasker-Schüler and avant-garde art see Markus Hallensleben, *Else Lasker-Schüler. Avantgardismus und Kunstinszenierung*. Tübingen and Basel 2000.

In the opening passage Tino experiences in dance a kind of freedom from language-bound conventions and is able therefore to express the inexpressible. Dance takes on a spiritual dimension; as a language of the body, dance opens the boundary between body and spirit. The Oriental images and the scene in a mosque can be seen as an attempt to escape a specifically Western, Greek, and thus *logos*-bound culture by means of dance. In this way Lasker-Schüler's *Nächte* reflect another way of thinking and create a theatre of figures and language from often inexpressible experiences. Thus, Lasker-Schüler's language of the Orient, analyzed here in the opening scene of the *Nächte*, invokes the *logos*-centered space by converting it into its antithesis, the *mythos*. By *mythos*, in the sense used by Hans Blumenberg, I mean the images of fantasy that are composed of fear of the present and strategically exerted imagination, and that make it possible to imagine that which is considered unavailable and inaccessible. The text is the border that reflects *logos* and *mythos* using time-intrinsic figures of art, notably elements of the Jugendstil and of expressionist art. The ornamental character, well studied in the work of Markus Hallensleben (footnote 20), evokes the longing for an artificial paradise and yet can be understood as the outline of a critical, anti-bourgeois stance. Lasker-Schüler's concept of the *Wildjude* can also be viewed in this context.[21]

In order to express the goals of a *new Jewish literature* – one which explores her ancient, Oriental roots and distinguishes her vision as unique in contemporary Jewish concerns – the *Wildjude* is a poetic metaphor for Lasker-Schüler's longing to return to ancient, original culture; she largely abandoned Jewish culture while growing up in an assimilated family. The *Wildjuden* are modelled on the great heroes of the Hebrew Bible and are intended to serve for both Jews and non-Jews as proud examples of the Jewish past and as role models for the future. Thus, the model of the *Wildjude* has its ancestors and at the same time is a predecessor of something to come. In the figure of the *Wildjude*, the border on which Lasker-Schüler's poetic texts generally debate is mirrored again, between *logos*

---

[21] The picture shows 'Der Bund der wilden Juden'. Mit Farbstiften und Ölkreiden kolorierte Lithographie der Vorzugsausgabe von 'Theben' (WKA, Rheinbach-Todenfeld). Marbacher Magazin Doppelheft 71/1995, op.cit., p. 180.

and *mythos*, that is to say, between rational argument and mythical imagination.[22]

ORIENTALIZATION AND IDENTITY: PROJECTIONS OF BELONGING

Else Lasker-Schüler's texts and their characters reflect her own perceptions of reality, which have variously been explained as an expression of an impoverished life, as a protest against an oppressive German monarchy, as compensation for mental illness or as a way of overcoming the restrictions placed on her as a woman living in Germany at that time. Thus, her texts and her language – insofar as she invented her own language in the *Nächte* – reflect a process of conversion that changes constantly from the *Nächte* through the *Hebräische Balladen* to *Der Prinz von Theben*. Whereas her language of the Orient develops in the *Nächte*, the two other major contributions to literary Orientalism show further changes in her own language and staging of Oriental motifs and speech. They are all projections of belonging, projections of a Jewish writer in secularized times. As such they represent a constant process of identity formation, in that they reveal a hybrid structure of constitution and deconstruction of self and other, and echo a dialectical process of emancipation and assimilation, to some extent even of Lasker-Schüler's self.[23] In this respect, viewed on a further aesthetic level one could argue that Lasker-Schüler also made her body

---

[22] In this sense, Lasker-Schüler refers to the Bible and to biblical figures, men and women, interweaving Jewish and non-Jewish traditions. See Sigrid Bauschinger, Judenchristen: Else Lasker-Schüler und die verlorene Brücke zwischen Juden und Christen. In: *Else Lasker-Schüler: Ansichten und Perspektiven/Views and Reviews*, ed. by Ernst Schürer and Sonja M. Hedgepeth. Tübingen and Basel 1999, pp. 59–70; Vivian Liska, Biblische Frauen in der Lyrik Else Lasker-Schülers. In: *Else Lasker-Schüler Jahrbuch der klassischen Moderne* (2000), pp. 36–54; Norbert Oellers, Die Gestalt Jesu im Werk der jüdischen Dichterin Else Lasker-Schüler. In: *Hinauf und Zurück/in die herzhelle Zukunft: deutsch-jüdische Literatur im 20. Jahrhundert*. FS Birgit Lermen, ed. by Michael Lermen, Birgit Brenner, Peter J. Braun. Bonn 2000, pp. 253–66; Yvonne Domhardt, 'Ich bin nicht Hebräerin der Hebräer Willen, aber – Gottes Willen!' Else Lasker-Schülers Flucht ins Judentum in den Exiljahren 1933–1945. In: *Siehe, ich schaffe Neues: Aufbrüche von Frauen in Protestantismus, Katholizismus, Christkatholizismus und Judentum*, ed. by Doris Brodbeck. Bern 1998, pp. 157–68; Alfred Bodenheimer, Gottes Lächeln, Mephistos Pferdefuß. Fährten einer poetischen Theologie bei Else Lasker-Schüler. In: *Aschkenas* 7 (1997), pp. 137–54; Jakob Hessing, Else Lasker-Schüler, Dichterin ohne Geschichte: Die jüdischen, christlichen und deutschen Mythen in ihrer Nachkriegsrezeption. In: *Bulletin des Leo Baeck Instituts* 65 (1983), pp. 23–52. For a broader discussion see *Im Zeichen Hiobs. Jüdische Schriftsteller und deutsche Literatur im 20. Jahrhundert*, ed. by Gunther E. Grimm and Hans-Peter Bayerdörfer. Frankfurt/M. 1986.

[23] There is a variety of studies discussing the intersections of religion, ethnicity and gender out of which only some can be mentioned here: Herbert Uerlings, Ethnicity and Gender in Else Lasker-Schüler's 'Oriental' Stories: Der Amokläufer (Tschandragupta) and Ached Bey. In: *Women in German Yearbook: Feminist Studies in German Literature and Culture* 18 (2002), pp. 225–47; Mark H. Gelber, Jewish, Erotic, Female: Else Lasker-Schüler in the

into a text. Playing the role of Tino, then of the Prince, she eventually tried to live the liminal word; experiences she first created in her texts. As suggested in our initial methodological considerations of her work, this kind of self-orientalization represents Lasker-Schüler's attempt to bridge the gulf that she believed existed between herself and German society and/or some Jewish people, and also shows her in her role as an intellectual woman who created a network of Jewish and German communication. Only her character as a poetess allowed her to play a role and be a participant in the intellectual discussions of that time. In the intersection of the writing individual and the poetic work there exists above all this process of identity formation for Lasker-Schüler: as an orientalization at the level of the text and as a self-orientalization in an actual sense, namely, in her public masquerade.

Context of Cultural Zionism. In: *Else Lasker-Schüler*, ed. by Schürer and Hedgepeth, op.cit., pp. 27–43; Ulrike Müller, *Auch wider dem Verbote: Else Lasker-Schüler und ihr eigensinniger Umgang mit Weiblichkeit, Judentum und Mystik.* Frankfurt/M. and New York 1997; Dagmar C. Lorenz, Jewish Women Authors and the Exile Experience: Claire Goll, Veza Canetti, Else Lasker-Schüler, Nelly Sachs, Cordelia Edvardson. In: *German Life and Letters* 51 (1998), pp. 225–39; Anthony Stephens, Else Lasker-Schüler and Nelly Sachs. Female Authority and Jewish Identiy. In: *Menorah* 2 (1988), pp. 37–50. For an excellent survey see *Gender and Judaism. The Transformation of Tradition*, ed. by Tamar M. Rudavsky. New York 1995.

Yahya Elsaghe

GYNAIKOKRATIE, GROSSSTADT UND REPUBLIK IN THOMAS MANNS *DOKTOR FAUSTUS*

Wie der junge Thomas Mann einst seiner Mutter nach München nachzog, nachdem diese nach dem Tod ihres Mannes dorthin übergesiedelt und er selber im Gymnasium endgültig gescheitert war, so zieht auch der Studienabbrecher Adrian Leverkühn 1910 von Leipzig in die ,bayerische[] Hauptstadt'.[1] Und wie Thomas Mann wird er, abgesehen von einem längeren Aufenthalt in Italien, 1911 und 1912, bis Anfang der Dreißigerjahre in Bayern bleiben: erst in München selbst; dann in Pfeiffering, auf Hof Schweigestill. Hier entstehen die Werke, die er sich mit seiner syphilitischen Ansteckung teufelsbündlerisch eingehandelt hat. In der Mitteilung, ,daß er die Komposition von „Love's Labour's Lost" begonnen habe', besteht denn auch das erste Lebenszeichen, das Serenus Zeitblom von ihm aus München erhält. Und die Instrumente, die ihm dabei dienlich sind, bilden den Anlaß oder Vorwand dafür, den neuen ,Schauplatz' vorzustellen:

> Er wohnte in der Rambergstraße [...] als Untermieter einer Senatorswitwe [...], die dort in einem noch neuen Hause mit ihren beiden Töchtern eine Wohnung zu ebener Erde innehatte. [...]
> Ein kleines Harmonium [...] stand in dem Zimmer [...]. [...] so stand ihm auch der Flügel im Salon [...] zu [...] Verfügung. Dieser Salon [...], ausgestattet mit gesteppten Fauteuils, bronzierten Kandelabern, vergoldeten Gitterstühlchen, einem Sofa-Tisch mit Brokatdecke und einem reich gerahmten, stark nachgedunkelten Ölgemälde von 1850, welches das Goldene Horn mit dem Blick auf Galata darstellte [...], war abends nicht selten der Schauplatz einer Geselligkeit [...], zu der auch Adrian sich [...] hinzuziehen ließ, um [...] die Rolle des Haussohnes dabei zu spielen.[2]

---

[1] Zitiert wird nach Thomas Mann, *Gesammelte Werke*. Frankfurt a. M. 1974, hier Bd. 6, S. 260. Zitate aus dem Nachlaß werden nicht weiter nachgewiesen und erfolgen mit freundlicher Erlaubnis des Thomas Mann-Archivs der Eidgenössischen Technischen Hochschule Zürich.

[2] Bd. 6, S. 260f.

Im Katalog des Interieurs geht eine hier entscheidende Kulisse beinahe unter. Diese aber bleibt dem ‚Schauplatz' des Romans auch dann noch erhalten, nachdem Leverkühn seinen Wohnort nach Pfeiffering verlegt hat. Denn die achtzehn Jahre, die Leverkühn dort verlebt, spielen sich fast alle in der unmittelbaren Gegenwart derselben Kulisse ab. Die Senatorswitwe soll nämlich ihrerseits nach Pfeiffering gezogen sein, an einen ‚freien Platz gegenüber dem Schweigestill-Hof':[3]

> […] in diesen paar schlicht getünchten und niedrigen Stuben […] zu ebener Erde, die mit den bürgerlich-eleganten Resten ihres Hausrats, Kandelabern, Steppfauteuils, dem ‚Goldenen Horn' in schwerem Rahmen, dem Flügel mit der Brokatdecke darüber, wunderlich genug angefüllt waren.[4]

Den Hintergrund des ‚Schauplatz[es]' bildet also ein ‚Ölgemälde'. Dieses stellt ‚das Goldene Horn […] dar[]'. Der ‚Schauplatz' scheint sich hart an der Grenze von Orient und Okzident zu befinden, der Orient hier in Bayern zu beginnen, 18 Längengrade zu westlich und acht Breitengrade zu nördlich, 1600 Kilometer Luftlinie früher als auf der Landkarte und zwei Tage eher als auf dem Fahrplan des Orientexpreß von 1910 angezeigt.[5]

Diese Verschiebung der Kontinentalgrenze ist keineswegs auf das eine Spätwerk beschränkt. Vielmehr gehört sie zu den Konstanten einer imaginären Geographie. Der einzige Text Thomas Manns zum Beispiel, den Edward Said bei seinen Analysen des ‚Orientalismus' berücksichtigte,[6] zeigt zwar schon in seinem Titel nach Venedig, das hier seinerseits zu einer ‚porta orientis' verfremdet wird. In diesen virtuellen Orient aber gelangt der Preuße Aschenbach erst im dritten von fünf Kapiteln. Ihren Anfang nimmt seine Faszination mit dem Fremden und seine Reise ins Einzugsgebiet der ‚cholera *asiatica*' und in ‚den Tod' in München, und zwar ‚gegenüber' einem ‚*byzantinische[n]* Bauwerk'.[7]

Die Symbiose, zu der Ansteckungs- und Todesängste im *Tod in Venedig* mit irregulärer Erotik und Exotik zusammenfinden, läßt sich ihrerseits auch wieder im *Doktor Faustus* nachweisen. Auch die Ansteckung Leverkühns ist im Osten situiert, und auch hier wird der Osten zu diesem Zweck orientalisch verfremdet, indem zum Beispiel der Ort des ersten Kontakts, Leipzig, explizit mit Ninive verglichen wird.[8] Das Ende der geographisch komplizierten An-

---

[3] Bd. 6, S. 432.
[4] Bd. 6, S. 433f.
[5] Freundliche Mitteilung von Hermann Träger, Museum der deutschen Bahn, Nürnberg, vom 6. Februar 2004.
[6] Edward W. Said, *Culture and Imperialism*. New York 1993, S. 202.
[7] Bd. 8, S. 445; im Original keine Hervorhebung.
[8] Bd. 6, S. 186f.; vgl. S. 193.

steckungsgeschichte kommt nach Bratislava zu liegen; und der Vorwand, unter dem Leverkühn die ,ziemlich weite Reise' dorthin geheimhält, besteht in einer wieder virtuell in den Orient führenden Fahrt: ,die österreichische Premiere der „Salome"' ,in Graz', ,zu deren überhaupt erster Aufführung' Leverkühn zuvor schon ,nach Dresden gefahren war'[9] (und die Thomas Mann dort übrigens selber gesehen und gehört hatte: ,eine tolle Zauberei!'[10]).

Der ,Vorwand' gewinnt seinen Sinn von der Bedeutung her, die Salome zwischen Oscar Wildes Drama und der Oper erhielt, zu der dieses Drama Richard Strauss inspirierte. In Oskar Panizzas *Liebeskonzil* hat Salome die Syphilis unter die Menschen zu bringen.[11] Dieser Symbolwert der Salome ist eng mit dem ,Orient' verknüpft. Denn daß die Gestalt der Salome, die auch bei Panizza zuallererst mit ,einer Stadt – in Asien' assoziiert wird,[12] um die Jahrhundertwende eine solche Konjunktur erleben konnte, wäre ohne den europäischen Orientalismus überhaupt nicht zu erklären. Mit diesem fällt die so genannte Salomania zeitlich zusammen; und mit seiner Verlaufskurve deckt sich ihr Binnenverlauf genau.[13] Auch und gerade Strauss hatte mit seiner *Salome* eine ,wirklich exotische' ,Orient- und Judenoper' geschrieben.[14] Stärksten Ausdruck hat Strauss' Intention bekanntlich im ,Tanz der sieben Schleier'[15] erhalten, den Wilde aus dem babylonischen Kult der Istar-Aphrodite auf die erst von ihm so benannte Salome übertragen hatte.[16]

Die Orte, durch die Mann die Erzählung von Leverkühns Ansteckung und Krankheit geführt und die er dabei also je orientalisiert hat, gewinnen ihren gemeinsamen Nenner aus der deutschen Geschichte. München und Bayern; Leipzig und Dresden; Graz und Bratislava: Den Koalitionsbildungen des

---

[9] Bd. 6, S. 205.

[10] Brief vom 17. Januar 1906 an Heinrich Mann, in Thomas Mann, *Briefe I: 1889–1913*, hrsg. von Thomas Sprecher, Hans R. Vaget und Cornelia Bernini. Frankfurt a. M. 2002 (Große kommentierte Frankfurter Ausgabe, Bd. 21), S. 342.

[11] Oskar Panizza, *Das Liebeskonzil. Eine Himmels-Tragödie in fünf Aufzügen*, hrsg. von Michael Bauer. München 1997, S. 103. Vgl. Hans Rudolf Vaget, The Spell of Salome: Thomas Mann and Richard Strauss. In: *German Literature and Music. An Aesthetic Fusion: 1890–1989*, hrsg. von Claus Reschke und Howard Pollack. München 1992 (Houston German Studies, Bd. 8), S. 39–60 (S. 52 f.).

[12] Panizza, a.a.O., S. 50.

[13] Vgl. Anthony Pym, The Importance of Salome: Approaches to a Fin de Siècle Theme. In: *French Forum* 14, 1989, S. 311–22 (S. 312 f.).

[14] Richard Strauss, *Betrachtungen und Erinnerungen*, hrsg. von Willi Schuh. Zürich 1981, S. 224.

[15] Richard Strauss, *Salome*. Musik-Drama in einem Aufzug nach Oscar Wilde's gleichnamiger Dichtung in deutscher Übersetzung von Hedwig Lachmann. Musik von Richard Strauss. Op. 54. Berlin und Paris 1905, S. 138. Vgl. Oscar Wilde, *Salomé*. In: Ders., *Salomé; La Sainte Courtisane; A Florentine Tragedy*. London 1921, S. 1–92 (S. 74): ,la danse des sept voiles'.

[16] Megan Becker-Leckrone, Salome: The Fetishization of a Textual Corpus. In: *New Literary History* 26, 1995, S. 239–60 (S. 254 f.).

Deutschen Kriegs entlang gelesen, bezeichnen alle Ortsnamen das vom preu-
ßischen Standpunkt aus Feindliche, ‚Andere', und damit eben auch den ‚Orient' in dem Sinn, den Said an den ‚westlichen' Diskurspraktiken herauspräpa-
riert hat. Unter diese Funktion, als Projektionsfläche für alles mögliche ‚Andere' zu dienen, sind natürlich auch die weiblichen Sexuierungen des ‚Orients' zu verrechnen, die ihren Ausdruck im Topos von der Hure Babylon gefunden haben, wie ihn Johannes schon bei Wilde von allem Anfang an gegen
Salome wendet.[17]

Wildes beziehungsweise Strauss' *Salome* gibt aber ein Beispiel nicht nur für
den Orientalismus, sondern auch noch für eine andere Zeiterscheinung her,
nämlich für die ‚erste' Frauenbewegung. Salome, die sich schon in den Evan-
gelien mit ihrer Mutter erfolgreich gegen einen Patri- und Tetrarchen verbün-
det, usurpiert hier, bei Wilde und Strauss, eine männliche Rolle, die bis in die
Macht- und Sexualsymbolik des Blicks reicht: Bevor sie ihre nekrophile Monstrosität an ihm begeht, starrt Salome auf den Körper des Johannes, während
dieser sich durchweg und sozusagen noch als Leiche weigert, sie anzusehen.[18]

---

[17] Wilde, a.a.O., S. 28, 31, 34: ‚fille de Babylone'. Strauss, a.a.O., S. 45, 52, 64: ‚Tochter Baby-
lons'. Vgl. die alternative Anrede bei Wilde, S. 29, 32, 34. Im *Tod in Venedig* erscheint die
verseuchte Stadt als Körper einer syphilitischen Prostituierten (vgl. Heinrich Mann, [Re-
zension von:] *Der Tod in Venedig* […]. In: *März* 7.13, 1913, S. 478f.). Von Aschenbachs Mutter hat aus Böhmen in die preußische Provinz eingeheiratet. Das Portrait seiner eigenen
Frau, einer geborenen Oberbayerin, die er in München kennenlernte, hat Thomas Mann
im *Gesang vom Kindchen* ‚arabisch' verfremdet wie Imma Spoelmanns Reichtum in *König-
liche Hoheit* (Bd. 8, S. 1086–89; Bd. 2, S. 225, 247). Und schon eine ganz frühe femme fatale,
‚Amra' Jacoby aus der Novelle *Luischen*, weist mit ihrem akronymischen Rufnamen auf
eine Hetäre aus der buddhistischen Überlieferung zurück (vgl. *Buddhas Leben und Wirken*.
Nach der chinesischen Bearbeitung von Açvagoshas Buddha-Carita und deren Übersetzung in das Englische durch Samuel Beal in deutsche Verse übertragen von Th. Schultze.
Leipzig 1894, S. 220–24, V. 1750.1–1782.4).
[18] Vgl. Wilde, a.a.O., S. 28f.: ‚Qui est cette femme qui me [scil. Iokanaan] regarde? Je ne veux
pas qu'elle me regarde. […] Ne m'approchez pas, fille de Sodome, mais couvrez votre
visage avec une voile […].' S. 88–90: ‚Mais pourquoi ne me [scil. Salomé] regardes-tu pas,
Iokanaan? Tes yeux qui étaient si terribles, qui étaient si pleins de colère et de mépris, ils
sont fermés maintenant. Pourquoi sont-ils fermés? Ouvre tes yeux! Soulève tes paupières,
Iokanaan. Pourquoi ne me regardes-tu pas? As-tu peur de moi, Iokanaan, que tu ne veux
pas me regarder? […] Ah! pourquoi ne m'as-tu pas regardée, Iokanaan? Derrière tes mains
et tes blasphèmes tu as caché ton visage. Tu as mis sur tes yeux le bandeau de celui qui
veut voir son Dieu. Eh, bien, tu l'as vu, ton Dieu, Iokanaan, mais moi, moi… tu ne m'as
jamais vue. Si tu m'avais vue, tu m'aurais aimée.' Vgl. Strauss, a.a.O., S. 44–48 bzw. 185–
95: ‚Wer ist dies Weib, das mich ansieht? Ich will ihre Augen nicht auf mir haben. […]
Tochter Sodoms, komm mir nicht nahe! Vielmehr bedecke dein Gesicht mit einem Schleier
[…]!' ‚Aber warum siehst du mich nicht an, Jochanaan? Deine Augen, die so schrecklich
waren so voller Wut und Verachtung, sie sind jetzt geschlossen. Warum sind sie geschlossen? Öffne doch die Augen, so hebe deine Lider, Jochanaan! Warum siehst du mich nicht
an? Hast du Angst vor mir, Jochanaan, dass du mich nicht ansehen willst? […] Ah! Warum
hast du mich nicht angesehen, Jochanaan? [sic, keine Auslassung] Du legtest über deine
Augen die Binde eines, der seinen Gott schauen wollte. Wohl! Du hast deinen Gott gese-

Solch eine Entmächtigung des männlichen Blicks und die ‚Fatalität' der Frau, mit der sie einhergeht, taucht im *Doktor Faustus* in einer anderen ‚Judenoper' wieder auf, an einem ‚Abend'[19] in einem Münchener Salon:

> [...] die Des-Dur-Arie der Delila aus ‚Samson' von Saint-Saëns [...].
> Durch das Schallgitter strömte ein stolzer Mezzosopran [...]: Man verstand das ‚Mon cœur s'ouvre à ta voix' und dann kaum noch etwas [...].
> Man war ergriffen. [...] ‚Blödsinnig schön!'[20]

Es geht hier um eine Verführungsszene, in der die traditionellen Geschlechterrollen so vertauscht sind wie in Wildes *Salomé*. Die Frau ‚kastriert', sie ‚penetriert' den Mann. Nach Entsprechungen des Blendungsvorgangs[21] und nach Belegen für seine sexualsymbolische Befrachtung braucht man im *Doktor Faustus* nicht lange zu suchen. Um ganz ‚vor Ort', in der Münchener ‚Wohnung' zu bleiben, in der sich die orientalische Kulisse erstmals auftut: Die eine der ‚beiden Töchter[]' des Hauses, Ines, schreibt Gedichte, in denen sie die Position eines ‚Manns' und Penetrators usurpiert: ‚Ich bin ein Berg*mann* in der Seele Schacht'.[22] In der unmittelbaren ‚Gegenwart' des ‚Goldene[n] Horn[s]' bahnt sich nicht nur Ines' Ehe mit einem ‚Mann [...] in Männchengestalt'[23] an; sondern hier beginnt auch ihr Verhältnis mit einem ‚Knaben', ‚[B]ursch[en]' und ‚Jüngling',[24] mit dem sie ihren ‚kleinen'[25] Ehemann von allem Anfang an betrügt.

Die Stürzung der stereotypen Geschlechterrollen, auf die ihr fortgesetzter Ehebruch hinausläuft, spricht der Geliebte selber ganz offen aus – übrigens in einem ‚Erdgeschoß'[26] und einem stockfinstern Zimmer[27] –: ‚Es verkehre ir-

---

hen, Jochanaan, aber mich, mich, mich hast du nie gesehen. Hättest du mich gesehen, du hättest mich geliebt!'

[19] Bd. 6, S. 546.

[20] Bd. 6, S. 548f.

[21] Vgl. z.B. Bd. 6, S. 369, wo in einem anderen Münchener Salon die Sopranistin Tanja Orlanda Wagners *Tristan und Isolde* zu Gehör oder fast schon zu einer Art Aufführung bringt, die den Erzähler bis zu den Tränen übermannt und ihn fast ‚vor der [...] triumphierend Lächelnden' auf die Knie zwingt. Sie singt einen Part der Isolde, Zweiter Aufzug, Erster Auftritt. Thomas Mann zitiert hier offenbar aus dem Gedächtnis. Denn das Zitat ist ganz leicht inakkurat, und seine nur geringfügige Ungenauigkeit ist deshalb doch auffällig und wäre im Grunde deshalb erklärungsbedürftig, weil dadurch die Gedächtnis*stütze* eines weiteren Stabreims verloren geht: „„Die Fackel"' – eigentlich müßte es heißen: „Die Leuchte" –, „„und wär's meines Lebens Licht, lachend zu *löschen* zag' ich nicht" (wobei die Sängerin das theatralische Tun durch eine energisch niederstoßende Bewegung ihres Arms markierte)' (vgl. Richard Wagner, *Sämtliche Schriften und Dichtungen*. Volks-Ausgabe. Leipzig o. J., Bd. 7, S. 35).

[22] Bd. 6, S. 263.

[23] Bd. 6, S. 439.

[24] Bd. 6, S. 270, 385–87.

[25] Bd. 6, S. 439, 465, 598, 664.

[26] Bd. 6, S. 337.

[27] Bd. 6, S. 463f.

gendwie das Besitzverhältnis und führe zu einem unerfreulichen Übergewicht der Frau in der Liebe, so, daß er sagen müsse, Ines gehe mit seiner Person, seinem Körper um, wie eigentlich und richtigerweise der Mann umgehe mit dem einer Frau [...].'[28] Die Konsequenz dieser ‚Verkehrung' wird dann ein Mord sein, den Ines mit einer besonders grobschlächtigen Waffe an ihrem abtrünnigen Geliebten begeht.[29]

Zu derselben Zeit komponiert Leverkühn in Gegenwart des ‚Goldene[n] Horn[s]' das Puppenspiel *Gesta Romanorum*. Die mittellateinischen *Gesta* sollen hauptsächlich von ‚Ehebruch' und ‚buhlerischen Eheweibern' handeln und darin ‚dem Dekameron vorspielen'.[30] Und die ‚Komposition', die den *Gesta* vorhergeht und deren ‚Beginn' diesem Erzähler überhaupt erst die Gelegenheit gibt, das ‚Goldene Horn' ins Blickfeld zu rücken, gilt *Love's Labour's Lost*: das heißt demjenigen Drama Shakespeares, in dem die Frauen das letzte Wort behalten und wo sie die Erfüllung männlicher Ansprüche *ad Kalendas Graecas* stunden.

Wie hängen nun all die Perversionen der Geschlechterdiathesen ausgerechnet mit dem ‚Orient' zusammen, vor dessen Kulisse sie situiert sind?

Das Münchner Opern- und Salonbeispiel für den Rollentausch taucht auch in einem Korpus auf, das Mann wahrscheinlich ziemlich bald nach seinem *Brief über die Ehe*,[31] aber noch vor der Niederschrift von *Mario und der Zauberer*[32] zu rezipieren begann, das in seinem Spätwerk überhaupt tiefe Spuren

---

[28] Bd. 6, S. 465f.

[29] Bd. 6, S. 597.

[30] Bd. 6, S. 420.

[31] Einen terminus post quem könnte man aus dem offenen Brief *Die Ehe im Übergang* (geschrieben im Juli und August 1925) deshalb gewinnen, weil darin ausführlich und schon in der Entwurfshandschrift vom modernen Wandel der Geschlechterrollen die Rede ist, ohne daß Thomas Mann die hier näher als sonst je liegende Gelegenheit wahrnähme, Bachofen auch nur dem Namen nach zu erwähnen: ‚Unterminierung' des ‚patriarchalische[n] Rudiment[s]' ‚durch die Verselbständigung und Emanzipation der radfahrenden, chauffierenden, studierenden, starkgeistig gewordenen, [...] vermännlichten Frau, durch die „Frauenemanzipation", die so lächerlich und kindlich begann u. von der doch so viel ernsthaft Untilgbares, „Irreparables" übrig geblieben ist' (Thomas Mann, *Essays II: 1914–1926*. Hrsg. von Hermann Kurzke. Frankfurt a. M. 2002 [Grosse kommentierte Frankfurter Ausgabe, Bd. 15.2], S. 710).

[32] Ein erster Versuch, die Bachofensche Kulturstufenlehre auf das Verständnis der unmittelbaren, wenn auch noch nicht im engsten Sinn eigenen Gegenwart zu übertragen, scheint in *Mario und der Zauberer* (1930, also auf dem Höhepunkt der Weltwirtschaftskrise) insofern vorzuliegen, als die Transformation der italienischen Gesellschaft hier als Umschlagsbewegung erscheint und als solche mit dem Begriff ‚Rückschlag' belegt wird (Bd. 8, S. 668). Der Begriff ‚Rückschlag' (Johann Jakob Bachofen, *Der Mythus von Orient und Occident. Eine Metaphysik der alten Welt. Aus dem Werk von J. J. Bachofen.* Hrsg. von Manfred Schroeter. München 1926, S. 37), den sich Thomas Mann eigens unterstrich und der er später übrigens auch auf den Nationalsozialismus anwandte (Bd. 11, S. 1048; vgl. S. 1025), bezeichnet bei Bachofen jenen zyklisch-kataklystischen Übergang zu einer primitiven Vor- und Unkultur, den er selber zu genau dem Zweck eingeführt zu haben scheint, seine

hinterließ[33] und das ihm zur Einsicht in die Geschichtlichkeit der Geschlechterrollen verhelfen sollte: Bei Johann Jakob Bachofen, wie könnte es anders
sein, gibt der ‚Mythus von Delila und Samson' einen Beleg dafür ab, daß die

Fortschrittstheorie an die gesellschaftspolitischen Entwicklungen schon seiner eigenen
Zeit zu vermitteln. Daß Thomas Mann versuchte, den italienischen Faschismus als eine
solche Regression auf die tiefste, ‚aphroditische' Kulturstufe zu konzeptualisieren oder
jedenfalls darzustellen, darauf gibt es in *Mario und der Zauberer* außer dem bedeutungsträchtigen Wort vom ‚Rückschlag' hinlänglich viele andere Indizien. So wird Italien zum
Faschismus, so das Wort des Texts: ‚erweckt[]' (Bd. 8, S. 676). Das Verb und seine Ableitungen nehmen beim späteren und späten Thomas Mann nicht von ungefähr regelmäßig
eine erotische Bedeutung an; im *Doktor Faustus* (im Zusammenhang mit der ‚Weiblichkeit', die Helmut Institoris ‚als Gatte' und ‚Erwecker' ‚nicht für sich', sondern nur für einen
anderen in Ines ‚erwecken' kann [Bd. 6, S. 395, 439; vgl. S. 442]); aber auch in der *Betrogenen*
(‚mein süßer Erwecker' nennt Rosalie von Tümmler ihren jungen Geliebten [Bd. 8, S. 945;
vgl. S. 901]); und übrigens ganz besonders häufig in den *Vertauschten Köpfen* (Bd. 8, S. 757,
760–62, 785f., 794). Die einschlägigen Belege beziehen sich ausnahmslos auf die ‚erweckte'
Sexualität immer einer Frau. Schon deswegen ist es mehr als nur wahrscheinlich, daß
diese spätere Verwendungsweise unmittelbar auf Bachofens Sprachgebrauch zurückgeht.
Bei Bachofen nämlich erscheinen die entsprechenden Vokabeln regelmäßig im Zusammenhang mit der ihm zutiefst unheimlichen, sozusagen wildgewordenen weiblichen Sexualität. In *Mario und der Zauberer* sind die Jungen und Männer des neu ‚erweckten Vaterlandes' (Bd. 8, S. 676) ‚Angeber' und ‚donnaiuol[i]' (Bd. 8, S. 669, 679), ‚Frauenhelden', dabei von ‚empörende[r] Wehleidigkeit' (Bd. 8, S. 665). Der Ort, an dem der Erzähler solche
ihn tief verstörenden Erfahrungen macht, ein ordentlicher deutscher Ehemann und mehrfacher Familienvater – nicht umsonst konnte man ihm in der Verfilmung mit noch sehr
viel penetranterer Deutlichkeit die Züge des realen Autors verleihen (‚Bernhard Fuhr*mann*
/ ein deutscher Schriftsteller' und verheiratet mit einer ‚Rachel' [Ein Film von Klaus Maria
Brandauer. *Mario und der Zauberer*. Frei nach der Erzählung von Thomas Mann. Berlin, o.J.,
S. 6; im Original keine Hervorhebung]) –, dieser Ort trägt einen Namen, der ihn geradezu
unter die Herrschaft der Aphrodite und all dessen stellt, was Bachofen mit ihr assoziiert:
‚Torre di *Venere*'. Der Ortsname ist frei erfunden und seine appellativische Bedeutung,
seine weiblich verkehrte Phallizität, desto signifikanter. ‚[D]er Zauberer' Cipolla selber
bringt ihn explizit und wiederholt zum Sprechen: ‚torregiano di Venere, [...] Türmer der
Venus', ‚„venerazione" „vénération"', ‚den reizenden Mädchen von Torre di Venere...'
(Bd. 8, S. 684, 692, 706). Diese Anspielungen auf die sexuelle Suggestivität des Ortsnamens
geschehen alle im Rahmen einer Veranstaltung, in der es ‚der Zauberer' vornehmlich auf
die ‚autochthone Männlichkeit von Torre di Venere' abgesehen hat (Bd. 8, S. 672). Er
nimmt seinen Opfern die ‚Männlichkeit' und erniedrigt deren ‚Kräfte[]'; so etwa in der Art
und Weise, wie er mit einem ‚hoch und breit gebaut[en]' und ‚schnurrbärtig stattlichen
Colonnello' entschieden ‚militärischen Aussehens' umspringt (Bd. 8, S. 698). Und vor allem demütigt er natürlich in seiner sexuellen, heterosexuell-männlichen Identität den
nach dem Paradeexempel des ‚tapfere[n] Krieger[s]' und tüchtige[n] Feldherr[n]' benannten ‚Mario' (*Meyers Konversations-Lexikon*. Leipzig und Wien 1895–1900, Bd. 11, S. 948, s. v.
‚Marius'). Cipolla, mit seinem Buckel, seinem ‚Schnurrbärt*chen*', seinen ‚schadhaften Zähnen' seinerseits weniger ‚Cavaliere' als die Karrikatur und Groteske eines solchen, benutzt
zu seinen hypnotischen Zwecken noch dazu einen ‚Stab der Kirke' – *der* ‚Gynaikokratin'
und Männerdemütigerin schlechthin (Bd. 8, S. 674f., 703; im Original keine Hervorhebung).
[33] Vgl. z.B. zu den Josephsromanen Elisabeth Galvan, *Zur Bachofen-Rezeption in Thomas
Manns Joseph-Roman*. Frankfurt a. M. 1996 (Thomas Mann-Studien, Bd. 12); zum überhaupt
letzten vollendeten Erzähltext Yahya Elsaghe, ‚Vom Moschusgeruch des Exkrementhaufens'. Mythos und Ideologie in Thomas Manns *Die Betrogene*. In: *Deutsche Vierteljahrsschrift*

Gewalt des Manns über die Frau nicht die einzig denkbare Kulturalisation der Geschlechterdifferenz darstellt und daß diese vormals ganz andere Formen annahm.[34] Das Patriarchat soll das Ende oder, vorsichtiger, das Resultat einer langen und intrikaten Geschichte sein. Diese führe aus dem ‚Hetärismus‘ über das ‚Mutterrecht‘ ins ‚Vaterrecht‘, oder anders, mit einer Bachofen besonders lieben Metaphernverbindung gesagt, aus ‚chthonischem‘ Dunkel in ‚solarische‘ Helle. Wie schon nur diese Metaphern oder auch die je assoziierten Gottheiten verraten, sieht Bachofen in der von ihm postulierten Entwicklung vom ‚Aphroditischen‘ zum ‚Apollinischen‘ oder ‚Juppiterischen‘ einen unbedingt wünschbaren ‚*Fortschritt*‘,[35] der allerdings nicht linear und nicht irreversibel verlaufe.

Dieser fatalistischen Zeitalterlehre nun hat Bachofen auch eine Kulturgeographie eingeschrieben: Das Patriarchat soll eine Kulturleistung der ‚abendländischen‘ Zivilisation sein. Nur ‚[d]er reinere Geist des Okzidents‘[36] habe die ‚gynaikokratischen‘ Zustände zu überwinden vermocht. Die Differenz von Okzident und Orient beruht also auf der Fortschrittlichkeit des einen und auf der Stagnation des anderen. Der ‚Code‘, der die eurasische Landmasse hier organisiert, teilt diese nur einerseits nach einem stereotypen Schema, andererseits aber eben auch in der geschlechterpolitisch originellen Weise, daß die Differenzierung unversehens in Widerspruch zu den bis heute herrschenden Klischees gerät: Hier ‚Europa‘ als die altbekannt ‚aufgeweckte Provinz

---

für Literaturwissenschaft und Geistesgeschichte 73 (1999), S. 692–709. In bezug auf die kurz vor *Doktor Faustus* entstandenen *Vertauschten Köpfe* hat die Forschung eine Beziehung zu Bachofens Kulturstufenlehre offenbar noch nicht erwogen, obgleich eine solche allein schon die entstehungschronologischen und insbesondere die thematischen Affinitäten des Texts zum *Faustus*-Roman nahelegen. Das Motiv der einen Frau, deren Sexualität der sie rechtlich freiende Mann im Grunde für einen anderen ‚erweckt‘, entspricht ganz genau dem Dreiecksverhältnis von Ines Institoris-Rodde, Helmut Institoris und Rudi Schwerdtfeger, das ja seinerseits über das Motiv der quasi gynaikokratischen Polyandrie und vor allem auch wieder durch die Symbolreihen von Licht und Dunkel auf Bachofens Kulturstufenlehre bzw. deren Metaphorik verweist. In der frivolen Dreiecksgeschichte *Die vertauschten Köpfe* werden die ‚Köpfe‘ der beiden Männer von der einen Frau nicht zufällig und recht eigentlich im ‚Mutterschoß‘ einer Muttergottheit ‚vertauscht‘, die im Gefolge Bachofens denn auch anderwärts für entsprechende Interpretationen sich anbieten, diese geradezu herausfordern mußte (vgl. Erich Neumann, *Die Große Mutter. Eine Phänomenologie der weiblichen Gestaltungen des Unbewußten*. Zürich und Düsseldorf 1997, S. 149–52). Die Vertauschung der Männerköpfe steht vor allem Anfang an im Bannkreis ganz ausdrücklich ‚der Mutter‘ und ‚Weltamme‘, ‚Weltenmutter‘ und ‚Mutter [korrigiert aus: ‚Herrin‘] aller Welten‘ Kâlî, ‚der Dunklen‘ (Bd. 8, S. 712, 716, 757). Die Vertauschung geschieht im ‚Dunklen‘ des ‚Mutterhaus[es]‘ oder genau genommen im ‚Halbdunkel[n]‘ (Bd. 8, S. 746).

[34] Johann Jakob Bachofen, *Urreligion und antike Symbole. Systematisch angeordnete Auswahl aus seinen Werken [...]*. Hrsg. von Carl Albrecht Bernoulli. Leipzig 1926, Bd. 1, S. 188; Bd. 2, S. 149.

[35] Bachofen, *Urreligion*, Bd. 2, S. 134; Thomas Manns Hervorhebung.

[36] Bachofen, *Urreligion*, Bd. 2, S. 149.

[...] Asiens',[37] aber auch als nicht einfach nur ‚männliche', sondern als Zone, in der es ‚die' Frau zu unterwerfen gelang; dort das eigentliche ‚Asien[]' als ein wie gehabt verschlafener und geschichtslos-amorpher, aber auch als ein Raum, wo die gynaikokratische Macht ungebrochen blieb.

Gerade dieses Syndrom von Misogynie und ‚Orientalismus' scheint mit ein Grund dafür gewesen zu sein, daß Bachofen in den Zwanzigerjahren eine Renaissance erlebte. In einem einzigen Jahr, 1926, kamen gleich drei Ausgaben auf den Markt. Eine davon trägt den Titel: *Der Mythus von Orient und Occident. [...] Mit einer Einleitung von Alfred Baeumler.*

Unter ausgerechnet dieser Überschrift begann Mann Bachofen überhaupt erst zu lesen. Er rezipierte ihn erst in ausgerechnet dieser, das heißt eben in einer Ausgabe, deren Textauswahl einem monomanischen Interesse an ‚Orient und Occident' geschuldet war. Noch genauer gesagt, darauf läßt das älteste einschlägige Rezeptionszeugnis schließen, lernte er Bachofen hier zuallererst aus zweiter Hand, über die ‚Einleitung von Alfred Baeumler' kennen.

In seiner Einleitung schloß Baeumler Bachofen direkt an die Gegebenheiten vorgeblich des ‚modernen [...] Europa', in Wahrheit aber wohl eher der deutschen ‚Gegenwart' an: an den Krieg, der hier allerdings noch nicht wirklich vergangen, geschweige denn verloren zu sein scheint; und an das Frauenwahlrecht, das in Deutschland eben erst eingeführt worden war. Solch eine ‚politisch-soziale Gleichberechtigung' freilich erscheint hier nur als harmloses Symptom einer sehr viel tiefer gehenden ‚Wandlung[]', die allein schon die Geschlechterphysiognomien zu erkennen geben sollen. Für Baeumler ist ‚klar' und ‚offen[]' die ‚aphroditisch'-‚orientalische' Geschlechterentropie wiedergekehrt.

> [...] wie kann im modernen, kriegerischen, von Männern beherrschten Europa von ‚Mutterrecht' die Rede sein? [...]
> [...] Es ist ein offenes Geheimnis, daß die väterliche Gewalt, die Herrschaft des Mannes heute gebrochen ist. [...] Ein Blick in die Straßen Berlins, Paris [sic] oder Londons, in das Gesicht eines modernen Mannes oder Weibes genügt, um den Kult der Aphrodite als denjenigen zu erweisen, vor dem Zeus und Apollon zurücktreten müssen.[38]

Die Aktualisierung der Bachofenschen Kulturtheorie hatte ihren Preis. Erkauft hat sie Baeumler zum einen durch Überhellung des pessimistisch-zyklischen Geschichtsverlaufs, wie er ihn bei Bachofen ja mitunter tatsächlich kon-

---

[37] Bd. 9, S. 486. Vgl. dazu die ‚Gehirn'-‚Körper'-Metaphorik bei Theodor Lessing, *Europa und Asien*. Berlin-Wilmersdorf 1918, S. 7–11.

[38] Alfred Baeumler, Einleitung [zu:] Bachofen, *Der Mythus von Orient und Occident*, S. CCXCIIf.

zipiert finden konnte; zum andern jedoch durch die besondere Wendung, die er dem Topos von der Hure Babylon hier gab, indem er eine zeitgenössische Aversion gegen das Großstadtleben mit einfließen ließ. Nach solch einer Assoziation aber der vor- und postpatriarchalen Geschlechterverhältnisse mit der modernen Großstadt sucht man bei Bachofen vergebens; übrigens auch in seiner Korrespondenz. Denn in den Briefen, die Bachofen aus Städten wie ,Paris oder London[]' schrieb, äußerte er sich entweder gar nicht oder dann begeistert über die Orte des Datums. Umgekehrt bot ihm deren großurbane Perspektive Gelegenheit, seiner Verachtung der *heimatlichen* Verhältnisse Ausdruck zu geben und dabei mitunter die ,Basler Kümmeltürken' ihrerseits zu orientalisieren.[39]

Spätestens hier wurde Baeumler zu dem ,Verfälscher Bachofens', als den ihn Mann später bezeichnete.[40] Diese Selbstkorrektur seines erst sehr beifälligen Urteils über Baeumlers Bachofen-Lektüre scheint sich allerdings nicht auch auf den Antiurbanismus erstreckt zu haben, unter dessen Signatur er der These von der gegenwärtigen Wiederkehr ,orientalisch'-,chthonischer' Zustände im *Mythus von Orient und Occident* erstmals begegnet war. Dem Text des *Doktor Faustus* jedenfalls schrieb er den Bachofenschen Orientalismus zunächst in der aufdatierten Form ein, die Baeumler diesem in seiner Einleitung gegeben hatte. Reorientalisierte Geschlechterverhältnisse herrschen im *Doktor Faustus* nicht einfach in einer irgendwie ,chthonisch'-finsteren Sphäre. Nicht von ungefähr griff Thomas Mann bei seiner Arbeit am *Doktor Faustus* auf die Materialien zurück, die er einst für einen ,Großstadt-Roman' gesammelt hatte (wie er das Projekt *Maja* oder *Die Geliebten* im selben Brief nannte, in dem er, unmittelbar davor, auch die ,Zauberei' jener *Salome*-Inszenierung erwähnte).[41]

Daß die ,Brechung' der *patria potestas* auch im *Doktor Faustus* ein großstädtisches Phänomen ist, zeigt sich schon an der orientalischen Kulisse der Ereignisse und Kompositionen, die im Sturz des ,Vaterrechts' ihren gemeinsamen Nenner haben. Das ausdrücklich ,*stark* nachgedunkelte[...] Ölgemälde' stellt ausgerechnet die Großstadt dar, die Istanbul seit der Antike, auch noch ,1850' und erst recht um 1910 war. Und das Bild dieser Großstadt hängt erst nicht nur in einer ,chthonischen', einer ,Wohnung zu ebener Erde'; sondern das ,neue[] Haus[]', in dem diese Wohnung liegt, steht seinerseits wieder in einer modernen Großstadt. Es steht in dem vollen und etymologisch genauen Sinn, den das Wort hier schon aus der Biographie des Autors gewinnt, in einer *Metro*pole und

---

[39] Johann Jakob Bachofen (*Gesammelte Werke*, Bd. 10). Hrsg. von Fritz Husner. Basel und Stuttgart 1967, *Briefe*, S. 13–15, 341–44.

[40] Brief vom 3. November 1954 an Jonas Lesser, in *Thomas Mann und Alfred Baeumler. Eine Dokumentation*. Hrsg. von Marianne Baeumler, Hubert Brunträger und Herrmann Kurzke. Würzburg 1989, S. 239.

[41] Mann, *Briefe I*, S. 342.

‚Mutterstadt'. München, wo übrigens auch schon jener ‚Großstadt-Roman' hätte situiert sein sollen, ist von allem Anfang an ‚korrumpiert [...] von modernem Massenbetrieb'[42] und die größte Stadt, in die es Leverkühn überhaupt je verschlägt. Denn die ‚Isarstadt',[43] wie sie Zeitblom mit vielleicht zufälligem Anklang an Istar-Astarte-Aphrodite umschreibt, war damals noch etwas größer als das besonders schnell und stark gewachsene Leipzig,[44] das der Bauernsohn Leverkühn ja seinerseits, wegen des ‚Zustrom[s]' aus ‚asiatischen Ländern', mit einer berüchtigten Großstadt des alten Orients vergleicht; und dem genau entsprechend wohnt er hier bereits in einem ‚Erdgeschoß'.[45]

Der ‚Orient' des *Doktor Faustus*, dessen letztes Kapitel mit einer Schimpftirade auf die Städter endet,[46] scheint also aus einem Konglomerat von Großstadt, Gynaikokratie und allem anderen zu bestehen, was Bachofen und Baeumler damit sonst noch verbinden mochten. Dieses ‚andere' aber muß man noch bestimmen, um dem sehr erheblichen Rest gerecht zu werden, der einer einfach nur so gezogenen Summe nicht integrierbar wäre.

Der Antiurbanismus, mit dem Baeumler die Bachofensche Kulturgeschichte versetzte, ist im *Doktor Faustus* mit deren anderen, authentischen Topoi zwar enggeführt, deckt sich hier aber doch nicht ganz bündig mit ihnen. Seine Überständigkeit läßt sich gerade wieder an der konkreten Kulisse des ‚Orients' aufdecken. Diese hängt nur zur weitaus kürzeren Hälfte der erzählten Zeit in der Großstadt. Und von dieser an sich schon kurzen Zeit verlebt der Protagonist nur den wieder kleinsten Teil in München, den deutlich größeren in Italien.

Die längste Zeit befindet sich das ‚Goldene Horn' in einem zwar noch immer weiblich dominierten Haushalt, im Besitz einer und derselben ‚Matrone'[47] und wieder ‚zu ebener Erde'; aber eben nicht mehr in München, sondern auf dem Land. Und der ‚Hof', dem ‚gegenüber' es nunmehr situiert ist, markiert den denkbar größten Abstand zu allem Großstädtischen. Denn die ‚Verhältnisse' stehen hier in einer ganz ‚sonderbaren Entsprechung' zu dem integren ‚Ausgangspunkt'[48] der Sturzbewegung, welche Leverkühns Lebens-

---

[42] Bd. 6, S. 269f., 378.
[43] Bd. 6, S. 378.
[44] Thomas Nipperdey, *Deutsche Geschichte 1866–1918*. Bd. 1: *Arbeitswelt und Bürgergeist*. München 1990, S. 37. Leverkühns Angabe ‚siebenhunderttausend' (Bd. 6, S. 186) ist anachronistisch. Sie stammt aus der vierzehnten Auflage der Encyclopædia Britannica von 1936, die sich auf eine Zählung aus dem Jahr 1933 bezieht. Vgl. Liselotte Voß, *Die Entstehung von Thomas Manns Roman ‚Doktor Faustus'. Dargestellt anhand von unveröffentlichten Vorarbeiten.* Tübingen 1975 (Studien zur deutschen Literatur, Bd. 39), S. 70–73.
[45] Bd. 6, S. 186f.
[46] Bd. 6, S. 667.
[47] Handschriftliche Lesart für die Senatorswitwe.
[48] Bd. 8, S. 306.

lauf durchmacht: ‚Weiher und Hügel, der riesige alte Baum – allerdings eine Ulme – [...] und weitere [...] Einzelheiten'.[49]

Die ‚Entsprechung' reicht also nur bis zu einem bestimmten Baum. Das aber stimmt sehr genau zu dem Umstand, daß hierher auch das ‚Goldene Horn' zu hängen kommt. Dessen ‚orientalistischer' Bedeutungswert nämlich stellt das präzise Gegenteil zur Bedeutung und Geschichte jenes ‚alte[n] Baums' dar, von dem sich der hiesige spezifisch unterscheidet. Die Linde auf dem Hof der Leverkühns ‚stand' für ein dort noch intaktes Patriarchat. Denn ‚stets' habe ‚der Erbsohn in jungen Jahren' ihre ‚Beseitigung aus praktischen Gründen gegen den Vater verfocht[en], um' sie ‚eines Tages, als Herr des Hofes, gegen das Ansinnen des eigenen Sohnes in Schutz zu nehmen'.[50] Wie das ‚Goldene Horn' das Gegenteil solcher patriarchaler Verhältnisse auch auf dem Land symbolisieren kann, so herrschen hier, bei Else Schweigestill und ihrer Tochter, tatsächlich gynaikokratische Zustände. ‚Herr Schweigestill' ist erst mit seinem Sohn außer Haus und läßt sich dann bis zu seinem Tod kein einziges Mal blicken.

Wenn die ‚Gynaikokratie' also doch nicht notwendig an die Großstadt gebunden bleibt, in deren Sphäre sich die orientalische Kulisse erstmals auftut, dann legt das die Vermutung nahe, daß die Reorientalisierung des Deutschen Reichs hier nicht allein siedlungstopographischen, sondern auch zeitlichen Parametern unterliegt. Um daraus eine Hypothese zu formulieren, braucht man nur die Handlungsereignisse und die Aufführungsgeschichten der ihnen entsprechenden Kompositionen auf die Zeitachse abzutragen.

Ines' unglückliche Ehe, wie ineins damit ihr illegitimes Verhältnis, bahnt sich im ‚Fasching von 1914' an.[51] Ihre eigentliche Verheiratung fällt ins ‚Frühjahr 1915',[52] ihr Mord an ihrem Geliebten ins Jahr 1925. Der ‚Abend', an dem ‚die Des-Dur-Arie der Delila [...]' technisch so reproduziert wird, daß nur der ausdrücklich *stolze* Mezzosopran' zu hören und nichts zu sehen ist, muß in die Jahre 1923 oder 24 zu liegen kommen. Die Oper *Love's Labour's Lost* wird 1914 uraufgeführt, das Puppenspiel *Gesta Romanorum* 1921.

Die Daten, die für die Reorientalisierung Deutschlands signifikant sind, fallen also entweder in die Zeit des Ersten Weltkriegs oder aber der Weimarer Republik. Dieser Befund läuft verstörenderweise auf eine Äquivalenz von Krieg und Frieden hinaus. Solch eine Äquivalenz liegt in Manns Auffassung von der deutschen Geschichte jedoch tatsächlich vor. Sie scheint ihm dazu gedient zu haben, die Kriegsniederlage zu integrieren, die Baeumler auch nur

---

[49] Bd. 6, S. 274.
[50] Bd. 6, S. 19.
[51] Bd. 6, S. 378.
[52] Bd. 6, S. 430.

anzuerkennen so offensichtliche Schwierigkeiten hatte. An eben solche Schwierigkeiten und die Widerstände, die aus ihnen heraus gegen die Weimarer Demokratie entstehen mußten, appellierte Mann, als er diese von der Kriegsniederlage dissoziierte: ‚[E]s ist [...] nicht wahr, daß die Republik [...] ein Geschöpf der Niederlage [...] ist. Sie ist eines [...] der Stunde [...] todbereiten Aufbruchs [...].'[53]

Daß Mann mit dieser Neudatierung nicht einfach nur seine Metamorphose vom ‚unpolitischen' Kriegspropagandisten zum Festredner ‚Deutscher Republik' bemäntelte, daran läßt der Text noch des *Doktor Faustus* keine ernstlichen Zweifel. Zweifelhaft wird hier eher schon die Nachhaltigkeit der Metamorphose selbst. Denn auf das Schema der Bachofenschen Kulturstufenlehre zurückbezogen, gewinnen die chronologischen Verhältnisse des Romans einen kohärent antirepublikanischen Sinn. Unter der Voraussetzung, daß sie schon mit dem ‚Eintritt des [...] Krieges' beginnt, gibt die ‚Republik' den politischen Rahmen aller Ereignisse und Kompositionen ab, die auf eine Reorientalisierung der Gegenwart und auf eine Wiederermächtigung ‚der' Frau deuten. Diese Koinzidenzen von ‚Republik' und ‚Orient' provozieren eine ganz bestimmte Interpretation: daß Demokratie nämlich nichts anderes als einen Rückfall auf primitive Kulturstufen bedeutet. Eine solche Gleichsetzung aber von Verfassungsform und Kulturstufe ist schon bei Bachofen *talis qualis* gegeben. Sie bildet dort den wesentlichen Vorbehalt gegen einen reinen Fortschrittsoptimismus. Denn gerade die ‚Gleichheit aller', die Bachofen mit Demokratie und Republikanismus unaufhaltsam heraufkommen sah, brachte ihn dazu, an eine endliche Wiederkehr des ‚chthonischen', ‚aphroditischen', ‚mütterlich-stoffliche[n] Prinzip[s]' zu glauben.[54]

Der ‚Orient' also ist im *Doktor Faustus* ein ‚Chronotopos'. Als solcher nimmt er die Bedeutung gynaikokratischer Geschlechterverhältnisse an, wie ihr Mann erstmals im *Mythus von Orient und Occident* begegnete, teils unmittelbar bei Bachofen, teils über dessen Vermittler und ‚Verfälscher'. Er beginnt lokal in Bayern und in München; in München aber nicht einfach nur als ‚der bayerischen Hauptstadt', sondern in München als einer ‚babylonischen' Metropole. Und zeitlich fällt er mit der Republik zusammen, die Mann zu diesem ‚Ende' zurückdatierte.

Diese doppelte, räumliche und zeitgeschichtliche Besetzung des ‚Orients' zeigt sich am vielleicht deutlichsten an den Komplikationen, die sich dort ergeben, wo seine ‚chronische' und seine ‚topische' Erstreckung auseinandertre-

---

[53] Bd. 11, S. 823 f.

[54] Bachofen, *Der Mythus von Orient und Occident*, S. 247 f. Zu den familien- und geschlechtertheoretischen Implikationen vgl. Walter Erhart, *Familienmänner. Über den literarischen Ursprung moderner Männlichkeit.* München 2001, S. 75 f.

ten: Erstmals aufgespannt wird die orientalische Kulisse zwar erst in München, aber noch 1910, also eindeutig unter der wilhelminischen Monarchie. Diese hat nun aber noch nicht einmal für ein Jahr den ‚Schauplatz' abzugeben. Denn Leverkühn verläßt gleichsam überstürzt das Deutsche Reich, um erst kurz vor Kriegsausbruch nach Bayern zurückzukehren.[55]

Das deutsche Kaiserreich bleibt dadurch von der ‚orientalischen' Gynaikokratie dissoziiert; und diese wird vorerst ins Ausland pro-jiziert, zwar nicht geradezu nach Istanbul, aber immerhin nach Italien. Denn dort wohnt Leverkühn ‚zu ebener Erde', in einem ‚kastellartige[n] Bau [...] mit [...] kleinen Fenstern',[56] bei einer ‚Matrone'[57] und ‚Padrona',[58] deren aus der Rufform eigens konjizierter Vorname ‚Peronella'[59] seinerseits auf eine Novelle des ‚Dekameron', nämlich auf eine besonders unverfrorene Ehebrecherin zurückweist.

---

[55] Bd. 6, S. 334.
[56] Bd. 6, S. 281 f.
[57] Bd. 6, S. 282.
[58] Bd. 6, S. 291.
[59] Bd. 6, S. 282.

Axel Dunker

HANS CHRISTOPH BUCHS REZEPTION VON GOETHES *WEST-ÖSTLICHEM DIVAN* UND SEINE AUSEINANDERSETZUNGEN MIT INTERKULTURELLER GEWALT

Der Schriftsteller Hans Christoph Buch, zugleich promovierter Germanist, setzt sich 1990 in seinen Frankfurter Poetik-Vorlesungen unter dem Titel *Die Nähe und die Ferne. Bausteine zu einer Poetik des kolonialen Blicks*[1] als einer der ersten im deutschsprachigen Bereich mit den Phänomenen von Kolonialismus und Post-Kolonialismus im Hinblick auch auf die deutsche Literatur auseinander. In fünf – in der Buchausgabe dann sechs – Vorlesungen beschäftigt er sich mit exotischer Idylle und idyllischer Exotik, mit Goethes Auseinandersetzung mit Alexander von Humboldt, mit Adalbert von Chamissos und Johann Peter Hebels Relationen des Fremden, mit Fürst Pückler-Muskaus und Ida Pfeiffers Reisebeschreibungen, mit dem Zusammenhang von Exotismus und Primitivismus und schließlich, in der vierten Vorlesung, auch mit dem Orientalismus, den er in den Kontext des Amerikanismus, der Dorfgeschichte und des Amerikaromans stellt. Im Zentrum der Orientalismus-Darstellung dieser – wohlgemerkt: Poetik-Vorlesung – steht Goethes *West-östlicher Divan*, zu dem Buch eine bemerkenswerte Feststellung trifft: Goethe gelingt dort, so schreibt er, ,etwas in der europäischen Geistesgeschichte höchst Seltenes: die nicht-hegemoniale Aneignung einer fremden Kultur, die er als willkommene Bereicherung begrüßt und der eigenen als gleichberechtigt entgegenhält'.[2] Und er fügt etwas hinzu, was im Jahre 2004 noch größere Berechtigung zu haben scheint: ,Erst von heute aus, wo, nach dem Kollaps der kommunistischen Ideologie, der Islam erneut zum Feindbild der westlichen Welt avanciert ist, läßt sich die Kühnheit von Goethes literarischer Strategie voll ermessen'.[3]

Buch zitiert als Beleg dafür einige bekannte Passagen aus dem *Divan*, aus den *Noten und Abhandlungen zum besseren Verständnis* und aus der Ankündi-

---

[1] Hans Christoph Buch, *Die Nähe und die Ferne. Bausteine zu einer Poetik des kolonialen Blicks*. Frankfurt/M. 1991.
[2] Ebd., S. 73.
[3] Ebd.

gung des *Divan* in *Cottas Morgenblatt für die gebildeten Stände.* Zunächst eine der berühmtesten Stellen aus dem *West-östlichen Divan* selbst: ‚Gottes ist der Orient! / Gottes ist der Okzident! / Nord- und südliches Gelände / Ruht im Frieden seiner Hände'.[4] Dann das Motto zu den *Noten und Abhandlungen:* ‚Wer das Dichten will verstehen, / Muß ins Land der Dichtung gehen; / Wer den Dichter will verstehen, / Muß in Dichters Lande gehen'.[5] ‚Dahinter', so der Kommentar Buchs, ‚verbirgt sich eine die Grenzen von Raum und Zeit überschreitende Ästhetik, die wesentliche Züge der Moderne vorwegnimmt'.[6] Aus der *Ankündigung:* ‚Der Dichter betrachtet sich als einen Reisenden. Schon ist er im Orient angelangt. Er freut sich an Sitten, Gebräuchen, an Gegenständen, religiösen Gesinnungen und Meinungen; ja, er lehnt den Verdacht nicht ab, daß er selbst ein Muselman sei'.[7] Und schließlich Goethes Aufforderung zur Orientalisierung:

> Wollen wir an diesen Produktionen der herrlichsten Geister teilnehmen, so müssen wir uns orientalisieren, der Orient wird nicht zu uns herüberkommen. Und obgleich Übersetzungen höchst löblich sind, um uns anzulokken, einzuleiten, so ist doch aus allem vorigen ersichtlich, daß in dieser Literatur die Sprache als Sprache die erste Rolle spielt. Wer möchte sich nicht mit diesen Schätzen an der Quelle bekannt machen![8]

Buch sieht in alldem den – gelungenen – Versuch, ‚sich auf dem Umweg über die fremde Kultur der eigenen anzunähern'.[9] Bedeutsam aber ist diese kurze Darstellung von Goethes Verfahren im *West-östlichen Divan* vor allem, weil Buch darin eine ‚Methode der Annäherung an eine nichteuropäische Kultur' sieht, eine ‚Art und Weise, wie Nähe und Ferne zwanglos zu einer poetischen Synthese verschmelzen'[10] können. Diese Synthese ist allerdings für ihn nie wieder erreicht worden. Er nennt Heine, Platen, Rückert und vor allem Freiligrath als Belege dafür, daß nach Goethe ‚das orientalische Kostüm' schon bald zu einer bloßen exotistischen Modeerscheinung verkommen sei.

Mit dieser überaus positiven Wertung von Goethes *Divan* innerhalb einer Darstellung des ‚kolonialen Blicks' steht Buch natürlich quer zu der Darstellung des in Bezug auf den Zusammenhang von Orientalismus, Kolonialismus

---

[4] Ebd., S. 72. Vgl. Johann Wolfgang Goethe, *West-östlicher Divan.* Studienausgabe. Hrsg. von Michael Knaupp. Stuttgart 1999, S. 16.

[5] Buch, *Die Nähe,* a.a.O., S. 73. Vgl. Goethe, *Divan,* S. 261.

[6] Buch, *Die Nähe,* a.a.O., S. 73.

[7] Ebd., S. 73. Vgl. Goethe, ‚West-oestlicher Divan oder Versammlung deutscher Gedichte in stetem Bezug auf den Orient', in dsb. *West-östlicher Divan.* Teil 1. Hrsg. von Hendrik Birus. *Sämtliche Werke* (Frankfurter Ausgabe). I. Abteilung. Band 3/I. Frankfurt/M. 1994, S. 594.

[8] Buch, *Die Nähe,* a.a.O., S. 73f.

[9] Ebd., S. 74.

[10] Ebd.

und Imperialismus einflußreichsten Autors, Edward W. Said. In seinem Orientalismus-Buch von 1978 billigt Said dem ‚deutschen Orient' bekanntlich eine Sonderstellung zu: ‚the German orient was almost exclusively a scholarly, or at least a classical, Orient: it was made the subject of lyrics, fantasies, and even novels, but it was never actual, the way Egypt and Syria were actual for Chateaubriand, Lane, Lamartine, Burton, Disraeli, or Nerval'.[11] Aber Said ist nicht gewillt davon abzusehen, daß ‚What German Oriental scholarship did was to refine and elaborate techniques whose application was to texts, myths, ideas, and languages almost literally gathered from the Orient by imperial Britain and France'.[12] Für Said kann sich die Poetisierung und Ästhetisierung nicht lösen von ihren imperialen Ursprüngen, für H.C. Buch kann sie das sehr wohl. Am deutlichsten wird diese Differenz an zwei Gedichten aus dem *Divan*, aus denen Said einige Strophen zitiert, den Schluß aus dem berühmten *An Suleika* aus dem *Buch des Timur* und dann den nicht minder berühmten Anfang von *Hegire*, den er übrigens falsch wiedergibt.[13] Aber zunächst zu *An Suleika*:

> Sollte jene Quaal uns quälen?
> Da sie unsre Lust vermehrt.
> Hat nicht Myriaden Seelen
> Timurs Herrschaft aufgezehrt![14]

Said kommentiert das eindeutig: ‚as human material the Orient is less important than as an element in a Romantic redemptive project'.[15]

In der Tat hat dieses Gedicht auch innerhalb der Goethe-Philologie, etwa bei Konrad Burdach, Kritik auf sich gezogen.

> Dir mit Wohlgeruch zu kosen,
> Deine Freuden zu erhöhn,
> Knospend müssen tausend Rosen
> Erst in Gluten untergehn.

> Um ein Fläschchen zu besitzen
> Das den Ruch auf ewig hält,

---

[11] Edward W. Said, *Orientalism*. New York 1979, S. 19.

[12] Ebd.

[13] Für Saids Auseinandersetzung mit dem Divan vgl. Mirjam Weber, *Der ‚wahre Poesie-Orient'. Eine Untersuchung zur Orientalismus-Theorie Edward Saids am Beispiel von Goethes ‚West-östlichem Divan' und der Lyrik Heines*. Wiesbaden 2001.

[14] Goethe, *Divan*, a.a.O., S. 139. Bei Said heißt es (S. 154) ‚diese Qual', am Schluß der vierten Zeile steht ein Frage- statt ein Ausrufungszeichen. Said zitiert Goethe hier nach der Wiedergabe in Karl Marx, *Surveys from Exile*. Hrsg. von David Fernbach. London 1973, S. 306f.

[15] Said, a.a.O., S. 154.

Schlank wie deine Fingerspitzen,
Da bedarf es einer Welt.[16]

Die Parallele zwischen der Schreckensherrschaft des Timur – in der Goethe im voraufgehenden Gedicht ‚Der Winter und Timur' die Ära Napoleons spiegelt – mit seinen ungezählten Opfern und der Gewinnung des Rosenöls, für dessen Wohlgeruch riesige Mengen an Rosen benötigt werden, kann man zumindest auf den ersten Blick als einen ‚fast zynisch anmutenden Vergleich des weit Auseinanderliegenden'[17] verstehen, wie Karl Richter diese Position im Kommentar der Münchner Ausgabe referiert. Said liest den Schluß dieses Gedichts symbolisch als etwas, das die Benutzung des Orientalischen im gesamten Divan-Projekt zusammenfaßt. Wenn Richter dann genau diesen Vergleich als in ‚orientalisierender Weise'[18] kennzeichnet, so stellt sich die Frage, ob das Saids Orientalismus-Vorwurf bestätigt, nun auch für die neuere Goethe-Forschung, oder ob wir es auch hier mit einer ‚poetischen Synthese' zu tun haben, wie es Buch für den ‚Divan' insgesamt sieht. Die dritte Strophe des Gedichts könnte eine solche Synthese nahe legen:

Einer Welt von Lebenstrieben,
Die, in ihrer Fülle Drang,
Ahndeten schon Bulbuls Lieben,
Seeleregenden Gesang.[19]

Der Gesang der hier persisch gefaßten Nachtigal – Bulbul – verschmilzt ein ‚stehendes Motiv in der persischen Dichtung'[20] mit einem ‚beliebte[n] Motiv der europäischen Lyrik der Empfindsamkeit', das sich aber, wie Hendrik Birus betont, eben ‚nicht minder in der persischen Lyrik, besonders bei Hafis'[21], findet. Goethe synthetisiert, stellt aber zugleich auch eine Übereinstimmung zwischen europäischer und orientalischer Lyrik heraus, die ohnehin schon besteht. Das Formale dementiert hier also die inhaltliche Benutzung, ja Ausbeutung des Menschen-Materials, von der Said spricht.

---

[16] Goethe, *Divan*, a.a.O., S. 139.
[17] Karl Richter, ‚Kommentar', in Goethe, *Sämtliche Werke nach Epochen seines Schaffens.* Münchner Ausgabe. Hrsg. von Karl Richter u.a. Bd. 11.1.2. *West-östlicher Divan.* Hrsg. von Karl Richter in Zusammenarbeit mit Katharina Mommsen und Peter Ludwig. München/ Wien 1998, S. 595.
[18] Ebd.
[19] Goethe, *Divan*, a.a.O., S. 139.
[20] Hendrik Birus, ‚Kommentar' in Goethe, *Sämtliche Werke. Briefe, Tagebücher und Gespräche.* Hrsg. von Friedmar Apel u.a. I. Abteilung, *Sämtliche Werke* Bd. 3/2. Hrsg. von Hendrik Birus. Frankfurt/M. 1994, S. 1169.
[21] Ebd.

Auf *Hegire* kommt Said im Kontext der vermeintlichen Gefahren des Orients, wie ‚dangerous sex, threatened hygiene and domestic seemliness'[22] zu sprechen und kommentiert:

> But there were other sorts of threats than sex. All of them wore away the European discreteness and rationality of time, space, and personal identity. In the Orient one suddenly confronted unimaginable antiquity, inhuman beauty, boundless distance. These could be put to use more innocently, as it were, if they were thought and written about, not directly experienced. In Byron's ‚Giaour', in the *Westöstlicher Diwan* [sic!], in Hugo's *Orientales*, the Orient is a form of release, a place of original opportunity, whose keynote was struck in Goethe's ‚Hegire'. [23]

Und dann folgt – das ziemlich korrupte – Zitat der ersten vier Zeilen aus *Hegire*:

> Nord und West und Süd zersplittern,
> Throne bersten, Reiche zittern,
> Flüchte du, im reinen Osten
> Patriarchenluft zu kosten[24]

Said wiederholt hier den Eskapismus-Vorwurf an Goethe – im Angesicht der katastrophalen Verhältnisse in Europa am Ende der Napoleonischen Kriege flüchtet sich der Weimaraner in einen imaginativen Orient, der ihm zudem die Lizenz gibt, die Restriktionen des ‚okzidentalen' Lebens – ‚rationality of time, space, and personal identity' – aufzugeben. Wie Hendrik Birus an zahlreichen Belegen aus Goethes Briefen und aus seinem Aufsatz *Serbische Lieder* zeigt, hat dieser selbst seine Beschäftigung mit dem Orient auch als, wie es der Titel dieses Gedichts, *Hegire*, arab.: ‚Flucht', ‚Emigration' ausdrückt, tatsächlich so gesehen. Birus kommt dann auch zu der Einschätzung: ‚Der *West-östliche Divan* entstand aus einer solchen imaginativen Flucht vor den Bedrohungen der Welt; und sein als Höhepunkt des ersten Schaffensjahres [...] entstandenes Eröffnungsgedicht *Hegire* ist [...] ihr poetisches Protokoll'.[25] Allerdings hätte es dazu nicht unbedingt des Orients bedurft; Goethe hätte auch auf seine Italien-Erfahrungen bzw. auf seine damit in Verbindung stehende Chiffre ‚Arkadien' zurückgreifen können. Die Auflösung der von Said benannten starren Einhei-

---

[22] Said, a.a.O., S. 167.

[23] Ebd.

[24] Goethe, *Divan*, a.a.O., S. 11. Bei Said liest sich das so: ‚Nord und West Süd zersplittern, / Throne bersten, Reiche zittern, / Fluchte du, in reinen Osten / Patriarchenluft zu kosten!' (Said, a.a.O., S. 167).

[25] Hendrik Birus, Poetische Emigration. In: Bernd Witte (Hrsg.), *Gedichte von Johann Wolfgang Goethe*. Stuttgart 1998, S. 187–99 (S. 188).

ten hatte Goethe 1789 in seiner Schrift *Das Römische Carneval* und besonders in dem Abschnitt ,Stundenmaß der Italiener' aus den Fragmenten eines Reisejournals *Über Italien* beschrieben.[26]

Das Konzept des *Divans* ist einerseits eine Reaktion auf die bedrückenden politischen Verhältnisse in Mitteleuropa, zum anderen aber auch eine auf ganz konkrete Zumutungen an den Dichter. Der Tübinger Professor Michaelis fordert von Goethe in einer Besprechung des Neudrucks von *Hermann und Dorothea* nichts geringeres als ein ,große[s] deutsche[s] Nationalepos'.[27] Eberhard Lämmert hat auf den Kontext hingewiesen, in dem der *Divan* entstand und erschien, die vaterlandsseligen Gedichte von Max von Schenkendorf, Ernst Moritz Arndts *Lieder für Teutsche. Im Jahr der Freiheit 1813* oder auch Theodor Körners programmatisches *Leyer und Schwerdt*. ,Ist es eine Frivolität', so fragt sich Lämmert, ,so von Wanderfahrt, Weltenlust und Paradiesesheiterkeit zu dichten, während die anderen rings im Lande mit ihren Liedern mahnen, in gemeinsamem Kampf und strengem Opfer auszuharren?'[28] Seine Antwort darauf lautet: Nein. ,Was für eine Flucht […], die im Osten das wieder findet, was sie hinter sich lassen möchte? Schon hier zeigt sich, daß der Osten, den Goethe sucht, nicht nur das Refugium in einer ganz anderen Welt ist, sondern zugleich die Verdoppelung, die Verallgemeinerung der eigenen Welt'.[29] Auch Hafis, auf dessen Ton Goethe im *Divan* poetisch reagiert, dichtete keineswegs in friedlichen Zeiten; schon seine Poesie ist eine Reaktion auf die Verhältnisse seiner Zeit. Was Goethe tut, ist, zu Zeiten eines innereuropäischen ,Clashs' (um Huntingtons berühmt-berüchtigte Formel aufzugreifen) und angesichts nationaler und nationalistischer Zumutungen, sich zu verlegen auf eine poetische Verschmelzung von Orient und Okzident, was es ihm erlaubt, zugleich seine eigene Zeit zu spiegeln (Timur – Napoleon, wobei Goethe im Angesicht des Scheiterns Napoleons gleichsam auf den Ort des Beginns von dessen einzigartiger Laufbahn, Ägypten als pars pro toto für den Orient, zurückkommt) und der Einstimmigkeit einseitiger Parteinahme auch ganz programmatisch (interkulturelle) Vielstimmigkeit entgegenzusetzen – ,Lust an der Selbstverwandlung statt ängstlicher Bewahrung'[30] (Karl Richter).

---

[26] Vgl. Johann Wolfgang Goethe, *Das Römische Carneval. Mit den farbigen Figurinen von 1789 und Goethes Fragmenten ,Über Italien'*. Hrsg. von Isabella Kuhn. Frankfurt/M. 1984.

[27] Zitiert nach Friedrich Dieckmann, Goethe in der Zeitenwende. Timur Nameh oder Von den Schwierigkeiten politischer Dichtung in stürzender Zeit. In: *Sinn und Form* 47 (1995), S. 248–67 (S. 251).

[28] Eberhard Lämmert, Die vaterländische Lyrik und Goethes Westöstlicher Divan. In: *Literaturwissenschaft und Geschichtsphilosophie. Festschrift für Wilhelm Emrich*. Hrsg. von Helmut Arntzen u.a. Berlin/New York 1975, S. 341–56 (S. 349).

[29] Ebd., S. 350.

[30] Richter, ,Kommentar', a.a.O., S. 333.

Ich möchte, bevor ich auf Hans Christoph Buchs mögliche Umsetzung seiner Einschätzung von Goethes *Divan*-Projekt komme, noch einen Gesichtspunkt herausgreifen, der für den Kontext kolonialer Diskurse von zentraler Bedeutung ist, bei Said an dieser Stelle aber nur eine untergeordnete Rolle spielt: den des Geschlechts, genauer gesagt, den des weiblichen Geschlechts. Herbert Uerlings betont in einer Darstellung des Verhältnisses von kolonialem Diskurs und deutscher Literatur die ‚fatale diskursive Erfolgsgeschichte‘, die ‚die Verbindung von kultureller und sexueller Alterität‘ aufzuweisen scheint: ‚Sie verweist auf den strukturellen Zusammenhang von Frauen und Fremden, von Weiblichkeit und Fremde. Nicht zufällig‘, so fährt er fort, ‚verdichtet sich die Aktualität kolonialer Diskurse im Westen heute in geradezu emblematischer Weise im Kopftuch muslimischer Frauen‘.[31] Inge Wild hat in einer Untersuchung des *West-östlichen Divan* ‚als poetischer Ort psycho-kultureller Grenzüberschreitungen‘ herausgestellt, daß die ‚interkulturelle Begegnung mit persischer und im weiteren Sinne orientalischer Literatur und Kultur […] Entgrenzungsphantasien frei[setzt], so die Phantasie der Aufhebung von Trennungen zwischen den Geschlechtern und der Generationen, aber auch religiöser Prägungen‘.[32] In Goethes *Divan* ist die Frau nicht, wie sonst so häufig in Literatur, die sich auf kulturell Fremdes bezieht, das Andere schlechthin, das es in Besitz zu nehmen, zu kolonialisieren gilt. Im kolonialen Diskurs ist das zu Erobernde weiblich und jungfräulich; umgekehrt ist die Frau entweder passiv oder wenn nicht, dann bedrohlich. Inge Wild hat auf das Gedicht *Vollmondnacht* aus dem *Buch Suleika* hingewiesen, einem Dialog zwischen einer Dienerin und einer Herrin:

> Herrinn! sag was heißt das Flüstern?
> Was bewegt dir leis' die Lippen?
> Lispelst immer vor dich hin,
> Lieblicher als Weines Nippen!
> Denkst du deinen Mundgeschwistern
> Noch ein Pärchen herzuziehn?
>
> Ich will küssen! Küssen! sagt' ich.[33]

Goethe emuliert hier gewissermaßen ein Hafis-Ghasel, in dem der Mann die Worte spricht: ‚Ich will küßen, küßen, sprach ich, / Sie entgegnete: o laß

---

[31] Herbert Uerlings, Kolonialer Diskurs und deutsche Literatur. Perspektiven und Probleme. In: Axel Dunker (Hrsg.), *(Post-)Kolonialismus und Deutsche Literatur. Impulse der anglo-amerikanischen Literatur- und Kulturtheorie*. Bielefeld 2005, S. 17–44 (S. 23 f.).

[32] Inge Wild, Goethes *West-östlicher Divan* als poetischer Ort psycho-kultureller Grenzüberschreitungen. In: Ortrud Gutjahr (Hrsg.), *Westöstlicher und nordsüdlicher Divan. Goethe in interkultureller Perspektive*. Paderborn 2000, S. 73–88 (S. 77).

[33] Goethe, *Divan*, a.a.O., S. 185.

es'.[34] Die erotische Formel des Hafis wird an eine Frau überschrieben, anschaulich gemacht wird aktives weibliches Begehren, ohne daß dieses für den Mann in irgendeiner Weise zur Bedrohung würde:

Dein Geliebter, fern, erprobet
Gleicherweis im Sauersüßen,
Fühlt ein unglücksel'ges Glück.
Euch im Vollmond zu begrüßen
Habt ihr heilig angelobet,
Dieses ist der Augenblick.

Ich will küssen! Küssen! sag' ich.[35]

Seit Düntzer führt man dieses Gedicht biographisch auf das Versprechen zurück, das sich Goethe und Marianne von Willemer beim Abschied voneinander gegeben haben sollen: während einer Vollmondnacht aneinander zu denken.[36] Das Gedicht führt damit vor, was der *Divan* insgesamt betreibt: dem Anderen, das hier als Weibliches auftritt, eine eigene Stimme zu geben, was sich im *West-östlichen Divan* bekanntlich, wenn auch verschwiegen, darin äußert, daß einige der Gedichte von Marianne von Willemer verfaßt wurden, allerdings unter Goethes Namen erschienen. Hinzu kommt die ‚subtile Überblendung' west-östlicher Phänomene: ‚in der Szenerie von Herrin und Dienerin wird zugleich auf eine westliche, frühere Kulturstufe und auf eine östliche Frauen- und Haremskultur angespielt'.[37] Dem Anderen als Weiblichem wird das Recht auf Eigenständigkeit belassen – zumindest poetisch. In der Realität erscheinen die Gedichte natürlich nicht unter gemeinsamem Namen. Insofern bestätigt sich auch hier, was Norbert Mecklenburg für den *Divan* insgesamt festgestellt hat, nämlich daß schon der Bindestrich zwischen westlich und östlich ‚die ganze interkulturelle Poetik des Werks' enthält. ‚Denn er symbolisiert eine *poetische* Verbindung bei gleichzeitigem Benennen *kultureller* Verschiedenheit'.[38]

Die wichtigste Metapher der Vermittlung, die Goethe benutzt, ist die der Reise: ‚Am liebsten aber wünschte der Verfasser vorstehender Gedichte als ein Reisender angesehen zu werden, dem es zum Lobe gereicht, wenn er sich der fremden Landesart mit Neigung bequemt, deren Sprachgebrauch sich anzu-

---

[34] FA I 3/2, S. 1291.
[35] Goethe, *Divan*, a.a.O., S. 185.
[36] Vgl. dazu Birus, ‚Kommentar', a.a.O., S. 1292.
[37] Wild, a.a.O., S. 80.
[38] Norbert Mecklenburg, Differenzierender Universalismus. Leitende Konzepte als interkulturelle Konzepte in Goethes *Divan*. In: *Jahrbuch Deutsch als Fremdsprache* 26 (2000), S. 63–86 (S. 64).

eignen trachtet, Gesinnungen zu theilen, Sitten aufzunehmen versteht'[39], so heißt es gleich zu Beginn der *Noten und Abhandlungen zu besserem Verständnis des west-östlichen Divans.* Bereits 1816 war in der Ankündigung des Werks im ‚Morgenblatt für gebildete Stände' – ich habe es aus Buchs Poetik-Vorlesungen schon einmal zitiert – zu lesen: ‚Der Dichter betrachtet sich als einen Reisenden. Schon ist er im Orient angelangt. Er freut sich an Sitten, Gebräuchen, an Gegenständen, religiösen Gesinnungen und Meinungen, ja er lehnt den Verdacht nicht ab, daß er selbst ein Muselmann sei'.[40] Dies ist natürlich eine imaginäre Reise, deren imaginativer Ausgangsort die Lektüre von orientalischen und orientalistischen Büchern ist. Der eigentliche Ort dieser Reise ist die kreative Umsetzung dieser Lektüre, die der Leser der Gedichte bei genügender Aufmerksamkeit – und unter Einbeziehung der *Noten und Abhandlungen*, die dafür von entscheidender Wichtigkeit sind – nachvollziehen kann. Der imaginäre Status dieser Reise wird dabei nie in Zweifel gezogen, ebenso wie für den Leser des ‚Morgenblatts' natürlich klar gewesen sein muß, daß Goethe keineswegs zum Islam konvertiert sein würde. Gerade in diesem rein Imaginären liegt die von Buch gepriesene ‚die Grenzen von Raum und Zeit überschreitende Ästhetik'; diese Überschreitung ist so nur der Ästhetik und in der Ästhetik möglich.

Nun ist Hans Christoph Buch kein Autor, der sich mit der Imagination am Schreibtisch begnügt, der sich auf intertextuelle Konstellationen zur Herstellung von Interkulturalität beschränkt, sondern wie schon die Orientreisenden Flaubert, Nerval und viele vor ihm reist er in der Realität. Wie wohl kein anderer deutschsprachiger Autor der Gegenwart ist er ein Reisender in der unmetaphorischen Bedeutung des Wortes, der sich immer wieder gerade an die Brennpunkte der Gewalt in aller Welt begibt: Ost-Timur, Tschetschenien, Kosovo, Kambodscha, Algerien, Ruanda – so lauten einige seiner Reiseziele aus den letzten Jahrzehnten. Beschrieben hat er diese Reisen in Reportagen für Zeitschriften wie *Die Zeit* oder *Geo*; zusammengefaßt finden sie sich in dem 2001 in Hans Magnus Enzensbergers Anderer Bibliothek erschienenen Band *Blut im Schuh. Schlächter und Voyeure an den Fronten des Weltbürgerkriegs.* Schon der Titel macht die Absage an die Metapher deutlich: das Blut im Schuh befindet sich tatsächlich im Schuh des Betrachters, der in Kigali Augenzeuge eines Massakers an Hutu wird. Es ist nun die Frage zu stellen, inwieweit ein Autor, der die Ästhetik von Goethes *Divan*, die poetische Verschmelzung von Westlichem und Östlichem als nicht-hegemoniale ‚Methode der Annäherung an eine nichteuropäische Kultur'[41] preist, als realer Reisender über die Schlachtfelder der heutigen Welt mit dieser Ästhetik produktiv noch etwas anfangen

---

[39] Goethe, *Divan*, a.a.O., S. 264.
[40] Zitiert nach Richter, ‚Kommentar', a.a.O. S. 316f.
[41] Vgl. Anm. 10.

kann. Buch hat sich diese Frage selbst gestellt. Der Band *Blut im Schuh* enthält neben den gesammelten Reportagen Buchs Abschnitte, die schon mit ihrem Titel ,Laokoon oder Die Grenzen von Journalismus und Literatur' auf die Ästhetik-Geschichte zurückgreifen. Von Lessing über Kleist, Hebel und Stifter bis zu Rilke, Orwell und Peter Weiss reichen die Anknüpfungspunkte, von denen aus Buch seine eigene Faszination durch die Gewalt, die sich in diesem Buch immer wieder als Gewalt zwischen Angehörigen verschiedener Kulturen äußert, zu klären versucht: ,Mein Heilmittel war die Literatur. Damit sind nicht die Bestseller der Saison gemeint oder das jeweils neueste Kultbuch der jungen Generation, sondern Weltliteratur: Kleist, Goethe, Stendhal, Tolstoj'.[42] Von Goethe zitiert er einige Stellen aus beiden Teilen des *Faust* (etwa ,Das Unbeschreibliche / hier ist's getan'[43] aus dem Schlußchor von *Faust II*), sein zentraler Bezugspunkt aber ist *Iphigenie auf Tauris*. Ich kann hier auf Buchs Auseinandersetzung mit diesem Stück nicht näher eingehen; jedenfalls kommt er zu einem Schluß, der so wohl auch für den *Divan* gelten kann: ,der Dichter hat die Schönheit und Wahrheit seines Werks einer Zeit abgerungen, die nicht weniger grimmig war als die heutige. Und nur wer in die Abgründe der eigenen Gegenwart geblickt hat, kann die ästhetische Leistung der klassischen Kunst ermessen'.[44]

Hat das nun, noch einmal sei diese Frage wiederholt, Konsequenzen für Buchs eigene Auseinandersetzung mit unserer ,grimmigen Gegenwart'? Eine der eindrücklichsten Szenen, die er im Laokoon-Teil seines Buches beschreibt, spielt auf Haiti. Auf der Straße liegt seit 24 Stunden die Leiche eines Mannes. ,Diebe hatten ihm die Schuhe ausgezogen, und streunende Hunde oder Schweine [...] hatten den Leichnam ausgeweidet und auf die andere Straßenseite gezerrt. Den Anblick beschreibe ich lieber nicht'.[45] Buch berichtet nun, ihm seien keine Fragen nach der Identität des Toten in den Kopf gekommen,

> wie der junge Mann hieß, welchem Beruf er nachging, wie und warum er ermordet worden war [...] Statt dessen fiel mir, während Passanten, Kleenextücher vor die Nasen gepreßt, den Toten betrachteten [...], ein Vers meines Lehrers Walter Höllerer ein, der den existentiellen Ernst der Situation besser zum Ausdruck brachte als jeder Medienreport: ,Der lag so mühelos am Rand / Des Weges.' Und obwohl Höllerers Gedicht nicht unter der Tropensonne Haitis, sondern in Eis und Schnee entstanden war, beim Rückzug der deutschen Wehrmacht über einen italienischen Alpenpaß,

---

[42] Buch, *Blut im Schuh. Schlächter und Voyeure an den Fronten des Weltbürgerkriegs*. Frankfurt/M. 2001, S. 137.
[43] Ebd., S. 40.
[44] Ebd., S. 42.
[45] Ebd., S. 25.

wurde es dem Geschehen eher gerecht als ein um Objektivität bemühter Kommentar, weil sein Autor in dem anonymen Toten nicht bloß einen gefallenen Soldaten, sondern einen Bruder sah.[46]

Danach geht es dann weiter mit einer Referenz auf Sophokles' *Antigone*. In Haiti assoziiert Buch – so stellt er es zumindest dar – angesichts einer Extremsituation Zeilen aus einem deutschen Gedicht über einen europäischen Toten im 2. Weltkrieg und postuliert so eine Universalität des Todes oder vielleicht der Brüderlichkeit im Tod, die interkulturelle Grenzen überspringt. Was Buch hier macht, ist der Position Goethes direkt entgegengesetzt und hat dann doch viel mit ihr gemein: Wenn Goethe im *Divan* aus Europa in den Orient ‚flüchtet', um dann doch, wie Lämmert es darstellt, ‚zur Verallgemeinerung seiner eigenen Welt' zu kommen, ‚durch Widerspiegelung, durch steten Bezug das Individuelle zur vergleichbaren, in der Geschichte der Menschheit regelhaften Erscheinung' zu erheben,[47] so geht Buch den umgekehrten Weg: aus der so in Mitteleuropa heute nicht erlebbaren Situation, die er gleichwohl sucht, ‚flüchtet' er ins Ästhetische, aber nicht wie Goethe ins Exotische oder Orientalische, sondern zurück in die europäische Ästhetik. Für den heutigen kosmopolitischen Schriftsteller stellt sich die Situation anders dar als für Goethe; seine Reise ist nicht imaginär sondern real, was sich dabei aber einstellt, ist vom Mechanismus her erst einmal gar nicht wirklich anders. Es geht noch immer um eine ästhetische Einordnung der gewaltsamen Wirklichkeit, die heute sicherlich noch viel mehr als zu Goethes Zeiten dem Problem der Interkulturalität gerecht werden muß. Wenn Goethe 1815 in den *Tag- und Jahresheften* anläßlich seiner Lektüre von Hammer-Purgstalls Hafis-Übersetzung schreibt:

ich mußte mich dagegen produktiv verhalten, weil ich sonst vor der mächtigen Erscheinung nicht hätte bestehen können. Die Einwirkung war zu lebhaft, die deutsche Übersetzung lag vor, und ich mußte also hier Veranlassung finden zu eigener Teilnahme. Alles was dem Stoff und dem Sinne nach bei mir Ähnliches verwahrt und gehegt worden, tat sich hervor, und dies mit um so mehr Heftigkeit, als ich höchst nötig fühlte mich aus der wirklichen Welt, die sich selbst offenbar und im stillen bedrohte, in eine ideelle zu flüchten, an welcher vergnüglichen Teil zu nehmen meiner Lust, Fähigkeit und Willen überlassen war[48]

so zeigt sich darin die Differenz. Der heutige Autor reagiert ebenfalls aus Anlaß einer ‚mächtigen Erscheinung', nur ist diese keine wenigstens zum Teil

---

[46] Ebd., S. 25f.
[47] Lämmert, a.a.O., S. 350.
[48] Goethe, *Tag- und Jahreshefte als Ergänzung meiner sonstigen Bekenntnisse*. München 1962 (= dtv Gesamtausgabe 30), S. 210f.

ästhetische mehr, sondern gleich und ausschließlich eine der Wirklichkeit. Der Weg aber aus der sich ‚selbst bedrohenden Welt', wie Goethe schreibt, ist noch der gleiche: ins Ästhetische, das hier wie dort die Grenzen zwischen den Kulturen überspringt und so tatsächlich eine ‚Synthese' herstellt oder zumindest die Universalität bestimmter Phänomene, die eben nicht, wie man heute gern glauben möchte, auf das Exotische beschränkt sind oder – in ihrer aktuellsten Fassung – über das Islamistische die Welt bedrohen, sondern überall zu finden sind. ‚Indem ich mich in Extremsituationen begebe, versuche ich, etwas in Erfahrung zu bringen über mich selbst'.[49] Für Buch gehört dazu etwas, was er den ‚fremden Blick' nennt, und was seiner Meinung nach den Schriftsteller vom Journalisten unterscheidet. Goethe kann das vergnüglich und mit Lust betreiben, weil er es ausschließlich imaginativ ausagiert; der heutige Autor kann das so wohl nicht mehr.

Ich möchte auf einen letzten Aspekt kommen, der noch stärker die Differenz zwischen Goethes Zeit und der unsrigen herausstellt. Goethe gelingt es, mit der Abfassung des *Divan* seine Liebe zu der 35 Jahre jüngeren und bald verheirateten Frau gleichsam zu sublimieren. Er verzichtet nach einiger Zeit auf jede weitere Begegnung mit der geliebten Frau und trägt seine erotischen Gefühle im Gedicht aus. Mittel dazu ist für ihn das orientalische Motiv, das es ihm erlaubt, auf andere Weise – grenzüberschreitend, transgressiv – damit umzugehen. Für den realen Reisenden Hans Christoph Buch stellt sich eine ganz andere Erfahrung ein, nämlich ‚daß der Rückfall in die Barbarei überall und jederzeit möglich ist'[50], was ihn als Person ausdrücklich mit einschließt. So berichtet er von einer Szene in Südafrika, in der einige Männer einem 15- oder 16jährigen Jungen, der angeblich Mitglied einer Rebellenarmee sein soll, mit Buschmessern und Bajonetten die Brust ritzen, bis daraus ‚dunkle Blutstropfen quillen'. ‚Was mich am meisten erschreckt hat, war nicht die Brutalität der Kamajors, sondern meine eigene Reaktion: Ich geriet in eine rauschhafte Erregung, die sich zu sadistischer Lust steigerte, als das Blut des jungen Mannes zu fließen begann'.[51] An einer anderen Stelle seines Buches befindet er sich während des Massakers an den Hutu in einem von (unbewaffneten) Blauhelm-Soldaten bewachten Lazarett, wo eben ein im Gesicht grauenhaft verstümmelter Mann eingeliefert wird (wozu Buch Goethes *Faust II* und Büchners *Dantons Tod* assoziiert).

> Ich versuche wegzuschauen und lege den Arm um die neben mir stehende algerische Entwicklungshelferin, die sich beim Anblick des Verletzten würgend übergibt, obwohl sie noch wenige Minuten zuvor Verständnis

---

[49] Buch, *Blut im Schuh*, a.a.O., S. 16.
[50] Ebd., S. 31.
[51] Ebd., S. 36.

geäußert hat für das harte Durchgreifen der ruandischen Armee. Hinter meiner trostspendenden Geste verbirgt sich erotische Attraktion: Gewalt als Aphrodisiakum? Eher der Versuch, das Unerträgliche erträglich zu machen, denn mein sexuelles Begehren erscheint mir als das einzig Normale an diesem Tag.[52]

Von Sublimierung im Ästhetischen kann keine Rede mehr sein, und es macht die Qualität von Buchs *Blut im Schuh* aus, daß er das auch nicht mehr versucht, sondern seine eigene Involvierung in die Gewalt darstellt und reflektiert.

Für den Autor im ,Zeitalter der Globalisierung' sind die Probleme, die Goethe im *Westöstlichen Divan* austrägt, größer, bedrängender geworden. Die Verpflichtung, nach der poetischen Synthese der interkulturellen Spannungen zu suchen, ist größer geworden, gerade für den europäischen Autor scheint sie heute aber noch schwerer herstellbar zu sein als für den des 19. Jahrhunderts. Dabei reicht das ,orientalische Motiv', das für Goethe noch das kulturell ,Andere' schlechthin darstellen kann, nicht mehr aus. Das ,Östliche' aus dem Titel von Goethes Zyklus ist universell und global geworden und inzwischen natürlich auch viel stärker in das ,Westliche' eingewandert, als das zu Goethes Zeiten der Fall war. Goethes literarische Strategie aber, so wie Hans Christoph Buch sie beschreibt und wie ich versucht habe, sie zu entfalten, nimmt wohl bis heute eine Sonderstellung ein, weil sie sich nicht auf das orientalische oder exotische *Motiv* beschränkt, sondern – und darin sehe ich das die Moderne vorwegnehmende in der Poetik des *Divan*, von dem Buch spricht[53] – sich vor allem auf der Ebene der *Struktur* bewegt, was u.a. am Prinzip des Dialogischen deutlich wird. Darin steckt das zu Verallgemeinernde, das über die Beziehung Deutschland – Orient oder Europa – Orient hinausgeht und anzuwenden wäre auf alle interkulturellen Beziehungen.

---

[52] Ebd., S. 121.
[53] Vgl. auch Hans-Günther Schwarz, der im *Divan* ,eine – wenn auch bisher vernachlässigte – Quelle des Symbolismus' sieht, worin er einen ,wesentlichen Beitrag zur europäischen Moderne' erblickt (Hans-Günther Schwarz, *Der Orient und die Ästhetik der Moderne*. München 2003, S. 168).

Steffen und Mirjam Schneider

ZERSTÖRUNG DES SELBST, ERWARTUNG DES ANDEREN: OPFERFIGUREN IN DEN IMAGINÄREN ORIENTREISEN *DER SANDMANN* VON BODO KIRCHHOFF UND *1979* VON CHRISTIAN KRACHT

VORBEMERKUNG

In der deutschen Gegenwartsliteratur wird von Raoul Schrott über Michael Roes, Bodo Kirchhoff, Durs Grünbein bis Christian Kracht[1] ein Genre wiederbelebt und weitertradiert, das seine Grundlagen im späten 18. und im 19. Jahrhundert hat: die – imaginäre oder reale – literarische Orientreise. Anhand zweier Beispiele, Bodo Kirchhoffs *Der Sandmann* und Christian Krachts *1979*, soll gezeigt werden, wie motivische und ästhetische Charakteristika der europäischen Orientreiseliteratur in der Gegenwart adaptiert und kreativ transformiert werden. Die zentrale These lautet, dass die Aktualität dieses Genres in der für die Orientreiseliteratur konstitutiven Verknüpfung von Reise und (Selbst-) Opfer besteht, da hier ein Modell vorgeprägt wurde, das geeignet ist, in jeweils aktualisierter und transformierter Form postmoderne Subjektkonzeptionen zu inszenieren und zu reflektieren.

Im Verlauf des 19. Jahrhunderts nahm der Orient im europäischen Bewusstsein die Gestalt des ganz Anderen an,[2] wurde damit zur Heterotopie[3], in der das bedrohliche wie verführerische Imaginäre verortet wurde, das in der gesellschaftlichen Wirklichkeit Europas keinen Raum hatte. Damit wurde er gleichzeitig zum Ort, an dem, so die Vorstellung, das unter der Entfremdung der eigenen Gesellschaft leidende Ich erst sein wahres Selbst zu finden

---

[1] Außer den beiden Romanen von Kirchhoff und Kracht vgl. z.B. Michael Roes, *Leeres Viertel – Rub al Khali*. Frankfurt a. M. 1996; Raoul Schrott, *Khamsin*. Frankfurt a. M. 2002; Durs Grünbein, *Das erste Jahr. Berliner Aufzeichnungen*, Frankfurt a. M. 2001, S. 165–68.

[2] Grundlegend für diesen Prozess ist nach wie vor Edward Said, *Orientalism*. London 2003 (zuerst 1978).

[3] Zum Begriff der ‚hétérotopie' vgl. Michel Foucault, Des espaces autres. In: Ders., *Dits et écrits 1954–1988*, Bd. IV: 1980–1988. Paris 1994, S. 752–62. Die Heterotopie ist – im Gegensatz zur Utopie – ein Raum, der die anderen Räume der Gesellschaft negiert, reflektiert und verkehrt. Vgl. ebd. 755f.

in der Lage sei. Religionsphilosophisch verbrämte Ursprungsmythen (*ex oriente lux*) verlagerten religiöse Erwartungen, die im Zeitalter der Säkularisierung ihren angestammten Gegenstand zunächst verloren hatten, auf den Orient und führten damit zu einer quasi religiösen Überhöhung dieses Anderen: Das Exotische begann, das Sakrale in den ihm zugeschriebenen Eigenschaften zu beerben. Die Erwartung an die Reise in eine als *tremendum et fascinosum* empfundene Welt ist entsprechend durch eine Struktur gekennzeichnet, die aus derjenigen abendländischen Tradition entlehnt war, die den Umgang mit dem begehrten Anderen verwaltet hatte: der Mystik.

Die Struktur der Orientreise ist entsprechend dadurch charakterisiert, dass sich das reisende Ich weniger die Wiederaneignung einer Vergangenheit (wie bei der Italienreise), als vielmehr die radikale Erneuerung aus seiner totalen Nichtung erhofft. Diese Paradoxie, dass gerade in der Selbstvernichtung die transzendente Erfahrung eines höheren, verjüngten, erneuerten Ich gemacht werden kann, wurde bereits in einem der bekanntesten Gedichte Goethes, in ‚Selige Sehnsucht‘, unter Rückgriff auf eine alte persische Formel als ‚Stirb und Werde‘ formuliert und in der Folge zum Motto des Typus der Orientreise, um den es uns geht.[4]

Der in den Orient verlagerte ‚Ursprung‘ ist dann kein historisch bestimmbarer Zeitpunkt, sondern eine inszenierte Rückkehr hinter die Schranken und Begrenzungen des gewordenen Ich. Während in mystischer Tradition die Nichtung der ‚Eigenschaften‘ als Preisgabe alles Seienden, mithin der geschaffenen Person, auf die Einigung mit dem göttlichen Urgrund zielte, hat die profanierte Mystik im Selbst- und Fremderfahrungsmodell der Orientreise die religiöse Grundlage verloren. Nach wie vor jedoch geht sie davon aus, dass erst im radikalen Selbstopfer das wahre Selbst gefunden werden könne. Der Orient ist einerseits der Ort dieser Transgression des Selbst, die nicht aus eigenem Willen vollzogen werden kann – wenngleich vorbereitende Schritte diese Transgression einleiten können.[5] Er fungiert andererseits als Instanz der Auflösung des Individuellen, das unverfügbare Andere, dem sich der Selbstver-

---

[4] Bei Goethe bedeutet die Opferung der Identität im Akt der geistigen Zeugung einen Übergang zu einem neuen Zustand des Subjekts. Vgl. Johann Wolfgang Goethe, *West-östlicher Diwan* in ders., *Goethes Werke*. Hrsg. von E. Trunz. 15. Aufl., München 1994, Bd. 2, S. 18. Zentrale Beispiele, die dieses der Mystik entlehnte Modell der Selbst- und Fremderfahrung im ästhetischen und historischen Kontext der Orientreise neu inszenieren, sind Eugène Fromentin, *Un été dans le Sahel*. Paris 1938 (zuerst 1857); ders., *Une année dans le Sahel*. Paris 1993 (zuerst 1859); Pierre Loti, *Au Maroc*. Paris 2000 (zuerst 1890); Isabelle Eberhardt, *Dans l'ombre chaude de l'Islam*. Paris 1996 (zuerst 1906); diess., *Notes de route. Maroc-Algérie-Tunisie*. Paris 1999 (zuerst 1908); Annemarie Schwarzenbach, *Tod in Persien*. Basel 2003; Paul Bowles, *The Sheltering Sky*. New York 2002 (zuerst 1949).

[5] In ähnlicher Weise kann auch die Ekstase des Mystikers nicht willentlich herbeigeführt werden, sondern bleibt von der göttlichen Gnade abhängig. Allerdings gibt es Möglich-

lust verdankt. Der Orient erscheint insofern als eine zentrale Konkretion moderner Ästhetik, partizipiert an der Faszination des Unverfügbaren, des ‚Außen‘, das in die Sprache und das Denken hereinbrechen soll.[6]

Zentraler und allgegenwärtiger Reflexionspunkt der Orientreiseliteratur ist das Opfer. Nach einem Verständnis, in dem das Opfer dazu dient, gegen die Hingabe eines geliebten oder wertvollen Gegenstandes an eine transzendente Instanz etwas Erwartetes oder Erwünschtes einzutauschen, spiegelt es die mystische Erfahrung des ‚Stirb und Werde‘ als eines Selbstopfers wider: Der Opfertod als Verzicht auf das Eigene, Erworbene oder Hervorgebrachte führt zum Gewinn einer Transzendenzerfahrung. Auch in den beiden im folgenden untersuchten Texten von Kirchhoff und Kracht steht das Opfer jeweils im Mittelpunkt – auch, wenn unter den Vorzeichen der Säkularisierung das Risiko, das mit ihm einhergeht, steigt, da nicht mehr gewiss ist, was sich dafür gewinnen lässt.

BODO KIRCHHOFF: ‚DER SANDMANN‘

Bodo Kirchhoffs Protagonist und Ich-Erzähler Quint reist zu Beginn des Romans *Der Sandmann* nach Tunis, um dort das ein Jahr zuvor plötzlich verschwundene ehemalige Au-pair-Mädchen Helen Henderson wiederzufinden, die er während ihres Aufenthalts bei der Familie Quint erfolglos umworben hatte. Quint verlässt mit seinem vierjährigen Sohn Julian seine komfortable Situation in Deutschland,[7] hofft auf ein neues Liebesglück, während sich seine Frau Christine, eine erfolgreiche und preisgekrönte Übersetzerin russischer Literatur, mit Scheidungsplänen trägt.[8] Eine Postkarte Helens aus Tunis gibt den Anlass zur Reise – und damit den Anstoß zur Romanhandlung. Quints Orientreise steht also im Zeichen eines Neuanfangs, eines Bruchs mit seinem Eheleben in Deutschland, allerdings ist dieser Bruch nicht als die totale Selbst-

---

keiten der Vorbereitung in der Reinigung der Seele und durch die Lebensführung. In der Orientreiseliteratur ist die Selbstdestruktion, die sich häufig im Rausch vollzieht, das Äquivalent der Einigung: Alkoholrausch, Drogenrausch, sexueller Rausch sind Methoden, um die Erfahrung eines transzendenten Anderen einzuleiten.

[6] Vgl. hierzu Michel Foucault, Das Denken des Außen. In: Ders., *Schriften zur Literatur*. Hrsg. von Daniel Defert und François Ewald unter Mitarbeit von Jacques Lagrange. Frankfurt a. M. 2003, S. 208–33.

[7] Zu Beginn des Romans benennt Quint sein dreifaches deutsches Glück, das er hinter sich lässt: Es bestand erstens in einem ‚angenehmen Beruf‘ – Quint war ‚Radiosprecher in Goethes Geburtstadt‘; zweitens in ‚einer geräumigen Wohnung, Altbau mit Südbalkon, in günstiger Lage‘ und drittens war ihm ‚das Glück eines gesunden Sohnes zuteil‘ geworden. Vgl. Bodo Kirchhoff, *Der Sandmann*. Frankfurt a. M. 1994 (zuerst 1992), S. 9.

[8] ‚Und damals hätte ich sogar noch einmal mit der Liebe in Berührung kommen können, weil meine Frau an Trennung dachte‘ (Ebd.).

preisgabe intendiert, zu der er im Romanverlauf werden wird. Dies lässt sich den Worten des Erzählers entnehmen, der im Präteritum schreibt und mit distanziertem Blick auf seine tunesischen Erfahrungen zurückblickt. Er weiß bereits, dass Quints Hoffnung auf ein Wiedersehen mit Helen unerfüllt bleiben und dass sich unter Quints Wünschen ein Abgrund auftun wird. Die ersten Sätze des Romans künden dies bereits kryptisch an:

> Ein erster Mord, das ist der Augenblick, in dem die Welt zerbricht durch eine einzige Bewegung, den Ruck, der das Opfer vom Dach stößt. Das ist das blutgetränkte Haar auf einem Kopf, in dem jedes Wissen erlischt, das ist der Täter, der nicht zum Tier wird; am Tier vorbei fällt er ins Bodenlose. Das war der Fall, der auf mich zukam.[9]

Auf der einen Seite gibt dieser Romananfang eine ungefähre Vorstellung vom Romanverlauf: Er deutet eine Mordgeschichte an und erzeugt somit Spannung. Doch interessanter ist der zweite Aspekt dieses Beginns – es sind die Metaphern, die verwendet werden und die Isotopien, die von diesen Sätzen ausgehend den Roman durchziehen. Die Rede ist von einem ‚Augenblick‘, der in der Lage ist, mit einem Schlag die Welt des Erzählers zu zerbrechen; von einem ‚Ruck‘, der ihn aus dem Koordinatensystem herausschleudert und ins Bodenlose fallen lässt. Auch vom Erlöschen jeglichen Wissens wird gesprochen und schließlich rückt die fundamentale Rolle des Opfers für diesen Roman bereits hier ins Zentrum der Aufmerksamkeit. Gewiss: Soviel aus diesem Anfang deutlich werden kann, handelt es sich um ein Mordopfer – also nicht um ein Opfer im Sinne eines *sacrifice*, sondern um ein *victim*[10] – doch wird im weiteren Verlauf des Romans schnell deutlich, dass die Opferisotopie den quasi-sakralen Wert des *sacrifice* annimmt. Und auch die anderen Metaphern – der Augenblick (das nû der deutschen Mystik), der Ruck, das Zerbrechen der Welt, das Bodenlose (der Abgrund), das Erlöschen des Wissens – stammen sämtlich aus dem Arsenal der mystischen Sprache und Theorie.[11] Sie deuten einen radikalen Zustandswechsel an, der den sich abzeichnenden Plot einer Liebesgeschichte und eines Mordes überlagert und am Ende ganz in den Hintergrund drängt.

   Während also der Protagonist Quint zur Zeit, von der im Roman erzählt wird, von dem, was da auf ihn zukommt, noch keine Ahnung hat, schreibt der

---

[9] Ebd.

[10] Die deutsche Sprache differenziert nicht zwischen dem Opfer im Sinne der Hingabe einer wertvollen oder geliebten Sache und dem Opfer als Objekt einer Gewalttat oder eines Unglücks.

[11] Vgl. z. B. Josef Quint, Mystik und Sprache. Ihr Verhältnis zueinander insbesondere in der spekulativen Mystik Meister Eckeharts. In: *DVjS* 27 (1953), S. 48–76. Das ‚Erlöschen des Wissens‘ bezieht sich auf den Verlust aller Bestimmungen des Denkens in der *unio mystica*; das Bodenlose bei Kirchhoff hat sein mystisches Vorbild in der ‚abegründicheit‘, ‚apgrundlicheit‘, ‚gruntlosicheit‘ Gottes in der Mystik. S. hierzu Quint, S. 70.

Erzähler Quint von der Warte eines höheren Wissens aus, hat das Zurückliegende bereits gedeutet und vermag in dieser Weise, Sinnbezüge zu stiften, die sich dem erzählten Ich entziehen müssen. Die Revolution im Leben Quints wird sich, wie der Romananfang nahelegt, gewissermaßen hinter seinem Rükken ereignen. Das westliche Ich wird gegen seinen Willen ‚orientalisiert' werden und erst im Lauf der Zeit diesen Prozess der langsamen Zersetzung der Identität affirmieren. Diese Affirmation stellt dann die Bedingung für den radikalen Bruch mit dem Vertrauten dar.

In Tunis angekommen, quartiert sich Quint mit Julian im ‚Petit hôtel de la tranquillité'[12] ein, in dem er Helen vermutet. Doch Helen hat das Hotel bereits wieder verlassen, dabei aber ihren im Safe verstauten Besitz nicht mitgenommen. Bei diesem handelt es sich um ein Heft mit dem Titel ‚Mein Jahr mit Quint'[13] – um Tagebuchaufzeichnungen also, in denen über ihre Beziehung mit Quint berichtet wird. Als die Hotelbesitzerin Madame Melrose, der gegenüber er sich als Helens Onkel ausgibt, ihm das Heft zeigt, erschrickt er ‚wie jemand, der auf seine Akte stößt'.[14] In diesem Erschrecken vor der eigenen Akte kündigt sich bereits der Prozess der Selbsterkenntnis an, den er im weiteren Verlauf des Romans bis zur Selbstzerstörung durchleben wird: Die Akte erscheint als Instanz einer endgültigen, unumgänglichen Wahrheit des Selbst, die Quint durch die Lektüre des Hefts erfahren wird. Das Erschrecken vor der eigenen Akte verweist auf die Zeitgeschichte, vor deren Hintergrund sich Quints Suche nach Helen vollzieht – man denkt dabei an die zahllosen Fälle enttarnter Stasimitarbeiter und bespitzelter Bürger nach der Wiedervereinigung. So ist auch Helens und Quints gemeinsames Jahr das Jahr der deutschen Einheit. Es beginnt in der Nacht vor dem Mauerfall, am 8. November 1989, und endet im Oktober 1990, als Helen verschwindet.[15] Das Orientalismusthema wird durch die Überblendung mit den deutschen Ereignissen ironisch verdoppelt: Während sich in Deutschland Westen und Osten vereinigen, entzieht sich Helen dieser Vereinigung durch ihre Flucht in den Orient, und Quint folgt ihr, um dort die private Wiedervereinigung mit der Verschwunde-

---

[12] Kirchhoff, a.a.O., S. 13.
[13] Ebd., S. 14.
[14] Ebd.
[15] Während Tag und Monat in Helens Heft angegeben werden, kann das Jahr aus den Textangaben erschlossen werden: Quint reist am ‚erste[n] Jahrestag der neuen Einheit' (ebd., S. 10), also am 3. Oktober 1991 nach Tunis. Seit Helens Abschied ist, wie man derselben Stelle entnehmen kann, ein Jahr vergangen. In ihrem ersten Tagebucheintrag erzählt Helen davon, wie sie Quint zum ersten Mal in der Nacht zwischen dem 8. und 9. November nahegekommen sei, in der Nacht seines Geburtstag und des Mauerfalls. Das Jahr mit Quint erstreckt sich also vom 8. November 1989 bis in den Herbst 1990. Im September 1991 schickt sie Quint eine Postkarte aus Tunis, und er bricht im Oktober desselben Jahres auf, um Helen dort zu suchen.

nen herbeizuführen. Das wiedervereinigte Deutschland bildet das Territorium einer neugestifteten Identität, während der Orient zum Ort der Aufhebung und Hybridisierung von Identitäten wird. Denn alle Figuren, auf die Quint in Tunis trifft, verweigern in irgendeinem Sinn die Annahme einer bestimmten, festzulegenden Identität. Eine von ihnen ist Madame Melrose, die Besitzerin des Hotels, deren Name dem Erzähler ,zu klangvoll war, um echt zu sein'.[16] Dieser Name hat die Funktion, die seltsame Ursprungslosigkeit und Wandelbarkeit der Person zu bezeichnen. Im Lauf ihres Lebens hatte sich Melrose, um Filmschauspielerin zu werden, ihre Zähne erneuern und ihren Namen ändern lassen; sie verlässt ihre Eltern – einen amerikanischen Vater und eine französische Mutter – und heiratet nach dem Scheitern ihrer schauspielerischen Ambitionen ,einen Napoleonverehrer mit arabischem Namen, der sich als Hotelier ausgab'.[17] Als Madame Haddouch kommt sie nach Tunis und nach dem Tod ihres Mannes nennt sie sich wieder Madame Melrose – ein Name, der nach melodramatischen Filmszenen klingt.[18] Die Ingredientien dieser Geschichte der Madame Melrose charakterisieren auch alle anderen Personen, die Quint im Hotel antrifft: Die Elternlosigkeit, der Verlust der Heimat, das Spiel mit dem Schein, die Hybridität – Züge, die übrigens von den Personen ausdrücklich affirmiert werden.

Die Funktion des Orients, der Stadt Tunis, im Roman besteht darin, als Ort dieser unsicheren Identitäten zu dienen. Tunis erscheint als Heterotopie, wo sich die hybride Person niederlassen kann, ohne sich einer repressiven Form der Identität unterwerfen zu müssen: die Heterotopie des Orients in Kirchhoffs Roman kehrt das Bild der westlichen Gesellschaft, in der alles seinen Platz und seine Eigenschaften hat, um und erscheint als Raum der offenen, schwebenden Identitäten. Eine solche begegnet neben Melrose auch in der Figur des leider aufdringlich exotistisch geschilderten Afrikaners Mahbaba,[19] dem aktuellen Bewunderer Helens. Vor allem aber trifft das Gesagte auf Dr. Branzger zu, eine der zentralen Figuren des Romans. Dr. Branzger lehnt Deutschland ab: ,Denn einem Menschen wie mir schlägt dort heute nur noch ein einziger bitterer Vorwurf entgegen: Jetzt sei gefälligst auch du mit dir eins!'[20] Während sich in

---

[16] Ebd., S. 13.
[17] Ebd., S. 37.
[18] Ihre Geschichte erzählt sie ebd., S. 36f.
[19] Exotistisch an der Beschreibung Mahbabas ist die Häufung der mit Afrikanern verbundenen Klischees. Immer wieder wird seine beeindruckende Körperlichkeit hervorgehoben. In Christines Tagebuch heißt es: ,Mahbaba hatte nur ein Tuch um die Hüften und ließ keine Gelegenheit aus, mir seinen Körper in Bewegung zu zeigen. [...] Und schließlich streichelte ich seine Schultern, die wie aus schwarzen Eiern gepellt waren' (ebd., S. 154f.). Auch Quint ist von ihm beeindruckt: ,[...] seine sanfte Sportlichkeit beschäftigte mich mehr als all seine Prognosen' (ebd., S. 175).
[20] Ebd., S. 73.

Deutschland die Identitäten stabilisieren, geht Branzger ins freiwillige tunesische Exil, weil er der Auffassung ist, dass sich nur im Randständigen, Dezentralen, die Signatur der Epoche erkennen lasse und somit kreative Prozesse auch nur dort freigesetzt werden könnten.[21] Branzger, der selbst Schriftsteller ist, verortet sich nicht nur aus Gründen der sehr deutschen Ablehnung Deutschlands am Rand Europas, er ist nicht nur ein Vertreter deutscher Zerrissenheit und deutschen Leidens an der eigenen Nation – er bejaht vor allem ausdrücklich die Differenz, das Spiel mit unterschiedlichen Identitäten und Herkünften. Das zeigt sich an den Legenden, die er über sich selbst verbreitet: Zunächst gibt er sich als ostdeutscher Schriftsteller aus, der wegen Systemkritik im Gefängnis gesessen habe und nach dem Mauerfall nur drei Tage im Westen geblieben sei, bevor er sich nach Tunesien abgesetzt habe;[22] dann wiederum bezeichnet er sich als in Frankfurt am Main gebürtigen Westdeutschen, der wegen Bücherdiebstahls im Gefängnis gewesen sei.[23] Auch baut er sich auf dem Dach des Hotels ein Beduinenzelt auf: Sein Wunsch ist es, Araber zu werden.[24] Branzger beschäftigt sich fortwährend mit der Konstruktion neuer Identitäten. Die Ungreifbarkeit dieser Figur wird noch gesteigert durch die Attribute, mit denen er versehen ist: Branzger führt immer einen Hirtenstab mit sich, durch den er einerseits an die Patriarchen der Bibel erinnert, andererseits aber auch an Hermes, den Lügengott – auf beide Assoziationen werden wir zurückkommen.

Diese Spannung zwischen Herkunft und Exil, Identitätszwang und Offenheit, Deutschland und dem Orient, wird auch in Helens Aufzeichnungen ausgetragen. Aus ihnen erfahren wir, dass Quint das Mädchen zuerst mit seiner Stimme berührte.[25] Diese Stimme des Radiosprechers ist, wie er selbst weiß,

---

[21] ‚Ob ich schon bemerkt habe, daß die Stadt von Sprungbereiten überquelle? Wer wissen wolle, was auf unsere deutsche Insel der Seligen zukomme, müsse sich nach Afrika begeben, an die Sammelplätze. Und dies gelte besonders für schreibende Menschen, für Künstler – Dr. Branzger hob plötzlich die Stimme –, denn jede Kunst, die zwischen Stockholm und Mailand, Berlin und Madrid entsteht, geht an der Epoche vorbei; sie hat nicht das geringste mit ihr zu tun, selbst wenn alle führenden Blätter pausenlos darüber berichten!' (Ebd., S. 71).

[22] Diese Geschichte erzählt Branzger ebd., S. 84ff. und S. 124ff.

[23] Vgl. ebd., S. 179.

[24] „‚Ich werde ein Araber, wenn Sie verstehen…'" (Ebd., S. 91). Branzgers Wunsch nach Deterritorialisierung, dem er im Gefängnis Ausdruck geben wollte, indem er sich auf den Rücken das Schiff mit acht Segeln aus der Ballade ‚Die Seeräuber-Jenny' von Brecht tätowieren lassen wollte, wurde durch einen üblen Spaß noch verstärkt. Denn statt des Schiffes hat man ihm eine Schüssel mit acht dampfenden Knödeln in die Haut geritzt, so dass er für immer mit diesem Schandmal erzwungener Verortung in der deutschen Heimat versehen ist.

[25] ‚Wir stießen auf sein Wohl an, und ich fragte ihn, was er sich im neuen Lebensjahr wünsche. Ohne zu zögern antwortete er, Das Glück, und zum ersten Mal umfing mich seine Stimme' (Ebd., S. 47).

seine herausragende Eigenschaft. Er macht von ihr nicht nur im Beruflichen, sondern auch im Privaten Gebrauch, um damit zu verführen und seinen Willen durchzusetzen. In stundenlangen Telefonaten rückt Quint in die Rolle des Vaters,[26] während Helen sich immer ‚töchterlicher'[27] zu fühlen beginnt. Im Rückblick erscheint Helen diese Stimme als eine besonders perfide List Quints, ihre Liebe zu einem Abhängigkeitsverhältnis werden zu lassen. Die Stimme nämlich lässt die Welt zu einer Welt Quints werden:

> […] nur seine Stimme fällt mir ein, diese Stimme, die an sich eine Irreführung ist. Selbst wenn er damit etwas Wahres sagt, die Uhrzeit etwa, oder daß es regnet, wenn es regnet, kommt dabei immer auch eine Unwahrheit an. Aus einem halb drei, das nur die Eigenschaft des Vergänglichen hat, wird sein halb drei, eine väterliche Gabe, die mich zum Gehen mahnt oder leise zum Bleiben einlädt. Mit seiner zu allem fähigen Stimme teilt Quint sogar sein eigenes Wetter und eigene Zeit aus.[28]

Die Stimme ist also eine Weise, mit der Quint aus einer allen gehörenden Welt seinen eigenen Besitz macht, um ihn mit großzügiger Geste weiterzuschenken. Sie gibt ihm einen Platz in der Welt und Eigenschaften: ‚Noch immer staune ich darüber, wie stolz er auf seine Stimme sein konnte: er glaubte an eine Welt voller Eigenschaften, in welcher er seinen Platz hatte'.[29] In diesem Festhalten am Eigenen erscheint er Helen als ‚ein bedauernswerter kleiner Gott'.[30]

Rückblickend durchschaut Helen Quints Strategie, sie in der Vaterrolle zu verführen, und sie fühlt sich davon ausgenutzt, weil ihr damit eine Rolle zugeschrieben wird, die sie ablehnt, aber auch, weil sie erkennt, dass Quint sie vor allem brauchte, um sein alterndes Leben an ihr mit neuer Kraft zu versorgen. Während er sich an der jungen Frau stärkte, wurde sie immer schwächer: ‚Ich […] verlor Kraft'. ‚Anschließend lag ich nächtelang wach und fragte mich, was von mir übrig war'. ‚Meine Beine wurden dünner, als lägen sie in Gips […]'.[31] Helen erscheint als ein Opfer, das Quint hingibt, um daraus Kraft und Macht zu gewinnen und seine Welt der Eigenschaften zu behaupten. Ihre Wut auf Quint begründet sich aus dessen Festhalten an den Eigenschaften. Helen dagegen lehnt sich selbst ab – aber nicht aus Selbsthass, sondern aus Hass

---

[26] Sowohl aus der Sicht Helens als auch aus der Quints. Helen ‚begann das neue Jahr in dem Gefühl, einen neuen Vater zu haben' (Ebd., S. 49). Quint sagt einmal ‚Schade, daß ich nicht dein Vater bin; andererseits wäre dann aber auch manches viel schwieriger!' (S. 65).

[27] Ebd., S. 50.

[28] Ebd., S. 112.

[29] Ebd., S. 111f.

[30] Ebd., S. 112.

[31] Ebd., S. 111.

gegen feste Identitäten überhaupt: ‚Ich will nicht die sein, die ich wurde – wozu, für wen –, ich bekenne mich nicht zu dieser Person. Schon als Kind beugte ich das Wort Sein. Ich bin, du bist, ersieeesist'. [32]

Durch ihre Ablehnung des Identitätsprinzips, ihrem Wunsch nach Freiheit von festen Zuschreibungen, erscheint Helen als Gegenspielerin Quints. Mit ihrem Tagebuch verfolgt sie die Absicht, ihn, einen der ‚blinde[n] Väter'[33] in ihrem Leben, sehend zu machen: ‚Ich füge die Scherben eines Spiegels zusammen und entferne darauf jeden Fleck. Der Mann, der mir nachgereist ist, soll nicht unnötig leiden; ich verlange bloß, dass er auch sieht, ganz am Ende vielleicht sogar mich'.[34] Mit ihrem Wunsch, den Blinden sehend zu machen, betreibt Helen das Geschäft der Aufklärung. Quint dagegen erscheint als der titelgebende Sandmann, der ihr und den anderen Menschen Sand in die Augen streuen möchte, um sie über sich zu täuschen und nicht sehen zu müssen, wie es um ihn bestellt ist: dass er sich in einer Krise befindet und versucht, sich auf Kosten anderer jung und lebendig zu fühlen:

> Tag für Tag gab er den Erwachsenen. Keinen ließ er wissen, wie es wirklich um ihn stand. Er machte mir etwas vor, er machte seiner Frau etwas vor, er führte sich vor Julian auf, ja, sich selber schloß er aus von der Wahrheit, wenn er überhaupt wußte, daß die Wahrheit etwas anderes war als der Sand, den er streute.[35]

Die Erzählerin des Tagebuchs erreicht ihre Absicht, denn die Suche nach ihr beginnt Quint zu verwandeln. Er fühlt sich erbarmungslos durchschaut und vernichtet: ‚Ich hatte Angst vor Helen. […] Gerade noch sanft, konnte sie, auf ein unbedachtes Wort hin, Seiten zeigen, die mir die Luft nahmen. Ihr ganzer Ausdruck, ihre Stimme, ihre Rede schienen dann von einem zweiten, sonst in ihr ruhenden, nun aber wütend gewordenen Wesen zu kommen, einem mich restlos durchschauenden, auf meine Vernichtung bedachten Kind'.[36] Helens Unternehmen, ihn sehend zu machen, führt zu einer sich zuspitzenden Existenzkrise, die durch weitere Momente noch verstärkt wird.

Eines davon muss in der Beziehung zu seinem Sohn Julian gesehen werden, in der sich viele Elemente der Geschichte Helens wiederholen. Auch Julian, der Heimweh nach der Mutter hat, umwirbt er mit seiner Stimme und mit seinen Geschichten vom simsesfressenden Ungeheuer, das er erfindet, um das Kind damit zu beruhigen und es auf seine Seite zu ziehen – weg von der Sehnsucht nach der Mutter, weg aber auch von der Zuneigung, die das Kind zu

---

[32] Ebd., S. 113.
[33] Ebd., S. 117.
[34] Ebd., S. 118.
[35] Ebd., S. 151.
[36] Ebd., S. 94.

Branzger gefasst hat, dessen Meisterschaft in der Konstruktion von Papierflug-
zeugen den Jungen beeindruckt. Das Ungeheuer haust auf Dächern und frisst
die Simse der Häuser: Damit ist eine wichtige Isotopie des Romans aufgegriffen, die uns bereits zu Beginn begegnete, nämlich der ‚Fall‘ vom Dach. Doch
nicht nur das Ungeheuer, auch die Leidenschaft, mit der Julian Papierflieger
vom Hoteldach herunterwerfen will, verbindet sich mit dieser Isotopie. Das
Dach wird als Ort eines bevorstehenden Unheils codiert, doch zugleich ist es
der Ort des Überblicks: Unten liegt das Gewühl der fremden arabischen Alt-
stadt, in der die Identität sich zu verlieren droht, in der Gesetze herrschen, die
für den Erzähler und den Sohn bedrohlich sind; oben zu bleiben dagegen be-
wahrt vor diesem Verlust.[37] Die Angst vor dem Fall markiert eine Schwellensi-
tuation des Übergangs von dem einen in den anderen Zustand. Diese ambivalente Konfiguration aus Bedrohung und Sicherheit wird gleich am Abend des
ersten Gangs durch Tunis deutlich, als Vater und Sohn das Hoteldach betreten:

> Julian ging sofort zum Rand. Ein nur fußhoher Sims begrenzte das Dach,
> ich rief: ‚Geh nicht weiter.‘ Und wie eine Möglichkeit meiner selbst blieb er
> dann, dicht vor der Kante, stehen und schaute hinunter. Ich ergriff seinen
> Arm, ich beugte mich an ihm vorbei. Unten verlief keine Gasse, nur ein
> Gang, von dem Uringeruch aufstieg. Ich sah einen Abtritt in der Tiefe und
> zwei Männer. Sie streichelten sich. ‚Wir wollen sie nicht erschrecken‘, sagte
> ich und nahm Julian beiseite.[38]

Der Blick in die Tiefe entdeckt eine Welt der verbotenen Triebe und Wünsche.
Mit der Szene der homosexuellen Begegnung wird ein hartnäckiges orientalistisches Klischee aufgegriffen und als Bedrohung der eigenen Vateridentität
inszeniert. ‚Nicht hinunterzusehen‘, den Blick in den (vermeintlichen) Abgrund nicht zu wagen, ist das Rezept Quints, dessen Charakterisierung als
‚blinder Vater‘ durch Helen sich auch hier bewahrheitet. Allerdings wird der
prekäre Status der Vaterrolle durch die Geschichte vom Ungeheuer verdeut-

---

[37] Quints Gänge durch die Medina von Tunis sind durchsetzt von orientalistischen Klischees, die die Funktion der orientalischen Stadt als Heterotopie unterstreichen: Er begegnet dort allen Arten von menschlichen Monstrositäten, z.B. Tawfik, der sich später als
Sohn der Mme Melrose herausstellen wird: ‚Er hatte den Kopf eines Äffchens; nur die
Musik ließ mich den Anblick ertragen‘ (ebd., S. 21). Oder eine andere Monstrosität: ‚Vor
einer steilen Treppe saß ein Mann auf einem Schemel. Er war alt und dick und trug einen
über die Knie gekrempelten Burnus. Die Schenkel schienen wie aus einer Masse; wo sie
einander berührten, war eine braune Paste entstanden. Auch seine Füße schienen verschmolzen, zu einem brandigen Klumpen. Nur die Haut im Gesicht, fast heller noch als
die von Melrose, war durch nichts angegriffen‘ (ebd., S. 200). Dieser Blick auf den Orient
steht in einer langen Tradition. Vgl. hierzu weiter unten Anm. 70 und 71 die Beispiele aus
Gustave Flauberts *Voyage en Orient*. In: Ders., *Œuvres complètes de Gustave Flaubert*, Bd. 10.
Paris 1973.
[38] Kirchhoff, a.a.O., S. 24.

licht: Der nurmehr ‚fußhohe Sims' wird gewissermaßen vom Ungeheuer, das Simse frisst, verspeist und das imaginäre Wesen wird in der Geschichte zunehmend real: Im Mord, den Quint begehen wird und im Verlust seines Kindes, das in geradezu obsessiver Weise mit dem Dach und dem Rand des Daches in Verbindung gebracht wird. Quint sieht nämlich auch in einer späteren Szene, ‚wie Julian – lautlos war er verschwunden – schon einen Fuß auf den Sims setzt. Ich rannte hin und riß ihn an mich, ich brachte ihn in Sicherheit. Ins Bett'.[39] Wie begründet sich diese Angst vor einem Sturz des Sohnes?

Diese Angst ergibt sich aus den tief ambivalenten Gefühlen, die der Vater für seinen Sohn empfindet. Denn der Sohn führt ihm sein Alter unbarmherzig vor Augen: ‚Ein Kind, ein Kind [...] kann einen grau und klein machen, und das über Nacht' ruft Quint gegenüber Branzger aus, um das Gefühl der Schwächung zu erklären, das er empfindet.[40] An einer anderen Stelle wird berichtet, wie Julian ihm ‚an kritischen Stellen das Haar [auszupfte], und ich sah mich schon kahl, wenn Helen aus der Dunkelheit träte'.[41] Das Kind Julian wird zu einem geradezu unheimlichen Wesen, das seinen Vater mit Vernichtung bedroht und aussaugt, in derselben Weise, wie es bei Helen der Fall ist:

> Aber das war vorbei, dieses Kind [sc. Helen] war schon verloren. Blieb mir nur Julian, aus dem ebenfalls ein Gegenwesen hervorbrechen konnte. Ich hatte auch vor Julian Angst, nicht vor dem jetzigen, rasch verzeihenden Julian, sondern dem künftigen, von dem eines Tages ein Brief kommen könnte, die Bilanz all meiner Kniffe, Püffe und Abwesenheiten, die ich, an Stelle von Ohrfeigen, wie anonym, in niemandes Namen zufügte [...].[42]

Doch diese Angst vor dem zukünftigen erwachsenen Sohn ist mehr als nur die Angst vor der Bilanzierung von Erziehungsfehlern: Es ist einerseits die Angst vor der Vergeblichkeit der Liebe, andererseits das schlechte Gewissen, den Sohn zur eigenen Verjüngung instrumentalisiert zu haben.

> Und vielleicht war das, rückblickend, auch der Grund meines eigenen kindlichen Kummers (eines Kummers, der heute noch jäh über mich hereinbrechen kann): daß mir die Älteren, um sich zu verjüngen?, etwas gestohlen hatten, von dem ich selbst noch nichts ahnte, einen Quell, den ich später entbehrte, auch wenn ich nie erfahren hatte, was ihm entsprang, und nun wiederum, blindwütig, anderen entriß, Julian vor allem, und Helen, solang es sie gab.[43]

---

[39] Ebd., S. 81.
[40] Ebd., S. 88.
[41] Ebd., S. 123.
[42] Ebd., S. 95.
[43] Ebd., S. 96.

Dieser Zusammenhang von Alterskrise und Verjüngungssehnsucht macht die Ambivalenz der Gefühle des Vaters zu seinem Sohn aus. Julian führt ihm sein Alter vor Augen, und er versucht den Sohn zu einer Zuneigung und Freundschaft zu bringen, die ihm seine eigene Jugendlichkeit bestätigen würde – darin gleicht diese Beziehung der zu Helen sehr stark. In diesem Zusammenhang wird das Motiv des Kindesopfers, das sich bei Helen nur andeutete, mehrfach explizit aufgegriffen: Die Geschichte von Julian und Quint weist deutlich biblische Bezüge auf. Bereits das Motto des Romans – es lautet: ‚O daß mein Sinn ein Abgrund wär'[44] – stellt eine Beziehung zum Christkind her, zu dem Julian in enger Verbindung steht. Das Motto entstammt dem Kirchenlied ‚Ich steh an deiner Krippen hier' von Paul Gerhardt. Die betreffende Strophe lautet:

> Ich sehe dich mit Freuden an
> und kann mich nicht satt sehen;
> und weil ich nun nicht weiter kann,
> bleib ich anbetend stehen.
> O daß mein Sinn ein Abgrund wär
> und meine Seel ein weites Meer,
> daß ich dich möchte fassen.[45]

Julian erscheint wie Jesus als der Angebetete[46], aber auch als das Opfer, durch das sich der Erwachsene bereichern und verjüngen will. Quint befindet sich in einer gleichfalls ambivalenten Situation, da er einerseits – als ‚blinder Vater' und ‚bedauernswerter kleiner Gott' – die Position dessen einnimmt, der letztlich die Opferung vollzieht, andererseits aber auch derjenige ist, der die reine andächtige Liebe zum Sohn, die der Anbetende des Kirchenlieds anstrebt, erreichen möchte. So ist Quint zugleich der egoistische Vatergott wie auch der schuldbewusst seinen Sohn verehrende Vater, der um die Verstrickung in die eigene Schuld weiß.

Die Angst des Vaters vor dem Verlust und dem Sturz des Sohnes lässt sich also als unbewusste Opfer- und Tötungsphantasie deuten, die auf eine fast schon plakative Weise verdeutlicht wird: An einer Stelle des Romans trägt Quint seinen Sohn ‚wie ein Lamm über den Schultern',[47] dabei an Abraham

---

[44] Ebd., S. 5.

[45] *Evangelisches Kirchengesangbuch. Ausgabe für die Vereinigte protestantisch evangelisch christliche Kirche.* Fünfte ber. Auflage, Speyer 1970, Nr. 28.

[46] In der Tat wird Julian von allen vergöttert. Besonders Helen richtet Erlösungshoffnungen auf ihn: ‚Und neu erschaffen, fern jeder Angst, werde ich in die Heimat zurueckkehren und dort nur einen aus meiner frueheren Zeit auf der Strasse wiedererkennen, auch wenn aus ihm, dem Kind, ein Knabe oder junger Mann geworden ist' (Kirchhoff, a.a.O., S. 189). Bei diesem ‚einen' handelt es sich um Julian.

[47] Ebd., S. 39.

erinnernd, der unterwegs ist, um seinen Sohn Isaak zu opfern – eine Reminiszenz, die später noch einmal aufgerufen wird, als Dr. Branzger ‚mit seinem Stab in der Hand und dem reglosen Julian im Arm einem Propheten glich, der die Geschichte von Abraham und Isaak aufwärmte';[48] und als Julian zum ersten Mal in der Medina von Tunis verschwindet, sind es nicht zuletzt Befreiungsgedanken, die sich dem Vater aufdrängen.[49] Mit diesen Anspielungen auf das biblische Opfer des Sohnes, auf Abraham und Isaak als Präfigurationen der Opferung Jesu, wird eine zweite Tradition des Orients aufgerufen und geschickt mit dem Orientalismus der Tradition von Gustave Flaubert oder Paul Bowles verknüpft: Der alte Orient der Bibel, die Geschichte der Patriarchen, die sich in der Beziehung von Quint und Julian, aber auch in der Gestalt Dr. Branzgers wiederholt, liefert mit der Implikation der Opferthematik eine Folie zum Verständnis der postmodernen Geschichte eines Identitätsverlusts. Die beiden Themen verbinden sich dadurch, dass die beiden Opferungen, die Quint vollziehen wird, als scheiternde Versuche gedeutet werden können, den Selbstverlust aufzuhalten: Die Tötung Branzgers und der Verlust Julians sollen helfen, Quints Identität zu behaupten.

Doch zunächst kommt es zu einer erneuten Verschärfung der Krise durch eine Entdeckung, die Quint an jenem Tag macht, an dem er Julian zum ersten Mal in der Medina verliert. Seine Suche nach dem verlorenen Sohn führt ihn ‚durch den Souk der Broschürenhändler, bis in die Gasse der Buchbinder und des Papiers'.[50] Dort, im ‚Laden der Abschreiber'[51] begegnet er Dr. Branzger, der in Gegenwart Julians gerade mit der Niederschrift eines Blattes aus ‚Helens Tagebuch' beschäftigt ist oder dies zumindest vorgibt. Mit der Künstlern eigenen Bedürftigkeit nach Applaus und Lob prahlt Branzger vor Quint mit den Schwierigkeiten, die ihm das Verfassen des Tagebuchs gemacht habe,[52] und er behauptet, er sei an seine Informationen gekommen, weil Helen sich vor ihrem Verschwinden ‚das ganze mißglückte Jahr mit Ihnen von der Seele geredet habe'.[53] Ob diese Angaben Branzgers stimmen oder nicht, kann allerdings nicht mit Sicherheit festgestellt werden – zu sehr erscheint dieser im

---

[48] Ebd., S. 124.
[49] ‚Die immer noch vorwärtsdrängenden Menschen, taub gegenüber meinem Schreien und Rufen, rissen mich vorwärts. Weiter und weiter schienen sie mich zu entfernen von Julian, schon stellte ich mir mein Leben ohne ihn vor, Freiheiten, an die ich mich wieder gewöhnte, meine alten Nächte in neuen Cafés, mein wochenweises Dasein, Ursache von nichts, außer dem Älterwerden' (Ebd., S. 158).
[50] Ebd., S. 159.
[51] Ebd., S. 163.
[52] „‚Diese Stelle hier" – Dr. Branzger zeigte auf einen begonnenen Satz – „ist nur ein Beispiel für die Fülle der Schwierigkeiten, die eine solche Herausforderung mit sich bringt"' (Ebd., S. 161f.).
[53] Ebd., S. 163.

Roman als versierter Lügner und Geschichtenerfinder: Sein Stab stellt einen Hinweis auf Hermes, den Gott der Lügner dar. Es steht jedoch fest, dass Quint ihm diese Geschichte glaubt und sie entzieht ihm den Boden unter den Füßen. Ihr unmittelbarer Effekt für Quint ist die Kulmination der Krise: ‚Und in jenen zwei Stunden […] bekam das Uneinssein mit mir etwas Endgültiges'.[54] Es mag auf den ersten Blick paradox anmuten, dass Helen, die *Erzählerin* des Tagebuchs, gerade durch Branzgers Anspruch auf dessen *Autorschaft* ihre Absicht der Vernichtung erreichen kann. Dafür gibt es zwei Gründe: Erstens vollzieht sich durch die Unklarheit hinsichtlich der Verfasserschaft keineswegs ein Glaubwürdigkeitsverlust der Schrift; im Gegenteil: Der Text mag seine(n) Urheber(in) verloren haben, er erreicht dennoch seinen Empfänger, weil die Herkunft der Wahrheit über das eigene Selbst nicht angewiesen ist auf einen Sender. Oder anders: Das Spiegelbild, das die Erzählerin Helen von Quint anfertigt, trifft zu – und eben dies genügt, um ihn zutiefst zu verunsichern. Zweitens aber – und dies ist für die Poetik des Romans von Bedeutung – führt das Tagebuch nicht nur die Gespaltenheit Quints vor Augen, es realisiert vielmehr Gespaltenheit – Ort- und Ursprungslosigkeit, Depersonalisierung und Pluralisierung des Ich als poetisches Prinzip, indem es Quints Welt zum Einsturz bringt. In einer tieferen Sicht der Dinge ist es nicht der Schwindel Dr. Branzgers, der den eigentlichen Skandal des Tagebuchs darstellt, sondern die Unfähigkeit Quints, Branzger von Helen unterscheiden zu können. Es genügt, dass Branzger die Möglichkeit dieser Ununterscheidbarkeit in den Text einführt, um alles Geschriebene und Gesagte dem Verdacht auszusetzen, es könne sich dabei um Simulation handeln.[55] Die von Branzger in Anspruch genommene

---

[54] Ebd., S. 165.

[55] Branzger wird schon früh im Roman als Simulant eingeführt, nämlich als Melrose Quint von ihm erzählt: ‚Außer mir und dem Kind gebe es nur einen weiteren Gast, ebenfalls Deutscher, nach eigenen Angabe im Exil, Doktor Branzger. Sie sprach diesen Namen ohne Akzent, so daß ich annehmen mußte, jener Deutsche im Exil – ein Wort, das mir verlogen vorkam, wie ein Toupet – habe ihr die korrekte Aussprache förmlich souffliert, was mich erst recht darauf brachte, in ihm keinen Verstoßenen oder Verfolgten zu sehen, sondern eine Art Simulant, zu dem die jähe Lache paßte' (Ebd., S. 27). Der Begriff der Simulation ist hier in einem traditionellen Sinn zu verstehen, nämlich als Vortäuschung eines Sachverhalts, und nicht im modernen Sinn einer medial generierten Zeichenrealität ohne externe Referenten. Der Begriff der Simulation bzw. des Simulanten gewinnt seine Bedeutung nur aus der Opposition zur wahren Mimesis der Gedanken Helens. Dass Helens Tagebuch für Quint nach Branzgers Behauptung an Wert verliert, weil damit die Echtheit dieser Gedankennachahmung nicht mehr gesichert ist, bestätigt die zugrundeliegende mimetische Matrix. Doch trotz dieser recht traditionellen Auffassung der Simulation wird die mimetische Oberfläche des Textes nach der Behauptung Branzgers nachdrücklich gestört und findet nicht mehr zur Klarheit dieser Unterscheidung zurück. Branzgers Lüge produziert somit Effekte, die weiter reichen, als es diese Lüge selbst vermuten ließe. Vgl. zum Begriff der Simulation und seinen Varianten Bernhard J. Dotzler, Simulation. In: *Ästhetische Grundbegriffe*. Hrsg. von Karlheinz Barck. Bd. 5. Stuttgart und Weimar 2003, S. 509–34.

Identitätsverweigerung hat also nicht nur einen biographischen Sinn, sie kann als das poetologische Zentrum des Romans bestimmt werden. Die Szene im Laden der Abschreiber ist als immanente Poetik lesbar und liefert insofern eine Begründung dafür, dass im Verlauf des Romans durch verschiedene Verfahren die Grenzen zwischen Wahrheit und Lüge, Realität und Traum verschwimmen. So erhält Quint später von Branzger ein weiteres Heft, mit der Behauptung, dies sei Helens Originalheft. Es ist mit einer anderen Schreibmaschine geschrieben, die keine deutschen Zeichen (ü, ß) besitzt. Die Existenz dieses Heftes steigert noch die Ungewissheit über die Glaubwürdigkeit der Aufzeichnungen. Überdies erreichen diese Tagebuchnotizen am Schluss beinahe eine Gleichzeitigkeit zur Romanhandlung, was logisch betrachtet nicht möglich ist: Tagebuch und Romanhandlung wechseln miteinander ab und gehen ineinander über, können nur noch typographisch unterschieden werden.[56] Dies hat den Effekt einer gesteigerten Irrealisierung, die am Ende des Romans massiv zu werden beginnt. Das an einer Stelle nur behauptete Einswerden aller Figuren[57] realisiert sich damit auch auf der Ebene des narrativen Diskurses, indem die Zuordnung der Stimmen zu den Figuren erschwert wird.

Die poetologische Begründung dieses diskursiven Verwirrspiels besteht in einer Auffassung der Schrift als ursprungsloser Wahrheit. Als Quint die Gasse der Schreibläden durchquert, begegnet ihm eine solche subjektlose Schriftwelt:

> Hinter schweren schwarzen Maschinen saßen Männer mit Turbanen und tippten Handgeschriebenes ab; Vorlagen aller Art hingen über sämtlichen Plätzen wie Wäschestücke an Schnüren, welche von Wand zu Wand reichten, als sei dies nicht der Ort für eigene Gedanken.[58]

Was Quint hier eher negativ zu bewerten scheint – die Nicht-Originalität des im Souk Geschriebenen nämlich –, erweist sich als Äquivalent zur Poetik Dr. Branzgers, der zwar einerseits Bewunderung für sich als Autor einfordert, andererseits aber die Schrift nicht nutzt, um darin über sein Inneres Auskunft zu geben, sondern um in die Rolle einer anderen Person zu schlüpfen und deren

---

[56] So liest Quint am Ende ein Tagebuchblatt, in dem ‚Helen' davon berichtet, dass Julian bei ihr aufgetaucht sei. (Vgl. Kirchhoff, a.a.O., S. 212). Doch wie ist das möglich? Quint erhält das Heft an demselben Morgen, an dem Julian verschwindet (ebd., S. 187). Diese Synchronizität ließe sich rational nur noch unter Zuhilfenahme höchst künstlicher Prämissen begründen.

[57] Einmal spricht Quint davon, dass der Kreis der auf dem Dach versammelten Hotelgäste ‚zu einer einzigen Person mit sechs Gesichtern [verschmolz]' (ebd., S. 134), und dass er sich ‚so sehr als Teil dieser geisterhaften Person [fühlte], daß es mir unmöglich war, aufzustehen, obwohl ich nur noch ins Bett wollte' (ebd., S. 135).

[58] Ebd., S. 159.

Erzählungen zu verschriftlichen. Insofern ist Branzger ein Abschreiber im genauen Sinn, dessen Stärke darin besteht, plurale Identitäten annehmen zu
können: ‚Ich bin Helen‘[59] kann er darum von sich behaupten. Andererseits
wird dieses literarische Verfahren ganz entschieden im Orient verortet und als
orientalisches Schreiben bewertet, denn es findet im Herzen der Medina statt.
Die Vorstellung eines Erzählens wie in den Geschichten aus 1001 Nacht, in der
sich die Geschichten ineinander spinnen, liegt nahe, allerdings besteht ein
wichtiger Unterschied darin, dass bei Kirchhoff die Erzähler nicht mehr klar
unterscheidbar sind. In einer anderen Hinsicht findet sogar eine totale Umkehrung des orientalischen Prätextes statt: Während Scheherazade erzählt,
um dem Tod zu entkommen, mündet das Erzählen Branzgers letztlich in den
Tod, und zwar in seinen eigenen, realen, und in den symbolischen oder ange-
deuteten Tod des Protagonisten am Ende.

Nicht nur Branzger und Helen werden als Erzähler identisch. Branzger
wird auch zum bedrohlichen Alter ego Quints. War bislang vor allem Quint
als Sandmann erschienen, so gewinnt jetzt Branzger zunehmend Züge des
Sandmanns – allerdings nicht mehr des harmlosen Geschichtenerzählers, sondern die des Hoffmannschen Coppola / Coppelius.[60] Z.B. bekommt Quint
Angst vor ihm, als er nach seiner Behauptung, mit Helen eins zu sein, die Augen öffnet: ‚Er öffnete die Augen etwas, ich sah, daß sie feucht waren. Sie
schwammen in einer rötlichen Lösung, als seien es geraubte, entnommene
Augen, und ich sprang auf und packte Julian‘.[61] Die Vorstellung, Branzger
stehle Augen, veranschaulicht drastisch die Wirkung seiner Lügenmärchen,
da die Auflösung klarer Unterscheidungen letztlich zum Verlust der vertrauten Realität führen muss. Im Unterschied zum Sandmann des Kindermär-
chens, mit dem Quint verglichen wurde, drückt das Bild der geraubten Augen
eine tiefe Bedrohung der eigenen Existenz aus: Hier geht es nicht mehr nur
darum, andere zu täuschen, sondern darum, sie durch die Blendung zu einer
inneren Einsicht des Selbst zu führen.[62] Diese Einsicht besteht bei Quint letztlich darin, dass die Existenzform, die er führt, aufgegeben werden muss, weil

---

[59] Ebd., S. 162.
[60] Dieser Beziehung können wir aus Platzgründen nicht weiter nachgehen. Nur soviel: Auch
   in Hoffmanns Erzählung verschmelzen letztlich Realität und Wahn zu einer Einheit, die
   sich nur in perspektivischer Bindung – aber nicht anders! – auflösen lässt. Wenn Coppola /
   Coppelius das unbewusste Trauma Nathanaels verkörpert, also eine Figuration des Unheimlichen ist, dann wird dieses Unheimliche, das Unbewusste und Verdrängte bei Kirchhoff orientalisiert. Die intertextuelle Beziehung Kirchhoffs zu E.T.A. Hoffmann untersucht
   Ortrud Gutjahr, Vom Unheimlichen an der Trennung. E.T.A. Hoffmanns Erzählung und
   Bodo Kirchhoffs Roman *Der Sandmann*. In: Johannes Cremerius u.a. (Hrsg.), *Trennungen*.
   Würzburg 1994, S. 65–82.
[61] Kirchhoff, a.a.O., S. 162.
[62] Die Metapher der Blendung als Ausdruck einer schonungslosen Selbstsicht findet sich in
   ihrer eindrucksvollsten Darstellung im Ödipus des Sophokles.

sie auf fortgesetzten Lügen und Halbheiten beruht. Erst im vollständigen Verzicht auf alles Eigene kann es zu einer Erneuerung dieses Selbst kommen. Dennoch verschmelzen wesentliche Merkmale des Protagonisten und seines Gegenspielers: Beide werden als Sandmänner vorgeführt, erscheinen als zwei Seiten einer Person.

Das zeigt sich auch in der Weise, in der das Kindesopfer Julians letztlich vollzogen wird: Es ist nicht Quint selbst, der diesen verdrängten Wunsch realisiert, sondern Branzger, in dessen Zelt er seinen Sohn für eine Nacht übernachten ließ. Am nächsten Tag muss Branzger dem Vater gestehen, Julian sei zum zweiten Mal in den Gassen der Medina verloren gegangen – und er wird im Roman nicht mehr auftauchen. Indem Branzger den verdrängten Wunsch des Vaters zur Realität werden lässt, verfehlt er dessen Wahrheit: Denn die Hoffnung auf eine Verjüngung erfüllt sich nicht, vielmehr führt der Verlust des Sohns zur Destruktion Quints. Er stößt Branzger vom Dach, um dann in der Medina von Tunis nach seinem Sohn zu suchen. Das Motiv der Medina als Ort des Identitätsverlusts wird hier erneut aufgegriffen und zu Ende gedacht: Der Erzähler verliert sich zunehmend in seiner Angst um den Sohn. Er wird krank, bekommt ,Darmkrämpfe',[63] ihm wird übel – auch dies gehört zu den Topoi des Selbstverlusts im Orient, wie es vielleicht am drastischsten von Paul Bowles an Hand des Sterbens seines Protagonisten Port in *The Sheltering Sky* vorgeführt wurde.[64] An diesem totalen Nullpunkt, den die mit dem Orient verbundene De-Individualisierung und Destruktion darstellt, zeichnet sich nun allerdings die Möglichkeit eines Übergangs zu etwas Neuem oder etwas Anderem ab. Nicht weniger kryptisch, als er begonnen hat, endet der Roman:

> Ein erstes Kind, das ist die Zeit, in der ein Augenblick zum anderen paßt, das immer gleiche Opfer. Das ist das Haar auf einem Kopf, in dem alles noch frei ist, das ist der Ältere, der nicht zum Ungeheuer wird; vorbei am Ungeheuer fällt er dem Kind in den Schoß. Das ist der Fall, der vielleicht auf mich zukommt.[65]

Diese Sätze stehen im Präsens, so dass sich die Frage stellt, wer sie formuliert: Ist es eine Einsicht des Helden, die er am Ende seiner Geschichte formuliert, die Wiedergabe einer direkten inneren Rede? Wäre dem so, dann würde der Schluss auf ein zukünftiges Selbstopfer des Helden hinweisen, auf eine Selbstpreisgabe als Fazit aus dem Erlebten – das wäre dann ,der Fall, der vielleicht auf mich zukommt'. Aber wie könnte dieses Opfer aussehen? Die Antwort

---

[63] Kirchhoff, a.a.O., S. 203.
[64] In Paul Bowles Roman erkrankt Port schwer an einer ungenannten Krankheit; sein Sterben wird ausführlich geschildert.
[65] Kirchhoff, a.a.O., S. 213.

muss lauten: Das Opfer ist die Niederschrift des Romans, den wir lesen. Der Übergang vom Begehren nach dem Sohn, nach Helen und von der Lust an den Eigenschaften zum Schreiben käme dann einer Preisgabe des Vertrauten und Geliebten gleich; das Schreiben wäre als ein Akt der Entsagung zu verstehen, in dem das Eigentümliche der Person erlischt und sich in die Vielfalt der Stimmen und Personen des Romans aufspaltet. Der Sturz in den Schoß des Kindes ist dann eine Verjüngungs- und Erneuerungsmetapher, die die Wiedergeburt des Subjekts im Projekt der Autorschaft andeutet. Poetologisch gewendet hieße das, das die Stimme Quints sich im Konzert der vielen Stimmen verliert, mit ihnen verschmilzt und identisch wird, so dass sich letztlich der heterotope Orient in ein poetisches Prinzip verwandelt hätte, also nicht mehr nur ein Motiv, sondern auch ein Verfahren wäre, das ziemlich genau der Poetik des Dr. Branzger entspricht. Allerdings wäre dieses Verfahren der Streuung des Autors in der Pluralität der Stimmen und Personen seines Romans gebunden an einen Prozess der Selbsterkenntnis, nämlich als dessen Ergebnis.

Allerdings gibt es noch eine zweite plausible Lesart der Stelle: Es könnte auch eine Einsicht des Erzählers sein, die sich ihm als Ergebnis der Niederschrift des Romans erst enthüllt. Dann wäre die Niederschrift des Romans nur die Vorbereitung zu einer letzten Erkenntnis in die Notwendigkeit einer ultimativen Destabilisierung der Ich-Identität als Voraussetzung einer Neugeburt und Verjüngung, die überdies durch das einschränkende ,vielleicht' nur als mögliche vorgestellt wird. Das Schreiben ließe sich dann als ein Erkenntnisprozess in actu verstehen, zugleich als eine Therapie, in der schreibend das tunesische Trauma neu durchlebt wird. Für welche Lesart man sich auch entscheidet: Sicher ist, dass der Prozess der Selbsterkenntnis erst dort zu seinem Ende kommt, wo dieses Selbst sich selbst hinter sich lässt, um sich in einem letzten Opfer von neuem hervorzubringen.

CHRISTIAN KRACHT: *1979*

Auch in Christian Krachts Roman *1979* stellt das Opfer zentrales Thema und Reflexionsfigur dar. Es steht gleich dreifach im Mittelpunkt der Romanereignisse: als Opfer-Tod des Geliebten, als Revolution sowie als spirituelles Opfer. Durch den engen intertextuellen Bezug des Romans zu zentralen Werken der Orientreiseliteratur[66] gelingt es Kracht, Lesererwartungen zu wecken und gleichzeitig zu unterlaufen und dadurch den Komplex von Orientreise und Opferthematik einer eigenwilligen Interpretation zu unterziehen.

---

[66] Wir berücksichtigen im folgenden vor allem Gérard de Nervals *Voyage en Orient*, Gustave Flauberts *Voyage en Orient* sowie Paul Bowles *The Sheltering Sky*.

Der Protagonist des Romans ist wie bei Kirchhoff ein Ich-Erzähler, der eine Reise in den Iran zusammen mit seinem Freund und Geliebten Christopher im Jahr der islamischen Revolution 1979 schildert. Ein wichtiger Unterschied zu dem Erzähler Quint besteht indes darin, dass Krachts Protagonist durch die Fremderfahrungen nicht irritiert wird, sondern durchwegs distanziert auf die Erlebnisse im Orient reagiert, so erschütternd sie in der Perspektive des Lesers auch scheinen mögen. Eine Party in den dekadenten Kreisen der Teheraner Oberschicht kurz vor Ausbruch der islamischen Revolution 1979, auf der mit den Hüllen sämtliche moralische Hemmungen fallen, schildert er mit dem gleichen minimalistisch am Detail interessierten Blick wie den über eine ganze Seite hinweg beschriebenen seltenen Rotton, in der die Bibliothek des Gastgebers gestrichen ist.[67] Der an der Oberfläche der Phänomene entlanggleitende Blick des Innenarchitekten, der stets die Distanz wahrt und das Schöne und Hässliche gleich-gültig neben einander stellt, steht in starkem Kontrast zum Erzähler des *Sandmann*. Dafür schreibt sich Krachts Roman in eine Tradition der Orientreiseliteratur ein, die zurückgeht auf Gustave Flauberts *Voyage en Orient*. Flauberts Orientreisebeschreibung liefert den Protoyp eines Verfahrens, in dem Schönes und Hässliches der orientalischen Welt im kalten Blick des Erzählers ohne Wertigkeit nebeneinander erscheinen und in dem die Phänomene lediglich hinsichtlich ihrer ästhetischen Relevanz, nicht jedoch hinsichtlich ihrer Sprengkraft für das Selbstbild des Protagonisten interessieren.[68] Wenn der Protagonist von *1979* beobachtet, wie auf der Party in Teheran einem kleinen, in Strapsen und Büstenhalter gekleideten Mädchen von ihrer unter Drogen stehenden Mutter Kokain verabreicht wird,[69] so wirkt die am Detail interessierte, moralisch indifferente Haltung des Erzählers wie eine Fortschreibung einer Szene des Reisenden Flaubert, der seine Eselstreiber beim gewalttätigen Sex mit jungen Prostitu-

---

[67] Vgl. Christian Kracht, *1979*. München 2003 (zuerst 2001). Das dekadente Treiben auf der Party wird auf den Seiten 32–47 geschildert, die Beschreibung des Rottons findet sich auf S. 33 f.

[68] Friedrich Wolfzettel ist der Ansicht, dass erst der enthaltsame und distanzierte Blick von Flauberts Orientreise, der dem Orient eine ‚mythische Fremdheit‘ zuschreibt und statt romantischer Sehnsucht nach Ganzheit das ‚Erlebnis des Sinnzerfalls im Disparaten‘ ausstellt, ‚die Ausbildung einer realistischen Ästhetik in Madame Bovary […] möglich machte‘. Friedrich Wolfzettel, *Ce désir de vagabondage cosmopolite. Wege und Entwicklung des französischen Reiseberichts im 19. Jahrhundert*. Tübingen 1986, S. 327.

[69] Die Szene lautet: Christopher ‚stand etwas abseits, im Kreise dreier junger Frauen, die blond waren und lange Beine hatten und perfekt aussahen. Eine der Frauen hielt ein kleines Mädchen an der Hand, es war vielleicht fünf oder sechs Jahre alt, es war ihre Tochter. Die Mutter hatte dem Mädchen Strapse angezogen, eine Fischnetz-Strumpfhose, einen Schlüpfer und einen weißen Büstenhalter. Sie schraubte ein kleines Fläschchen auf, fuhr mit ihrem weißlackierten Fingernagel hinein und hielt sich eine Prise Kokain unter die Nase. […] Als das kleine Mädchen ihre Hände nach dem Fläschchen ausstreckte, drehte ich mich weg‘. Kracht, a.a.O., S. 40.

ierten beobachtet.[70] Und Flauberts Darstellung eines Kairener Spitals[71] spiegelt sich in Krachts Schilderung des Krankenhauses im armen Süden Teherans, in dem Christopher seiner Krankheit erliegen wird.[72] Auch Flauberts exzessive Farbphantasmagorien bei der Beschreibung surreal anmutender Landschaften,[73] die in schroffem Kontrast zu Darstellungen des Gewaltsamen, Pathologischen, Monströsen und Hässlichen stehen, finden sich als Nachhall bei Kracht, wobei sie nicht mehr zur Natur gehören, sondern Teil der Innenausstattung von Räumen sind.[74] Die Zusammenführung von Schönem und Hässlichem gipfelt bei Kracht in der Person Christophers, dieses ‚herrlich

---

[70] ‚C'est le long de l'aqueduc que se tiennent d'ordinaire les filles à soldat, qui se livrent là à l'amour moyennant quelques paras. [...] Je n'oublierai jamais le mouvement de mon vieil ânier s'abattant sur la fille, la prenant du bras droit, lui caressant les seins de la main gauche et l'entraînant, le tout dans un même mouvement, avec ses grandes dents blanches qui riaient, son petit chibouk de bois noir passé dans le dos, et les guenilles enroulées au bas de ses jambes malades'. Gustave Flaubert, *Voyage en orient. Première partie*, a.a.O., S. 431–614 (S. 474f.).

[71] ‚Jolis cas de véroles; dans la salle des mameluks d'Abbas, plusieurs l'ont dans le cul. Sur un signe du médecin, tous se levaient debout sur leurs lits, dénouaient la ceinture de leur pantalon (c'était comme une manœuvre militaire) et s'ouvraient l'anus avec leurs doigts pour montrer leurs chancres. – Infundibulums énormes; l'un avait une mèche dans le cul; vit complètement privé de peau à un vieux; j'ai reculé d'un pas à l'odeur qui s'en dégageait'. Ebd., S. 468.

[72] ‚Ich blickte kurz durch den Saal. Der Gestank war unglaublich. Es roch nach Abfall. Im Saal lagen vielleicht dreißig Männer auf zwanzig Betten. Die Wände waren mit Kot und Blut beschmiert. Überall standen große Blecheimer herum, über deren Ränder beschmutzte Mullbinden hingen. Einigen Männern fehlte ein Teil des Gesichts, andere ließen ihre Armstümpfe über die Bettkante hängen, eingewickelt in dunkelbraun verfärbte Bandagen. [...] Ich sah, wie in einem der Betten zwei bandagierte Männer in Schlafanzügen aufeinander lagen und sich mit ruckartigen Bewegungen sexuelle Erleichterung verschafften'. Kracht, a.a.O., S. 73–74.

[73] Vgl. etwa: ‚Les sables sont très mous, le soleil se couche: c'est du vermeil en fusion dans le ciel; puis des nuages plus rouges, en forme de gigantesques arêtes de poisson (il y eut un moment où le ciel était une plaque de vermeil et le sable avait l'air d'encre)'. Flaubert, *Voyage en Orient*, a.a.O., S. 453. Immer wieder sind Landschaftsbeschreibungen Anlass für Farbphantasmagorien, auch in der folgenden Passage: ‚Le soleil se levait en face de moi; toute la vallée du Nil, baignée dans le brouillard, semblait une mer blanche immobile, et le désert derrière la chaîne arabique, le brouillard se déchirait en grandes gazes légères, les prairies coupées de canaux étaient comme des tapis verts, arabesques de galon'. Ebd. S. 462.

[74] Wo Flaubert sich Landschaften widmet, hat der Protagonist Krachts Inneneinrichtungen im Blick. Vgl. dazu die Beschreibung des Salons des Gastgebers, seine ‚Fayencetische', die ‚chinesischen Vasen', die ‚Schirme aus gelbem Damast', dazu der Protagonist: ‚er benutzte viel Weiß, viel Goldgelb, nicht zu barock, aber auch nicht zu minimalistisch'. Kracht, a.a.O., S. 32. Und weiter: ‚dieses Rot war unglaublich. Es war ein bißchen so, als ob man beim Einrichten gesagt hätte: Also, ich bräuchte für dieses und dieses Zimmer noch etwas Rot, das richtige Rot natürlich, etwas buddhistisches Tempel-Rot, etwas Terracotta-Rot. [...] Das perfekte Rot hat nichts mit Blut zu tun, wie oft angenommen wird, sondern es ist eigentlich nur auf florentinischen Kinderportraits der Renaissance zu finden; die Hüte, die von Kindern in diesen Gemälden getragen werden, sind aus diesem Rot, das ich meine. Die Bibliothek in diesem Haus war jedenfalls warm und samtig rot, fast braun-violett in ihrer Tönung'. Ebd., S. 34f.

blasierten, viel zu gut aussehenden blonden Zynikers', der sich ein goldenes Spritzbesteck in einem Futteral aus rotem Samt kauft, um sich vorstellen zu können, er sei heroinabhängig,[75] sowie in einer Häufung von Themen und Motiven, die Anklänge an die Ästhetik der Décadence aufweisen.

Von Flaubert hat Kracht somit einen Orientreisediskurs übernommen, der nicht, wie es bei Bodo Kirchhoff der Fall war, auf Erschütterung des reisenden, wahrnehmenden und beschreibenden Ich in der orientalischen Fremde zielt, sondern in dem das Ich vielmehr dem Wahrgenommenen gegenüber stets Distanz wahrt. Anders als bei Flaubert jedoch gehen bei Krachts Ich-Erzähler Enthaltsamkeit und der Verzicht auf Einfühlung in die fremde Welt nicht mit einem hohen Grad von Selbstreflexion und dem Wunsch nach ästhetischer Innovation einher, sondern sind Insignien der Naivität und Oberflächlichkeit des Protagonisten.[76] Was bei Flaubert eine kreative Enthierarchisierung gängiger Stereotypen und Moralvorstellungen darstellte, wird bei Kracht zur Unfähigkeit des Protagonisten, das Wahrgenommene zu deuten, zu werten und einzuordnen. Zu diesem ersten entscheidenden Unterschied der Bedeutung der Erzählhaltung zwischen Flauberts Orientreisebeschreibung und *1979* gesellt sich ein zweiter, für unsere Thematik entscheidender, wenn Kracht das Thema des Opfers zum Leitmotiv und wichtigsten Strukurelement des Romans macht und damit ein Modell wählt, das in schroffen Kontrast zu jeglicher Haltung der Distanz tritt, impliziert das Opfer doch stets Involviertheit, Teilhabe und Erschütterung des Ich.

Zum ersten Mal wird die Thematik des Opfers in die Handlung eingeführt, als sich der Protagonist auf der dekadenten Teheraner Party mit dem rumänischen Intellektuellen Mavrocordato, der Parodie eines fin-de-siècle-Fürsten,[77] unterhält, der, wie Des Essaintes in Huysmans ,Au rebours', schwarze Mahlzeiten serviert[78] und die Rolle eines satanischen Zarathustra einnimmt, indem er die künftigen Geschehnisse prophezeit, die Zusammenhänge der Ereignisse deutet und den Protagonisten auf seinem weiteren Weg leitet. Auf den Hinweis des Protagonisten, dass Christopher sehr krank sei, erwidert Mavrocordato: ,Das sind wir alle, mein Lieber. Sehen Sie sich das hier an. Wir können das alles nie wiedergutmachen, niemals'.[79] Da-

---

[75] Ebd., S. 76.

[76] Immer wieder ist das Unverständnis des Protagonisten thematisiert, die Phänomene der fremden Kultur zu deuten, vgl. seine Unfähigkeit, Koransuren aufzunehmen. Ebd., S. 19.

[77] Mavrocordato wird bei seiner ersten Begegnung mit dem Protagonisten als ,Comic-Zeichnung' beschrieben: ,Er hatte sich mit einem Kajal-Stift dunkle Ränder unter die Augen gemalt, seine tiefschwarzen Haare waren oben mit einer Organzaschleife zusammengebunden, der Haarschopf stand senkrecht in die Luft hoch, an seinem Revers war eine violette Orchidee befestigt'. Ebd., S. 50.

[78] Vgl. ebd., S. 104f.

[79] Ebd., S. 58.

mit verknüpft er individuelle Krankheit und kollektive Schuld ineins; der körperliche Zerfall Christophers wird zum Spiegel des moralischen Niedergangs der gesamten westlichen Gesellschaft,[80] und das exzessive Treiben auf der Party ein Taumel in Agonie von dem Untergang geweihten Sündern.

Wenn Mavrocordato dem Protagonisten prophezeit, er werde ‚in Kürze halbiert werden, um dann wieder ganz zu sein‘[81] dann ist hier zum einen der Tod Christophers als der ‚besseren Hälfte‘ des Protagonisten prognostiziert, der wenige Tage später in einem Krankenhaus im Süden Teherans sterben wird. Darüber hinaus ist der Tod bereits als Opfer gedeutet, denn die Struktur einer ‚Halbierung‘, um ‚ganz‘ zu werden, folgt dem für die Orientreiseliteratur charakteristischen Modell des ‚Stirb und Werde‘. Stellvertretend, so legt es Mavrocordato nahe, muss der Protagonist auf seinen dekadenten Freund verzichten, der zum Sündenbock einer ganzen Gesellschaft wird. Der Opfer-Diskurs tritt somit in Rivalität zur distanzierten Erzählhaltung des Protagonisten und weckt im Leser die Erwartung, dass der Protagonist verwandelt aus seinem erschütternden Erlebnis hervorgeht.

Nachdem Christopher in einem Armenkrankenhaus im Süden Teherans seiner Krankheit erliegt, scheint sich eine solche Wandlung tatsächlich zu vollziehen. Der Protagonist erlebt den Tod des Partners als eine Art Entgrenzung, sein erwachsenes Ich wird zunehmend entmachtet, er regrediert, verliert die Kontrolle über Raum und Zeit,[82] genießt diesen Zustand, ja treibt ihn noch voran. Chiffre seiner Erneuerung wird das Abrasieren des Schnurrbarts, danach fühlt er sich ‚viel jünger‘, sein Gesicht erhält etwas ‚vollkommen Zeit- und Altersloses‘: ‚Es sah fast richtig gut aus, neu, dachte ich‘.[83]

Thematisch und strukturell zeigt sich in diesen Szenen ein enger intertextueller Bezug zu einem weiteren kanonischen Text der Orientreiseliteratur: Paul Bowles *The Sheltering Sky*. Auch bei Bowles reist ein Paar – Kit und Port – mit Beziehungsproblemen in den Orient, und wie später bei Kracht erliegt ein Partner – Port – im Orient einer Krankheit.

Für Kit zieht der Tod des Ehemannes Port weniger Trauer über den Verlust, als vielmehr eine Entgrenzungs- und Verjüngungserfahrung sowie ein intensiveres Erleben der Fremdkultur nach sich: Sie gibt zunehmend die Kontrolle über ihr Bewusstsein auf, dringt immer tiefer in die Wüste vor und er-

---

[80] Über die westliche Schicht der iranischen Gesellschaft hinaus ist hier über die Isotopie des Interieurs der gesamte Westen mit eingeschlossen: Die Räumlichkeiten des Party-Gastgebers erweisen sich als der ‚genaue Ausdruck Europas‘. Ebd., S. 33.

[81] Ebd., S. 55

[82] Nach dem ersten Aufwachen nach Christophers Tod fühlt er sich ‚nirgendwo‘ und ‚überall‘. Ebd., S. 92.

[83] Ebd., S. 92f.

lebt eine erotische Beziehung mit einem Tuareg-Führer.[84] Paul Bowles hat damit bereits die Struktur des ‚Stirb und Werde' am Beispiel des Verlusts eines Partners im Orient und der darauffolgenden intensiven Fremderfahrung exemplifiziert, wie sie sich auch in Krachts Roman findet. So, wie Kit nach dem Tode Ports immer tiefer in die nordafrikanische Wüste eindringt, so lässt sich entsprechend zunächst auch der Protagonist Krachts ziellos treiben.

In beiden Romanen unterliegt derjenige Partner, der die Orientreise initiiert hatte und sich der fremden Kultur mit intellektuellem Interesse sowie einer spezifischen Erwartung und Voreingenommenheit nähert, einer Krankheit.[85] Wie bei Kit, so scheint auch beim Protagonisten von *1979* eine wichtige Voraussetzung für die Erlebnisfähigkeit in seiner Naivität zu liegen,[86] zumindest hatte Mavrocordato in ihr kein Manko, sondern eine besondere Auszeichnung gesehen: Der Protagonist sei, im Gegensatz zu den anderen Partygästen, ‚rein', ein ‚offenes Gefäß', wie der ‚Kelch Christi'. Er habe sich seine ‚Unschuld bewahren können' und sei ‚wide open', was man von seinem Freund Christopher nicht behaupten könne.[87] Kracht greift hier somit ein weiteres Motiv der Orientreiseliteratur auf, das wie die Figur des ‚Stirb und Werde', seine Wurzeln in der Mystik hat und dann in säkularisierter Form neu akzentuiert wurde, sodass Kracht es bei Bowles bereits formuliert finden konnte: Gemeint ist die Vorstellung, dass weniger ein vorgefasstes Wissen als vielmehr die Naivität des Reisenden Voraussetzung für eine intensive Fremderfahrung sei, da nur durch die Abwesenheit gezielter Interessen und eines festen Willens die Subjektivität immer mehr zurücktreten könne, um dem Anderen Platz zu machen. Diese Vorstellung ist in säkularisierter Form in die Alteritätsdiskussionen der Gegenwart eingegangen: Gerade das intellektuelle Nicht-Wissen, die ‚Achtlosigkeit' (Foucault) mache empfänglich für das Außen als das ganz Andere.[88]

Der Diskurs der Enthaltsamkeit (Flaubert) wird somit im Roman mit einem emphatischen Opfer-Diskurs (Bowles) gekreuzt und ein Stück weit konterkariert, da das Opfer das erlebende Ich tatsächlich erschüttert und einen Prozess der Erneuerung in Gang zu setzen scheint. Sie wird dadurch verstärkt, dass der Tod Christophers mit dem Ausbruch der iranischen Revolution zusammenfällt und mit dem Begriff der Revolution ein weiteres Opfer-

---

84 Vgl. Bowles, a.a.O., S. 209ff.
85 So, wie Port Kit überredet hatte, in den Maghreb zu reisen, so ist auch der Protagonist von *1979* nur auf Betreiben Christophers, der sich für altpersische Architektur interessiert, in den Iran gekommen.
86 Ähnlich wie später der Protagonist in Krachts Roman formuliert bereits Kit immer wieder ihr Nicht-Verstehen angesichts des Verhaltens ihres Mannes wie der fremden orientalischen Kultur. Vgl. etwa Bowles, a.a.O., S. 135.
87 Kracht, a.a.O., S. 60.
88 Foucault, *Das Denken des Außen*, a.a.O., [Anm. 6], S. 211.

Modell aufgerufen wird, das nun nicht das Individuum, sondern das Kollektiv betrifft.

Mit dem Tod Christophers hat sich entsprechend das Bild dieses Iran drastisch gewandelt: Es ist nicht mehr das Reich einer westlichen dekadenten Elite, sondern Herrschaftsgebiet der islamischen Revolutionäre, der ‚Gegenbewegung', so Mavrocordato, zu dem ‚Horror' des Treibens der westlichen Partygänger.[89] Das europäische exotistische Klischee, dass die Welt des Orients eine Alternative zum Westen darstelle und dass das Ich erst dort sein wahres Selbst finden könne, hat Kracht in das Bild der islamischen Revolution übersetzt. Wenn er damit ein historisches Ereignis gewählt hat, das im westlichen kollektiven Gedächtnis eine Art Gründungsdatum neu erwachter Angst vor weltweit sich ausbreitendem radikalem Islamismus darstellt, hat Kracht das ‚ex oriente lux'-Klischee gewissermaßen von seiner Kehrseite her in den Blick genommen. Die Irritation des Lesers findet indessen keine Entsprechung beim Protagonisten. Für ihn fallen der Tod Christophers und die gesellschaftlichen Umwälzungen in ihrer entgrenzenden, entindividualisierenden Wirkung zusammen:

> Etwas Neues war geschehen, etwas völlig Unfassbares, es war wie ein Strudel, in den alles hineingesogen wurde, was nicht festgezurrt war, und selbst diese Dinge waren nicht mehr sicher. Es schien, als gäbe es kein Zentrum mehr, oder gleichzeitig nur noch ein Zentrum und nichts mehr darum herum. (93–94)

Die Prophezeiung Mavrocordatos, der Protagonist werde ‚halbiert', um ‚ganz' zu werden, scheint eingetroffen zu sein – und sich nicht nur auf sein Einzelschicksal, sondern auf die gesamte Gesellschaft zu beziehen. Alle Gegensätze scheinen in einer großen Unio aufgehoben, die Begriffe ‚neu', ‚unfassbar' genauso wie ‚Strudel' verweisen auf die radikale Umschichtung sämtlicher Kategorien, wie sie mit dieser Erfahrung der Dezentralisierung und Entgrenzung einhergeht. Gleichzeitig verweisen die Begriffe jedoch auch darauf, dass die Erfahrung – analog zur Denkfigur der Unio – nur flüchtig und temporär sein kann. Als der Protagonist beobachtet, wie einige Revolutionswächter einen Clown überfallen und brutal niedertreten, um sich dann gelangweilt abzuwenden, ist das Entgrenzungserlebnis beendet, und er muss sich ‚fast übergeben'. Der Eindruck, es sei eine neue Gesellschaft aus Gleichen wie ein Phönix aus der Asche entstanden, erweist sich als Täuschung. Die Dezentralisierung weicht der Herausbildung einer neuen Zentralgewalt aus Revolutionswächtern und Geistlichen, die an die Stelle der alten westlichen Oberschicht treten. Die Insignien ihrer Macht – Gewalt und Langeweile – sind indes die

---

[89] Kracht, a.a.O., S. 61.

gleichen geblieben. Jegliche Hoffnung auf ‚Ganzheit', die das Opfer schürte, ist enttäuscht. Wenn der Protagonist im folgenden aus dieser Enttäuschung keine Konsequenz zieht, sondern sich – ganz ähnlich wie die Revolutionswächter – abwendet, dann zeigt sich, dass auch er letztlich keine radikale Verwandlung erfahren hat. Auch sein Opfer ist gescheitert, denn er bleibt letztlich so naiv und indifferent wie vorher.

Was bedeutet diese Enttäuschung für den von Kracht auf den Spuren von Paul Bowles beschrittenen Opfer-Diskurs? Die neue Welt des Orients in *1979* erweist sich nicht wie die Wüste für Kit in *The Sheltering Sky* als Ort, an dem das ganz Andere sich zeigte, sondern schlicht als Doppelung dessen, was eigentlich überwunden werden sollte. Anstelle von Insignien des Neuen mehren sich im Roman die Zeichen, die darauf hindeuten, dass beide Gesellschaftssysteme sich bei genauerem Hinsehen bis zur Ununterscheidbarkeit gleichen. Nicht nur die neuen Machthaber, auch die Privatpersonen des neuen Regimes sind von ihren Vorgängern nicht zu unterscheiden. Da ist der unheimliche Muslim Hassan, der dem Protagonisten in stets wechselnden Rollen begegnet: zu Schah-Zeiten als am Westen orientierter, von Oralsex mit Kaiserin Farah Diba träumender Chauffeur, als Savak-Spitzel im Auftrag des Schahs, als Revolutionär in den Wirren der islamischen Umwälzungen und als Sittenwächter der neuen Fundamentalisten unter der Führung Khomeinis. Trotz wechselnder Regimes bleibt es stets der gleiche Hassan, denn, so entgegnet Mavrocordato, ‚es gibt keine Seiten mehr', als der Protagonist ihm mitteilt, dass er nicht mehr wisse, für welches Regime Hassan denn nun einstehe.

Ja selbst die Opfer-Thematik ist in der neuen Welt genauso präsent wie in der alten. Wurden vor der Revolution vom Westen Opfer gefordert, so ist es nun an den Muslimen, für ihre neue Gesellschaft Opfer zu bringen. So berichtet der Cafebesitzer Massoud, das islamische Gegenstück zu Mavrocordato: ‚Wir haben uns alle verschuldet, weil wir Amerika zugelassen haben. Wir müssen alle Buße tun. Wir werden Opfer bringen müssen, jeder von uns' (S. 98). Oblag es vorher der westlichen Oberschicht, Sündenböcke zu bestimmen, so sind es nun die neuen Machthaber, die den Opferdiskurs instrumentalisieren.

Die Austauschbarkeiten der beiden Welten deutet darauf hin, dass das Opfer sein Ziel verfehlt hat und damit sinnlos war. Hier zeigt sich der entscheidende Unterschied zum emphatischen Opfer-Diskurs bei Paul Bowles oder bei Kirchhoff. In Krachts Roman markiert das Opfer keinen Abschied vom Alten und den Beginn von etwas Neuem, sondern es zieht eine bloße Wiederholung nach sich. Dieses Opferverständnis, das die Opfer-Diskurse der Orientreiseliteratur zwar noch zitiert, gleichzeitig aber mit ihnen bricht, wird im Text dadurch gestützt und erläutert, dass den Romanereignissen als Folie der Deutung der Mythos der Assassinen unterlegt ist, an dem beide Gesellschaften – der dekadente Westen wie die radikalen Muslime – partizipieren. Christopher und der Protagonist hatten als eines der ersten Reiseziele in Iran die Festung von Alamut aufgesucht. Damit ist ein mythischer Ort in den Roman eingeführt, der seit den Reiseberichten Marco Polos einen festen Platz in der Gedächtnistopographie der Orientreiseliteratur hat. Auf Alamut, so die Legende, soll der radikale Ismailitenführer Hassan as-Sabah um 1090 n.Chr. die Sekte der Assasinen (Haschaschinen, wegen ihres Haschisch-Konsums) gegründet haben. As-Sabah, so wird berichtet, machte seinen Anhängern durch die Gabe von Haschisch glaubhaft, sie befänden sich bei ihm im Paradies. Anschließend schickte er sie als erste Selbstmordattentäter der Geschichte mit dem Auftrag zu töten hinaus und versprach ihnen, dass sie als Märtyrer Eingang ins Paradies – diesmal ins letzte und richtige – fänden.[90] In *1979* deutet Mavrocordato die Geschehnisse auf der dekadenten Party in Teheran mit Hilfe des Assassinen-Mythos: ‚Ein bißchen wie hier, finden Sie nicht?‘, wendet er sich an den Protagonisten.[91] Der ‚Haschwald‘, durch den der Gastgeber den Protagonisten und Christopher führt, der Fluss mit ‚milchigem Wasser‘, der durch den Garten fließt, der ‚Nostalgie-Akkumulator‘, eine Maschine, an die der Villenbesitzer seine beiden Gäste anschließen möchte, weisen in der Tat zentrale Charakteristika eines Rausch-Paradieses wie das des mittelalterlichen Sektenführers auf. Die westlichen Partygäste werden verglichen mit den Assassinen, die für ihre Rauschhalluzinationen die Selbstzerstörung in Kauf nehmen.

Doch wird im Roman nicht nur in Bezug auf die westliche Gesellschaft der fest im exotistischen Repertoire der europäischen Orient-Imaginationen verankerte Assassinen-Mythos bemüht. Auch die Muslime im Roman agieren und reagieren vor dem Hintergrund desselben Mythos, trägt doch jeder der Gestalten, die dem Protagonisten begegnen, den Namen des radikalen Sektengründers Hassan.

Die Tatsache, dass beide Welten am selben Mythos partizipieren, verleiht der Feststellung Mavrocordatos, es ‚gibt keine Seiten mehr‘,[92] eine neue Dimension: Hier sind nicht nur die Parteigänger und Gegner der islamischen Revolution gemeint, die sich nicht mehr unterscheiden, sondern die Aussage bezieht sich auch auf das Verhältnis von Orient und Okzident. Der Orient ist keine Alternative zum Westen mehr, sondern eine bloße Doppelung dessen, was zurückgelassen werden sollte.

---

[90] Zum Mythos und seiner Überlieferung im Westen vgl. das Kapitel ‚Der Geheimbund von Alamut – Legende und Wirklichkeit‘. In: Rudolf Gelpe, *Drogen und Seelenerweiterung*. Stuttgart o.J., S. 96–122.
[91] Kracht, a.a.O., S. 53.
[92] Ebd., S. 113.

Der Assassinenmythos dient im Text nicht nur dazu, auf die Ununterscheidbarkeit beider Welten zu verweisen, sondern er liefert auch eine Begründung dafür, weshalb das Opfer Erneuerung zu bringen grundsätzlich nicht in der Lage ist. As-Sabbah habe seine jungen Anhänger in einen Garten gesteckt, so gibt Mavrocordato den Mythos wieder, ,um sie gefügig zu machen', und ihnen dabei erzählt, ,es sei das Paradies'.[93] Das Interessante an as-Sabah sei gewesen, so Mavrocordato weiter, dass er seine Anhänger ,aus dem Garten wieder herausführte und ihnen dann erzählte, nur er könne sie wieder hineinführen'.[94] Damit charakterisiert er die Struktur des Opfers als zirkulär: Bereits das Paradies, aus dem die Anhänger vertrieben wurden, ist ein Euphemismus, da es nur vermeintlich das Wohl der Insassen im Auge hat und in Wirklichkeit der Durchsetzung von Kontrolle und Macht dient. Die Entgrenzungserfahrungen der Anhänger sind entsprechend keine Zustände des Enthusiasmus und der Trunkenheit, sondern nur ihren künstlich erzeugten Drogenhalluzinationen zu verdanken. Die Assassinen sind Opfer ihrer eigenen Exzesse und Marionetten in den Händen von Machthabern, die ihnen ein höheres Ziel vorgaukeln, das in Wirklichkeit nur eine neue Form der Machtausübung darstellt.

Letztlich funktioniert jedes Opfer-Geschehen des Romans nach dem Modell des zirkulären und sinnlosen Selbstopfers der Assassinen, dadurch erweist sich jede Hoffnung auf Erneuerung durch Revolution von vornherein als Farce. Der Tod Christophers genauso wie die Revolution stellen sich als sinnlos heraus, da Hoffnung auf Regeneration und Erneuerung nur noch als rhetorische Floskel von den Machthabern im Mund geführt wird, sich jedoch nicht erfüllt.

Krachts Kunstgriff besteht darin, dass er die gängigen Diskurse der Orient-Reiseliteratur zitiert und dekonstruiert. Die radikalste Demontage betrifft das Opfer selbst. Nicht nur der Protagonist, auch das Modell des ,Stirb und Werde' ist in Krachts Roman in seiner Struktur letztlich halbiert: Es erfüllt nur noch das Moment der Zerstörung, Heilung indes stellt sich nicht mehr ein. An die Stelle zyklischer Bewegung der Destruktion und Erneuerung tritt bloßer Wiederholungszwang, ein blindes Kreisen, das sich in der immer gleichen Bewegung erschöpft. Kracht hebelt damit gleichzeitig zwei zentrale Denkfiguren des Orient-Diskurses aus: Wenn das Opfer seiner Fähigkeit und kreativen Potenz beraubt ist, eine Entwicklung voranzutreiben, kann Geschichte nicht mehr teleologisch auf einen höheren Zustand gedacht werden, für den der Orient stünde, sondern erweist sich als Farce, wie es in dem dem Roman als Motto vorangestellten Zitat von Jean Baudrillard zum Ausdruck kommt: ,Hi-

---

[93] Ebd., S. 53.
[94] Ebd., S. 54.

story reproducing itself becomes farce. Farce reproducing itself becomes history'.

Darüber hinaus wird ein zweites zentrales Moment des in der Literatur tradierten Orient-Diskurses konterkariert: Der Orient verliert in Krachts Roman insgesamt durch die Ununterscheidbarkeit der Positionen seinen Status als alternative Welt des Westens, als Ort des Anderen, an dem das okzidentalische Ich sein wahres Selbst finden könnte, wie es noch in Bodo Kirchhoffs Roman für Quint möglich war.

Wenn der Protagonist von *1979* im folgenden aus dem Scheitern der islamischen Revolution nicht die Konsequenz zieht, das Modell des Opfers in seiner Erneuerungspotenz insgesamt in Frage zu stellen, sondern im Gegenteil der Aufforderung Mavrocordatos folgt, ein neues Opfer in Form einer Pilgerfahrt nach Tibet zu leisten,[95] dann folgt er der Logik des Romans, in der die Figuren allesamt die Machtverhältnisse nicht durchschauen. Indem sich der Protagonist damit selbst in die Tradition der marionettengleichen Assassinen stellt, erhält im Gegenzug Mavrocordato Züge des Legendären as-Sabah: Schließlich ist er es, der den Protagonisten immer wieder zum sinnlosen Opfer auffordert. Erneut suggeriert er ihm, auch sein spirituelles Opfer verspreche individuelle wie gesamtgesellschaftliche Erneuerung: Eine einzige Umrundung des Berges Kailasch wasche ,die Sünden eines gesamten Lebens rein' und stelle etwas ,Großes' dar, um ,das aus den Fugen geratene Gleichgewicht wieder herzustellen' (S. 117). Erneut jedoch läuft das Bemühen ins Leere. Der Protagonist fühlt sich bei seiner Umkreisung des heiligen Berges ,nicht besonders anders', und er hat dabei ,ganz gewiss nicht das Gefühl, Mount Kailasch sei das Zentrum des Universums'.[96] Anstelle eines Vorstoßes in ein Zentrum steht erneut das Kreisen um eine Leere. Die Wiederholungsstruktur verstärkt sich, wenn der Protagonist auch in der einsamen Natur Tibets auf Zeichen der verlassenen Welt stößt, zunächst in Form von ,Hakenkreuzen der Natur',[97] dann in den Songs der Ink Spots, die den Ausbruch von Gewalt in Iran begleitet hatten, und schließlich in Form der Willkür und Gewalt von chinesischen Soldaten, die den Protagonisten, nachdem sie brutal gegen die buddhistischen Mönche in seiner Begleitung vorgegangen sind, festnehmen und in ein Gefangenenlager internieren, einem weiteren ,künstlichen Paradies' der Kontrolle und Machtausübung. Die Drogenexzesse der Teheraner Oberschicht werden

---

[95] Ebd., S. 114. Erneut wird das Unternehmen in der Denkfigur des Opfers gedeutet: Mavrocordato fordert vom Protagonisten als Gegengewicht zu den gesellschaftlichen Exzessen der Revolution: ,Sie müssten etwas hergeben, ohne etwas dafür zu erwarten oder zu bekommen. Sehen Sie es wie einen einseitigen Tausch'. Und der Protagonist sagt explizit, dass es sich bei der Pilgerfahrt um ein neues Opfer seinerseits handelt. Ebd., S. 144.

[96] Ebd., S. 141.

[97] Ebd., S. 140.

in der sogenannten ,Selbstkritik' aufgegriffen, wie sie im Gefangenenlager geübt wird. Wie der künstlich herbeigeführte Drogenrausch in Teheran dient sie nicht der Selbsterfahrung oder Selbsterkenntnis, sondern ist Instrument der Machthaber, um den Willen der Gefangenen zu brechen, sie zur Selbstdenunziation zu zwingen und sie dazu zu bringen, die Phrasen der Revolution zu internalisieren.

Als eigentliches ,leeres Zentrum' erweist sich letztlich der Protagonist, da das seinen Aktionen und Reaktionen zugrundeliegende Handlungsmodell ebenfalls das der Wiederholung ist – der Aufforderungen Christophers, Mavrocordatos und zuletzt des chinesischen Militärs. So endet der Roman mit dem Schlusswort des Erzählers: ,Alle zwei Wochen gab es eine freiwillige Selbstkritik. Ich ging immer hin. Ich war ein guter Gefangener. Ich habe immer versucht, mich an die Regeln zu halten. Ich habe mich gebessert. Ich habe nie Menschenfleisch gegessen'.[98] Seine Naivität, seine Offenheit für Eindrücke und Anweisungen sind letztlich Zeichen seiner Leere – er ist ein ,leerer Kelch', wie Mavrocordato es ihm bescheinigt hatte, jedoch nicht in mystischem Sinne als für Eindrücke und Empfindungen besonders empfänglich, sondern offen für jegliche Phrase und Ideologie.

Diese Konterkarierung des Opfers und der Selbsterfindung im Roman von Kracht gewinnt an zusätzlicher semantischer Dichte, wenn man neben der Auseinandersetzung mit den stereotypen Diskursen der Orient-Reiseliteratur auch die Auseinandersetzung mit den Mythen der jüngeren europäischen Geschichte berücksichtigt, die bei ihm, ähnlich wie bei Bodo Kirchhoff, den Roman leitmotivisch durchziehen. Gleich auf mehreren Ebenen findet dabei eine Auseinandersetzung mit der Generation der 68er und ihren Vorstellungen von Revolution und Opfer statt.

Das Jahr der iranischen Revolution 1979 war nicht nur in der islamischen Welt, sondern auch im Westen und ganz besonders in Deutschland mit Spannung verfolgt worden, wurde hier doch der Untergang eines Regimes besiegelt, mit dem der Gründungsmythos der deutschen 68er Generation aufs engste verknüpft war: Als bei einem Schahbesuch in Berlin Benno Ohnesorg ums Leben gekommen war, war gleichzeitig ein neuer Märtyrer, das erste ,Opfer' der 68er-,Revolution' geboren. Im Roman mischen sich angehörige dieser Generation als ,Langhaarige', ,blonde Agitatoren aus dem Ausland' in ,Fellwesten und Buttons daran' in die Unruhen in Iran, und die islamischen Revolutionäre weisen mit ihren Bannern, auf denen ,Bater-Meinof' steht, darauf hin, dass sie das Solidaritätsangebot der deutschen Jungrevolutionäre gerne annehmen.[99] Ja der als ,Hippie Revoluzzer' bezeichnete Mavrocordato selbst ist

---

[98] Ebd., S. 183.
[99] Ebd., S. 95.

als eine dieser westlichen Gestalten ausgewiesen, die ‚Revolutions-Touris-
mus' betreiben.[100] Dass nicht nur die Basis der Studentenbewegung, sondern
auch die europäische geistige Elite die Ereignisse der islamischen Revolution
mit persönlichem Interesse verfolgten,[101] klingt im Roman im Motiv der Kassetten an. Die dem Protagonisten untergeschobenen Kassetten, die nicht, wie
er zunächst annimmt, mit Songs der Ink Spots, sondern mit Kampfaufrufen
Khomeinis bespielt sind, sind nicht nur wie Hassan selbst Medien ständig
wechselnder und gleichzeitig austauschbarer Botschaften. Sie spielen auf die
‚revolutionäre' Neuerung einer über Kassetten verbreiteten Revolution an,
über die Michel Foucault nach seiner Reise in den Iran 1978 berichtet hat.[102]
Während Foucault das friedliche Moment dieser medialen Revolution hervor-
hob, betont der Roman indes die beliebige Bespielbarkeit der Kassetten mit
jeglichen Botschaften – die Tonträger werden damit in Analogie gesetzt zu
den – westlichen wie orientalischen, intellektuellen wie ungebildeten – Betrei-
ber der Revolution, die die Opfer-Diskurse der beliebig wechselnden Machthaber schlicht reproduzieren. Neben der Erwartung westlicher Intellektueller,
durch die Umbrüche im Iran eine Spiritualisierung der eigenen Politik zu erfahren, parodiert Krachts Roman auch eine zweite, im Westen gängige Hoffnung, die vor allen in den späten siebziger und in den achtziger Jahren viele
Europäer in den Orient getrieben hat: Die Hoffnung, durch die Hinwendung
zu östlichen Religionen, namentlich zum tibetischen Buddhismus, eine innere
Revolution und spirituelle Heilung zu erfahren. Die Orientreiseliteratur bietet
Kracht damit in den Modellen des naiven Reisenden sowie des Opfers, der
Revolution und der Pilgerfahrt eine Reihe prägnanter Denkfiguren, um eine
Auseinandersetzung mit der 68er Generation zu betreiben.

---

[100] Ebd., S. 103.

[101] Neben Michel Foucault reiste beispielsweise Kate Millet direkt nach dem Ausbruch der
Revolution in den Iran. Zum Bericht ihrer Reise und zu ihren an die Revolution gerichteten Erwartungen für die eigene Gesellschaft und namentlich für die westliche Frauenbewegung vgl. diess., *Going to Iran*. New York 1982.

[102] Michel Foucault: *Dits et Ecrits. Schriften in vier Bänden*. Hrsg. von Daniel Defert und François Ewald. Bd. 3. Frankfurt a. M. 2003.

NAMENSREGISTER

BIO-BIBLIOGRAPHIEN

David Bell (1952). Studium in Cambridge und Basel. Senior Lecturer in German and Undergraduate Director der School of Languages, Linguistics and Cultures an der University of Manchester. Zu seinen Veröffentlichungen gehören: *Spinoza in Germany from 1670 to the Age of Goethe* (1984) sowie Aufsätze über Goethe's religiöses Denken und den *West-östlichen Divan*.

Constanze Baum (1972). Wissenschaftliche Mitarbeiterin am Institut für Literaturwissenschaft und Vergleichende Literaturwissenschaft der Technischen Universität Berlin (seit 2002). Mitbegründerin und Redakteurin von H-Germanistik. Vorträge über ‚Pückler und der Orient', ‚Ein Lorbeerzweig für Friedrich den Großen' (i. Druck), ‚Ruinen des Augenblicks.' Dissertations- und Buchprojekt über literarische Ruinenlandschaften.

Johann Christoph Bürgel (1931). PhD (1960); Habilitation in Göttingen (1969); Professor und Leiter des Instituts für Islamistische Studien der Universität Bern von 1970 bis 1995; Visiting Fellow Wolfson College, Oxford (June 1989), Near Eastern Studies, Princeton University (1999 & 2000); Mitglied des IAS Princeton (2003). Zu seinen Veröffentlichungen gehören: *The Feather of Simurgh – The ‚Licit Magic' of the Arts in Medieval Islam* (1988); *Allmacht und Mächtigkeit – Religion und Welt im Islam* (1991); *Im Sog oder Anselms Gesänge – Deutsche Ghaselen* (2003).

Axel Dunker (1960). Studium der Germanistik und Anglistik in Frankfurt/M. und Bielefeld. Hochschuldozent an der Universität Mainz, 2005/06 Gastprofessor für Neuere deutsche Literatur an der Universität Wien. Zuletzt erschienen: *Die anwesende Abwesenheit. Literatur im Schatten von Auschwitz* (2003); (Hrsg.): *(Post-)Kolonialismus und Deutsche Literatur. Impulse der angloamerikanischen Literatur- und Kulturtheorie* (2005).

Yahya Elsaghe (1960). Professor für Germanistik an der Universität Bern. Hat zahlreiche Studien zu Hölderlin, Goethe and Thomas Mann veröffentlicht; zuletzt erschien seine Monographie: *Thomas Mann und die kleinen Unterschiede. Zur erzählerischen Imagination des Anderen* (2004).

Astrid Ensslin (1975). MA (2002). Wurde mit einer Studie über die *Kanonisierung literarischer Hypertexte* promoviert (Heidelberg, 2006). Sie lehrt deutsche

Literatur, Sprache und Kulturwissenschaften an der University of Leeds und arbeitet mit Sally Johnson an einem Sammelband über *Language in the Media: Representations, Identities, Ideologies.* Veröffentlichungen u.a. zu literarischem Hypertext im Fremdsprachen- und Literaturinterricht, Cyberfeminismus, T.S. Eliot und Elfriede Jelinek.

Rüdiger Görner (1957). Professor für Germanistik und Gründungsdirektor des Centre for Anglo-German Cultural Relations am Queen Mary College, University of London. Direktor des Institute of Germanic Studies, University of London (1999–2004). Jüngste Buchveröffentlichungen: *Nietzsches Kunst. Annäherungen an einen Denkartisten* (2000); *Grenzen, Schwellen, Übergänge. Zur Poetik des Transitorischen* (2002); *Rainer Maria Rilke. Im Herzwerk der Sprache* (2004); *Thomas Mann. Der Zauber des Letzten* (2005).

Jan Loop (1974). Lehrt Germanistik an der Universität Neuchâtel/Schweiz. Jüngste Veröffentlichungen: *Auslegungskulturen. Grundlagen einer komparatistischen Beschreibung islamischer und christlicher Hermeneutiktheorien* (2003). ‚Kontroverse Bemühungen um den Orient – Johann Jacob Reiske und die deutsche Orientalistik seiner Zeit'. In: H. G. Ebert u. Th. Hanstein (Hrsg.): *Johann Jacob Reiske – Leben und Wirkung* (2005).

Nima Mina (1962). PhD (1997). Lehrt an der School of Oriental and African Studies (SOAS), University of London. Zu seinen Veröffentlichungen gehören Studien zur deutschsprachigen Rezeption der klassischen persischen Literatur vom 17. bis 20. Jahrhundert, Übersetzungswissenschaften und Diaspora Studien mit Bezug auf Persien und Zentralasien. Gegenwärtig arbeitet er an seiner Habilitation über Diaspora Studies mit Bezug auf exilierte iranische Intellektuelle in Mitteleuropa und Nordamerika. Gastdozenturen an der Ohio State University in Columbus, der University of Michigan in Ann Arbor, der University of Utah in Salt Lake City sowie am Institut National des Langues et Civilisations Orientales (INALCO) in Paris.

Paul Peters (1954). Promotion 1988 an der FU Berlin, Associate Professor im Department of German Studies, McGill University, Montreal, Kanada. Zahlreiche Publikationen zu Heine, Heine/Baudelaire, Brecht, Schumann/Eichendorff, Volker Braun und Franz Kafka.

Karin Preuss (1970). PhD (2001). Dozentin im Institut für Allgemeine und Vergleichende Literaturwissenschaft der Johann W. Goethe Universität Frankfurt/M. Veröffentlichungen u.a.: *The Question of Madness in the Works of E.T.A.*

Hoffmann and Mary Shelley (2003). Arbeitet zur Zeit an ihrer Habilitationsschrift über den postmodernen pikaresken Roman, Ästhetik und Spieltheorie.

Frank F. Scherer (1956). Lehrt an der York University, Toronto, Kanada. Dissertiert an der York's Social and Political Thought Program. Jüngste Veröffentlichungen: ‚Oriental(ist) Scenes. Orientalism of Psychoanalysis / Psychoanalysis of Orientalism'. In: S. Movahedi, M. Tamgidi, J. Capetillo-Ponce, and G. Jacobs (Hrsg.), *The Discourse of Sociological Practice*, Vol. 7, Issues 1&2, Spring/ Fall 2005; ‚Sanfancón: Orientalism, Self-Orientalization, and Chinese Religion in Cuba'. In: P. Taylor (Hrsg.), *Nation Dance: Religion, Identity and Cultural Difference in the Caribbean* (2001).

Mirjam Schneider (1969). Lehrt Allgemeine und Vergleichende Literaturwissenschaft an der Universität Tübingen. Jüngste Buchveröffentlichung: *Federico Garcia Lorca und der islamische Orient. Die literarische Gestaltung einer kulturellen Fernbeziehung* (2005).

Steffen Schneider (1970). Lehrt Romanische Philologie und Allgemeine und Vergleichende Literaturwissenschaft an der Universität Tübingen. Jüngste Buchveröffentlichung: *Archivpoetik. Die Funktion des Wissens in Goethes Faust II* (2005).

Bettina von Jagow (1971). Wissenschaftliche Mitarbeiterin an der LMU München. Zu ihren letzten Veröffentlichungen gehören die mit Florian Steger herausgegebene Forschungsbände: *Literatur und Medizin. Ein Lexikon* (2005); *Repräsentationen. Medizin und Ethik in Literatur und Kunst der Moderne* (2004) sowie *Differenzerfahrung und Selbst. Bewußtsein und Wahrnehmung in Literatur und Geschichte des 20. Jahrhundert* (2003).